中国高等教育学会医学教育专业委员会规划教材
高等医学院校教材

供基础、临床、预防、口腔医学类等专业用

医学统计学
Medical Statistics

主　编　郝元涛　邱洪斌

副主编　祁艳波　郭艳萍　黄水平

编　者　（按姓名汉语拼音排序）

顾　菁（中山大学公共卫生学院）	林爱华（中山大学公共卫生学院）
郭艳萍（哈尔滨医科大学大庆校区）	潘秀丹（沈阳医学院）
郝元涛（中山大学公共卫生学院）	祁艳波（齐齐哈尔医学院）
黄水平（徐州医学院）	邱洪斌（佳木斯大学公共卫生学院）
李长平（天津医科大学）	谭盛葵（桂林医学院）
李向云（潍坊医学院）	尹素凤（河北联合大学公共卫生学院）
李兴洲（佳木斯大学公共卫生学院）	

秘　书　吴少敏（中山大学公共卫生学院）
　　　　　曾芳芳（中山大学公共卫生学院）

北京大学医学出版社

YIXUE TONGJIXUE

图书在版编目（CIP）数据

医学统计学 / 郝元涛，邱洪斌主编．
—北京：北京大学医学出版社，2013.12（2025.8 重印）

ISBN 978-7-5659-0768-5

Ⅰ．①医… Ⅱ．①郝… ②邱… Ⅲ．①医学统计—医学院校—教材 Ⅳ．① R195.1

中国版本图书馆 CIP 数据核字（2013）第 315035 号

医学统计学

主　　编：郝元涛　邱洪斌
出版发行：北京大学医学出版社
地　　址：(100191) 北京市海淀区学院路 38 号　北京大学医学部院内
电　　话：发行部 010-82802230；图书邮购 010-82802495
网　　址：http://www.pumpress.com.cn
E-mail：booksale@bjmu.edu.cn
印　　刷：北京瑞达方舟印务有限公司
经　　销：新华书店
责任编辑：罗德刚　　**责任校对**：金彤文　　**责任印制**：李　啸
开　　本：850 mm×1168 mm　1/16　**印张**：20.5　**字数**：602 千字
版　　次：2013 年 12 月第 1 版　2025 年 8 月第 10 次印刷
书　　号：ISBN 978-7-5659-0768-5
定　　价：38.00 元

版权所有，违者必究

（凡属质量问题请与本社发行部联系退换）

高等医学院校临床专业本科教材评审委员会

主 任 委 员 　王德炳　柯　杨

副主任委员 　吕兆丰　程伯基

秘 书 长 　陆银道　王凤廷

委　　　员（按姓名汉语拼音排序）

　　　　　　　白咸勇　曹德品　陈育民　崔慧先　董　志
　　　　　　　郭志坤　韩　松　黄爱民　井西学　黎孟枫
　　　　　　　刘传勇　刘志跃　宋焱峰　宋印利　宋远航
　　　　　　　孙　莉　唐世英　王　宪　王维民　温小军
　　　　　　　文民刚　线福华　袁聚祥　曾晓荣　张　宁
　　　　　　　张建中　张金钟　张培功　张向阳　张晓杰
　　　　　　　周增桓

序

北京大学医学出版社组织编写的全国高等医学院校临床医学专业本科教材（第2套）于2008年出版，共32种，获得了广大医学院校师生的欢迎，并被评为教育部"十二五"普通高等教育本科国家级规划教材。这是在教育部教育改革、提倡教材多元化的精神指导下，我国高等医学教材建设的一个重要成果。为配合《国家中长期教育改革和发展纲要（2010—2020年）》，培养符合时代要求的医学专业人才，并配合教育部"十二五"普通高等教育本科国家级规划教材建设，北京大学医学出版社于2013年正式启动全国高等医学院校临床医学专业（本科）第3套教材的修订及编写工作。本套教材近六十种，其中新启动教材二十余种。

本套教材的编写以"符合人才培养需求，体现教育改革成果，确保教材质量，形式新颖创新"为指导思想，配合教育部、国家卫生和计划生育委员会在医药卫生体制改革意见中指出的，要逐步建立"5＋3"（五年医学院校本科教育加三年住院医师规范化培训）为主体的临床医学人才培养体系。我们广泛收集了对上版教材的反馈意见。同时，在教材编写过程中，我们将与更多的院校合作，尤其是新启动的二十余种教材，吸收了更多富有一线教学经验的老师参加编写，为本套教材注入了新鲜的活力。

新版教材在继承和发扬原教材结构优点的基础上，修改不足之处，从而更加层次分明、逻辑性强、结构严谨、文字简洁流畅。除了内容新颖、严谨以外，在版式、印刷和装帧方面，我们做了一些新的尝试，力求做到既有启发性又引起学生的兴趣，使本套教材的内容和形式再次跃上一个新的台阶。为此，我们还建立了数字化平台，在这个平台上，为适应我国数字化教学、为教材立体化建设作出尝试。

在编写第3套教材时，一些曾担任第2套教材的主编由于年事已高，此次不再担任主编，但他们对改版工作提出了很多宝贵的意见。前两套教材的作者为本套教材的日臻完善打下了坚实的基础。对他们所作出的贡献，我们表示衷心的感谢。

尽管本套教材的编者都是多年工作在教学第一线的教师，但基于现有的水平，书中难免存在不当之处，欢迎广大师生和读者批评指正。

2013年11月

前　言

统计学方法是医学研究的必备工具之一，《医学统计学》是绝大多数医科院校本科生和研究生的必修课程。统计学是一门"让数据说话"的学科，那么人们能够让现有的数据把话说好吗？国际权威科学杂志《Nature》近期发表了一篇名为"Statistical errors"的专稿，并配发评论。评论指出，"Too many researchers have an incomplete or outdated sense of what is necessary in statistics"，"Too often, statistics is seen as a service to call on where necessary — and usually too late — when, in fact, statisticians should be involved in the early stages of experiment design, as well as in teaching."这都说明统计学的作用亟待进一步认识，统计学的知识亟需进一步普及和更新，研究者的统计学素养亟待进一步提高。这也是我们编写本教材的主要动力之所在。

本教材介绍了经典统计学中的基本概念、基本方法和基本思想，旨在通过对基本知识的学习和基本技能的掌握，达到了解统计理念、培养统计思维之目的。本教材共18章，内容涵盖常用单因素和多因素统计分析方法，涵盖了国家执业医师资格考试的所有知识点。此外，本教材还详细介绍了医学科研设计的相关内容。在常用统计分析软件一章中，除介绍传统的主流统计分析软件 SAS 和 SPSS 外，还介绍了在医学科研中常用的统计软件 STATA 和 R。每章设有小结以帮助读者回顾本章的主要内容，章节后面还有思考与练习以帮助读者巩固和提高所学知识。

本教材可作为基础医学、临床医学、预防医学、药学、检验、护理等专业本科生基础医学课程教材，也可作为卫生管理、卫生经济等专业本科生的教材。广大临床医师、公共卫生从业人员及科研工作者亦可选用本书作为参考用书。

北京大学医学出版社、中山大学医学教务处在本教材编写及出版过程中给予了极大的关心与支持，我国医学统计学的前辈、国家级教学名师方积乾教授亲临本教材编写启动会并提出宝贵建议，中山大学公共卫生学院卫生统计学专业的博士和硕士研究生郭貔、张王剑、郑巧兰、陈龙、李佳玲、袁联雄、刘荣、杜志成、邹亚明、廖羽、张晓等对本教材的编辑、排版、数据和计算结果的核对等方面做了大量细致而认真的工作，参与本书编写的各位编委所在单位的领导、同事和学生也给予了大力的支持和帮助，我们在此对以上单位及个人致以衷心的感谢！

全体编者齐心协力，努力使本教材成为一本受欢迎的书，但不当之处仍不可避免，诚请各位同仁及读者不吝赐教以便改进。

郝元涛　邱洪斌
2013 年 11 月

目 录

第一章 绪 论 ……………………… 1
 第一节 医学统计学的主要内容和作用
 …………………………………… 1
 第二节 医学统计工作的步骤 ………… 2
 第三节 医学统计学的若干基本概念 …… 4
 第四节 学习医学统计学应注意的问题
 …………………………………… 6
 第五节 小 结 ……………………… 7
 思考与练习 …………………………… 7

第二章 定量资料的统计描述 ………… 8
 第一节 频数分布表与频数分布图 …… 8
 第二节 描述集中位置的统计指标 …… 10
 第三节 描述离散程度的统计指标 …… 14
 第四节 正态分布及其应用 …………… 18
 第五节 小 结 ……………………… 21
 思考与练习 …………………………… 21

第三章 总体均数的估计及假设检验 …… 24
 第一节 均数的抽样分布和抽样误差 … 24
 第二节 t 分布 ……………………… 25
 第三节 假设检验的基本思想和步骤 … 27
 第四节 t 检验 ……………………… 29
 第五节 假设检验应注意的主要问题 … 33
 第六节 小 结 ……………………… 37
 思考与练习 …………………………… 38

第四章 方差分析 ……………………… 40
 第一节 方差分析的基本思想 ………… 41
 第二节 完全随机设计资料的方差分析
 …………………………………… 44
 第三节 随机区组设计资料的方差分析
 …………………………………… 45
 第四节 多组总体均数的两两比较 …… 47
 第五节 方差分析的前提条件及其判断
 …………………………………… 50
 第六节 小 结 ……………………… 51
 思考与练习 …………………………… 52

第五章 定性资料的统计描述 ………… 55
 第一节 定性变量的频率分布 ………… 55
 第二节 常用相对数指标 ……………… 56
 第三节 应用相对数指标应该注意的问题
 …………………………………… 58
 第四节 常用动态数列指标及其应用 … 59
 第五节 粗率的标准化法 ……………… 61
 第六节 小 结 ……………………… 62
 思考与练习 …………………………… 63

第六章 二项分布和 Poisson 分布 ……… 65
 第一节 二项分布的概念及应用条件 … 65
 第二节 二项分布的应用 ……………… 67
 第三节 Poisson 分布的概念及应用条件
 …………………………………… 69
 第四节 Poisson 分布的应用 ………… 70
 第五节 小 结 ……………………… 71
 思考与练习 …………………………… 72

第七章 χ^2 检验 ……………………… 74
 第一节 两个独立样本四格表资料的 χ^2
 检验 ……………………………… 74
 第二节 多个独立样本列联表资料的 χ^2
 检验 ……………………………… 79
 第三节 配对设计资料的 χ^2 检验 …… 83
 第四节 频数分布拟合优度的 χ^2 检验
 …………………………………… 84
 第五节 小 结 ……………………… 86
 思考与练习 …………………………… 86

第八章 秩和检验 ……………………… 88
 第一节 非参数检验的概念及其应用 … 88
 第二节 配对设计资料的符号秩和检验
 …………………………………… 88
 第三节 完全随机设计两组独立样本比较

目 录

　　　　的秩和检验 …………… 90
　第四节　完全随机设计多组独立样本比较
　　　　的秩和检验 …………… 93
　第五节　随机区组设计资料的秩和检验
　　　　 …………………………… 95
　第六节　小　结 …………………… 97
　思考与练习 …………………………… 97

第九章　线性相关与回归 ………… 99
　第一节　线性相关 ………………… 99
　第二节　等级相关 ………………… 103
　第三节　线性回归 ………………… 104
　第四节　线性相关与回归的区别和联系
　　　　 ………………………………… 110
　第五节　小　结 …………………… 111
　思考与练习 …………………………… 112

第十章　统计图与统计表 ………… 113
　第一节　统计表 …………………… 113
　第二节　统计图 …………………… 114
　第三节　统计图表应用示例 ……… 121
　第四节　小　结 …………………… 123
　思考与练习 …………………………… 123

第十一章　调查设计 ……………… 125
　第一节　调查研究的特点 ………… 125
　第二节　调查研究设计的主要内容 …… 125
　第三节　常用的抽样方法及样本量估算
　　　　 ………………………………… 128
　第四节　调查研究的质量控制 …… 134
　第五节　小　结 …………………… 136
　思考与练习 …………………………… 137

第十二章　实验设计与临床试验设计 …… 139
　第一节　实验设计的主要内容和基本
　　　　原则 …………………………… 139
　第二节　常用的实验设计方法及其样本
　　　　量估算 ………………………… 142
　第三节　临床试验设计 …………… 146
　第四节　小　结 …………………… 151
　思考与练习 …………………………… 152

第十三章　医学常用人口统计与疾病统计

　　　　指标 …………………………… 154
　第一节　静态人口统计常用指标 …… 154
　第二节　出生统计常用指标 ……… 155
　第三节　死亡统计常用指标 ……… 157
　第四节　疾病统计常用指标 ……… 159
　第五节　小　结 …………………… 161
　思考与练习 …………………………… 161

第十四章　寿命表 ………………… 163
　第一节　寿命表的基本概念 ……… 163
　第二节　寿命表的主要指标和编制方法
　　　　 ………………………………… 164
　第三节　寿命表的分析与应用 …… 168
　第四节　去某死因寿命表的编制 …… 172
　第五节　小　结 …………………… 174
　思考与练习 …………………………… 175

第十五章　生存分析 ……………… 177
　第一节　生存分析的基本概念 …… 177
　第二节　生存曲线的估计 ………… 179
　第三节　生存曲线的比较 ………… 183
　第四节　小　结 …………………… 187
　思考与练习 …………………………… 187

第十六章　常用多因素分析方法 …… 191
　第一节　多重线性回归 …………… 191
　第二节　多重 logistic 回归分析 …… 196
　第三节　Cox 回归分析 …………… 201
　第四节　小　结 …………………… 205
　思考与练习 …………………………… 205

第十七章　META 分析 …………… 208
　第一节　META 分析概述 ………… 208
　第二节　META 分析中的常用统计方法
　　　　 ………………………………… 209
　第三节　META 分析中的偏倚 …… 215
　第四节　常用 META 分析软件简介
　　　　 ………………………………… 216
　第五节　小　结 …………………… 218
　思考与练习 …………………………… 218

第十八章　常用统计软件简介 …… 220
　第一节　SPSS 软件简介 ………… 220

第二节 SAS 软件简介 …………… 227
第三节 Stata 软件简介 …………… 235
第四节 R 软件简介 ………………… 245
第五节 小　结 …………………… 253
思考与练习 …………………………… 254

主要参考文献 …………………………… 256
附录一　思考与练习参考答案 ………… 258
附录二　常用统计用表 ………………… 288
中英文专业词汇索引 …………………… 309

第一章 绪　　论

第一节　医学统计学的主要内容和作用

什么是统计学（statistics）？概括地讲，它是"一门通过搜集、整理、分析数据等手段，以达到推断研究对象的本质，甚至预测研究对象未来的一门综合性学科"。统计学包含两个主要领域，即数理统计与应用统计。数理统计主要研究统计推断的理论和方法；应用统计则研究数理统计的方法在医学、经济学、心理学等领域中的应用。本书介绍的医学统计学（medical statistics）属于应用统计的范畴，它是将统计学的原理及方法运用于医学与卫生领域，研究医学相关资料的搜集、整理、分析与推断的一门学科。

医学统计学是医学科学的重要组成部分，是保证医药科研工作顺利进行的重要手段。作为医学专业人员，学习和掌握一定的统计学知识是十分必要的。下面通过一个实例，帮助读者了解医学统计学在医学科学研究中的重要作用。

例1-1　心房颤动（房颤）会增加心血管疾病患者卒中和死亡的风险。华法林是一种常用的抗凝剂，可以降低该类风险，但是会增加出血的风险。达比加群是一种强效竞争性凝血酶抑制剂，探索性研究显示该药也具有类似华法林的疗效。为了进一步证实达比加群在房颤患者治疗中的疗效，某研究团队欲开展一个相关研究。在研究开始之前，需要考虑以下问题：

1. 如何选择受试对象？
2. 如何设计试验？
3. 怎样选取疗效评价的指标？需要收集哪些信息？
4. 需要多大的样本量？
5. 数据如何收集、录入和管理？
6. 试验结果是否具有偶然性？如何进行统计学检验？
7. 如何对分析结果进行展示、下结论？

以上问题都需要运用医学统计学知识来解决。下面让我们看看该研究是如何解决以上问题的。

1. 入选的对象必须在筛查时或之前6个月内通过心电图检查证实有房颤，并且至少具备下列特征之一：既往患卒中或短暂性脑缺血发作、左心室射血分数<40%、在筛查前6个月按美国纽约心脏病学会（NYHA）有心功能分级≥Ⅱ级的心力衰竭症状、年龄至少75岁或年龄65~74岁伴有糖尿病、高血压或冠心病。排除具有以下情况之一者：存在严重心脏瓣膜疾病、筛查前14天内卒中或6个月内严重卒中、出血风险升高的疾病、肌酐清除率低于每分钟30ml、活动性肝病和妊娠。

2. 研究将房颤患者随机分为三组，对照组给予华法林片剂，两个试验组分别给予110mg（每天2次）和150mg（每天2次）的达比加群。其中，华法林为开放给药，两种不同剂量的达比加群则以单盲方式给药。研究于随机分组后14天、1个月和3个月时随访，此后在第一年中每3个月，一年以后每4个月进行随访，直至研究结束。

3. 研究定义了主要终点指标为卒中（包括出血性卒中）或全身性栓塞，主要安全性终点是大出血，其他终点是死亡、心肌梗死、肺栓塞、短暂性脑缺血发作和住院。研究还收集了试验对象的心力衰竭史等既往史，肝功能、血压等临床资料，以及性别、年龄等人口学特征

第一章 绪 论

信息。

4. 研究根据主要研究目的，计划入选 1.5 万名病例。如此多的病例，更能够保证如果与对照组相比，试验组的效果是非劣效的，本次研究发现这种现象的概率是 85%。

5. 终点事件的判定由 2 名不了解治疗分组的独立研究人员完成。数据收集于病例报告表（CRF）中，并录入计算机，由专人管理数据。

6. 对于主要研究终点，采用生存分析方法（Cox 比例风险模型）进行分析，比较不同组间的差别。达比加群 110mg 组、150mg 组以及华法林组发生卒中或全身性栓塞的比例分别为每年 1.53%、1.11%、1.69%，其中，达比加群 110mg 组不优于华法林组（RR 为 0.91，95%CI 为 0.74~1.11，$P=0.34$），但达比加群 150mg 组优于华法林组（RR 为 0.66，95%CI 为 0.53~0.82，$P<0.001$）；大出血的发生率在华法林组为每年 3.36%，达比加群 110mg 组为每年 2.71%（RR 为 0.80，95%CI 为 0.60~0.93，$P=0.003$），达比加群 150mg 组为每年 3.11%（RR 为 0.93，95%CI 为 0.81~1.07，$P=0.31$）；关于不良事件的发生率，华法林组、达比加群 110mg 组和 150mg 组分别有 348 例（5.8%）、707 例（11.8%）和 688 例（11.3%）患者发生消化不良，前者低于后两组（$P<0.001$）；其他不良事件在三个组之间差别无统计学意义。

7. 研究结论为：房颤患者中，达比加群 110mg 组与华法林组相比，卒中和全身性栓塞的发生率相似，但大出血发生率较低；达比加群 150mg 组与华法林组相比，卒中和全身性栓塞发生率较低，大出血发生率相似。现在达比加群已经上市，应用于非瓣膜性心房颤动患者中以减低卒中和全身性栓塞的风险。

通过上述的临床研究描述，我们可以看到医学统计学的知识和方法应用于该研究的各个阶段，从试验设计、样本量的估算、疗效评价指标的确定、数据的收集和整理、资料的分析，直至最后的下结论，从中能够体会到医学统计学方法在医学研究中的重要性。

第二节 医学统计工作的步骤

医学统计工作的过程可分为以下四个步骤。

一、统计设计

统计设计是研究成功的关键环节，如果没有好的设计，再严格的数据收集和优秀的统计分析者都于事无补。良好的设计是研究结果可信的重要保证。

统计设计是对资料的收集、整理和分析的全过程的设想和安排。在设计之前，研究者必须博览文献明白研究目的是什么？什么是研究对象和观察单位？如何抽取样本？应抽取多少样本？对研究对象是否施加干预和如何施加干预？如何设置对照？需要收集哪些资料来证明研究结果和如何获取这些资料？如何对资料进行汇总和计算有关统计指标？如何控制误差，做好质量控制？预计得到什么样的结果？需要多少人力、物力、财力？如何分工等。上述问题都需要周密考虑、统筹安排。

在例 1-1 中，研究者欲证明达比加群治疗房颤的效果非劣于华法林，拟以房颤患者为研究对象，以每个患者为观察单位，采用全球多中心随机抽取样本的方式，预计抽取 1.5 万例患者，并对受试者施加干预（设置两组试验组接受不同剂量的达比加群，以华法林治疗作为对照组）。试验开始之前，需要收集基本信息、既往史等资料，试验开始之后则需要在随机分组后 14 天、1 个月等时间对患者进行随访，收集主要研究终点（卒中或全身性栓塞）、主要安全性终点（大出血）、其他终点（死亡、心肌梗死、肺栓塞、短暂性脑缺血发作和住院）和不良事件的发生情况等,并对这些指标下了具体的定义。研究需要比较不同治疗组间的基本信息,了解不同组间的均衡性,拟用 Cox 比例风险模型评估两种剂量的达比加群是否非劣于华法林,用 χ^2 检验比较组间终止用药的发生率和不良事件的发生率是否有差异。为提高数据质量,研究拟对达比加群组采用盲法给药(由于华法林的给药方式不同于达比加群,无法盲法给药),终点事件的判断由不了解治疗分配的独立研究人员进行判定。总之,在试验开始前,研究者已经设计好了方案,并拟定了可能存在问题的解决方案。

更详细的统计设计的内容将在本书关于调查设计和实验设计的相关章节进一步介绍。

二、收集资料

指采取措施收集准确可靠的数据。数据的收集方式有多种,例 1-1 中,通过临床检查、调查问卷等获得相应资料,这是专门设计的研究,是规范化的药物临床试验;另外,医疗卫生工作的统计资料还可以来源于统计报表,如法定的传染病报表、职业病报表等;经常性工作记录,最常见如健康检查记录、医院门诊病历以及住院病历等,这些是临床医生最经常的研究数据来源之一;此外,还有各种统计年鉴和统计数据专辑。以上途径都是医学研究数据的主要来源方式。数据的来源不同,其收集数据的过程也不尽相同,但是所有的数据收集过程均要力争准确无误、完整并且及时。

三、整理资料

资料整理是根据研究的目的,运用科学的方法,对所获得的资料进行审查、检验、分类、汇总等初步加工,使之净化、系统化、条理化,以便于下一步计算分析的过程。所谓净化,是指对原始数据的清理、检查、核对和纠错等。数据收集完成后,需要进行逻辑性检查,例 1-1 中,最长随访时间不超过 4 年,若数据中显示某一患者的卒中发生时间为入组 7 年后,则极可能是数据收集、录入的某一个环节出错了,需要检验原始资料并改正之。所谓系统化和条理化,是指根据研究目的,将数据归类、整理或加工,以便分析时使用。例如要比较不同组别房颤患者消化不良的发生率,需要统计每一组的总患者数以及每一组发生消化不良事件的患者数,以便后期分析时直接利用。

四、资料分析

资料分析又称为统计分析,是统计学的核心部分,其主要目的在于表达数据特征并阐明事物的内在规律。统计分析通常包括两方面:一是统计描述,运用恰当的统计指标、统计图、统计表,对资料的特征和分布规律进行描述,在例 1-1 中,研究者计算了每一组样本的年龄、性别分布、血压情况、既往病史等,以便了解样本在三个试验组间的均衡性,将这些统计资料整理成表格则使得结果更加明朗,绘制生存曲线则使人"一眼看穿"治疗效果的差异;二是统计推断,指利用有限的样本信息,推断总体的特征并作出相应估计或决策的过程。如例 1-1,根据样本的结果:达比加群 110mg 组(1.53%/年)、150mg 组(1.11%/年)发生卒中或全身性栓塞的比例低于华法林组(1.69%/年),那么这种差异是偶然性导致的,还是真实差别?利用统计推断的方法,得到结论是:达比加群 110mg 组不优于华法林组(RR 为 0.91,95%CI 为 0.74~1.11,$P=0.34$),但达比加群 150mg 组优于华法林组(RR 为 0.66,95%CI 为 0.53~0.82,$P<0.001$)。可见非常有必要对样本信息进行统计推断以便获取总体特征。在计算机出现之前,这些统计分析工作经常由手工完成,费时费力。随着计算机和统计软件的发展,这些统计计算的工作变得轻松容易了。常用的统计软件如 SPSS、SAS、R、Stata 等,其

功能和特点将在第十八章介绍。

虽然把统计工作分为以上四个步骤，但在实际工作中，它们是紧密联系、环环相扣的，任何一步出错，都会影响整个研究的结果。因此做好每一步的质量控制非常必要。质量控制措施将在本书的相关章节中介绍。

第三节 医学统计学的若干基本概念

一、总体与样本

统计学家用总体（population）来表示大同小异的对象全体。总体指的是根据研究目的确定的研究对象的全体。例如，要了解某市居民的糖尿病患病率，总体是该市所有居民；研究鄱阳湖是否受污染，其总体就是整个鄱阳湖的湖水。我们的研究目的通常是为了了解总体的情况，但是由于人力、物力等有限，不可能把总体中所有的个体都纳入研究，只能从总体中抽取部分个体，进行深入观察与测量，这个过程称为抽样（sampling），所选取的个体组成了样本（sample）。

一般来说，总体可以分为有限总体和无限总体。如果总体包含的个体数有限，则视之为"有限总体"，否则，称为"无限总体"。不管哪种总体，统计学上通常都是利用有限的样本数据对总体的规律进行推断，样本能否准确推断总体，抽样方法、统计推断方法等起着非常重要的作用。如何选择合适的抽样方法和准确的统计推断方法，本书的相关章节将会具体介绍。

二、同质与变异

房颤患者之所以成为研究对象，原因在于他们都患有心房颤动这个共性，并且每个组内的患者接受相同治疗，但是每个患者的具体情况又不尽相同，他们发生卒中等的情况不完全相同，我们把总体中个体"大同"的性质称为同质性（homogeneity），把这些个体之间的"小异"称为变异（variation）。再如，同性别、同年龄的小学生具有同质性，属于一个总体，但是他们的身高又存在变异。没有同质性，就构不成一个研究总体，总体内没有变异，就不需要统计学。统计学的任务就是在变异的背景上描述同一总体的同质性，揭示不同总体的异质性（heterogeneity）。

三、变量类型

变量（variable）是观察单位的某种特征或属性，如心房颤动患者的体重、血压、性别、房颤类型、心力衰竭史、卒中发生与否等。变量具有不同的类型，识别变量的类型非常重要，因为不同类型的变量需要不同的统计分析方法。变量通常可以分为定性（qualitative）与定量（quantitative）两种类型。

定性变量，也称分类变量（categorical variable）。分类变量可以分为无序分类变量和有序分类变量。无序分类变量（unordered categorical variable）也称名义变量。最简单的无序分类变量是二分类变量，如性别（男/女）、心力衰竭史（有/无）、治疗效果（有效/无效）。为了便于输入计算机，常用代码1/2或者0/1来表示各个取值，但是这些取值仅仅是代码，不能进行计算。无序多分类变量的各个分类之间没有等级关系，也没有程度的差别，如房颤类型（持续性/阵发性/永久性）、职业（工人/农民/商人/其他），为了输入方便，这些变量也可以用数字代码1/2/3/4等来表示，同样不能用于计算。有序分类变量（ordinal categorical variable）或称为等级变量、半定量变量。如治疗效果，可以分为无效、好转、显效、治愈四级，高血压可以分为轻度高血压、中度高血压、重度高血压，临床检测中还经常用一、±、＋、＋＋、＋＋＋等来表示患者的反应强度，这些都是常见的有序分类变量。

定量变量又可以分成离散型变量（discrete variable）和连续型变量（continuous variable）。离散型变量只能取整数值，如1个月的住院患者数、一年的新生儿数。连续型变量则可以取实数轴上的任意值，如血压、身高、体重等。一般情况下，一个定量变量必定是离散型或者连续型变量的一种。需要注意的是，有一些测量值，如红细胞计数，虽然以"个"为单位时只能取整数值，但是其通常以"千"或"万"为单位，此时，又可以取小数值，所以通常把这些变量也视为连续型变量。

为了数据分析的方便，有时可以将一种类型的变量转换为另一种类型。但是变量的转换只能从定量变量→有序分类变量→无序分类变量，不能做相反方向的转换，且此种转换会损失一定的信息量。例如，根据房颤患者的血压值，可以分为正常血压、正常高值、轻度高血压、中度高血压、重度高血压五类，甚至只划分为有或无高血压两类，但是不能根据二分类结果来判断五分类情况，更不能反过来推断具体的血压值。

四、参数与统计量

描述总体特征的指标称为参数（parameter）。例如，某年某市11岁健康男孩的平均身高就是一个参数。我们常常用希腊字母表示参数，如用希腊字母 μ 表示总体均数。参数是客观存在的，然而由于总体往往是无限的，或者是庞大的有限总体，研究者不可能对总体中的每一位个体进行观察和测量，所以参数往往是未知的，需要通过样本来估计。我们把由样本计算出来的反映样本特征的量称为统计量（statistic），如通过随机抽取2000名11岁的健康男孩，测量每一位男孩的身高，然后计算其平均身高，这个平均值就是一个样本统计量。样本均数常常用 $\bar{X}$ 表示。统计学关心的常常是总体参数，而参数又很难获得，实际工作中通常用样本统计量来估计未知的总体参数。

五、误差

误差（error）是指实测值与真实值之差。按照其产生的原因可以分为随机误差和非随机误差两大类。

随机误差是一类不恒定、随机变化的误差，是各种偶然的、无法控制的因素引起的。例如，在测量某患者血压的时候，对同一个体进行连续多次测量，由于个体生理、心理的微小变化、测量人员技术不稳定等原因，每次测量的结果可能不完全相同。随机误差不可避免，而且由于影响因素太多、太复杂，其规律性很难掌握，但是可以通过增加测量次数求平均值，来降低测量结果随机误差的大小。另外，随着科学发展，一些随机误差可能会被逐渐认识而得到控制。

非随机误差又称为系统误差，也叫偏倚（bias），是由于测量仪器或人为因素等导致的实际测量值与真实值之差，实际测量值系统地偏离真实值。不同于随机误差，系统误差通过周密的研究设计和严格的技术措施是可以消除或控制的。

通过了解随机误差的规律，利用统计学的方法可以估计误差的大小。对于系统误差，希望通过各种质量控制的措施去避免。

六、频率和概率

医学研究的现象大多是随机现象，在 n 次独立重复实验中，随机事件A出现 f 次，则称

f/n 为随机事件 A 出现的频率（frequency）。当 n 不断增大，频率 f/n 在一个常数左右作微小摆动，则称该常数为随机事件 A 出现的概率（probability），可以记为 $P(A)$，简记为 P。样本的频率总是围绕总体概率波动的，当样本含量 n 较大的时候，频率波动较小，并且接近于总体概率，但是当样本含量较小时，用频率估计概率是不可靠的。以例 1-1 为例，每个治疗者都可能发生卒中或全身性栓塞，在 n 个人中，发生该类事件的频率是：发生人数/n，当 n 增大时，频率接近一个常数，称为总体概率（即各治疗组接受药物后，理论上发生卒中或全身性栓塞事件的概率），n 较大时，发生卒中或全身性栓塞的频率波动越小，且越接近总体概率。

概率用来度量随机事件发生的可能性大小，它的值介于 0 与 1 之间。P 越接近 0，表示事件发生的可能性越小；P 越接近 1，表示事件发生的可能性越大。当 $P=0$ 时，表示事件不可能发生，称为不可能事件；当 $P=1$ 时，说明事件必然发生，称为必然事件；不可能事件和必然事件可以视为随机事件的特例。另外，当随机事件发生的概率 $P \leqslant 0.05$ 或者 $P \leqslant 0.01$ 时，统计学上习惯称为小概率事件。对于小概率事件，在一次抽样中发生的可能性很小，可以认为不会发生，如果发生了，人们就会好奇"怎么这么巧？哪里出问题了吗"，这是统计推断的理论依据。更详细的内容将在第三章介绍。

第四节 学习医学统计学应注意的问题

医学生学习统计学要有恰当的目标，我们不要求人人都成为医学统计学的专业人员，学习目的是培养学生的统计思维。所谓的统计思维是指统计学独特的逻辑思维方法。如前面所举的例子，由于个体间存在差异，我们用三个治疗组患者发生卒中或全身性栓塞的信息来推断总体，势必存在误差，但是这种误差是有规律可循的，这些信息构成了统计推断的理论基础。通过假设检验获取 P 值，我们就可以回答三个组间的差异是真实存在的，还是抽样误差造成的。运用统计推断需要理解统计结论的概率性，明白 P 值的含义，才能真正明白假设检验的涵义。读者需结合后面章节的内容加以体会。

统计学概念背起来索然无味，我们不要求大家去背诵，而是要懂得结合实际生活的例子来理解。例如扔骰子，理论上出现 1 点朝上的概率是 1/6，但是你扔 60 次，并不一定刚好有 10 次是 1 点，即出现 1 点朝上的频率不一定刚好等于 1/6。当你扔 600 次、6000 次、甚至 6 万次……频率则渐渐稳定并趋近于 1/6，这就很容易理解频率和概率的区别了，同时这个例子也是二项分布的一个日常生活实例。

另外，正如开篇所讲，本门课程不是数理统计，医学生无需证明或者推导统计公式，也不用死记硬背公式。医学统计学属于应用统计学，读者要将统计学的知识、原理应用于临床科研工作，因此动手实践是非常重要的。我们在每章后面都安排了与医学现象贴近的"思考与练习"，并建议每一理论课程都安排对应的统计学实验。统计学与计算机科学的联系日益密切，借助计算机进行统计分析是必然趋势，医学生若能掌握利用统计软件进行统计分析，必然比别人多一项技能。总之，读者要利用统计思维和统计方法，收集准确可靠的数据，并运用基本的统计分析方法来分析数据、准确解释和表达分析结果，并将此过程通过动手实践加以巩固。否则，纸上谈兵永远不能真正掌握统计方法。

当然，我们也不能要求每一位医学工作者都很熟练地将各种统计方法应用于医学科研，在遇到复杂情况时，能找到相应的统计参考书和寻求统计专业人员的帮助，也是学习本门课程的目的之一。

第五节 小 结

1. 医学统计学是统计学在医药卫生领域的应用，医学统计学是医学科学的重要组成部分。
2. 统计工作包括研究设计、资料收集、整理、分析等步骤。质量控制贯穿于整个过程。
3. 学习医学统计学，必须先掌握总体与样本、同质与变异、变量类型、参数与统计量、误差、频率与概率等基本概念。

思考与练习

一、简答题

1. 举例说明总体和样本的概念。
2. 变量类型可以分为哪几类？请分别举 2~3 个医学中的例子。
3. 常见的误差有哪几类？如何控制？
4. 什么是小概率事件？

二、多选题

1. 有关 2013 年广州市居民高血压患病率的调查研究中，以下关于"总体"的说法错误的是
   A. 所有高血压患者
   B. 所有广州市居民
   C. 2013 年所有广州市居民
   D. 2013 年广州市居民中的高血压患者
   E. 2013 年广州市居民中的非高血压患者

2. 以下变量中，属于等级变量的有
   A. 高血压分级
   B. 血型
   C. 职业
   D. 学历
   E. 民族

3. 医学研究中，哪些误差可以避免
   A. 系统误差
   B. 随机误差
   C. 记录误差
   D. 仪器故障误差
   E. 过失误差

4. 以下说法正确的是
   A. 个体间的同质性是构成总体的必备条件
   B. 总体是根据研究目的确定的观察单位的集合
   C. 一般而言，参数难以测定，仅能根据样本统计量估计
   D. 从总体中抽取的样本一定能代表该总体
   E. 总体通常有无限总体和有限总体之分

5. 关于从总体中选取具有代表性的样本，以下说法中错误的是
   A. 总体中最容易获得的部分个体
   B. 在总体中随意抽取任意个体
   C. 挑选总体中有代表性的部分个体
   D. 用配对方法抽取的部分个体
   E. 依照随机原则抽取总体中的部分个体

6. 以下关于概率的说法，正确的有
   A. 通常用 P 表示
   B. 大小在 0 与 1 之间
   C. 某事发生的频率即概率
   D. 在实际工作中，概率是难以获得的
   E. 当某随机事件发生的概率 $P \leq 0.05$ 时，称为小概率事件

（郝元涛）

第二章 定量资料的统计描述

第一节 频数分布表与频数分布图

一、频数分布表

频数是指变量值的个数，频数分布是指变量值在其取值范围内的分布情况。欲了解变量的分布情况，当变量值数量较多时，应先编制频数分布表，简称频数表（frequency table）。

例 2 - 1 抽样调查某地 120 名健康成年男性血清钾（mmol/L）的含量，数据如下，试编制频数表。

4.26	4.09	4.25	5.15	3.75	3.24	4.71	4.43	5.39	4.60	4.16	4.15
3.83	3.64	4.23	3.67	4.02	5.05	4.55	4.77	5.05	4.68	4.78	4.78
4.51	3.57	5.00	4.64	3.72	3.82	3.98	4.79	4.99	4.50	4.63	4.76
4.97	3.96	4.36	4.81	4.24	4.11	4.29	4.11	4.45	3.94	4.13	4.61
4.94	4.05	4.32	5.26	4.39	4.74	4.46	3.98	4.40	4.96	4.99	4.71
5.18	3.45	4.17	4.36	4.41	4.61	4.65	4.90	4.60	4.26	3.61	5.13
3.42	4.14	5.29	4.16	4.25	4.79	4.46	3.86	4.39	4.02	4.65	4.54
4.29	4.22	4.79	4.70	5.39	4.67	3.99	3.70	3.93	4.03	4.35	4.67
4.89	4.46	5.47	4.23	3.62	3.78	5.25	4.72	3.60	4.21	4.42	5.23
3.91	4.24	4.11	4.74	4.07	3.90	4.62	4.69	4.77	4.20	4.11	4.25

1. **计算极差（range）** 亦称全距，找出观察值中的最大值和最小值，两者之差即为极差。本例最大值为 5.47mmol/L，最小值为 3.24mmol/L，全距＝5.47－3.24＝2.23（mmol/L）。

2. **确定组段数、组距** 编频数表的目的是了解变量值的分布情况，分组不宜过粗，也不宜过细，要根据观察值的数量多少来定，一般取 8～15 组。

根据组段数和极差确定组距（class interval），组距＝极差/预计的组段数。本例拟分成 10 个组，极差为 2.23mmol/L，则组距应为 2.23/10＝0.223mmol/L，为方便分组，组距取 0.2mmol/L。

3. **确定组段** 按照以下要求确定：组距一般应相等（有时也可不等），组间界限应清楚、不应相互重叠。第一组段的下限应包括资料中的最小值，本例为 3.24mmol/L，故第一组取 3.2（略小于最小值），表示为"3.2～"，意为所有血清钾≥3.2mmol/L 且＜3.4mmol/L 的观察值均属该组，第二组取 3.4，表示为"3.4～"，意为所有血清钾≥3.4mmol/L 且＜3.6mmol/L 的观察值均属该组，依此类推。最后一个组段应包含上限值，并包括资料的最大值，如本例应为 5.4～5.6mmol/L（包含了本例最大值 5.47mmol/L）。

4. **列表** 划分组段后，清点各组段内的例数列于表 2－1 的（1）、（2）列，在此基础上，可计算各组段的频率（%）、累计频数和累计频率（%），列于表 2－1 的（3）～（5）列。

表 2-1 某地 120 名健康成年男性血清钾含量（mmol/L）频数表

组段（mmol/L）(1)	频数（f）(2)	频率（%）(3)	累计频数 (4)	累计频率（%）(5)
3.2~	1	0.83	1	0.83
3.4~	3	2.50	4	3.33
3.6~	9	7.50	13	10.83
3.8~	11	9.17	24	20.00
4.0~	16	13.33	40	33.33
4.2~	20	16.67	60	50.00
4.4~	12	10.00	72	60.00
4.6~	27	22.50	99	82.50
4.8~	8	6.67	107	89.17
5.0~	6	5.00	113	94.17
5.2~	6	5.00	119	99.17
5.2~5.6	1	0.83	120	100.00
合计	120	100.00		

二、频数分布图

根据表 2-1 资料，以各组段血清钾含量为横坐标、频数 f 为纵坐标，可绘制频数分布图（图 2-1），它比频数表更直观和形象。

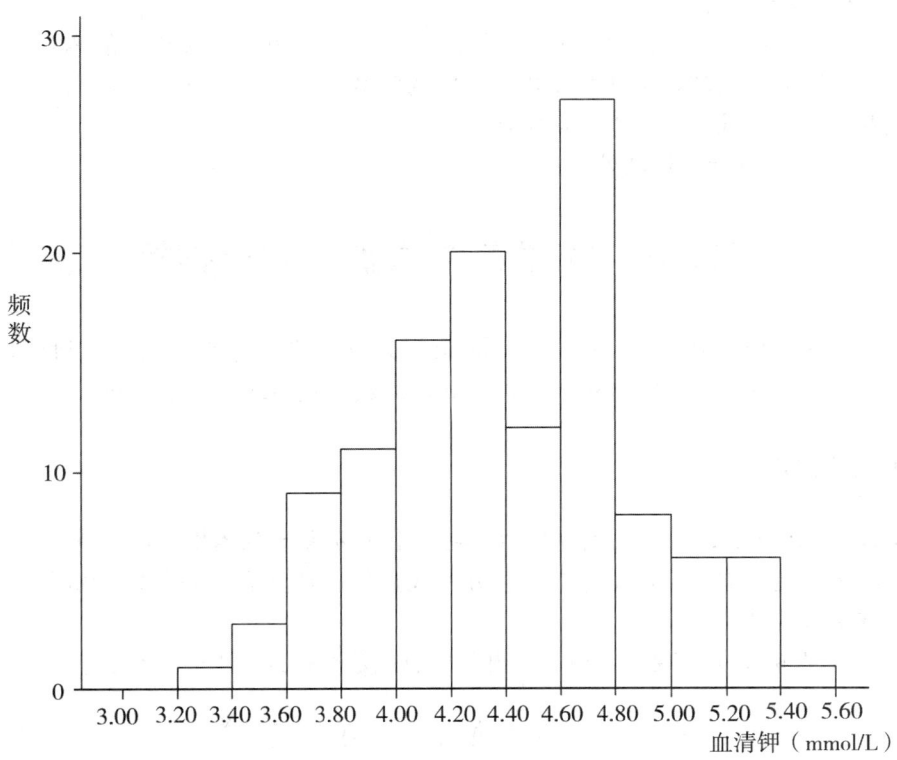

图 2-1 某地 120 名健康成年男性血清钾含量的频数分布图

三、频数表和频数分布图的用途

1. **描述频数分布的类型** 医学研究中常见资料分布类型可分为对称分布和偏态分布两大类。在对称分布资料中有一种非常重要的分布类型——正态分布（normal distribution），其特征是中间组段的频数多，两侧的频数分布对称，并按一定规律下降，表2-1的频数分布即近似呈正态分布（图2-1）。如果频数分布的高峰向左偏移，长尾向右延伸称为正偏态分布（positive skewness distribution），相反则称为负偏态分布（negative skewness distribution），见图2-2。在资料分析时常需要根据资料的分布类型选择相应的统计分析方法。

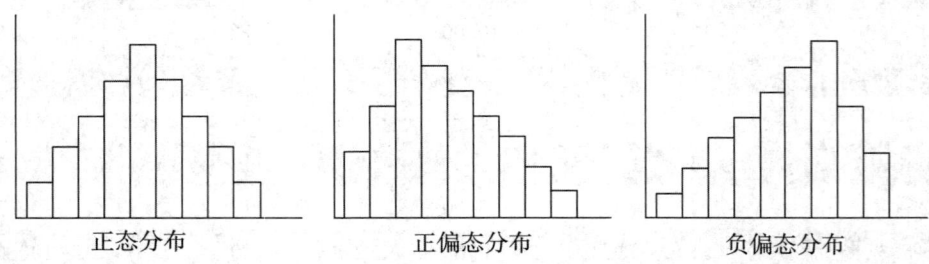

图2-2 几种不同类型的频数分布

2. **描述频数分布的特征** 频数分布有两个重要特征，即集中趋势（central tendency）和离散趋势（tendency of dispersion）。从表2-1可以看出，这120名健康成年男性血清钾含量大多集中在4.4~组段左右，这一特征称为变量值的集中趋势（即4.4~组段为其集中位置所在）；同时可以看出这120名健康成年男性血清钾含量参差不齐，从最小的3.24mmol/L到最大的5.47mmol/L，且从中间向两侧逐渐减少，数据的这种分布特征称为变量值的离散趋势（或叫离散程度、变异程度）。

3. **便于发现可疑值** 通过对频数表的分析，可发现某些特大或特小的离群值、可疑值。例如，有时在频数表的两端，出现连续几个组段的频数为0后，又出现一些特大或特小的值，使人怀疑这些数据是否准确，需进一步核查。

4. **便于进一步做统计分析和处理。**

第二节 描述集中位置的统计指标

对于定量资料，统计上常使用平均数（average）这一指标体系来描述一组变量值的集中位置。医学研究中常用的平均数指标有三种：算术均数、几何均数和中位数。

一、算术均数

算术均数（arithmetic mean）简称均数，习惯上用 μ 表示总体均数，用 $\bar{X}$ 表示样本均数。算术均数常用于描述对称分布，尤其是正态分布或近似服从正态分布的定量资料的平均水平，常用的计算方法有两种。

1. **直接法** 直接将所有观察值相加，再除以总例数。按式（2-1）计算。

$$\bar{X} = \frac{X_1 + X_2 + X_3 + \cdots + X_n}{n} = \frac{\sum X}{n} \tag{2-1}$$

式中：$\sum$ 为求和符号；$\sum X$ 为各观察值的总和；n 为观察值个数。

例 2-2 10 名 19 岁男大学生的身高（cm）分别为 167.8，175.0，183.6，172.3，178.2，180.0，178.5，171.2，169.5，180.5，试求其平均身高。

$$\bar{X} = \frac{167.8+175.0+183.6+172.3+178.2+180.0+178.5+171.2+169.5+180.5}{10}$$

$$=175.66 \text{（cm）}$$

即该 10 名 19 岁男大学生的平均身高为 175.66cm。

2. 频数表法　当观察例数较多时，可以在编制频数表的基础上计算均数的近似值，其计算公式为

$$\bar{X} = \frac{f_1 X_1 + f_2 X_2 + f_3 X_3 + \cdots + f_k X_k}{f_1 + f_2 + f_3 + \cdots + f_k} = \frac{\sum fX}{\sum f} \qquad (2-2)$$

式中：$X_1, X_2, X_3, \cdots, X_k$ 分别为各组段组中值，即各组段下限值与相邻较大组段的下限值相加除以 2；$f_1, f_2, f_3, \cdots, f_k$ 分别为各组段的频数；$\sum fX$ 为各组段组中值与相应频数乘积之和；$\sum f$ 为总频数。式中的 f 起了"权"（weight）的作用，它权衡了各组中值由于频数不同对均数的影响，因此这种方法亦称为加权法。

例 2-3 用频数表法求表 2-1 资料的均数，按式（2-2）计算（表 2-2）：

$$\bar{X} = \frac{1 \times 3.3 + 3 \times 3.5 + 7 \times 3.7 + \cdots + 6 \times 5.3 + 1 \times 5.5}{120} = 4.455 \text{（mmol/L）}$$

即该 120 名健康成年男性血清钾的均数为 4.455mmol/L。这与直接法求得的均数 4.441mmol/L 略有出入，但影响不大，直接法更准确。

表 2-2　某地 120 名健康成年男性血清钾含量均数计算表

组段（mmol/L）(1)	频数（f）(2)	组中值（X）(3)	fX (4) = (2)·(3)
3.2~	1	3.3	3.3
3.4~	3	3.5	10.5
3.6~	7	3.7	25.9
3.8~	11	3.9	42.9
4.0~	12	4.1	49.2
4.2~	19	4.3	81.7
4.4~	21	4.5	94.5
4.6~	18	4.7	84.6
4.8~	12	4.9	58.8
5.0~	9	5.1	45.9
5.2~	6	5.3	31.8
5.4~5.6	1	5.5	5.5
合计	120		534.6

二、几何均数

在医学研究中收集的资料并非都呈正态分布,有些资料呈对数正态分布或近似对数正态分布,有些资料变量值呈倍数或近似倍数关系,此时宜用几何均数(geometric mean)表示其平均水平。几何均数用 G 表示,常用的计算方法有两种。

1. 直接法 将 n 个观察值 $X_1, X_2, X_3, \cdots, X_n$ 的乘积,再开 n 次方,按公式(2-3)计算:

$$G = \sqrt[n]{X_1 \cdot X_2 \cdot X_3 \cdots X_n} \tag{2-3}$$

或按式(2-4)计算:

$$G = \lg^{-1}\left(\frac{\lg X_1 + \lg X_2 + \lg X_3 + \cdots + \lg X_n}{n}\right) = \lg^{-1}\left(\frac{\sum \lg X}{n}\right) \tag{2-4}$$

例 2-4 5 名慢性乙型肝炎患者的 HBsAg 滴度分别为 1∶16,1∶32,1∶64,1∶64,1∶128,求其平均滴度。

按式(2-3)或式(2-4)计算:

$$G = \sqrt[5]{16 \times 32 \times 64 \times 64 \times 128} = 48.5$$

或

$$G = \lg^{-1}\left(\frac{\lg 16 + \lg 32 + \lg 64 + \lg 64 + \lg 128}{5}\right) = \lg^{-1} 1.6858 = 48.5$$

故平均滴度为 1∶48.5。

2. 频数表法 当资料中观察值较多时先编频数表,按公式(2-5)计算:

$$G = \lg^{-1}\left(\frac{\sum f \lg X}{\sum f}\right) \tag{2-5}$$

例 2-5 某地 60 人接种乙肝疫苗后 HBsAb 滴度见表 2-3,求其平均滴度。

$$G = \lg^{-1}\left(\frac{93.6203}{60}\right) = 36.34$$

故该 60 人的 HBsAb 平均滴度为 1∶36.34。

表 2-3 某地 60 人 HBsAb 平均滴度计算

抗体滴度 (1)	人数 f (2)	滴度倒数 X (3)	$\lg X$ (4)	$f \lg X$ (5)=(2)·(4)
1∶4	4	4	0.6021	2.4082
1∶8	8	8	0.9031	7.2247
1∶16	9	16	1.2041	10.8371
1∶32	12	32	1.5051	18.0618
1∶64	13	64	1.8062	23.4803
1∶128	8	128	2.1072	16.8577
1∶256	5	256	2.4082	12.0412
1∶512	1	512	2.7093	2.7093
合计	60			93.6203

三、中位数和百分位数

中位数（median）用 M 表示，将一组观察值从小到大按顺序排列，位次居中的观察值或两个位次居中观察值的平均数就是中位数。

百分位数（percentile）用 P_X 表示，一个 P_X 将总体或样本的全部观察值分为两个部分，理论上有 $X\%$ 的观察值比 P_X 小，有 $(100-X)\%$ 的观察值比 P_X 大。故百分位数是一个分布数列的一百等份分割值。显然，P_{50} 即是中位数，因此，中位数是一特定的百分位数。

1. 直接法　将观察值从小到大按顺序排列，按式（2-6）或式（2-7）计算：

当 n 为奇数时，

$$M = X_{\frac{n+1}{2}} \qquad (2-6)$$

当 n 为偶数时，

$$M = \left[X_{\left(\frac{n}{2}\right)} + X_{\left(\frac{n}{2}+1\right)} \right] / 2 \qquad (2-7)$$

式中：n 为观察值例数；$\left(\frac{n+1}{2}\right)$，$\left(\frac{n}{2}\right)$，$\left(\frac{n}{2}+1\right)$ 为观察值按顺序排列后的位次；X 为相应位次上的观察值。

例 2-6　9 名沙门菌食物中毒患者的潜伏期（小时）分别为 2，5，9，12，14，15，18，24，60，求中位数。

本例 $n=9$，为奇数，则中位数为第 5 个数据。

$$M = X_{\left(\frac{9+1}{2}\right)} = X_5 = 14（小时）$$

例 2-7　8 名铅作业工人血铅含量（μg/L）分别为 58，60，68，75，80，88，105，120，求中位数。

本例 $n=8$，为偶数，数据按从小到大的顺序排列，按式（2-7）计算：

$$M = \left[X_{(8/2)} + X_{(8/2+1)} \right] / 2 = \left[X_4 + X_5 \right] / 2 = 77.5（μg/L）$$

2. 频数表法　样本含量较多时直接法计算很不方便，可按频数表法计算中位数和百分位数。

例 2-8　110 名某传染病患者潜伏期资料如表 2-4 第（1）、（2）列所示，试计算中位数 M 和 P_{95}。

步骤如下：

（1）列频数表：见表 2-4，由小到大计算累计频数（3）和累计频率（4）；

（2）找出 P_X 所在的组段，本例中位数在第二组段"15~"，累计频率为 60.9%；P_{95} 在第七组段"40~"，累计频率为 96.4%。

表 2-4　110 名某传染病患者潜伏期

潜伏期（天） (1)	人数 (2)	累计频数 (3)	累计频率（%） (4)
10~	20	20	18.2
15~	47	67	60.9
20~	16	83	75.5
25~	8	91	82.7

续表

潜伏期（天）(1)	人数 (2)	累计频数 (3)	累计频率（%）(4)
30~	7	98	89.1
35~	4	102	92.7
40~	4	106	96.4
45~	2	108	98.2
50~	1	109	99.1
55~	1	110	100.0
合计	110		

（3）按式（2-8）计算，求中位数和百分位数

$$P_X = L_X + \frac{i_X}{f_X}(n \cdot X\% - \sum f_L) \qquad (2-8)$$

式中：P_X 为第 X 百分位数；L_X 为 P_X 所在组段的下限值；i_X 为 P_X 所在组段的组距；f_X 为 P_X 所在组段的频数；$\sum f_L$ 为小于 L 各组段的频数累计。本例利用公式（2-8）分别计算得：

$$M = 15 + \frac{5}{47}(110 \times 50\% - 20) = 18.7 \text{（天）}$$

$$P_{95} = 40 + \frac{5}{4}(110 \times 95\% - 102) = 43.1 \text{（天）}$$

3. 中位数和百分位数的应用

（1）中位数常用于描述偏态分布资料的集中位置，反映位次居中的观察值的水平。它和均数、几何均数不同，不是由全部观察值综合计算出来的，只受居中变量值波动的影响，不受两端极值的影响。因此，当资料分布末端无确定数据、呈偏态分布或分布类型不清楚时，用中位数描述集中趋势较 $\bar{X}$、G 更为合理。

（2）百分位数用于描述样本或总体观察值序列在某百分位置的水平，最常用的百分位数是 P_{50}，即中位数（M），多个百分位数结合应用时，可全面地描述总体或样本的分布特征。

（3）百分位数常用于确定医学参考值范围（详见本章第四节）。

（4）一般在分布中间的百分位数比较稳定，具有较好的代表性；靠近两端的百分位数，只在样本例数足够多时才比较稳定。因此，当样本例数不够多时，不宜取太近两端的百分位数。

第三节 描述离散程度的统计指标

离散程度的统计描述是对一组观察值之间存在的变异情况的描述。对于定量资料只有反映集中位置的指标是不够的，请看例 2-9。

例 2-9 有三组数据如下，试分析其集中位置和离散程度。

甲组	26	28	30	32	34	$\bar{X}_甲 = 30$
乙组	24	27	30	33	36	$\bar{X}_乙 = 30$
丙组	26	29	30	31	34	$\bar{X}_丙 = 30$

从集中位置看三组数据的均数相同，然而这三组间数据的参差不齐程度（即离散或变异程度）是不一样的。因此，仅仅用反映集中位置的指标来描述定量资料的特征显然是不够全面

的，还应考虑观察值的离散程度。描述观察值离散程度的常用指标有极差、四分位数间距、方差、标准差和变异系数。

一、极差

极差（range）亦称全距，用 R 表示，是一组数据中最大值与最小值之差。极差越大，说明离散程度越大，各观察值越分散，均数的代表性越差。计算上述三组数据的极差，分别为 $R_甲=8, R_乙=12, R_丙=8$，说明甲组和丙组的数据较集中，而乙组的数据较为分散。这样，甲、乙、丙三组数据在离散程度上的差别在一定程度上反映出来了。用极差反映观察值离散程度的大小简单明了，常用以说明传染病、食物中毒等疾病的最短、最长潜伏期。

但用极差反映离散程度有如下缺点：

1. 除了最大值和最小值外，不能反映组内其他数据的离散程度。如 $R_甲=R_丙$，但两组数值内部的离散程度是不同的，极差没能很好地反映这一特征。

2. 不稳定，尤其在样本例数较多时，抽到较大或较小的观察值的可能性很大，因而极差也可能越大，故在样本例数相差悬殊时，不宜比较极差。

二、四分位数间距

四分位数间距（quartile）用 Q 表示，是将全部观察值分成四等份，其中间两份的极差，即 P_{75} 与 P_{25} 之间的差。其意义与极差相似，Q 大说明离散程度大，Q 小说明离散程度小。用四分位数间距反映离散程度的大小比极差稳定，在分析中常和中位数结合使用，但仍未考虑全部观察值的离散程度。

三、方差

方差（variance）是离均差平方和的平均值，总体方差用 σ^2 表示。总体方差的公式为：

$$\sigma^2 = \frac{\sum(X-\mu)^2}{N} \tag{2-9}$$

式中：$\sum(X-\mu)^2$ 称为离均差平方和，是每个变量值 X 与总体均数 μ 之差的平方和，方差是离均差平方和除以变量值个数的总和 N 得到的。这样就考虑到了每一个观察值的离散情况，因此，用方差描述观察值的离散程度代表性更好。方差越大说明观察值的离散程度越大，方差越小说明观察值的离散程度越小。

日常工作中常用样本方差作总体方差的估计值，样本方差用 S^2 表示。样本方差的公式为：

$$S^2 = \frac{\sum(X-\overline{X})^2}{n-1} \tag{2-10}$$

在实际工作中用样本均数 $\overline{X}$ 代替总体 μ，用样本例数 n 代替总体例数 N。这样求得的 S^2 小于实际的 σ^2。统计学家提出用 $n-1$ 代替 n 来校正，于是得到式（2-10）。式中的 $n-1$，在统计学中称为自由度（degree of freedom），意为当 $\overline{X}$ 确定后在 n 个变量值中只有 $n-1$ 个可以自由变动。统计学中自由度常用希腊字母 ν 表示。

四、标准差

1. **标准差的意义** 方差虽然能全面地反映一组观察值的离散程度，但在计算中使原观察值的度量单位也平方化了，这不利于进一步统计分析，故将方差开平方根得标准差（standard deviation）。标准差全面地反映了一组观察值的离散程度，在两组同质观察值比较离散程度时，如果两组均数相近，则标准差大的一组观察值的离散程度大，说明该组观察值围绕均数分布较离散，其均数的代表性差；而另一组观察值的离散程度小，即观察值多集中在均数周围，均数的代表性好。

总体标准差用 σ 表示，公式为：

$$\sigma = \sqrt{\frac{\sum(X-\mu)^2}{N}} \quad (2-11)$$

样本标准差用 S 表示，公式为：

$$S = \sqrt{\frac{\sum(X-\overline{X})^2}{n-1}} \quad (2-12)$$

2. 标准差的计算

（1）直接法：数学上可证明 $\sum(X-\overline{X})^2 = \sum X^2 - (\sum X)^2/n$，故式（2-12）可写为：

$$S = \sqrt{\frac{\sum X^2 - \frac{(\sum X)^2}{n}}{n-1}} \quad (2-13)$$

例 2-10 求例 2-9 中三组数据的标准差。

甲组：n，$\sum X = 150$，$\sum X^2 = 4540$

$$S_{甲} = \sqrt{\frac{4540 - \frac{150^2}{5}}{5-1}} = 3.1623$$

依此类推，乙组、丙组的标准差分别为 $S_{乙} = 4.7434$，$S_{丙} = 2.9155$。三组标准差的关系为 $S_{乙} > S_{甲} > S_{丙}$，说明乙组数据的离散程度最大；而甲组和丙组虽然均数相同，但标准差不同，甲组数据的离散程度大于丙组。

（2）频数表法：大样本资料可在频数表基础上进行计算，公式如下：

$$S = \sqrt{\frac{\sum fX^2 - \frac{(\sum fX)^2}{\sum f}}{\sum f - 1}} \quad (2-14)$$

式中：$\sum fX$ 为各组段的组中值与该组频数乘积的总和，$\sum fX^2$ 为各组段组中值的平方与该组频数乘积的总和。

例 2-11 求例 2-1 资料 120 名健康成年男性血清钾含量的标准差。

由表 2-2，得 $\sum f = 120$，$\sum fX = 534.6$，再用（3）、（4）相乘后相加，得 $\sum fX^2 = 2407.68$，代入式（2-14），得

$$S = \sqrt{\frac{2407.68 - \frac{534.6^2}{120}}{120-1}} = 0.468 \text{（mmol/L）}$$

3. 标准差的应用

（1）表示观察值的离散程度：标准差越大，观察值分布越分散，均数的代表性越差；反之，标准差越小，观察值分布越集中，均数的代表性越好。

（2）结合均数描述正态分布的特征：根据正态分布曲线下的分布规律，可以概括地描述变量值的分布情况及估计医学参考值范围。

（3）用于计算变异系数和标准误。

五、变异系数

变异系数（coefficient of variation）用 CV 表示，亦称离散系数，是标准差与均数之比，常用百分数表示。公式为：

$$CV = \frac{S}{\bar{X}} \times 100\% \quad (2-15)$$

极差、四分位数间距和标准差都是有单位的，其单位与原观察值的单位相同，这不便于单位不同的资料间的比较。变异系数是相对数，没有单位，因此克服了这一缺点。变异系数主要用于：

1. 度量衡单位不同的几组资料间的比较

例 2-12 某地 20 岁男子 100 人，其身高的均数为 171.06cm，标准差为 4.95cm；体重的均数为 61.54kg，标准差为 5.02kg。试分析身高和体重的离散程度何者为大。

由于身高和体重的单位不同，不能直接比较标准差，而应比较其变异系数，代入式（2-15）计算得：

$$CV_{身高} = \frac{4.95}{171.06} \times 100\% = 2.89\%$$

$$CV_{体重} = \frac{5.02}{61.54} \times 100\% = 8.16\%$$

可见体重的离散程度大于身高。

2. 均数相差悬殊的几组资料间的比较

例 2-13 表 2-5 为四个不同年龄组儿童身高的均数、标准差和变异系数。试问用何种指标分析离散程度比较合适？

四组资料变量值的单位相同，从标准差看，儿童身高的离散程度随年龄的增加而增大。但不同年龄组儿童的平均身高相差较大，在比较时不宜用标准差衡量离散程度，应选用变异系数。通过变异系数比较可以看出，四个年龄组儿童身高的离散程度随年龄的增加而减小，是符合儿童发育规律的。

表 2-5 四个不同年龄组儿童身高的离散程度比较

年龄组	人数	均数（cm）	标准差（cm）	变异系数（%）
1～2 个月	100	56.3	2.1	3.7
5～6 个月	120	66.5	2.2	3.3
3～3.5 岁	300	96.1	3.1	3.2
5～5.5 岁	400	107.8	3.3	3.1

第四节 正态分布及其应用

一、正态分布的概念和特征

正态分布（normal distribution）又称高斯分布（Gaussian distribution），是一种中间高，左右对称，两侧逐渐降低但又不与横轴相交的钟形分布。

在医药卫生领域中，有许多变量的频数分布属于这类分布。从例 2-1 资料绘制成的直方图（图 2-1）可以看出，120 名健康成年男性血清钾含量的频数分布近似正态分布，在均数（4.46mmol/L）附近人数最多，两侧越远离均数人数越少，且基本对称。可以设想，如果将观察人数逐渐增多，组距不断分细，则图形的顶端就会逐渐近于光滑，对称性也会越来越好。具有这种频数分布特点的资料，称为变量值服从正态分布，可以利用正态分布理论来分析。

根据正态分布的密度函数式 $f(X)$，可以绘制出正态分布的图形。

$$f(X) = \frac{1}{\sigma\sqrt{2\pi}} e^{-(X-\mu)^2/(2\sigma^2)} \tag{2-16}$$

式中：μ 为总体均数；σ 为总体标准差；π 为圆周率，即 3.14159；e 为自然对数的底，即 2.71828。以上均为常量，仅 X 为变量。当 X 确定后，就可由此式求得其密度函数 $f(X)$，即相应的纵坐标高度。所以已知 μ 和 σ，就能按式（2-16）绘出正态曲线的图形。

正态分布具有如下特征：

1. 正态分布曲线在横轴上方均数处最高。
2. 正态分布以均数为中心，左右对称。
3. 正态分布有两个参数，即均数 μ 和标准差 σ。μ 是位置参数，σ 是形状参数。

当 σ 恒定时，μ 越大，则曲线沿横轴越向右移动；反之，μ 越小，则曲线沿横轴越向左移动（图 2-3）；当 μ 恒定时，σ 越大，表示数据越分散，曲线越"胖"；σ 越小，表示数据越集中，曲线越"瘦"（图 2-4）。

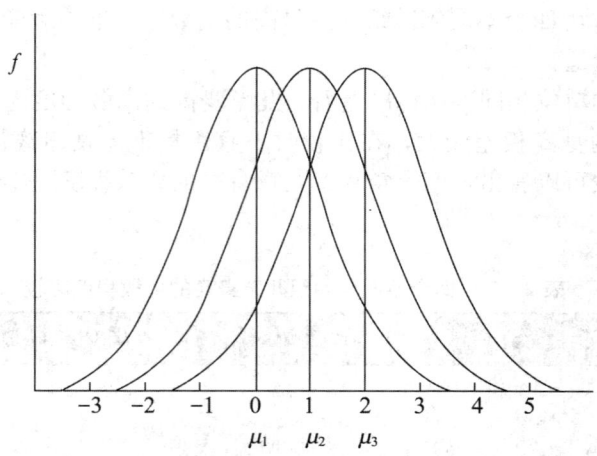

图 2-3 不同均数 μ 时的正态分布

4. 正态曲线与横轴所夹面积等于 100% 或 1。
5. 正态曲线下面积分布有一定规律。

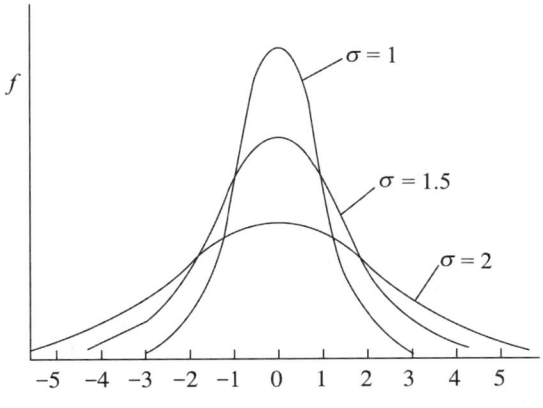

图 2-4 不同标准差 σ 时的正态分布

为了应用方便,常将式(2-16)作 Z 变换,即将原来的正态分布转换为 $\mu=0,\sigma=1$ 的标准正态分布。

$$Z = \frac{X-\mu}{\sigma} \tag{2-17}$$

于是式(2-16)可转化成

$$\varphi(Z) = \frac{1}{\sqrt{2\pi}} e^{-Z^2/2} \tag{2-18}$$

式中:$\varphi(Z)$ 为标准正态分布的密度函数,即纵坐标高度。根据 Z 的不同取值,可按式(2-18)绘出标准正态分布的图形。

二、正态曲线下面积的分布规律

正态曲线下一定区间的面积可通过式(2-16)和式(2-18)的积分式求得(公式略)。为了省去计算的麻烦,统计学家已按式(2-18)编制成了"标准正态分布曲线下的面积"Z 值表(见附表1),通过查表可以方便地求出正态曲线下某一区间的面积,用以估计该区间出现的变量值例数占总例数的百分比(频率),或变量值落在该区间的概率,以便于日常工作中使用。查表时应注意:

1. 由于标准正态曲线对称于0区间的面积相等,故区间($-\infty$,-1.96)与区间(1.96,∞)的面积相等。因此,表中只列出了曲线左侧$-\infty$到 Z 之间面积的数值。

2. 当 μ、σ 已知时,须先按式(2-17)求 Z 值。再查 Z 值表,得出面积占总面积的比例。

3. 当 μ、σ 未知时,常分别用样本均数 $\overline{X}$ 和样本标准差 S 来估计 Z 值[$Z=(X-\overline{X})/S$],再查 Z 值表。

4. 正态分布曲线下的面积分布有以下三个区间,应用较多(图2-5):

(1) 标准正态分布区间(-1,1)或正态分布区间($\mu-1\sigma$,$\mu+1\sigma$)的面积占总面积的 68.27%。

(2) 标准正态分布区间(-1.96,1.96)或正态分布区间($\mu-1.96\sigma$,$\mu+1.96\sigma$)的面积占总面积的 95.00%。

(3) 标准正态分布区间(-2.58,2.58)或正态分布区间($\mu-2.58\sigma$,$\mu+2.58\sigma$)的面积占总面积的 99.00%。

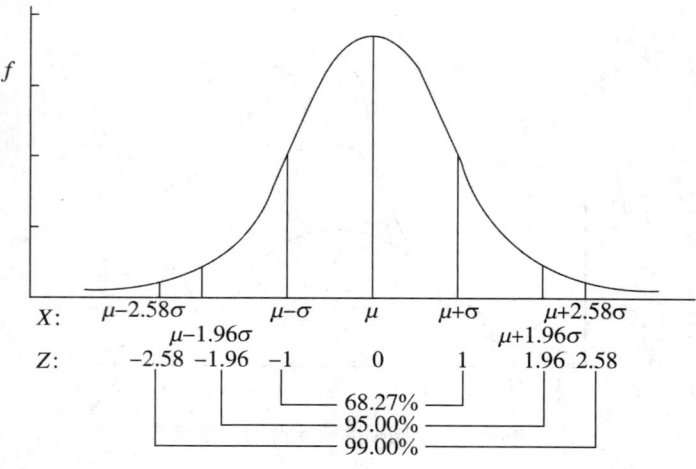

图 2-5　正态曲线下面积分布

三、正态分布的应用

医学领域中，许多现象服从正态分布或近似正态分布，如正常人某些生理、生化指标的频数分布（如体温、脉搏、血细胞计数等）；实验室内对同一样品多次重复测定结果的频数分布等，这类资料可利用正态分布规律进行统计分析。某些资料呈偏态分布，虽然不能直接应用正态分布规律作统计处理，但其中有些资料经变量变换常能使资料服从正态分布，如对变量值作对数变换（$X \rightarrow \lg X$），有时可使变量 X 服从对数正态分布，此时亦可用正态分布规律处理。

（一）估计频数分布

在实际工作中常用样本均数 $\bar{X}$ 作总体均数 μ 的估计值，用样本标准差 S 作总体标准差 σ 的估计值，利用正态曲线下面积的分布规律对某事件的频数分布作出概括的估计。

例 2-14　某地 120 名健康成年男性血清钾 $\bar{X} = 4.455 \text{mmol/L}$，标准差 $S = 0.468 \text{mmol/L}$，试求：该地健康成年男性血清钾在 4.0mmol/L 以下者所占的百分比。

按式（2-17）求 Z 值

$$Z = \frac{4.0 - 4.455}{0.468} = -0.97$$

查附表 1，在表的左侧找到 -0.9，在表的上方找到 0.07，二者相交处为 0.1660 = 16.6%，即该地健康成年男性血清钾在 4.0mmol/L 以下者约占 16.6%。

（二）医学参考值范围的确定

1. **医学参考值范围的定义**　医学参考值范围（medical reference range）亦称医学正常值范围，是指正常人群的解剖、生理、生化等指标的波动范围。这里所说的"正常人"是指排除了对所研究指标有影响的疾病和因素的同质人群。

2. **参考值范围有单双侧之分**　这要根据专业知识来定，对于过高过低都异常的指标应确定双侧参考值范围。如血压、血红蛋白等医学参考值范围就要确定上、下界。而对于只有过高或过低才异常的指标，只需确定上界或下界。

3. **医学参考值范围的估计方法**　这里所指的方法只是确定医学参考值范围中所用的统计方法。常用的有正态分布法和百分位数法，现归纳如表 2-6。

（三）实验室质量控制

在实验室工作中常利用正态分布规律进行质量控制（参见有关书籍）。

（四）正态分布是很多统计方法的理论基础

后面将要讨论的 χ^2 分布、t 分布与 F 分布等都是在正态分布的基础上推导出来的。某些分布，如二项分布、Poisson 分布等在极限情况下也近似正态分布，在一定条件下，均可按正态近似的原理来处理。

表 2-6 医学参考值范围的确定

界限	参考值范围（%）	正态分布法	百分位数法
双侧界限	90	$\bar{X} \pm 1.64S$	$P_5 \sim P_{95}$
	95	$\bar{X} \pm 1.96S$	$P_{2.5} \sim P_{97.5}$
	99	$\bar{X} \pm 2.58S$	$P_{0.5} \sim P_{99.5}$
单侧下界	90	$\bar{X} - 1.28S$	P_{10}
	95	$\bar{X} - 1.64S$	P_5
	99	$\bar{X} - 2.33S$	P_1
单侧上界	90	$\bar{X} + 1.28S$	P_{90}
	95	$\bar{X} + 1.64S$	P_{95}
	99	$\bar{X} + 2.33S$	P_{99}

第五节　小　结

1. 频数表与频数分布图可揭示定量资料的分布特征和分布类型，便于进一步的统计分析处理，而且还便于发现一些特大或特小的可疑值。

2. 平均数常用于描述一组变量值的集中位置和平均水平，常用的有均数、几何均数、中位数。当资料呈对称分布，尤其呈正态分布，可用均数描述其平均水平；当资料呈对数正态分布或呈倍数关系时，多用几何均数描述其平均水平；若资料呈明显偏态分布、分布类型不明或有极端值等，多用中位数描述其平均水平。

3. 描述离散程度的指标有极差、四分位数间距、方差、标准差和变异系数。极差、四分位数间距适用范围广，但稳定性差，不能反映所有观察值的离散程度；当资料服从正态分布时，标准差是表示其离散程度最常用的指标；但当多组资料间度量衡单位不同或均数相差较大时，应将标准差转换成变异系数进行对比和分析。

4. 正态分布是统计分析的理论基础，是医学研究应用中重要的一种连续型分布。正态分布受两个参数 μ（位置参数）和 σ（形状参数）的影响，$\mu = 0$，$\sigma = 1$ 的正态分布，称为标准正态分布。正态分布曲线下的面积有规律。

5. 医学参考值范围亦称医学正常值范围，估计医学参考值范围常用的方法有正态分布法和百分位数法，当资料服从正态分布或转换值服从正态分布时可用正态分布法；若不服从正态分布时或分布类型未知，可用百分位数法。

思考与练习

一、简答题

1. 简述频数分布表的用途。
2. 描述集中位置与离散程度的指标有哪些？其适用范围有何异同？
3. 试述正态分布的特征及面积的分布规律。
4. 常用医学参考值的估计方法有几种？各自的适用条件？

二、不定项选择题

1. 研究某特定人群的死亡情况,需将 20~40 岁的人群按年龄均匀分成 4 组,则分组组段错误的是
   A. 20~25,25~30,30~35,35~40
   B. 20~,25~,30~,35~40
   C. ~25,~30,~35,~40
   D. 20~24,25~29,30~34,35~39
   E. 20~,24~,25~29,30~34,35~39

2. 医学参考值范围需要取单侧界限的生理指标有
   A. 白细胞数
   B. 红细胞数
   C. 血压值
   D. 肺活量
   E. 握力

3. 确定医学参考值范围下列何项是正确的
   A. 选择正常人要有足够的数量
   B. 正常人必须是没有一点小病的人
   C. 原则上根据性别间和年龄组间的差别是否有实际意义,来考虑是否应分组确定参考值范围
   D. 医学参考值范围应取双侧界限
   E. 医学参考值范围应取单侧界限

4. 对于正态分布资料表示变量值离散程度的指标最常用的是
   A. 标准差
   B. 四分位数间距
   C. 极差
   D. 变异系数
   E. 平均数

5. 表示定量资料集中位置的指标有
   A. 标准差
   B. 中位数
   C. 四分位数间距
   D. 几何均数
   E. 均数

6. 下列哪些是正态分布的特征
   A. 以均数为中心左右对称
   B. 其形状参数为标准差
   C. 均数大小影响其形状
   D. 曲线下的总面积为 1
   E. 峰偏左,长尾向右延伸

三、综合分析题

1. 抽样调查某地某年 120 名健康成年女性血红蛋白(g/L)含量,测定结果如下:

129.13	132.18	118.92	114.10	125.38	126.83	130.74	133.10	135.69	137.73	141.17	126.66
107.73	115.27	126.22	123.33	125.62	131.15	126.30	118.00	119.24	138.19	105.71	146.95
136.30	152.38	121.62	114.48	138.45	128.81	131.20	133.29	136.08	124.66	116.97	147.68
111.16	116.01	120.71	143.02	116.95	121.36	131.34	123.33	108.10	154.23	142.63	148.90
132.49	149.57	138.92	123.80	137.08	136.89	131.38	138.66	136.51	138.66	124.39	149.23
112.04	134.66	121.43	124.21	134.50	129.67	131.41	134.53	141.33	123.51	143.30	133.40
129.74	117.50	150.12	112.23	143.31	125.30	132.10	133.20	137.05	138.79	119.53	144.77
138.46	142.22	122.11	125.88	126.58	113.55	126.94	126.27	136.01	126.11	143.69	126.71
130.02	118.62	122.49	124.66	134.76	130.29	111.90	138.83	137.26	116.00	144.73	152.50
123.32	129.14	122.96	134.63	146.63	130.43	132.60	134.97	137.73	139.2	117.75	112.76

(1) 编制频数表并绘制相应的频数图。
(2) 选择合适的描述集中位置与离散程度的指标并计算。
(3) 求该地正常成年女性血红蛋白的 95% 医学参考值范围。
(4) 试估计该地正常女性血红蛋白在 128g/L 以下者及 145g/L 以上者各占的百分比。

2. 为了解某地居民发汞的基础水平,抽样调查了留住该地一年以上,无明显肝、肾疾病,无汞作业接触史的成年人 200 例,测定结果如下:

某地 200 例成年人发汞检测结果

发汞值（μmol/kg）	人数
1.5～	16
3.5～	60
5.5～	52
7.5～	40
9.5～	12
11.5～	10
13.5～	4
15.5～	3
17.5～	1
19.5～	2
合计	200

（1）请选择合适的统计指标对此资料的集中位置和离散程度进行描述。

（2）若此资料近似服从对数正态分布，请分别用正态分布法与百分位数法计算该地居民发汞值的 95% 医学参考值范围。

（郭艳萍）

第三章 总体均数的估计及假设检验

在进行医学研究时,研究者往往难以对所要研究的总体进行全部观察,通常从总体中随机抽取部分个体组成具有代表性的样本进行观察,然后由样本的信息去推断总体信息,这种研究方法叫做抽样研究方法。由样本的信息去推断总体的信息,叫做统计推断。统计推断包括两个内容:一是对总体参数进行推断,所用的方法为参数估计;二是由两个或多个样本的信息对它们的总体参数是否有差别进行推断,所用的方法为假设检验。本章将围绕这两种推断方法进行介绍。

第一节 均数的抽样分布和抽样误差

在具体介绍前,先引入两个数理统计的定理:①从正态总体中随机抽取含量为 n 的样本,样本均数 $\overline{X}$ 也服从正态分布(见例 3-1);即使是从偏态分布总体中抽样,当 n 足够大时,样本均数 $\overline{X}$ 也近似服从正态分布;②从正态总体 $N(\mu, \sigma^2)$ 中随机抽取例数为 n 的样本,样本均数的总体均数仍为原总体均数 μ,其标准差为 $\sigma_{\overline{X}}$,即样本均数的标准差。可按式(3-1)计算:

$$\sigma_{\overline{X}} = \frac{\sigma}{\sqrt{n}} \tag{3-1}$$

例 3-1 2011 年在某地区的一次普查得到,该地区学龄前儿童(人群)的体重指数(BMI)的平均数(μ)为 16.59,标准差(σ)为 4.66,普查资料表明:学龄前儿童的 BMI 近似服从正态分布。现从该总体 $N(16.59, 4.66^2)$ 中独立地进行重复随机抽样,抽取样本量 $n=10$ 的 100 个样本,可得 100 个样本均数,其频数分布见表 3-1。

表 3-1 100 个样本均数的频数分布

组段	12~	13~	14~	15~	16~	17~	18~	19~	20~21
频数	3	4	9	25	28	20	8	2	1

一、概念

由普查结果可知该地区学龄前儿童平均 BMI 为 16.59,而随机抽取的 $n=10$ 的 100 个样本的样本均数互不相等,也不一定恰好等于 16.59。这种由于总体中个体差异的存在,在抽样过程中产生的样本均数与总体均数之间的差异或样本均数之间的差异,称为均数的抽样误差(sampling error of mean)。

二、大小

在同一总体中随机抽取样本含量相同的样本,其样本均数与总体均数的差别($\overline{X}-\mu$)有大有小,有正有负,也有可能为 0。因此,我们不能用某一样本均数与总体均数的差值衡量抽样误差的大小,而是将所有来自同一总体具有相同样本含量的样本均数与总体均数之间的平均差(平均变异)作为抽样误差大小的衡量指标。由上面两个数理统计的定理可知,这种平均变异正好是样本均数的标准差,为了区别于个体观察值的标准差,我们把样本均数的标准差称为均数的标准误(standard error)。

由表 3-1 可计算样本均数的均数为 16.29,样本均数的标准差为 1.51。而由式(3-1)计算样本均数的标准差为:

$$\sigma_{\overline{X}} = \frac{4.66}{\sqrt{10}} = 1.47$$

由此可见,由表 3-1 计算所得的结果与($\mu, \sigma_{\overline{X}}$)很接近。但在实际的抽样研究中,$\sigma$ 常常未知,而通常用样本的标准差 S 估计 σ。因此实际研究中常用 $S_{\overline{X}}$ 作为 $\sigma_{\overline{X}}$ 的估计值,计算公式为:

$$S_{\overline{X}} = \frac{S}{\sqrt{n}} \tag{3-2}$$

$S_{\overline{X}}$ 的大小可以用来衡量样本均数估计总体均数的可靠性。$S_{\overline{X}}$ 越小,样本均数与总体均数的差异程度越小。因此,用样本均数估计(推断)总体均数越可靠。

三、性质

抽样误差产生的原因是总体中存在个体差异,产生的条件是抽样,而总体中的个体差异是无法避免的,因此,只要作抽样研究就必定存在抽样误差,即抽样误差有不可避免的性质。但由公式(3-2)可见,可以通过保证总体的同质性及增大样本例数来缩小抽样误差。

第二节 t 分布

一、t 分布的概念

若变量 X 服从 $N(\mu, \sigma^2)$ 的正态分布,则对 X 作 $Z = \frac{X-\mu}{\sigma}$ 变量变换后 Z 服从 $N(0,1)$ 的标准正态分布。若从正态分布 $N(\mu, \sigma^2)$ 中随机抽取含量为 n 的样本,由数理统计定理可知,其样本均数 $\overline{X}$ 将服从 $N(\mu, \sigma_{\overline{X}}^2)$ 的正态分布,若对其作 $Z = \frac{\overline{X}-\mu}{\sigma_{\overline{X}}}$ 的变量变换后,Z 仍服从 $N(0,1)$ 的标准正态分布。但在实际工作中 $\sigma_{\overline{X}}$ 往往未知,需要用 $S_{\overline{X}}$ 来估计,这时对正态变量 $\overline{X}$ 采用的不是 Z 变换,而是 t 变换,即:

$$t = \frac{\overline{X}-\mu}{S_{\overline{X}}} = \frac{\overline{X}-\mu}{S/\sqrt{n}} \tag{3-3}$$

其结果也不再是 Z 分布,而将它称作自由度为 $n-1$ 的 t 分布(t-distribution)(图 3-1)。英国统计学家 W. S. Gosset(1909)在《生物测量》(*Biometrika*)杂志上发表论文阐述 t 分布时用的是笔名"Student",故 t 分布又称 Student t 分布。

二、t 分布的特征

1. t 分布是一簇以 $t=0$ 为中心左右对称的单峰分布曲线(图 3-1)。

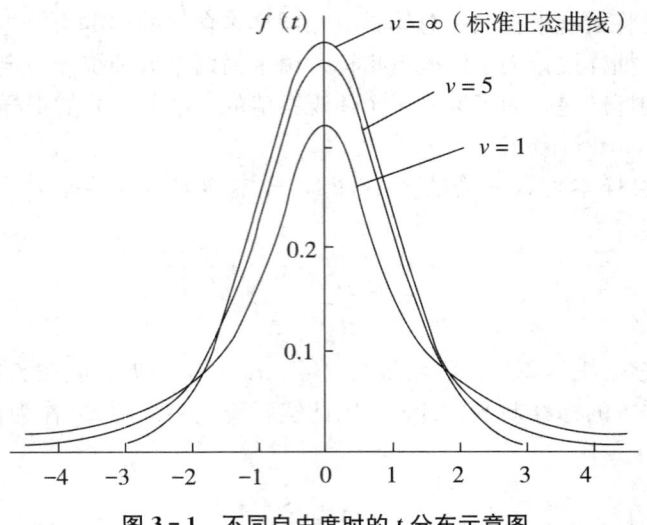

图 3-1 不同自由度时的 t 分布示意图

2. t 分布由自由度 ν 决定其形状，ν 越小，曲线越"扁平"；ν 越大，曲线越"瘦高"。自由度逐渐增大时，t 分布逐渐逼近标准正态分布，当 $\nu \to \infty$ 时，t 分布曲线与标准正态曲线完全吻合。

三、t 分布曲线下的面积规律

与正态分布类似，t 分布曲线下面积也为 1。在横轴上 0 的左右截取一个范围，可以得到该范围内所夹的面积与曲线下总面积的比值，及范围外所夹的面积与总面积的比值，亦即可以得到 t 值落在范围内与范围外的概率。我们将范围外的面积称为尾部面积，并定义为概率 α，则范围内为概率 $1-\alpha$。由于自由度的不同，t 分布曲线不同，在讲 t 分布曲线下的面积规律时，先规定自由度 ν。因此，将自由度为 ν，尾部面积为 α 所对应横轴上的 t 值记为 $t_{\alpha,\nu}$。由于 t 分布是对称的，可将 $t_{\alpha,\nu}$ 规定为正值，并称为 t 界值，由 t 界值表（见附表 2）查得。当 $t_{\alpha,\nu}$ 确定后可知 t 分布曲线下的面积规律为（图 3-2）：

双侧：$P(t \leqslant -t_{\alpha/2,\nu}) + P(t \geqslant t_{\alpha/2,\nu}) = \alpha$，$P(-t_{\alpha/2,\nu} < t < t_{\alpha/2,\nu}) = 1-\alpha$

单侧：$P(t \leqslant -t_{\alpha,\nu}) = \alpha$ 或 $P(t \geqslant t_{\alpha,\nu}) = \alpha$

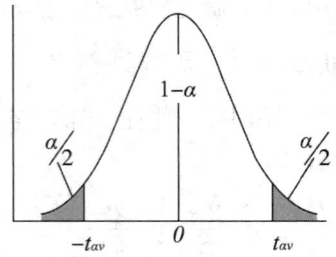

图 3-2 t 分布曲线下的面积分布

例 3-2 若 $\nu = 11$，$\alpha = 0.05$，则查 t 界值表（见附表 2）得：双侧 $t_{0.05/2,11} = 2.201$，单侧 $t_{0.05,11} = 1.796$。

双侧的面积规律为：$P(t \leqslant -2.201) + P(t \geqslant 2.201) = 0.05$，即 $P(-2.201 < t < 2.201) = 95\%$

单侧的面积规律为：$P(t \leqslant -1.796) = 0.05$ 或 $P(t \geqslant 1.796) = 0.05$

四、总体均数的参数估计

参数估计是统计推断的重要内容。因为在抽样研究中一般只知道样本均数,所以常常由样本均数(样本统计量)估计总体均数(总体参数)。其估计方法有两种:

1. 点估计(point estimation)是直接用样本统计量的一个数值作为总体参数的估计值,如用样本均数 $\bar{X}$ 估计总体均数 μ,用样本标准差 S 估计总体标准差 σ。这种方法思维朴素,简单易行,但未考虑抽样误差的大小,而抽样误差是不可避免的,因此抽取的样本不同,对总体参数作出的点估计也不同。

2. 区间估计(interval estimation)是考虑抽样误差的存在,以预先给定的概率(置信度)确定包含总体参数的范围,该范围称为总体参数的置信区间(confidence interval,CI),这种估计方法称为区间估计。其概率(置信度)一般用 $1-\alpha$ 表示,由此估计的区间称为 $1-\alpha$ 置信区间。由 t 分布曲线下面积规律可得总体均数 μ 的 $1-\alpha$ 置信区间为:

$$\bar{X} \pm t_{\alpha/2,\nu} S_{\bar{X}} \tag{3-4}$$

α 常取小概率 0.05 或 0.01,故 $1-\alpha$ 置信区间常为 95% 或 99% 置信区间。

例 3-3 随机抽取某地区 15 名 19 岁的健康男大学生,算得身高均数 $\bar{X}$ 为 171.46cm,标准差 S 为 4.22cm,试估计该地所有 19 岁正常男大学生平均身高的 95% 及 99% 置信区间。

本例:自由度 $\nu=15-1=14$,查 t 界值表得 $t_{0.05/2,14}=2.145$,$t_{0.01/2,14}=2.977$,代入公式(3-4)得:

95% 置信区间为:

$$(171.46-2.145\times 4.22/\sqrt{15},171.46+2.145\times 4.22/\sqrt{15})=(169.12,173.80)\text{ cm}$$

99% 置信区间为:

$$(171.46-2.977\times 4.22/\sqrt{15},171.46+2.977\times 4.22/\sqrt{15})=(168.22,174.70)\text{ cm}$$

该地区所有 19 岁正常男大学生平均身高的 95% 置信区间为 169.12~173.80cm,99% 置信区间为 168.22~174.70cm。

对置信区间理解应注意以下三个方面:①置信区间的涵义:如 95% 置信区间是指理论上从同一总体中随机抽取 100 个样本量相同的独立样本,可算得 100 个置信区间,大约有 95 个置信区间包括总体均数,大约有 5 个不包括总体均数。而 5% 是小概率事件,在一次抽样或随机实验中可以认为不会发生。因此,在实际应用中就认为置信区间覆盖总体均数;②置信区间的两个要素:一是准确度,即置信度 $1-\alpha$,$1-\alpha$ 越大,置信度就越大,因此 99% 置信度大于 95% 置信度;二是精密度,即区间的宽度($2t_{\alpha/2,\nu}S_{\bar{X}}$),区间的宽度越小越精密,因此,95% 的精密度高于 99%(见例 3-3)。在样本例数确定的情况下,二者是矛盾的,需要兼顾准确度和精密度,一般情况下常取 95% 置信区间。在置信度确定的情况下,提高精密度的方法是扩大样本例数(会同时减少 $t_{\alpha/2,\nu}$ 和 $S_{\bar{X}}$);③正确区分置信区间与参考值范围的涵义。当样本含量较大时,95% 与 99% 置信区间分别为:$\bar{X}\pm 1.96S_{\bar{X}},\bar{X}\pm 2.58S_{\bar{X}}$,这与前面介绍的 95% 与 99% 参考值范围:$\bar{X}\pm 1.96S,\bar{X}\pm 2.58S$ 非常相像,但在意义与方法上完全不同,在应用时要注意区分。

第三节 假设检验的基本思想和步骤

假设检验(hypothesis testing)是统计推断的又一重要内容。下面以例 3-4 介绍假设检验的基本思想和步骤：

例3-4 为了解某地30岁健康男性的血红蛋白浓度，某医生从该地随机抽取了30岁健康男性30名，测得其血红蛋白浓度的平均数为138.1g/L，标准差为11.5g/L，而一般正常成年男性的平均血红蛋白浓度为140.0g/L，试问该地健康男性的平均血红蛋白浓度与一般正常成年男性的平均血红蛋白浓度是否不同？

一、基本思想

这里30名某地健康男性的血红蛋白浓度样本均数（$\bar{X}$）与已知正常成年男性的血红蛋白浓度总体均数（μ_0）不同，这个差异（$\bar{X}-\mu_0$）可能由下述两种原因引起：一是仅仅由于抽样误差引起，即该样本所在总体血红蛋白浓度实际上与健康成年人相等；二是该样本所来自的总体确实与已知的正常成年男性总体均数不同。设该地正常成年男性的平均血红蛋白浓度为μ，则上述两种可能可描述为：

$$\bar{X}-\mu_0 \Rightarrow \begin{cases} \mu=\mu_0 & \text{仅由抽样误差引起} \\ \mu\neq\mu_0 & \text{由本质差别引起} \end{cases}$$

如何判断到底是哪种可能引起的呢？可通过假设检验来完成。因此，假设检验的目的是判断样本统计量与总体参数或两样本统计量之间的差别到底是仅由抽样误差引起的还是本质差别引起的。其基本思想与步骤类似于数学上的反证法。反证法的思路和步骤是：①对证明的目的进行假设；②根据已知条件进行推导；③若与某个已知条件有矛盾，则拒绝假设，否则接受假设。而假设检验是推断，因此，假设检验的思想与步骤是：对推断的目的进行假设→由样本信息进行推断→若理论与实际出现矛盾时拒绝假设，反之不拒绝假设。

二、基本步骤

1. 建立检验假设，确定检验水准及单双侧检验　假设检验由零假设（null hypothesis）H_0与备择假设（alternative hypothesis）H_1组成：H_0是指需要检验的假设，当H_0不成立时就接受H_1。因此，H_0和H_1是对立的，非此即彼的关系。对例3-4建立假设：

H_0：$\mu=\mu_0=140.0$，即该地30岁健康男性的血红蛋白浓度与正常成年男性的血红蛋白浓度总体均数相等

H_1：$\mu\neq\mu_0$，即该地30岁健康男性的血红蛋白浓度与正常成年男性的血红蛋白浓度总体均数不相等

（H_1：$\mu\neq\mu_0$）双侧检验（two-sided test）

（H_1：$\mu>\mu_0$或$\mu<\mu_0$）单侧检验（one-sided test）

取双侧检验还是取单侧检验，要根据专业知识和实际情况来定。如果除$\mu=\mu_0$外，还可能大于μ_0也可能小于μ_0，则取双侧检验；如果除$\mu=\mu_0$外，μ只可能大于μ_0，而不可能小于μ_0（或相反）时，则取单侧检验。本例属于前者，故取双侧检验。

检验水准用α表示，是预先规定的拒绝域的概率值，常取小概率值，$\alpha=0.05$或0.01。

2. 选定检验方法和计算检验统计量　不同的资料类型，不同的研究设计方案，不同的统计推断目的，选用不同的检验方法，用不同的公式计算检验统计量。所有的统计量都是在假设H_0成立的前提下计算出来的。本例是定量资料，在H_0成立的前提下，$t=\dfrac{\bar{X}-\mu_0}{S_{\bar{X}}}$满足自由度为$\nu=n-1=29$的$t$分布，故用$t$检验。其检验统计量计算公式为：

$$t=\frac{\overline{X}-\mu_0}{S_{\overline{X}}}=\frac{138.1-140.0}{11.5/\sqrt{30}}=-0.90 \qquad (3-5)$$

3. 确定 P 值，作出推断结论 P 值是指若从 H_0 所规定的总体中进行随机抽样，算得统计量目前值以及更极端的、更不利于零假设的值的概率。本例中，假设 H_0 成立，即该地 30 岁健康男性所在总体的血红蛋白浓度为 140g/L，现以样本含量 $n=30$ 从该总体中多次重复随机抽样，每次由式（3-5）计算检验统计量 t，然后确定所有 t 值的绝对值大于及等于 0.90 的概率，它正好是自由度为 29 的 t 分布的两个尾部面积和。

P 值可通过查 t 界值表（见附表 2）的 $t_{\alpha,\nu}$ 界值来确定，如 $t \geqslant t_{\alpha,\nu}$，则 $P \leqslant \alpha$，差异有统计学意义，结论按检验水准 α 拒绝 H_0，接受 H_1；相反如 $t < t_{\alpha,\nu}$，则 $P > \alpha$，差异无统计学意义，结论按检验水准 α 不拒绝 H_0。本例 $t_{0.05/2,29}=2.045$，$t<t_{0.05/2,29}$，$P>0.05$，差异无统计学意义，按 $\alpha=0.05$ 的检验水准，不拒绝 H_0（统计学结论），即根据现有资料信息尚不能认为该地 30 岁健康男性的血红蛋白浓度平均水平与一般正常成年男性血红蛋白浓度平均水平有差别（专业结论）。

值得注意的是：下结论时，对于 H_0 只能说"拒绝"或"不拒绝"，而对于 H_1 只能说接受 H_1。不拒绝 H_0 并不等于接受 H_0，只是根据现有资料信息还不拒绝它，可以看作"阴性待查"的结论，这在逻辑上更严密一些。另外，任何推断结论都应包括统计学结论和专业结论两部分，统计学结论只得出差异是否有统计学意义，还须结合专业知识得出最后的专业结论。

第四节 t 检验

t 检验主要用于比较两个总体均数之间有无差异，其应用条件为：样本均数来自正态分布总体，在作两个样本均数比较时，要求两样本方差满足齐性要求，即总体方差相等。根据研究设计和资料性质可分为：单样本资料 t 检验、配对样本资料 t 检验及两独立样本资料 t 检验。下面分别以实例介绍。

一、单样本资料 t 检验

单样本资料 t 检验（one sample t test）即样本均数与已知总体均数比较的 t 检验，其目的是推断该样本是否来自某已知总体，或该样本均数 $\overline{X}$ 所代表的总体均数（μ）与已知的总体均数（μ_0）是否相等。这里的已知总体均数（μ_0）一般为理论值、标准值或经过大量观察所得并为人们所接受的比较稳定的指标值。其检验统计量公式为公式（3-5），具体步骤见例 3-4。

二、配对样本资料 t 检验

配对样本资料 t 检验（paired t test）适用于配对设计计量资料的统计推断。配对设计有两种情况：①自身配对：同一受试对象处理（实验或治疗）前后的比较，或同一受试对象接受两种不同的处理，如同一标本用两种方法检验的结果；②异体配对：将条件相同或相近的受试对象配成对，然后分别给予不同的处理。其目的是推断某种处理因素有无作用或两种处理有无差别。在作配对样本均数 t 检验时，首先应求出各对数据间的差值 d，将 d 作为变量值计算均数 $\overline{d}$。配对样本 t 检验的应用条件是差值 d 服从正态分布。若两处理因素的效应无差别，理论上差值 d 的总体均数 μ_d 应为 0，故可将该检验理解为差值的总体均数 μ_d 与 0 的比较，即检验的目的是推断 $\overline{d}$ 是否来自于 $\mu_d=0$ 的总体。由单样本 t 检验的公式（3-5）得配对样本资料 t 检验的统计量计算公式为：

$$t = \frac{\bar{d} - \mu_d}{S_{\bar{d}}} = \frac{\bar{d} - \mu_d}{S_d/\sqrt{n}} = \frac{\bar{d} - 0}{S_d/\sqrt{n}} = \frac{\bar{d}}{S_d/\sqrt{n}} \qquad (3-6)$$

例 3-5 24名高脂血症患者接受饮食治疗，测量治疗前后的血清胆固醇水平变化情况见表 3-2，试问饮食治疗前后的血清胆固醇水平有无变化？

表 3-2 饮食治疗前后的血清胆固醇水平（mg/dl）

受试者	试验前	试验后	差值（d）	d^2
1	197	169	28	784
2	169	182	−13	169
3	158	127	31	961
4	151	149	2	4
5	197	178	19	361
6	180	161	19	361
7	222	187	35	1225
8	168	145	23	529
9	168	176	−8	64
10	167	154	13	169
11	161	153	8	64
12	178	137	41	1681
13	137	125	12	144
14	195	146	49	2401
15	145	155	−10	100
16	205	178	27	729
17	159	146	13	169
18	244	208	36	1296
19	166	147	19	361
20	250	202	48	2304
21	236	215	21	441
22	192	184	8	64
23	224	208	16	256
24	238	206	32	1024
合计	—	—	469	15661

（数据来源：Rosner B. Fundamentals of Biostatistics. 5th edition. New York：Duxbury Press，2000.）

1. 建立检验假设，确定检验水准及单双侧检验

$H_0: \mu_d = 0$，饮食治疗前后的血清胆固醇水平无变化

$H_1: \mu_d \neq 0$，饮食治疗前后的血清胆固醇水平有变化

$\alpha = 0.05$，双侧检验

2. 计算检验统计量 t 值　由表 3-2 合计行及公式（3-6）得：

$$\bar{d} = \frac{469}{24} = 19.5417$$

$$S_d = \sqrt{\frac{\sum d^2 - \frac{(\sum d)^2}{n}}{n-1}} = \sqrt{\frac{15661 - \frac{(469)^2}{24}}{24-1}} = 16.8057$$

$$t = \frac{\bar{d}}{S_d/\sqrt{n}} = \frac{19.5417}{16.8057/\sqrt{24}} = 5.6965$$

3. 确定 P 值，作出推断结论　自由度 $\nu = 24 - 1 = 23$（$\nu =$对子数-1），查附表 2 得，双侧时 $t_{0.05/2,23} = 2.069$，$t_{0.01/2,23} = 2.807$，现 $t > t_{0.01/2,23}$，$P < 0.01$，差异有统计学意义，按 $\alpha = 0.05$ 的检验水准，拒绝 H_0，接受 H_1，差异有统计学意义，可认为饮食治疗前后的血清胆固醇水平有变化，根据 $\bar{d} > 0$，可知治疗后的血清胆固醇水平有所降低。

三、两独立样本资料 t 检验

两独立样本资料 t 检验（two independent samples t test）又称为成组 t 检验，它适用于两组完全随机设计计量资料的统计推断。其目的是检验两个样本所代表的两总体均数 μ_1 和 μ_2 是否相等，其检验统计量的计算公式为：

$$t = \frac{\bar{X}_1 - \bar{X}_2}{S_{(\bar{X}_1 - \bar{X}_2)}} \tag{3-7}$$

式中 $S_{(\bar{X}_1 - \bar{X}_2)}$ 为两样本均数之差的标准误，可按公式（3-8）计算：

$$S_{(\bar{X}_1 - \bar{X}_2)} = \sqrt{S_c^2 \left(\frac{1}{n_1} + \frac{1}{n_2} \right)} \tag{3-8}$$

式中 S_c^2 为两样本合并方差（pooled variance），可按公式（3-9）计算：

$$S_c^2 = \frac{(n_1 - 1)S_1^2 + (n_2 - 1)S_2^2}{n_1 + n_2 - 2} \tag{3-9}$$

式中 S_1^2，S_2^2 分别为两个样本的方差。

例 3-6 某医师采用两种方式治疗儿童哮喘，把 24 名支气管哮喘的儿童随机分为两组，分别接受甲、乙两种治疗方式，测量儿童的呼气流量峰值（peak expiratory flow, PEF）结果见表 3-3，试比较两种方法治疗后儿童的呼气流量峰值是否不同。

表 3-3　24 名哮喘儿童两种疗法治疗后的呼气流量峰值（L/min）

甲治疗组	乙治疗组
310	370
310	310
370	380
410	290
250	260
380	90
330	385
270	400
260	410
300	320
390	340
210	220

1. 建立检验假设，确定检验水准及单双侧检验

$H_0: \mu_1 = \mu_2$，两种治疗组儿童的呼气流量峰值总体均数相等

$H_1: \mu_1 \neq \mu_2$，两种治疗组儿童的呼气流量峰值总体均数不相等

$\alpha = 0.05$，双侧检验

2. 计算检验统计量 t 值

$$n_1 = 12, \overline{X}_1 = \frac{\sum X_1}{n_1} = \frac{3790}{12} = 315.83, S_1^2 = 3881.06$$

$$n_2 = 12, \overline{X}_2 = \frac{\sum X_2}{n_2} = \frac{3775}{12} = 314.58, S_2^2 = 8397.54$$

按式（3-9）得：$S_c^2 = \dfrac{(12-1) \times 3881.06 + (12-1) \times 8397.54}{12 + 12 - 2} = 6139.30$

按式（3-8）得：$S_{(\overline{X}_1 - \overline{X}_2)} = \sqrt{6139.30 \times \left(\dfrac{1}{12} + \dfrac{1}{12}\right)} = 31.99$

按式（3-7）得：$t = \dfrac{\overline{X}_1 - \overline{X}_2}{S_{(\overline{X}_1 - \overline{X}_2)}} = \dfrac{315.83 - 314.58}{31.99} = 0.04$

3. 确定 P 值，作出推断结论　自由度 $\nu = n_1 + n_2 - 2 = 12 + 12 - 2 = 22$，查附表 2 得，双侧时 $t_{0.05/2, 22} = 2.074$，现 $t < t_{0.05/2, 22}$，$P > 0.05$，差异无统计学意义，按 $\alpha = 0.05$ 的检验水准，不拒绝 H_0，即根据现有资料信息尚不能认为两种方法治疗后儿童的呼气流量峰值有差别。

四、t 检验的正确应用

t 检验是分析计量资料最为重要的方法之一，所以正确应用 t 检验就显得尤为重要。

1. t 检验的应用条件　应用 t 检验时，对资料有如下三个要求：① 独立性（independence）：各观察个体之间是相互独立的，相互之间互不影响；② 正态性（normality）：两组样本均数进行比较时，要求两组样本所来自的总体服从正态分布；配对设计时，要求差值服从正态分布；③ 方差齐性（homogeneity of variance）：两样本比较时要求所来自的正态总体的方差相等。如果两样本方差不相等仅由抽样误差所致，我们称之为两样本满足方差齐性，可通过 F 检验判断方差齐性。其计算公式为：

$$F = S_1^2 / S_2^2, \quad \nu_1 = n_1 - 1, \quad \nu_2 = n_2 - 1 \tag{3-10}$$

式中 S_1^2 为较大方差，S_2^2 为较小方差，ν_1、ν_2 为相应的自由度，n_1、n_2 为相应的样本含量。由于取 $S_1^2 > S_2^2$，所以必然有统计量 $F > 1$，算得 F 值后，需查附表方差齐性检验用 F 界值表（见附表 3），得 P 值，按所取 α 水准界定 P 值并作出统计推断。

例 3-7　对例 3-6 中的资料进行方差齐性检验。

H_0：两总体方差相等，即 $\sigma_1^2 = \sigma_2^2$

H_1：两总体方差不等，即 $\sigma_1^2 \neq \sigma_2^2$

$\alpha = 0.10$

经计算知：$S_1^2 = 8397.54$，$S_2^2 = 3881.06$，则检验统计量：

$$F = 8397.54 / 3881.06 = 2.16$$

按自由度（11, 11）查方差齐性检验 F 界值表（附表 3），得双侧 $F_{0.10/2, (11,11)} = 2.82$，$F < F_{0.10/2, (11,11)}$，$P > 0.10$，差异无统计学意义，故按 $\alpha = 0.10$ 的检验水准，不拒绝 H_0，即

可认为两总体方差相等。

因此，例 3-6 可用方差齐同时两独立样本均数 t 检验。如果经方差齐性检验两样本所来自的两总体方差不等，则上面介绍的 t 检验就不适用了，此时可用校正 t 检验即 t' 检验。t' 统计量的公式为：

$$t' = \frac{\overline{X}_1 - \overline{X}_2}{\sqrt{\dfrac{S_1^2}{n_1} + \dfrac{S_2^2}{n_2}}} \tag{3-11}$$

t' 检验的界值为：

$$t'_\alpha = \frac{S_{\overline{X}_1}^2 \times t_{\alpha/2, \nu_1} + S_{\overline{X}_2}^2 \times t_{\alpha/2, \nu_2}}{S_{\overline{X}_1}^2 + S_{\overline{X}_2}^2} \tag{3-12}$$

式中 $t_{\alpha/2, \nu_1}$，$t_{\alpha/2, \nu_2}$ 分别是自由度为 $\nu_1 = n_1 - 1$，$\nu_2 = n_2 - 1$ 的 t 分布的双侧界值。t'_α 实际上是 $t_{\alpha/2, \nu_1}$ 和 $t_{\alpha/2, \nu_2}$ 的加权平均。若 $t' < t'_\alpha$，则 $P > \alpha$，不拒绝 H_0；若 $t' \geqslant t'_\alpha$，则 $P \leqslant \alpha$，拒绝 H_0，接受 H_1。

在实际应用中，数据独立性的检验方法比较复杂，一般根据资料的性质来判断，例如，传染性、遗传性皆可影响观察单位间的独立性，同一观察个体的重复观察值之间亦是非独立的，如果是非研究因素，应予排除。t 检验对资料的正态性具有一定的稳健性（robust）作用，因此在实际应用时，即使资料与上述条件略有偏差，只要其资料为单峰且近似对称分布，也可应用；但是，如果偏离很大（如 L 形分布的资料），尤其在样本含量不大时，则需考虑适当的变量变换，或选用其他的方法（见第八章）。

2. 有些单峰、偏态分布的资料通过对数转换后可成为正态分布或近似正态分布，这类资料的平均水平可用几何均数来表示。比较两样本几何均数的目的是推断它们各自所代表的总体几何均数有无差别。此时，应先对原始数据 X 作对数变换 $\ln X$，可用公式（3-7）对变换后数据 $\ln X$ 作 t 检验。

第五节　假设检验应注意的主要问题

一、要有严密的研究设计

这是假设检验的前提。其要求是：总体中的每个研究对象都应具有同质性；所得样本应具有代表性，即样本的获取必须遵循随机化原则；比较的组间应具有可比性，即各对比组间除了要比较的主要因素外，其他可能影响结果的因素应尽可能相同或相近。只有在此基础上，假设检验的结论才有意义。

二、正确理解检验水准 α 和 P 值的意义

P 值是指从 H_0 所规定的总体中随机抽样，算得样本统计量目前值及更极端的、更不利于零假设的值的概率。换言之，P 值告诉我们，在 H_0 成立的假设条件下，得到实际观测到的数据及更不容易观测到的数据的可能性有多大，若可能性很小（如 $P \leqslant 0.05$），根据小概率事件的原理，在一次试验中不可能观测到，于是就有理由怀疑原假设的真实性，从而拒绝 H_0。

α 是预先给定的一个概率值，可以因研究目的的不同而不同，如可以取 0.10、0.05、0.01 等，可以是单侧概率，也可以是双侧概率。它用于说明当 P 值小到何种程度时，我们才拒绝

H_0。或者说，否定 H_0 的证据要强到何种程度我们才拒绝 H_0。$\alpha=0.05$，表示当 H_0 为真时，错误拒绝 H_0（即犯 I 类错误）的最大概率为 5%。

一个样本资料按某一检验方法只能得出一个 P 值，但用来界定此 P 值的 α 水准却可有多个。如 $\alpha=0.05$，$P \leqslant \alpha$ 时，差异有统计学意义；$\alpha=0.01$，$P \leqslant \alpha$ 时，差异也有统计学意义。如果把 α 水准的大小与结论的具体内容联系起来，似乎 P 值小于一个更小的 α 水准，指标间或数据分布间的差异也同步变大，这是错误的。采用更小的 α 水准，当 P 值小于此水准时，只能说明更有理由认为结论是正确的，即所作结论的误差更小，冒的风险更小而已。在实际应用时，可以在假设检验时先确定通用的 $\alpha=0.05$，也可另选其他水准，因此，在报告结论时，应列出检验统计量值及 α 水准，使读者了解 P 值是如何被界定的。

三、假设检验的结论不能绝对化

所有假设检验的结论都是概率性的，因此，在作推断结论时都有可能犯错误。统计学上规定：H_0 实际上是成立的，但由于抽样的原因，拒绝了 H_0，这类"弃真"的错误称为 I 类错误（type I error），其最大的概率为 α。如规定 $\alpha=0.05$，当拒绝 H_0 时，则理论上 100 次检验中平均有 5 次发生这样的错误；H_0 实际上不成立，但假设检验没有拒绝它，这类"取伪"的错误称为 II 类错误（type II error），其概率大小用 β 表示。在进行假设检验时 β 的大小通常未知，但可通过计算估计。如果把 H_0 视作阴性事件，而把 H_1 视作阳性事件，则两类错误的意义如下：

I 类错误————拒绝真实的 H_0————假阳性
II 类错误————不拒绝不真实的 H_0————假阴性

这样假设检验的结论显然存在两种正确推断和两种错误推断，排列如下：

	拒绝 H_0，接受 H_1	不拒绝 H_0
H_0 真实	I 类错误（α）	正确推断（$1-\alpha$）
H_0 不真实	正确推断（$1-\beta$）	II 类错误（β）

为了更好地理解两类错误，现以样本均数与总体均数比较的单侧 t 检验来说明，见图 3-3。

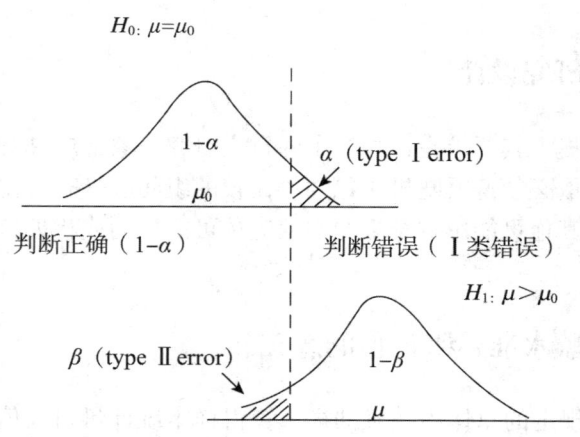

图 3-3 两类错误示意图

设 $H_0: \mu = \mu_0$,$H_1: \mu > \mu_0$;若实际上 H_0 是成立的,由于抽样误差的存在,偶然得到落在阴影 α 处的较大值,使得 $\mu > \mu_0$,按 $\alpha = 0.05$ 的检验水准,拒绝 H_0,接受 H_1,结论为 $\mu > \mu_0$,此时犯Ⅰ类错误的最大可能概率值为 α;相反,若 μ 确实大于 μ_0,即 H_0 实际上是不成立的,H_1 是成立的,由于抽样误差的存在,偶然获得落在阴影 β 处的较小值,使得 $\mu = \mu_0$,按 $\alpha = 0.05$ 的检验水准,不拒绝 H_0,此时犯Ⅱ类错误,其概率值为 β。我们把 $1 - \beta$ 称为检验效能或把握度(power of a test),是指当两总体参数确有差别时,按 α 水准能够发现这种差别的能力,即对实际上成立的 H_1 作出肯定结论的把握程度。如 $1 - \beta = 0.90$,意味着若两总体参数确有差别,则理论上假设检验有 90% 的把握能得出差别有统计学意义的结论,换言之,理论上在 100 次检验中,平均有 90 次能够得出有统计学意义的结论。假设检验的效能主要受四个因素的影响:①容许误差 δ,即客观上两总体参数差异的大小。当容许误差越大时,假设检验能够发现两总体参数差异的机会越大,所以检验效能越大;②总体标准差 σ:总体标准差越小时,样本均数的标准差(标准误)也越小,检验效能越大;③Ⅰ类错误 α:α 越大,犯Ⅱ类错误的概率 β 越小,检验效能($1-\beta$)越大;④样本含量 n:样本含量增大时,样本均数的标准误减小,从而引起检验统计量增大,P 值降低,检验效能($1-\beta$)增大。在实际工作中,可根据不同目的确定相应检验水准 α 的大小。若重点减少Ⅰ类错误,α 可取小一些,如 α 可取 0.01;若重点减少Ⅱ类错误,α 可取大一些,如可取 0.1 或 0.2 等。若欲同时减小Ⅰ类错误 α 与Ⅱ类错误 β,需要增加样本含量。

四、正确理解结论的统计学意义

假设检验的一般结论为:当 $P \leqslant \alpha$,差异有统计学意义,拒绝 H_0,接受 H_1,指样本统计量之间的差别并非仅由抽样误差所致,而是由本质差别产生的,故被推断的两总体参数间有差别,至于其差别幅度大不大,是否"明显"或"更显著"等结论性的判断,则属于专业方面的分析,假设检验本身得不出此结论。如例 3-5 中 24 名高脂血症患者经饮食治疗后的血清胆固醇水平降低了 19.54mg/dl,经配对 t 检验得 $P \leqslant 0.05$,故治疗后的血清胆固醇水平降低 19.54mg/dl 并非仅由抽样误差所致,而是由于饮食治疗所得,因此能得出高脂血症患者经饮食治疗后的血清胆固醇水平有所降低,但不能得出"有明显"降低的结论。

当 $P > \alpha$,差异无统计学意义,不拒绝 H_0,指样本统计量之间的差别仅由抽样误差所致,故尚不能认为被推断的两总体参数有差别,但不能误解为差别不大或肯定无差别。如例 3-4 中某地 30 名 30 岁健康男子血红蛋白浓度的平均数比该地健康成年男子血红蛋白浓度的平均数低了 1.9g/L,这个差值仅由抽样误差所致的可能性不小,因此尚不能认为该地 30 岁健康男性的血红蛋白浓度平均水平与一般正常成年男性血红蛋白浓度平均水平有差别,但不能得出该地 30 岁健康男性的血红蛋白浓度平均水平与一般正常成年男性血红蛋白浓度平均水平相差不大或肯定没有差别的结论。

另外,有统计学意义并不等于有实际临床意义,还应结合专业知识和实际情况来分析,应考虑差值的平均水平是否达到或超过有临床实际意义的差值。

五、正确应用单双侧检验

例 3-4 中建立的检验假设是 $H_0: \mu = \mu_0$ 和 $H_1: \mu \neq \mu_0$。若 $P \leqslant \alpha$,结论为"拒绝 H_0,接受 H_1"。这里的 $H_1: \mu \neq \mu_0$ 显然包括 $\mu > \mu_0$ 和 $\mu < \mu_0$ 两种情况,它们都符合与 $H_0: \mu = \mu_0$ 对立的条件,都可作为拒绝 H_0 时的接受者。无论 $\mu > \mu_0$ 还是 $\mu < \mu_0$,都表示两个总体均数不等,是它们的共同点;而它们的不同点则是分别从 $H_0: \mu = \mu_0$ 向两侧方向偏离,即 $\mu > \mu_0$ 为一侧,$\mu < \mu_0$ 为相反的另一侧,故称双侧检验(two-sided test)。若仅取其中一侧,就是单侧检

验 (one-sided test)，其检验假设为：

$$\begin{cases} H_0: \mu = \mu_0 \\ H_1: \mu > \mu_0 \end{cases} \quad \text{或} \quad \begin{cases} H_0: \mu = \mu_0 \\ H_1: \mu < \mu_0 \end{cases}$$

对同一资料按相同方法分别进行双侧检验和单侧检验，则双侧检验所得的 P 值一般大于单侧检验的 P 值。如果该检验方法所基于的分布是对称的（如 t 检验），则双侧检验所得的 P 值就是单侧检验所得 P 值的 2 倍（由 t 界值表可见）。

因为单侧检验所得 P 值较小，即较易出现 $P \leq \alpha$，而拒绝 H_0，接受 H_1，所以单侧检验效能高于双侧检验。但如果选择单侧检验实属不当，则由于较小的 P 值而增大了犯 I 类错误的概率。因此，如误用了单侧检验较容易犯 I 类错误；反之，如误用了双侧检验较容易犯 II 类错误。

那么假设检验时，究竟是选取单侧检验，还是双侧检验，应依据专业知识和研究目的来确定。如比较甲、乙两种疗法对某病的治疗效果是否有差别，这里含有甲疗法的治疗效果优于乙疗法的治疗效果和乙疗法的治疗效果优于甲疗法的治疗效果两种可能的结果，故应选用双侧检验，其检验假设如下：

H_0：甲乙两种疗法的治疗效果相同

H_1：甲乙两种疗法的治疗效果不相同

若甲疗法是在乙疗法的基础上改进而来的，已知如此改进可能增加疗效，也可能不增加疗效，但不可能改进后反而降低疗效，故应选用单侧检验，其检验假设如下：

H_0：甲乙两种疗法的治疗效果相同

H_1：甲疗法的治疗效果优于乙疗法

上述选择的依据清楚明了，但有时实际情况并非如此简单。如改进后的甲疗法的疗效究竟会不会反而不如乙疗法的疗效？当研究者对此并无把握，或业内人士持有不同看法时，则不宜勉强选用单侧检验，而应选用双侧检验为妥。因为误用单侧检验会易犯 I 类错误，实际工作中 I 类错误的危害更大，所以在没有充分的专业知识支撑选用单侧检验时，一般采用双侧检验为好。

应强调的是，检验的单双侧必须依据专业知识和研究目的在研究设计时就确定，而不能在确定 P 值时主观选择。

六、假设检验与区间估计的联系

假设检验和置信区间是从两个不同目的出发并有密切关联的统计推断方法。假设检验用于推断总体参数是否不同，置信区间用于推断总体参数所在的范围。前者用于推断总体参数有无质的不同，后者估计总体参数的大小。对同一问题它们的结论是作了不同侧面的描述，其效果是等价的。

对同一资料而言，若假设检验得 $P \leq \alpha$，结论为拒绝 H_0，接受 H_1，则其 $1-\alpha$ 置信区间必定不包括 H_0 所规定的总体参数，并能估计出总体参数在 H_1 所界定的范围内；反之亦然。如例 3-4 经单样本 t 检验得 $P > 0.05$，即尚不能认为该地 30 岁健康男性的血红蛋白浓度平均水平与一般正常成年男性血红蛋白浓度平均水平有差别。已知本例样本均数为 138.1g/L，标准差为 11.5g/L，则 95% 置信区间为：$138.1 \pm 2.045 \times \dfrac{11.5}{\sqrt{30}} = (133.8 \sim 142.4)$ g/L，显然包括总体均数 140.0g/L 在内。可见假设检验与置信区间的结论是等价的，基础都是抽样误差理论。

但两者提供的信息是有差别的,置信区间在回答差异有无统计学意义的同时,还可提示差异有无实际意义。而假设检验在不拒绝 H_0 时,还可以对检验效能作出估计。

第六节 小 结

1. 从同一总体中反复多次抽样,由于总体中个体差异的存在,在抽样过程中产生的样本均数与总体均数之间的差异或样本均数之间的差异,称为均数的抽样误差。衡量抽样误差大小的指标称为标准误。若原变量总体标准差 σ 已知,则标准误为 $\sigma_{\overline{X}} = \dfrac{\sigma}{\sqrt{n}}$,但实际运用时总体的标准差 σ 往往是未知的,因此常用一个样本的标准差作为 σ 的估计值。因此实际研究中常用 $S_{\overline{X}}$ 作为 $\sigma_{\overline{X}}$ 的估计值:$S_{\overline{X}} = \dfrac{S}{\sqrt{n}}$。实际应用时要注意均数的标准差即标准误与原变量的标准差之间的区别,切勿混淆使用。

2. 若变量 X 服从 $N(\mu, \sigma^2)$ 的正态分布,则统计量 $t = \dfrac{\overline{X} - \mu}{S_{\overline{X}}}$ 服从自由度为 $\nu = n - 1$ 的 t 分布。ν 越小,t 分布曲线越"扁平";ν 越大,t 分布曲线越"瘦高",自由度逐渐增大时,t 分布逐渐逼近标准正态分布,当 $\nu \to \infty$ 时,t 分布曲线与标准正态曲线完全吻合。

3. 抽样研究方法一般只知道样本均数,所以常常由样本均数(样本统计量)估计总体均数(总体参数),我们把这种方法称为参数估计。参数估计有两种方法:一种是直接用样本统计量的一个数值作为总体参数的估计值,称为点估计;另一种是考虑了抽样误差的存在,以预先给定的概率(置信度)确定包含总体参数的范围,称为区间估计,最常用的是 95% 置信区间。

4. 假设检验是统计推断的又一重要内容,大部分统计分析都不可避免地要涉及假设检验的应用。假设检验的基本步骤是:①建立检验假设,确定检验水准;②选定检验方法和计算检验统计量;③确定 P 值,作出推断结论。

5. t 检验是应用于两组定量资料之间的假设检验,包括:单样本资料 t 检验、配对样本资料 t 检验及两独立样本资料 t 检验。配对样本资料 t 检验要求差值服从正态分布,两独立样本资料 t 检验要求资料服从独立性、正态性、方差齐性。每种方法都有其独特的功能,因此要根据研究目的、资料类型、研究设计类型以及样本含量等要素选择合适的检验方法。

6. 注意假设检验的两类错误:H_0 实际上是成立的,但由于抽样的原因,拒绝了 H_0,这类"弃真"的错误称为 I 类错误;H_0 实际上不成立,但假设检验没有拒绝它,这类"取伪"的错误称为 II 类错误。同时减小 I 类错误 α 与 II 类错误 β,唯一的方法就是增加样本含量。

7. 假设检验单侧与双侧选取的标准,以及假设检验与置信区间的联系。

8. 假设检验应注意的问题:要有严密的研究设计,正确理解检验水准 α 和 P 值的意义,假设检验的结论不能绝对化,正确理解结论的统计学意义。

9. 在发表论文时,应说明用什么检验,得出什么结论,并在结论的后面加括号标明 P 值与 α 水准的关系。

思考与练习

一、简答题

1. 简述抽样误差的概念及其指标。
2. 简述置信区间的概念及两个要素。
3. 试述 t 检验的应用条件。
4. 简述假设检验的两类错误。

二、单选题

1. 在抽样研究中，当样本例数逐渐增多时
   A. 标准误逐渐增大
   B. 标准误逐渐减小
   C. 标准差逐渐增大
   D. 标准差逐渐减小
   E. 标准差和标准误均不变

2. 抽样误差产生的原因是
   A. 样本不是随机抽取
   B. 测量不准确
   C. 资料不是正态分布
   D. 个体差异
   E. 统计指标选择不当

3. 配对 t 检验中，用药前的数据减去用药后的数据和用药后的数据减去用药前的数据，两次 t 检验的结果
   A. t 值符号相反，但结论相同
   B. t 值符号相反，结论也相反
   C. t 值符号相同，但结论相反
   D. t 值符号相同，结论也相同
   E. 结论可能相同或相反

4. 根据样本资料算得某指标的 95% 置信区间是 3.34~5.13g/L，其含义是
   A. 估计总体中有 95% 的观察值在此范围内
   B. 总体均数在此区间的概率为 95%
   C. 样本中有 95% 的观察值在该区间内
   D. 该区间包含样本均数的可能性为 95%
   E. 平均 100 个根据样本估计的置信区间中，有 95 个覆盖总体均数

5. 假设检验的目的是
   A. 检验参数估计的准确度
   B. 检验样本统计量是否不同
   C. 检验样本统计量与总体参数是否不同
   D. 检验总体参数是否不同
   E. 检验样本的 P 值是否为小概率

6. 两样本均数比较，$P > 0.05$ 说明
   A. 两总体均数相差较小
   B. 两总体均数相差较大
   C. 支持两总体无差别的结论
   D. 不支持两总体有差别的结论
   E. 可以确认两总体无差别

三、综合分析题

1. 测得某地 10 名男性矽肺患者的血红蛋白均数为 12.56g/dl，标准差为 1.66g/dl。试求该地男性矽肺患者的血红蛋白含量的 95% 置信区间。

2. 将 26 名受试者随机平均分成两组，接受降胆固醇试验。甲组系特殊饮食组，乙组系药物处理组。受试者在试验前后各测量一次血清胆固醇（mmol/L），数据见表 3-4。

表 3-4　两组受试者在试验前后的血清胆固醇（mmol/L）

甲组			乙组		
受试者	试验前	试验后	受试者	试验前	试验后
1	6.11	6.00	1	6.90	6.93
2	6.81	6.83	2	6.40	6.35
3	6.48	6.49	3	6.48	6.41
4	7.59	7.28	4	7.00	7.10
5	6.42	6.30	5	6.53	6.41
6	9.17	8.42	6	6.70	6.68
7	7.33	7.00	7	9.10	9.05
8	6.94	6.58	8	7.31	6.83

续表

甲组			乙组		
受试者	试验前	试验后	受试者	试验前	试验后
9	7.67	7.22	9	6.96	6.91
10	8.15	6.57	10	6.81	6.73
11	6.60	6.17	11	8.16	7.65
12	6.94	6.64	12	6.98	6.52
13	7.32	7.22	13	8.14	7.67

(1) 试分别判断两种降胆固醇措施是否有效。

(2) 试判断两种降胆固醇措施疗效是否有差别。

（黄水平）

第四章 方差分析

第三章采用 t 检验进行两总体均数差异的比较，而对于两个以上总体均数的比较，t 检验不再适用。本章将介绍方差分析的方法，用以解决该类问题。从这个角度看，方差分析是 t 检验的补充和拓展。

例 4-1 为探讨目前临床常用的三种方法治疗突发性耳聋的疗效差异，将 54 名新发患者随机分为 3 组：药物组、针灸组和高压氧组。药物组每日肌内注射甲钴胺（弥可保），并口服维生素 B 片和银杏叶提取物；针灸组接受针灸、拔罐治疗；高压氧组每天接受一次高压氧治疗。3 周后，测量听力提升情况（单位：分贝）。数据如表 4-1 所示。试问：三种方法对于治疗突发性耳聋的疗效有无差异？

表 4-1 三组患者治疗后听力提升情况（分贝）

	药物组	针灸组	高压氧组	合计
	8.15	11.48	16.29	
	6.37	22.64	10.04	
	9.30	15.53	10.24	
	7.14	12.71	13.96	
	9.35	15.06	17.52	
	7.71	12.59	16.55	
	13.09	15.75	23.52	
X_{ij}	9.63	17.53	16.14	
	10.97	11.16	10.71	
	13.72	3.59	12.64	
	10.72	10.39	21.19	
	10.08	11.39	16.49	
	10.29	15.53	16.07	
	20.52	13.53	12.53	
	9.16	12.58	10.32	
	0.71	12.77	20.74	
	16.93	16.23	16.78	
	13.96	11.77	18.91	
n_i	18	18	18	54（$n_{总}$）
$\bar{X}_i$	10.43	13.46	15.59	13.16（$\bar{X}_{总}$）
S_i	4.30	3.84	4.00	4.51（$S_{总}$）

其中 X_{ij} 代表第 i 组第 j 个个体值，n_i 代表第 i 组样本量（例数），$\bar{X}_i$ 代表第 i 组均数，S_i 代表第 i 组标准差，$n_{总}$ 代表总样本量，$\bar{X}_{总}$ 代表总均数，$S_{总}$ 代表总标准差。

本例总共有 3 个处理组，如果采用两独立样本的 t 检验，则共需进行 $\binom{3}{2}=3$ 次，即药物组和针灸组、药物组和高压氧组、针灸组和高压氧组。假设每次比较所确定的检验水准为 $\alpha=0.05$，则每次检验拒绝 H_0 而不犯 I 类错误的概率为 $1-0.05=0.95$。相应地，3 次检验都不犯 I 类错误的概率为 $0.95^3=0.857$，而犯 I 类错误的累积概率为 $1-0.857=0.143$。可见，采用 t 检验进行多个均数的比较，会增大犯 I 类错误的概率。所以，这种情况下采用 t 检验是不合理的。本章将引入方差分析（analysis of variance，ANOVA）的办法来实现多个均数间的比较。

第一节　方差分析的基本思想

方差分析的基本思想在于变异的分解：将全部个体观察值间存在的变异（总变异）按设计和需要分解成两个或多个组成部分，然后将各部分的变异与随机误差进行比较，以判断各部分的变异是否有统计学意义。

本章采用方差来衡量变异的大小。因此，对变异的分解，实际上就是对方差的分解。下面结合例 4-1，详细介绍如何进行变异分解以及各部分变异的统计学意义。

一、总变异

总变异，即总方差。对于例 4-1 中的 54 个个体值而言，如果它们之间不存在变异，那么每个个体值（X_{ij}）都应该相等，且等于它们的总均数（$\bar{X}_\text{总}$），如图 4-1 所示。但事实上，每个个体值之间往往有差异，它们围绕着它们的均数（$\bar{X}_\text{总}$）上下波动，如图 4-2 所示。这种差异，就称为总变异（total variation）。

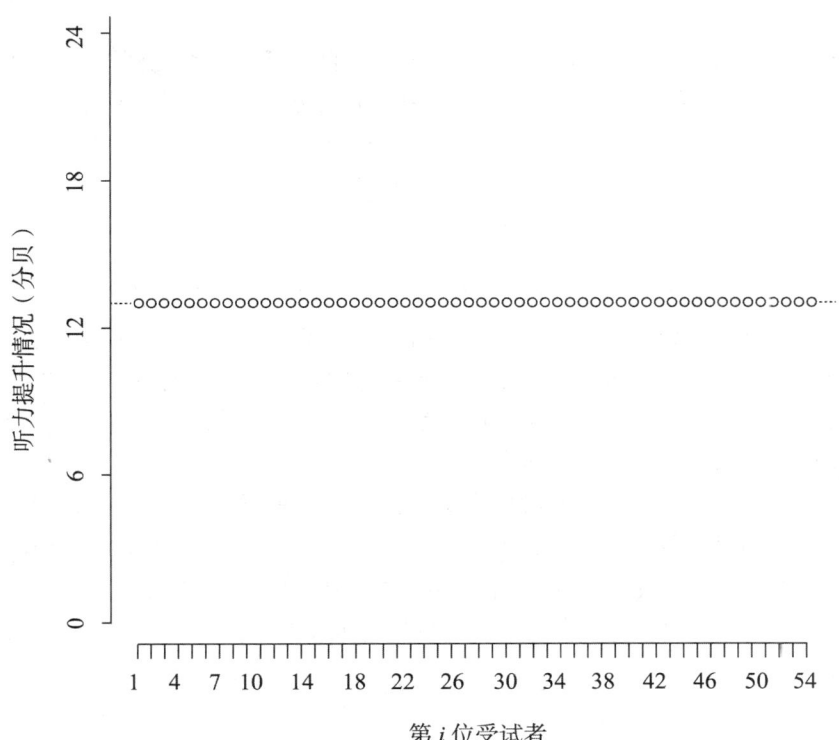

图 4-1　无变异情况下个体值与均数关系示意图

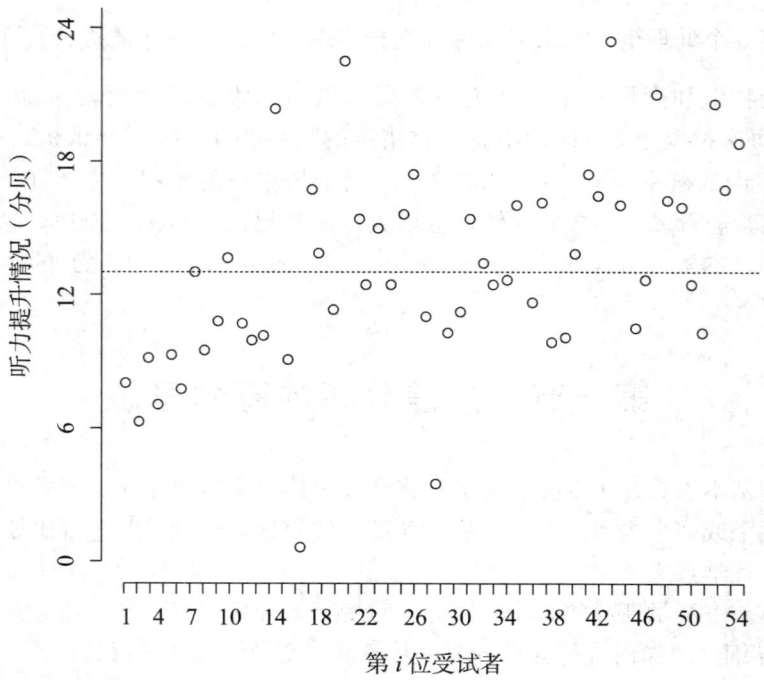

图 4-2　实际情况下个体值与均数关系示意图

本章采用总方差（$MS_{总}$ 或 $S_{总}^2$）来描述总变异的大小。

$$SS_{总} = \sum_i \sum_j (X_{ij} - \overline{X}_{总})^2 \tag{4-1}$$

$$MS_{总} = \frac{SS_{总}}{\nu_{总}} \tag{4-2}$$

其中，$SS_{总}$ 为总离均差平方和，$\nu_{总} = n_{总} - 1$ 为总自由度，两者之商即为总均方 $MS_{总}$。

事实上，54 个个体值之间的总变异，可以由外而内分解成两个部分：组间变异（variation between groups）和组内变异（variation within groups）。

二、组间变异

就组间来看，不同的组之间个体的平均听力恢复情况（$\overline{X}_i$）存在差异：一方面，可能是不同的疗法之间存在疗效差异，由此导致三组的听力恢复情况也存在差异；另一方面，即使三种疗法的疗效完全一致，因为随机误差（个体差异或测量误差等）的存在，不同组的个体的平均听力恢复情况仍存在差异。这种组与组之间的差异就称为组间变异。可以看出，组间变异同时反映了处理因素（疗法）的效应和随机误差。

从数值上看，组间变异与总变异的原理是一样的。如果三个组之间没有差异，则三个组的组均数（$\overline{X}_i$）应该相等，且都等于它们的均数（$\overline{X}_{总}$）。但是由于处理因素的作用和随机误差的存在，三个组的组均数不会完全相同，而是围绕总均数（$\overline{X}_{总}$）上下波动。

本章采用组间均方（$MS_{组间}$）来描述组间变异的大小。

$$SS_{组间} = \sum_i n_i (\overline{X}_i - \overline{X}_{总})^2 \tag{4-3}$$

$$MS_{组间} = \frac{SS_{组间}}{\nu_{组间}} \tag{4-4}$$

其中，$SS_{组间}$为组间离均差平方和，$\nu_{组间}=k-1$（k为组数）为组间自由度，两者之商即为组间均方$MS_{组间}$。

三、组内变异

各组内每个个体都接受了完全相同的治疗，而最终每个人的听力提升情况却不尽相同，这仅仅是由个体差异、测量误差等随机因素所引起的。组内变异在数值上表现为各组的个体值（X_{ij}）围绕各自的组均数（$\overline{X}_i$）上下波动。本章中，我们用组内均方（$MS_{组内}$）来描述组内变异的大小。

$$SS_{组内}=\sum_i\sum_j(X_{ij}-\overline{X}_i)^2=\sum_i(n_i-1)S_i^2 \tag{4-5}$$

$$MS_{组内}=\frac{SS_{组内}}{\nu_{组内}} \tag{4-6}$$

其中，$SS_{组内}$为组内离均差平方和，$\nu_{组内}=n_{总}-k$为组内自由度，两者之商即为组内均方（$MS_{组内}$）。

在数理统计上，可以证明，

$$SS_{总}=SS_{组间}+SS_{组内} \tag{4-7}$$

$$\nu_{总}=\nu_{组间}+\nu_{组内} \tag{4-8}$$

亦即，对于总变异（$MS_{总}=\frac{SS_{总}}{\nu_{总}}$）的分解实际上是将其分为两个部分来考虑的：将其分子——总离均差平方和$SS_{总}$分解成组间离均差平方和$SS_{组间}$与组内离均差平方和$SS_{组内}$（$SS_{总}=SS_{组间}+SS_{组内}$），它的分母——自由度$\nu_{总}$也作相应的分解（$\nu_{总}=\nu_{组间}+\nu_{组内}$）。然后算得组间均方$MS_{组间}$和组内均方$MS_{组内}$，以两者的比值$\left(F=\frac{MS_{组间}}{MS_{组内}}\right)$作为检验统计量，再作分析。

方差分析的零假设为H_0：$\mu_1=\mu_2=\cdots=\mu_k$，即各组的总体均数相等（本例中$k=3$）。备择假设H_1为各组的总体均数不全相等。

当H_0成立时，有

$$F=\frac{MS_{组间}}{MS_{组内}}\sim F_{(\nu_{组间},\nu_{组内})} \tag{4-9}$$

即检验统计量$F=\frac{MS_{组间}}{MS_{组内}}$服从自由度为（$\nu_{组间}$，$\nu_{组内}$）的$F$分布。

事实上，在H_0成立的情况下，数理统计可以证明：组间均方$MS_{组间}$和组内均方$MS_{组内}$都是总方差σ^2的无偏估计。所以从理论上讲，此时$F=1$，但由于抽样误差的影响，$F\approx 1$。而当H_0不成立时，组内均方$MS_{组内}$仍然是总方差σ^2的无偏估计，而组间均方$MS_{组间}$却有增大的趋势，因此，此时的检验统计量F值也有增大的趋势，当它大到超过某一个临界值$F_{临界}$，我们就有理由这样思考：假如H_0是成立的，那么，虽然由于抽样误差的存在，F值不会刚好等于1，而可能出现大于1的情况，但是它不可能太大，而是会在1附近一定的范围（临界值）内波动，如果F值不是在这个小范围内波动，而是大到越过了临界值，就很有可能是H_0事实上不成立的缘故，有理由拒绝H_0。

那么如何确定F的临界值呢？已知一切的计算和分析都是在假设H_0成立的情况下进行的。此时，F值服从自由度为（$\nu_{组间}$，$\nu_{组内}$）的F分布。所以，据此可以确定其临界值：$F_{临界}=F_\alpha(\nu_{组间},\nu_{组内})$。其中，$\alpha$为检验水准。

综上所述，方差分析的基本思路可作如下梳理：首先提出零假设（H_0）和它的对立面备择假设（H_1）；然后假定 H_0 成立，并计算检验统计量 F 值。如果 F 值没有超过临界值，按上面的分析，这种情况符合零假设成立时应有的结果，所以我们可以得出尚不能拒绝零假设的结论。如果 F 值超过了临界值，零假设成立的情况下，这是小概率事件，在一次试验中我们认为不应该发生的。既然发生了，我们就有理由怀疑，有证据拒绝 H_0，从而接受它的对立面——备择假设（H_1）。

以上计算过程可以简要概括如表 4 -：

表 4 - 2 完全随机设计的方差分析表

变异来源	SS	df	MS	F
总变异	$\sum_i \sum_j (X_{ij}-\overline{X}_总)^2$	$n_总-1$		
组间变异	$\sum_i n_i (\overline{X}_i-\overline{X}_总)^2$	$k-1$	$SS_{组间}/(k-1)$	$\dfrac{MS_{组间}}{MS_{组内}}$
组内变异（误差）	$SS_总-SS_{组间}$	$n_总-k$	$SS_{组内}/(n_总-k)$	

* $n_总$ 为总观察例数，k 为组数，i 代表列（第几组），j 代表行（该组内第几个个体）

另外，方差分析也可以应用于两总体均数的比较，其效果完全等价于 t 检验，并有 $F=t^2$。

第二节 完全随机设计资料的方差分析

完全随机设计（completely randomized design）是将同质的受试对象随机分配到各个处理组，再观察各组之间试验效应差异的设计方法。完全随机设计方差分析常用于分析单因素两水平或多水平资料，属于单向方差分析（one-way ANOVA）。例 4 - 1 即属于多种治疗方法疗效比较的完全随机设计。下面结合该例，介绍方差分析的基本步骤。

一、建立检验假设，确定检验水准

H_0：$\mu_1=\mu_2=\mu_3$，即 3 组患者经治疗后听力提升的总体均数相等
H_1：μ_1，μ_2，μ_3 不全相等，即 3 组患者经治疗后听力提升的总体均数不全相等
$\alpha=0.05$

二、计算检验统计量

按表 4 - 2 的公式计算检验统计量，并将其列于表 4 - 3 的方差分析表中。

表 4 - 3 完全随机设计的方差分析表

变异来源	SS	df	MS	F
总变异	1077.9	53		
组间变异	241.8	2	120.9	7.375
组内变异（误差）	836.1	51	16.4	

三、确定 P 值，得出推断结论

根据 $\nu_1 = \nu_{组间} = 2$，$\nu_2 = \nu_{组内} = 51$，查附表3。因为附表中找不到 ν_2 刚好等于 51 的，所以在保守的原则下，取不大于 51，且最接近它的 50。可以查得临界值：$F_{0.05(2,50)} = 3.18$，$F_{0.01(2,50)} = 5.06$。由实际算得的 $F = 7.375 > 5.06$，知 $P < 0.01$。按 $\alpha = 0.05$ 的水准，拒绝 H_0，接受 H_1，差别有统计学意义。可以认为三种疗法所带来的听力提升情况不全相同，即三个总体均数中至少有两个不等。至于哪些组的总体均数不同，需要选用第四节的方法进一步作均数间的两两比较。

第三节 随机区组设计资料的方差分析

例 4-2 为探讨目前临床常用的三种疗法治疗突发性耳聋的疗效差异，某省开展了一个大型的多中心临床试验。将某月新发患者 30 人按年龄段从低到高分为 10 个区组。每个区组的 3 个患者随机分到 3 个处理组：药物组、针灸组和高压氧组。药物组每日肌注甲钴胺（弥可保），并口服丹参和银杏叶提取物；针灸组接受针灸、拔罐治疗；高压氧组每天接受一次高压氧治疗。3 周后，测量听力提升情况（单位：分贝）。数据如表 4-4。试问：三种方法对于治疗突发性耳聋的疗效有无差异？

表 4-4 3 组患者治疗后听力提升情况（分贝）

区组号	药物组	针灸组	高压氧组	合计
1	11.87	15.51	18.25	
2	13.52	24.42	18.81	
3	13.06	7.71	9.79	
4	15.78	15.43	23.66	
5	3.10	4.86	12.25	
6	6.04	18.99	19.07	
7	12.08	17.21	17.02	
8	7.84	17.80	9.66	
9	6.47	15.18	11.73	
10	8.32	6.64	10.22	
n_i	10	10	10	30（$n_{总}$）
$\bar{X}_i$	9.81	14.38	15.05	13.07（$\bar{X}_{总}$）
S_i	4.03	6.14	4.92	5.46（$S_{总}$）

先比较一下例 4-2 与例 4-1 之间的区别。不难发现，例 4-1 直接将受试对象随机分配到 3 个处理组；而例 4-2 的受试对象在随机分配到各个处理组之前，先经历了一个区组的过程。

在听力恢复过程中，患者的年龄是一个很重要的影响因素。年轻者往往比年长者恢复得要快、要好。因此，如果不能很好地控制年龄这个混杂因素，它可能会对处理因素（三种疗法）的效应产生干扰，甚至扭曲试验结果。举一个极端的例子，假设高压氧疗法的疗效实际上比药

物疗效要好，但是高压氧组全部都是 60 岁以上的老年人，而药物组全部都是 30 岁以下的年轻人。治疗 3 周后，发现药物组的听力恢复情况比高压氧组要好，于是得出结论：药物的疗效要优于高压氧疗法。殊不知，这是由于两组年龄差异所导致的。完全随机设计将受试对象进行随机分配，就是为了控制年龄等混杂因素，使之在 3 个组间达到均衡。但是，随机分配在样本量较小的时候，未必有效，仍有可能出现有的组年轻人多一些，有的组年长者多一些的情况。而区组可以更好地解决这类分配不均的问题。

每个区组中的 3 个受试对象同属一个年龄段，然后随机分配到 3 个处理组。可以发现，3 组患者的年龄构成将是比较均匀的，即达到了较好的组间均衡性。各组之间的听力恢复情况的差异，可以归于处理因素（三种疗法）效应的差异。

这种先分区组，后随机分配的设计就称为随机区组设计（randomized block design），又称为配伍组设计。由于区组效应的影响，同一区组的个体往往有某种相似性，其听力提升值存在相关性。不同区组的受试者听力提升则是相对独立的。所以随机区组设计资料的方差分析，与完全随机设计资料的方差分析有些不同。随机区组设计将数据按区组和处理组两个方向进行分组，在以上 10 个区组和 3 个处理组构成的 30 个格子中，每个格子有一个数据 X_{ij}，而且无重复，因此其方差分析属于无重复数据的双向方差分析（two-way ANOVA）。通常的数据格式如表 4-5 所示。

表 4-5 随机区组设计方差分析的数据结构表

区组	处理组					
	1	**2**	⋯	**j**	⋯	**k**
1	X_{11}	X_{12}	⋯	X_{1j}	⋯	X_{1k}
2	X_{21}	X_{22}	⋯	X_{2j}	⋯	X_{2k}
⋯	⋯	⋯	⋯	⋯	⋯	⋯
i	X_{i1}	X_{i2}	⋯	X_{ij}	⋯	X_{ik}
⋯	⋯	⋯	⋯	⋯	⋯	⋯
b	X_{b1}	X_{b2}	⋯	X_{bj}	⋯	X_{bk}

与完全随机设计资料的方差分析类似，随机区组设计资料的方差分析对于总变异（$MS_{总} = \frac{SS_{总}}{\nu_{总}}$）的分解，也分为对其分子——总离均差平方和 $SS_{总}$ 的分解，和对其分母——自由度 $\nu_{总}$ 的分解这两部分来考虑。

$$SS_{总} = SS_{处理} + SS_{区组} + SS_{误差} \quad (4-10)$$

$$\nu_{总} = \nu_{处理} + \nu_{区组} + \nu_{误差} \quad (4-11)$$

类似地，算出处理组间的均方（$MS_{处理} = \frac{SS_{处理}}{\nu_{处理}}$）和区组间的均方（$MS_{区组} = \frac{SS_{区组}}{\nu_{区组}}$），并将它们分别与随机误差（$MS_{误差} = \frac{SS_{误差}}{\nu_{误差}}$）进行比较，构造相应的检验统计量 F 值，以此来判断处理组间的差异和区组间的差异是否有统计学意义。

具体的计算公式见表 4-6。

表 4-6　随机区组设计的方差分析表

变异来源	SS	df	MS	F
总变异	$\sum_i\sum_j(X_{ij}-\overline{X}_总)^2$ 或 $S_总^2(n_总-1)$	$n_总-1$		
处理组间	$\sum_i b(\overline{X}_i-\overline{X}_总)^2$	$k-1$	$SS_{处理}/(k-1)$	$\dfrac{MS_{处理}}{MS_{误差}}$
区组间	$\sum_j k(\overline{X}_j-\overline{X}_总)^2$	$b-1$	$SS_{区组}/(b-1)$	$\dfrac{MS_{区组}}{MS_{误差}}$
随机误差	$SS_总-SS_{处理}-SS_{区组}$	$n_总-k-b+1$ 或 $(b-1)(k-1)$	$SS_{误差}/(n_总-k-b+1)$	

*$n_总$ 为总观察例数，k 为处理组数，b 为区组数，$\overline{X}_i$ 为第 i 个处理组的均数，$\overline{X}_j$ 为第 j 个区组的均数

可以看出，与完全随机设计资料的方差分析不同的是：随机区组设计资料的方差分析进一步从随机误差中分离出了区组变异，从而减小了随机误差，亦即减小了检验统计量 F 的分母，使得更容易发现组间差异，提高了试验效率。

现用例 4-2 归纳说明随机区组设计资料的方差分析的具体步骤：

1. 建立检验假设，确定检验水准

对于处理组：

H_0：三种疗法听力提升的总体均数相等

H_1：三种疗法听力提升的总体均数不全相等

对于区组：

H_0：10 个区组听力提升的总体均数相等

H_1：10 个区组听力提升的总体均数不全相等

均取 $\alpha=0.05$

2. 计算检验统计量

按照表 4-6 的公式，计算方差分析的结果见表 4-7。

表 4-7　随机区组设计的方差分析表

变异来源	SS	df	MS	F
总变异	865.7	29		
处理组间	162.5	2	81.26	5.782
区组间	450.2	9	50.02	3.559
随机误差	253.0	18	14.06	

3. 确定 P 值，得出结论

查附表 3，有 $F_{0.05(2,18)}=3.55$，$F_{0.05(9,18)}=2.46$。根据 $F=3.559>F_{0.05(9,18)}=2.46$，得 $P<0.05$，对于区组而言，拒绝 H_0，可认为各区组间的总体均数不全相同；根据 $F=5.782>F_{0.05(2,18)}=3.55$，得 $P<0.05$，对于处理组而言，拒绝 H_0，可认为处理组间的差异有统计学意义，三种疗法听力提升的总体均数不全相等，至于哪些均数之间存在差异，有待进一步的两两比较。

第四节　多组总体均数的两两比较

在以上介绍的完全随机设计和随机区组设计的例子中，通过方差分析都得到了三种疗法提

升听力的效果不全相等（即3个处理组的总体均数不全相等）的结论。但是，分析任务还没有结束。接下来，还要进一步确定：哪些组的总体均数之间有差异，谁高谁低，哪一种方法的疗效更好。本节简要介绍几种常用的两两比较的方法。在实践中，一定要根据这些方法的特点和适用条件，结合研究设计类型和目的选择合适的方法。

总的来说，两两比较的方法可以分为以下两类：

第一类，可以称之为探索性的两两比较。如例4-1和例4-2，在研究设计阶段，甚至在最终的两两比较的结果出来之前，研究者并不知道三种方法的疗效有没有差别，而是在方差分析得出多个总体均数不全相等的结论后，才决定通过这种事后的两两比较，来进一步探索哪些均数不等，哪种方法疗效相对较好。这类方法主要包括：SNK（Students-Newman-Keuls）法和Bonferroni法等。

第二类，可以称之为证实性的两两比较。该类比较往往是在研究的设计阶段就根据研究目的或专业知识计划好的。如多个处理组与一个对照组的比较，或几个在专业上有特殊意义的比较组的总体均数间的比较等。该类方法主要包括Dunnett-t检验、LSD-t检验（Fisher's least significant difference test），以及前面提到的Bonferroni法等。

本节主要详细讲解SNK法，其他两两比较方法的步骤和基本思路都与SNK法相同，只是在检验统计量的选取和构造，以及相应的P值的判断上有些差异。此外，本节还对Dunnett-t检验和Bonferroni法作简单介绍。学习本节内容的时候，并不需要掌握检验统计量的构造方法，更不需要背公式。只要能在实践中正确判断出选用哪种比较方法，并能根据统计软件的结果得出结论，那么学习本节的目的也就达到了。

一、SNK法

SNK法适用于多组总体均数的事后比较。因其检验统计量为q，故又称q检验。下面结合例4-1来说明，当方差分析得出3个处理组的总体均数不全相等时，如何采用SNK法作进一步的两两比较。

1. 建立检验假设，确定检验水准

H_0：$\mu_A = \mu_B$，即两对比组的总体均数相等

H_1：$\mu_A \neq \mu_B$，即两对比组的总体均数不等

$\alpha = 0.05$

2. 计算检验统计量

首先将三个样本均数由大到小排列，并编组次：

组别	高压氧组	针灸组	药物组
$\overline{X}_i$	15.59	13.46	10.43
组次	1	2	3

根据上述例4-1的计算结果和如下计算公式，列出如表4-8的结果表（$MS_{误差} = MS_{组内} = 16.4$）。

$$q = \frac{\overline{X}_A - \overline{X}_B}{S_{\overline{X}_A - \overline{X}_B}} = \frac{\overline{X}_A - \overline{X}_B}{\sqrt{\frac{MS_{误差}}{2}\left(\frac{1}{n_A} + \frac{1}{n_B}\right)}}, \quad \nu = \nu_{误差} \tag{4-12}$$

表 4-8 例 4-1 资料的 SNK 检验结果表

对比组 A 与 B	两均数之差 $\bar{X}_A - \bar{X}_B$	两均数之差的标准差 $S_{\bar{X}_A - \bar{X}_B}$	q 值	对比组内包含组数 a	q 的临界值 0.05	q 的临界值 0.01	P
1 与 3	5.16	0.95	5.41	3	3.44	4.37	<0.01
2 与 3	2.13	0.95	2.23	2	2.86	3.82	>0.05
1 与 2	3.03	0.95	3.17	2	2.86	3.82	<0.05

* 对比组内包含的组数 a，指编好组次之后，两对比组及介于两组之间的总组数。例如，在 1 和 3 之间，还有组次为 2 的组，总共 3 组

3. 确定 P 值，得出结论

以例 4-1 中组内自由度 $\nu_{组内}=51$（附表 4 中取不到 51，保守的做法是取不大于 51 的最接近的 40）和对比组内包含的组数 a 查附表 4 得 q 的临界值列于表 4-8 中。将本题实际计算出的 q 值与临界值进行比较，得出 P 值。可以看出，按 $\alpha=0.05$ 水准，组次 1 与 3、1 与 2 之间的总体均数差异有统计学意义，说明在本例中，高压氧疗法和针灸疗法的疗效与药物疗效不同。报告结论的时候，还需要根据样本均数的大小进一步指明两比较组总体均数谁高谁低。本例中 $\bar{X}_{高压氧}=15.59 > \bar{X}_{药物}=10.43$，说明在本例中高压氧的疗效比药物疗效要好。同理，也可以得到高压氧的疗效比针灸的疗效要好。组次 3 与 2 之间的差异没有统计学意义（$P > 0.05$），尚不能认为药物的疗效与针灸的疗效不同。

二、Dunnett-t 检验

Dunnett-t 检验，顾名思义，它的检验统计量为 t，或记为 t_D，适用于 $k-1$ 个试验组与 1 个对照组的总体均数的比较。Dunnett-t 检验的假设检验步骤与 SNK 法类似，计算出检验统计量 t_D 的同时，根据方差分析中随机误差的自由度 $\nu_{误差}$ 和试验组数 $k-1$，从 Dunnett-t 检验界值表中查得相应的临界值，并将算出的 t_D 值与其临界值进行比较，判断出 P 值的大小，得出统计学结论。

$$t_D = \frac{\bar{X}_i - \bar{X}_0}{S_{\bar{X}_i - \bar{X}_0}} = \frac{\bar{X}_i - \bar{X}_0}{\sqrt{MS_{误差}\left(\frac{1}{n_i} + \frac{1}{n_0}\right)}}, \quad \nu = \nu_{误差} \tag{4-13}$$

$\bar{X}_i$，n_i 和 $\bar{X}_0$，n_0 分别为实验组和对照组的样本均数和样本量。需特别指出的是 Dunnett-t 检验有专门的界值表，不同于 t 检验的界值表。

三、Bonferroni 法

在本章的开头已经讨论过，对于 3 组及 3 组以上的均数比较，如果将其简化为多次的两两比较，将增大犯 I 类错误的概率。对此，统计学家 Bonferroni 提出了校正检验水准的方法，使总的犯 I 类错误的概率不超过预先期望的 α。根据 Bonferroni 不等式，若每次检验水准为 α'，共进行 m 次比较，当 H_0 为真时，犯 I 类错误的累计概率不超过 $m\alpha'$。仍以例 4-1 来说明，总共有 3 个处理组，如果采用多次 t 检验，则共需比较 $\binom{3}{2}=3$ 次。假设每次比较所确定的检验水准为 $\alpha=0.05$，则实际的犯 I 类错误的累积概率可能达到 0.143。现在，我们调整检验水准为 $\alpha'=\frac{0.05}{3}=0.0167$，则三次比较都不犯 I 类错误的概率为 $(1-0.0167)^3=0.9508$，因而累积犯 I 类错误的概率为 $1-0.9508=0.0492$，没有超过预期的 0.05。Bonferroni 假设检验的步骤和基本思路，与 SNK 法和 Dunnett-t 检验类似，在此不再赘述。

第四章 方差分析

Bonferroni 调整检验水准的思想适用于所有的两两比较，但是该法相对于其他的两两比较方法最为保守。当比较的次数不多时，该法效果尚可；当比较的次数较多时（如 $m>10$），由于 α' 值较低，结论偏于保守。为此，Sidak 提出以 $\alpha'=1-\sqrt[m]{1-\alpha}$ 作为每次比较的检验水准。

第五节 方差分析的前提条件及其判断

一、方差分析的前提条件

以上首先介绍了方差分析的基本原理，然后将其应用于两种特定类型的资料——完全随机设计资料和随机区组设计资料，并介绍了相应的假设检验的步骤，以及拒绝零假设时，进一步进行两两比较的方法和步骤。

方差分析与两两比较相结合，对于3组及3组以上总体均数间的比较，是一个相对完整的过程。但是，在采用这个过程之前，还必须完成一项至关重要的工作，就是前提条件的判断。只有满足一定的前提条件的资料，才可以采用方差分析。

从理论上讲，进行方差分析的数据，应该满足如下两个前提条件：
(1) 各样本是相互独立的随机样本，且均服从正态分布；
(2) 各样本的总体方差相等，即方差齐性（homogeneity of variance）。

二、前提条件的判断

（一）关于正态性的判断

当样本量较小时，往往需要凭借过去经验进行判断，或对该样本进行正态性检验，强调该样本来自正态分布总体（即 X_{ij} 服从正态分布）。

当样本含量较大时，无论资料是否来自正态分布总体，样本均数（$\bar{X}_i$）均服从或近似服从正态分布（中心极限定理），此时方差分析是稳健的。但是，如果总体极度偏态，则需要作数据转换，改善其正态性。

（二）关于方差齐性的判断

考察数据方差齐性的办法，总体上可以分为两类：一类是比较直观的办法——残差图法。如果残差图的散点分布无特殊结构，则可认为资料满足前提条件。另一类是方差齐性检验的办法，包括 F 检验、Bartlett χ^2 检验和 Levene 检验。其中 F 检验和 Bartlett χ^2 检验对资料的正态性要求比较严格，Levene 检验则不依赖于资料分布。对于方差分析的资料，Bartlett χ^2 检验和 Levene 检验都用得非常普遍。

下面以 Bartlett χ^2 检验法为例，结合例 4-1，介绍方差齐性检验的步骤：

1. 建立检验假设，确定检验水准
H_0：$\sigma_1^2=\sigma_2^2=\sigma_3^2$，即三个总体方差相等
H_1：σ_1^2，σ_2^2，σ_3^2 不全相等，即至少有两个总体方差不等
$\alpha=0.10$（检验水准取得较大，当不拒绝 H_0 时，可以减少犯 II 类错误的概率）

2. 计算检验统计量

$$\chi^2=\frac{\sum_i\left[(n_i-1)\ln\frac{MS_{\text{误差}}}{S_i^2}\right]}{1+\dfrac{\sum_i(n_i-1)^{-1}-(N-k)^{-1}}{3(k-1)}} \tag{4-14}$$

其中，N 为总样本量，n_i 为第 i 组的样本量，S_i^2 为第 i 组的样本方差，$MS_{误差}$ 为随机误差或组内均方，k 为组数。将例 4-1 的数据代入上式，算得：$\chi^2=0.2197$，自由度 $\nu=2$。

3. 确定 P 值，得出结论

以自由度 $\nu=2$，查 χ^2 界值表，得 $0.75<P<0.90$，按 $\alpha=0.10$ 的水准，不拒绝 H_0，可以认为三个总体方差相等。

三、数据变换

满足以上两个前提条件的资料才可以进行方差分析。对于不满足条件的资料，通常有两种处理方法：一是改用秩和检验等非参数检验方法；二是通过某种形式的数据变换，来改善资料的正态性和方差齐性，两种方法各有利弊。关于非参数检验，将在第八章中详细介绍，本节将介绍数据变换的办法。数据变换改变了资料分布的形式，增加了直观解释分析结果的难度，但是没有改变资料间的相对关系。常用的数据变换的方式有：

1. 对数变换　对数变换就是将原始数据取其自然对数或常用对数。该方法适用于：

(1) 对数正态分布资料，如疾病的潜伏期、抗体滴度、蔬菜中农药残留量等；

(2) 标准差和均数成比例（即变异系数接近或等于某一常数）的资料。

$$变换形式如： \quad X'=\ln X \text{ 或 } X'=\ln(X+1) \tag{4-15}$$

2. 平方根变换　平方根变换就是将原始数据开算术平方根。该方法主要适用于方差与均数成比例的资料，如服从 Poisson 分布的资料。

$$变换形式如： \quad X'=\sqrt{X} \text{ 或 } X'=\sqrt{X+0.5} \tag{4-16}$$

3. 平方根反正弦变换　平方根反正弦变换又称角度变换，就是将原始数据开平方根，再取反正弦。该方法主要适用于百分比资料。

$$变换形式如： \quad p'=\sin^{-1}\sqrt{p} \tag{4-17}$$

第六节　小　结

1. 方差分析常用于三个及三个以上均数的比较，当用于两个均数之间的比较时，在满足前提条件的情况下，方差分析与 t 检验等价，且有 $F=t^2$。

2. 方差分析的基本思想是变异的分解。本章采用方差来衡量变异的大小，分别对方差的分子——离均差平方和 $SS_{总}$，与方差的分母——自由度 $\nu_{总}$ 按设计和需要进行分解。然后算出分解而成的各部分的变异，其中至少有一部分表示各组均数间的变异情况，另一部分表示随机误差。通过观察两者的比值是否超过零假设下的临界值，来判断这种均数间的差异是否有统计学意义。

3. 完全随机设计的方差分析是最常见、最简单的方差分析类型。而随机区组设计的方差分析，则是在前者的基础上，进一步利用区组来控制混杂因素的影响，并将区组的变异从随机误差中分离出来，使得检验统计量的分母减小，从而提高了试验效率。

4. 经过方差分析，若得出阳性结论——各组总体均数不完全相等，则需要采用两两比较的方法进一步确定哪些均数不等。两两比较的方法大致可以分为两类：一是未计划的每两个均数的事后比较，如 SNK 法；二是预先计划好的某些均数间的两两比较，如 Dunnett-t 检验和 LSD-t 检验。而 Bonferroni 法则适用于所有的两两比较。

5. 方差分析要求资料满足两个前提条件：正态性和方差齐性。对前提条件的判断大致有两类方法：一类是比较直观的方法——残差图法，即通过观察残差图的散点分布有无特殊结

第四章 方差分析

构，来判断资料是否满足前提条件；另一类则是通过检验的办法来判断数据是否满足条件，如用 Bartlett χ^2 检验和 Levene 检验来判断方差齐性。对于不满足方差分析前提条件的资料，一是可以改用非参数检验，如秩和检验；二是通过某种形式的数据变换，如对数变换、平方根变换或平方根反正弦变换等，使之满足方差分析的条件。

思考与练习

一、简答题

1. 对于三组或三组以上总体均数的比较能否采用 t 检验？为什么？
2. 方差分析的基本思想和前提条件是什么？
3. 试从方差分析的角度，说明相对于完全随机设计，随机区组设计有什么优势。
4. 同是两两比较的方法，SNK 法与 Dunnett-t 检验有什么不同？

二、多选题

1. 关于方差分析，下列说法错误的是
   A. 因为组内均方反映了随机误差的作用，而组间均方既反映了随机误差的作用，又反映了处理因素的效应，因此组间均方不可能小于组内均方
   B. H_0 成立时，检验统计量 F 的值理论上应该等于 1，否则我们就有理由拒绝 H_0
   C. F 值越大，组间差异也就越大
   D. 组内均方有可能大于组间均方
   E. 我们可以按设计和需要将总均方分解成组内均方和组间均方

2. 当组数为 2 时，对于同一份资料，方差分析与 t 检验相比
   A. t 检验专用于两个均数间的比较，因而检验效能更高
   B. 方差分析从变异的分解入手，结果更准确
   C. 两者完全等价，且有 $F=t^2$
   D. 能用 t 检验的未必能用方差分析，后者对数据的要求更为严格
   E. 两者的前提条件是一致的

3. 当完全随机设计的方差分析算得检验统计量 $F > F_{0.05}(\nu_1, \nu_2)$ 时，我们可以得出结论
   A. 各样本均数不全相等
   B. 至少有两个样本均数不相等
   C. 各总体均数不全相等
   D. 至少有两个总体均数不相等
   E. 各组的样本均数和总体均数均不全相等

4. 与完全随机设计的方差分析相比，随机区组设计的方差分析
   A. 从原来的组间变异中进一步分离出了区组间变异，因此随机区组设计的试验效率更高
   B. 从原来的随机误差中进一步分离出了区组间变异，因此随机区组设计的试验效率更高
   C. 以处理组间的均方与区组间均方的比值，来构造检验统计量 F，并将其与临界值进行比较，确定 P 值大小
   D. 随机误差固定时，处理组间的均方越大，区组间的均方越小，因为它们的总和是一定的
   E. 在总变异的计算上，与前者相同

5. 为比较四种新的治疗方法和常规方法的疗效差异，较好的方法是
   A. t 检验
   B. SNK 法
   C. Dunnett-t 检验
   D. Bonferroni 法
   E. Levene 检验

6. 欲比较三种药物治疗缺铁性贫血的疗效差异，现将 300 位患者随机分为 3 组，每组 100 人，分别采用不同药物治疗，一段时间后观察并记录每位患者的血红蛋白浓度的增加值。通过对 3 组数据的正态性检验，发现 3 组数据都不服从正态分布，而且极度偏态。为此，研究者对 3 组数据进行了转换，发现转换后数据的正态性得到了很大改善，均呈对称分布，但是仍未能通过正态性检验。假设转换后的数据满足方差齐性。问能否采用方差分析来检验三种药物总体的疗效差异？
   A. 不能，因为转换后的数据仍不满足正态性要求
   B. 不能，因为我们不知道转换前的数据是否满足方差齐性
   C. 能，而且数据无须转换，因为各组的样本量较大，中心极限定理可以保证样本均数服从正态分布
   D. 能，转换后的数据可以进行方差分析，但结果的解释不够直观
   E. 能，转换后的数据正态性已经有了很大改善，中心极限定理可以保证各组的样本均数服从正态分布

三、综合分析题

1. 术中出血量是评价外科手术临床价值的一项重要指标。某三甲医院收集了2012年7月该院肾上腺手术三种术式的术中出血量（ml）资料，数据如表4-9。问三种术式的术中出血量有没有差别？

表4-9 三种术式的术中出血量（ml）

术式一	术式二	术式三
52.54	62.83	58.56
69.94	46.48	63.73
58.02	61.56	51.87
48.18	56.38	61.95
51.40	59.82	69.72
38.90	53.77	41.63
53.75	40.71	65.67
45.45	56.77	59.55
41.68	70.18	75.13
34.78	57.78	62.07
44.80	80.07	87.36
43.22		45.36
		49.22
		46.93

2. 某药厂新近开发了两种抗抑郁药物，但是据研究者的经验，这两类新药可能会导致体重增加。因此，药厂决定通过动物实验，对此做一个初步的探索。实验选取了20窝成年SD大鼠，每窝的3只大鼠随机分配到新药A组、新药B组和空白对照组。3周后，记录每只大鼠的体重变化（g）。数据如表4-10。试选用合适的方法，说明两种抗抑郁药是否有增加体重的作用。

表4-10 三组SD大鼠的体重变化（g）

窝别	新药A组	新药B组	空白对照组
1	8.85	14.23	8.86
2	10.96	13.04	2.68
3	9.58	11.37	6.17
4	10.42	6.81	6.01
5	12.77	10.87	3.92
6	6.61	8.60	4.08
7	9.44	10.54	7.03
8	8.20	12.39	5.75
9	12.93	8.38	1.85
10	9.50	12.23	3.81
11	10.88	9.48	4.63

续表

窝别	新药 A 组	新药 B 组	空白对照组
12	10.75	14.02	4.26
13	9.36	10.88	4.89
14	9.77	7.22	3.96
15	8.13	12.37	6.79
16	7.56	9.50	6.33
17	8.44	9.87	2.29
18	10.71	8.10	6.67
19	9.67	9.37	3.72
20	10.91	10.92	4.57

（郝元涛）

第五章 定性资料的统计描述

定性资料常见的数据形式是绝对数,如某病的患病人数、治愈人数、死亡人数等。描述定性变量的数据特征时,可以使用统计表或统计图,也可以计算相对数指标,如某病的患病率、病死率等。根据不同的研究目的,常用率、构成比和相对比等指标进行统计描述。

第一节 定性变量的频率分布

定性变量分为多分类变量和二分类变量,这些变量均可以通过频数分布表或相应统计图描述其分布特征。

一、多分类变量的频率分布

例 5-1 某课题组为了解城市中不同人群的吸烟状况,用随机抽样的方法于 2010 年对某城市 10 种不同职业的人群共 11 085 人进行了调查。通过对数据的整理,将 11 085 例调查对象和 3918 例吸烟者按职业分组制成频数表(表 5-1)。

表 5-1 2010 年某城市不同职业调查对象和吸烟者的频率分布

职业 (1)	调查对象		吸烟者	
	例数 (2)	频率(%) (3)	例数 (4)	频率(%) (5)
机关干部	1154	10.4	446	11.4
医务人员	1274	11.5	279	7.1
教师	1009	9.1	216	5.5
大学生	1008	9.1	176	4.5
中学生	1274	11.5	30	0.8
宾馆、酒店职员	1013	9.1	575	14.7
商业服务人员	1016	9.2	287	7.3
司机	1219	11.0	878	22.4
企业工人	1065	9.6	454	11.6
个体劳动人员	1053	9.5	577	14.7
合计	11085	100.0	3918	100.0

表 5-1 的第(1)列"职业"是一个多分类变量,第(3)列显示所有的调查对象在不同职业的频率分布,第(5)列是本次调查得到的 3918 名吸烟者在不同职业的频率分布。频率分布的特点是,定性变量各类别的频率之和为 100%。

二、二分类变量的频率分布

表5-2描述的是例5-1中所调查的11 085例调查对象吸烟与否这个二分类变量。第（3）列第1行为吸烟者的检出率（35.3%），第2行为非吸烟者的检出率（64.7%）。

表5-2　2010年某城市11085例调查对象吸烟情况的频率分布

调查对象（1）	例数（2）	频率（%）（3）
吸烟者	3918	35.3
非吸烟者	7167	64.7
合计	11085	100.0

表5-3是根据"职业"与"吸烟与否"两个定性变量整理后绘制的统计表。表中第1行是机关干部的吸烟频率38.65%，未吸烟频率1－38.65%＝61.35%被省略了。所以，第1行是机关干部中"吸烟与否"这个二分类变量频率分布的简略表达。同样，表中第2行至第10行分别简略表达了不同职业调查对象中"吸烟与否"这个二分类变量的频率分布。

表5-3　2010年某城市11085例调查对象按职业分组的吸烟率

职业（1）	调查对象（2）	吸烟人数（3）	吸烟率（%）（4）
机关干部	1154	446	38.65
医务人员	1274	279	21.90
教师	1009	216	21.41
大学生	1008	176	17.46
中学生	1274	30	2.35
宾馆、酒店职员	1013	575	56.76
商业服务人员	1016	287	28.25
司机	1219	878	72.03
企业工人	1065	454	42.63
个体劳动人员	1053	577	54.80
合计	11085	3918	35.34

第二节　常用相对数指标

相对数指的是两个有关联指标的比值，可以是两个有关的绝对数之比，也可以是两个统计指标之比。常用的相对数有构成比、率和相对比等。

一、构成比

构成比（proportion）又称构成指标，它表示某一事物内部各组成部分的比重或分布，常用百分数表示。计算公式为：

$$构成比 = \frac{某一组成部分的观察单位数}{同一事物各组成部分的观察单位总数} \times 100\% \quad (5-1)$$

例 5-2 为了解社区居民高血压的患病情况,研究人员对某社区居民进行了调查,结果如表 5-4。

表 5-4 某年某地某社区居民高血压患病情况

年龄(岁)(1)	检查人数(2)	患病人数(3)	构成比(%)(4)	患病率(%)(5)	各年龄组患病率与20~岁组患病率之比(6)
20~	800	57	12.4	7.1	1.00
30~	1210	139	30.2	11.5	1.62
40~	950	149	32.4	15.7	2.21
50~60	540	115	25.0	21.3	3.00
合计	3500	460	100.0	13.1	—

如表 5-4 中的第(4)列患病人数构成比,其中"20~"岁年龄组的患病人数占患病总人数的比重=(57/460)×100%=12.4%。依次可求出"30~"岁、"40~"岁、"50~60"岁各组患病人数占患病总人数的比重分别为 30.2%、32.4% 和 25.0%。可见在全部患病人数中,以"40~"岁组患者所占比重最大。

从表 5-4 中可看出,各构成部分的构成比总和应为 100%;某一构成部分的增减会相应地影响其他部分构成比相应地减少或增加。

二、率

率(rate),又称频率指标,说明某现象发生的频率。计算公式为:

$$率 = \frac{某时期内发生某现象的观察单位数}{同期可以发生该现象的观察单位总数} \times 比例基数 \tag{5-2}$$

式中的比例基数,可以取 100%,1000‰,⋯,10 万/10 万等。比例基数的选择主要依据习惯用法或使算得的率至少保留 1~2 位整数,以便阅读,如治愈率、感染率、病死率通常用百分率,出生率、婴儿死亡率习惯用千分率,肿瘤死亡率常以十万分率表示等。

如表 5-4 中的第(5)列患病率,其中"20~"岁年龄组的高血压患病率为该年龄组患病人数除以该年龄组检查人数,即(57/800)×100%=7.1%,表示的是该社区受检人群中"20~"岁年龄组高血压的患病的频率。依次可求出其余年龄组人群的高血压患病率。可见在该社区全部受检人群中,以"50~60"岁年龄组高血压的患病率最高。

三、相对比

相对比(relative ratio)是指两个有关联的指标值之比,说明两者之间的对比关系。通常以倍数或百分数(%)表示。计算公式为:

$$相对比 = \frac{A}{B} (\times 100\%) \tag{5-3}$$

A、B 两个指标可以性质相同,如不同时期的发病人数;也可以性质不相同,如变异系数等;A、B 两个指标可以是绝对数、相对数或平均数。

如表 5-4 中的第(6)列,"30~"岁年龄组高血压患病率为 11.5%,"20~"岁年龄组高血压患病率为 7.1%,两组患病率之比为 0.115/0.071=1.62,表明"30~"岁年龄组患病率为"20~"岁年龄组患病率的 1.62 倍。

最常见的相对比是人口学中的男女性别比。一些反映卫生资源的指标如每千人口的医生数、每千人口的床位数、每名医生的门诊工作量等都是相对比。

例 5-3 某年某医院出生婴儿中，男性婴儿数为 370 人，女性婴儿数为 358 人。试计算该年该医院出生婴儿的性别比例。

出生婴儿男女性别比例为 $(370/358) \times 100\% = 103\%$。表明该年该医院每出生 100 名女婴儿，就有 103 名男婴儿出生，它反映了该医院男性婴儿与女性婴儿出生的对比水平。

第三节 应用相对数指标应该注意的问题

一、计算相对数时应有足够的样本含量

计算相对数时，如果样本含量过小，则相对数不稳定。如用某种疗法治疗某病患者，5 例中有 4 例治愈，即报道治愈率为 80%，显然这个治愈率的可靠性较差，此时最好直接用绝对数表示。

二、不要把构成比与率相混淆

构成比是用以说明事物内部某种构成所占的比重或分布，不能说明某现象发生的频率或强度。在资料分析中，经常会出现将构成比指标按率的概念去解释的错误。如表 5-4 中的第 (4) 列，"40~"岁年龄组患病人数占全部患病总人数的构成比最大 (32.4%)，但这并不能说明"40~"岁年龄组人群最易患高血压，欲知患高血压的频率，应该计算患病率。如表 5-4 第 (5) 列所示，高血压患病率随年龄升高而升高，其中以"50~60"岁年龄组人群的高血压患病率为最高 (21.3%)。

三、注意资料的可比性

率（或构成比）进行比较时，除了要对比的因素外，其他的重要影响因素应尽可能相同或相近。

1. 观察对象是否同质、研究方法是否相同、观察时间是否相等，以及地区、周围环境、风俗习惯和经济条件等客观条件是否一致或接近。例如，有人应用几种药物对乙型病毒性肝炎表面抗原阳性者的阴转率进行观察，其各组的观察时间应相同。因为其阴转率与用药时间有关，即使是用同一药物，若用药时间不同，其阴转率也不同。

2. 其他影响因素在各组的内部构成是否相同。若两组资料的年龄、性别等构成有所不同时，应分别进行同年龄、同性别的小组率比较或对总率（合计率）进行标准化后再作比较。例如，某医院用新疗法和传统疗法治疗某种传染病的治愈率如表 5-6，其中新疗法的治愈率为 54.2%，传统疗法的治愈率为 46.0%，因而得出以下结论：新疗法比传统疗法的治愈率高。

但这样的结论是不妥的，因为它忽略了两组观察对象内部病型构成的差别，新疗法组以普通型患者为多，传统疗法组以重型患者为多，而实际上该传染病不同类型的患者其治愈率是不同的。因此要正确比较两种疗法的合计治愈率，必须先将两组治疗对象的病型构成按照统一标准进行校正，然后计算出校正后的标准化治愈率再进行比较（即率的标准化，请参阅本章第五节）。

四、要考虑存在抽样误差

进行样本率(或构成比)的比较时,与均数的抽样研究一样,应遵循随机化抽样原则。由于样本率(或构成比)也有抽样误差,因此不能仅凭数值表面大小下结论,而应进行样本率(或构成比)差别的假设检验。

第四节 常用动态数列指标及其应用

动态数列(dynamic series)是按时间顺序排列起来的一系列统计指标,包括绝对数、相对数或平均数,用以说明事物在时间上的变化和发展趋势。常用的动态数列分析指标有绝对增长量、发展速度和增长速度、平均发展速度和平均增长速度。

例 5-4 某县医院 2002—2009 年门诊患者平均处方费用的统计数据见表 5-5 第(1)、(3)列,试作动态分析。

表 5-5 某县医院 2002—2009 年门诊患者平均处方费用(元/人)动态变化

年份(1)	指标符号(2)	门诊处方费用(3)	绝对增长量		发展速度(%)		增长速度(%)	
			累计(4)	逐年(5)	定基比(6)	环比(7)	定基比(8)	环比(9)
2002	a_0	25.37	—	—	100.0	100.0	—	—
2003	a_1	27.13	1.76	1.76	106.9	106.9	6.9	6.9
2004	a_2	27.35	1.98	0.22	107.8	100.8	7.8	0.8
2005	a_3	49.15	23.78	21.80	193.7	179.7	93.7	79.7
2006	a_4	87.85	62.48	38.70	346.3	178.7	246.3	78.7
2007	a_5	90.13	64.76	2.28	355.3	102.6	255.3	2.6
2008	a_6	94.93	69.56	4.80	374.2	105.3	274.2	5.3
2009	a_7	94.75	69.38	−0.18	373.5	99.8	273.5	−0.2

一、绝对增长量

绝对增长量是说明事物在一定时期内增长的绝对数量。可计算:

1. **累计增长量** 报告期指标与基线期指标之差。例 5-4 中,若以 2002 年门诊患者平均处方费用为基线期指标,则其余各年门诊处方费用为报告期指标。表 5-5 第(4)列中 2005 年较 2002 年门诊患者平均处方费用累计增长量为 49.15−25.37=23.78(元/人)。

2. **逐年增长量** 报告期指标与前一期指标之差。如表 5-5 第(5)列中 2005 年较 2004 年门诊患者平均处方费用逐年增长量为 49.15−27.35=21.8(元/人)。

二、发展速度与增长速度

用来说明事物在一定时期内发展变化的幅度和速度。发展速度与增长速度都是相对比,可以计算定基比和环比。

1. 定基比发展速度 反映事物在一定时期内的发展速度。以某基线期指标作基数，用其他各报告期指标与之相比。表 5-5 中第（6）列是以 2002 年的门诊患者处方费用作为基数计算的定基比发展速度。如 2005 年的定基比发展速度 $=a_3/a_0=$（49.15/25.37）$\times 100\%=$ 193.7%，说明该县医院门诊患者平均处方费用由 2002 年的 100% 增加到 2005 年的 193.7%。

2. 环比发展速度 反映事物逐期的波动或发展速度。以前一报告期的指标作基数，用相邻的后一报告期指标与之相比，见表 5-5 中第（7）列。如 2005 年的环比发展速度 $=$（49.15/27.35）$\times 100\%=179.7\%$。

3. 定基比增长速度 反映事物在一定时期内的变化速度。定基比增长速度$=$定基比发展速度-100%，见表 5-5 第（8）列。如 2005 年的定基比增长速度$=193.7\%-100\%=93.7\%$，说明 2005 年门诊处方费用相对于 2002 年增加了 93.7%。

4. 环比增长速度 反映事物逐期的变化速度。环比增长速度$=$环比发展速度-100%，见表 5-5 第（9）列。如 2005 年的环比增长速度$=179.7\%-100\%=79.7\%$。

三、平均发展速度与平均增长速度

用于概括事物在某一时期中的平均变化。其计算公式为：

$$\text{平均发展速度}=\sqrt[n]{\frac{a_n}{a_0}} \tag{5-4}$$

式中，a_0 为基线期指标，a_n 为第 n 期指标。

$$\text{平均增长速度}=\text{平均发展速度}-100\% \tag{5-5}$$

对表 5-5 中第（1）、第（3）列的资料计算平均发展速度和平均增长速度：

$$\text{七年平均发展速度}=\sqrt[7]{\frac{94.75}{25.37}}=1.207=120.7\%，$$

$$\text{七年平均增长速度}=120.7\%-100\%=20.7\%。$$

由表 5-5 可见，该县医院 2002 年门诊患者平均处方费用为 25.37 元/人，到 2009 年已达 94.75 元/人，共增加 69.38 元/人，相当于原来费用的 373.5%，增加了 273.5%。虽然门诊患者处方费用每年都在增加，但发展是不平衡的，每年的递增速度在 0.8%～79.7% 之间浮动，特别是 2005 年和 2006 年，环比增长速度分别为 79.7% 和 78.7%。2002—2009 年该县医院门诊患者平均处方费用年平均发展速度为 120.7%，年平均增长速度为 20.7%。

动态数列分析不仅可以总结过去，而且可以进行预测，即根据平均发展速度公式［公式（5-4）］计算几年后预期达到的指标。如根据表 5-5 资料预测 2012 年的门诊患者处方费用，本例 2012 年相当于 a_{10}，将已知数据代入公式进行计算，

$$1.207=\sqrt[10]{\frac{a_{10}}{25.37}}$$

$$a_{10}=1.207^{10}\times 25.37=166.49（\text{元/人}）$$

即根据该县医院 2002—2009 年的平均发展速度，预计到 2012 年该医院门诊患者平均处方费用可达 166.49 元/人。

预测时建议采用近期比较稳定的发展速度，这样可求得较接近实际的预测值。

第五节 粗率的标准化法

一、标准化法的意义和基本思想

对两组个体的粗率（粗死亡率、粗治愈率、粗患病率、粗发病率等）进行比较时，若这两组个体的内部构成（如年龄、工龄、病情轻重等）存在差异，而年龄、病情轻重等因素对率又有影响，如年龄影响死亡率，年龄越大，越容易死亡；病情影响治愈率，病情越严重，越难于治愈。这种情况下则不能直接进行两率的比较。为消除两组个体内部构成不同的影响，需要对两组数据进行标准化处理。

例 5-5 某年某医院新疗法和传统疗法治疗某传染病，治疗对象有普通型和重型两类患者，治疗结果如表 5-6 所示。试比较这两种疗法的治愈率。

表 5-6 某年某医院两种疗法治疗某传染病各型的治愈率（%）

病型	新疗法			传统疗法		
	治疗例数	治愈例数	治愈率	治疗例数	治愈例数	治愈率
普通型	350	217	62.0	150	102	68.0
重型	150	54	36.0	350	128	36.6
合计	500	271	54.2	500	230	46.0

由表 5-6 的资料可见，两种不同疗法治疗该病的治愈率均为普通型高于重型，且无论哪种病型，传统疗法的治愈率均高于新疗法。但是，从合计栏的结果看，传统疗法的粗治愈率（46.0%）却低于新疗法的粗治愈率（54.2%）。这种偏差源于两个治疗组患者的病型分布有很大不同，新疗法组以普通型患者为多，传统疗法组以重型患者为多，而实际上该传染病不同类型的患者其治愈率是不同的。因此要正确比较两种疗法的合计治愈率，必须先将两组治疗对象的病型构成按照统一标准进行校正，方法之一就是标准化法（standardization）。

二、标准化率的计算

常用的标准化法包括直接标准化法和间接标准化法，根据已有数据的实际条件，可以选用其中的一种方法。本节仅介绍常用的直接标准化法。

1. 计算公式

$$P' = \frac{N_1 P_1 + N_2 P_2 + \cdots + N_k P_k}{N} = \frac{\sum N_i P_i}{N} \tag{5-6}$$

式中，P' 为标准化率，N_1，N_2，$\cdots$，N_k 为某一影响因素（如年龄、病型等）标准构成的每层例数，P_1，P_2，$\cdots$，P_k 为原始数据中各层的率，N 为标准构成的总例数。

2. 标准构成的选取　标准化法的关键是选择一个标准构成，然后在这个共同的"平台"上比较两组数据。标准构成的选取方法通常有三种：

（1）从欲比较的各组中任选其一，将其作为标准构成；

（2）将用于比较的各组例数合并作为标准构成；

（3）在比较组之外另选一个群体，如采用全国范围或全省范围的数据，将其作为标准构成。

3. 计算步骤

（1）选定标准构成：本例将两组的各层例数的合计作为标准构成。普通型患者 $N_1 = 500$

例，重型患者 $N_2=500$ 例，$N=N_1+N_2=500+500=1000$ 例；

（2）分别计算"标准构成"的预期治愈例数（表5-7）：

新疗法：普通型和重型患者的治愈率分别为 $P_1=62\%$ 和 $P_2=36\%$，则预期治愈例数分别为 $N_1P_1=500\times62\%=310$ 和 $N_2P_2=500\times36\%=180$，预期治愈例数之和为 $N_1P_1+N_2P_2=310+180=490$。

同理，传统疗法：普通型和重型患者的治愈率分别为 $P_1=68\%$ 和 $P_2=36.6\%$，则预期治愈例数分别为 $N_1P_1=500\times68\%=340$ 和 $N_2P_2=500\times36.6\%=183$，预期治愈例数之和为 $N_1P_1+N_2P_2=340+183=523$。

表5-7 消除病型构成影响后两种疗法治愈率的比较

病型 (1)	标准治疗例数 (N_i) (2)	新疗法		传统疗法	
		原治愈率（%） (P_i) (3)	预期治愈例数 (N_iP_i) (4)=(2)(3)	原治愈率（%） (P_i) (5)	预期治愈例数 (N_iP_i) (6)=(2)(5)
普通型	500	62.0	310	68.0	340
重型	500	36.0	180	36.6	183
合计	1000	—	490（$\sum N_iP_i$）	—	523（$\sum N_iP_i$）

（3）分别计算两种疗法的标准化治愈率：

按公式（5-6）计算得到新疗法的标准化后的总治愈率为

$$P'=\frac{\sum N_iP_i}{N}=\frac{490}{1000}\times100\%=49.0\%$$

传统疗法标准化后的总治愈率为

$$P'=\frac{\sum N_iP_i}{N}=\frac{523}{1000}\times100\%=52.3\%$$

由上可见，经标准化后传统疗法的总治愈率高于新疗法的总治愈率，与分层比较的结论是一致的。

需要注意的是：标准化率只反映资料的相对水平，不代表实际水平，仅在比较时使用，原率才能反映某时某地某现象的实际水平；此外，选用的标准不同，算得的标准化率可能也不同。

第六节 小 结

1. 定性资料的变量形式分为多分类变量和二分类变量，这些变量均可以通过频数分布表（或各种统计图）及相对数描述其分布特征。

2. 相对数的性质取决于其分子和分母的意义，不同的相对数其意义不同，计算方式也不同。应用相对数时应注意：分母不宜过少、率和构成比不能混淆、资料的可比性、样本率比较时应做假设检验。

3. 动态数列分析是借助于一系列按时间顺序排列起来的统计指标，如绝对增长量、发展速度、增长速度及平均发展速度等，说明事物在时间上的变化和发展趋势。

4. 标准化法的目的是消除内部构成的不同对粗率比较的影响，选择统一的"标准构成"，对比较的资料进行校正。标准化后的率已经不再反映当时当地的实际水平，它只反映相互比较的资料间的相对水平。

思考与练习

一、简答题
1. 常用的相对数指标有哪些？它们在意义上和计算上有何不同？
2. 应用相对数时要注意哪些问题？
3. 动态数列分析常用的指标有哪些？
4. 什么是标准化法？其基本思想是什么？

二、不定项选择题
1. 对定性变量进行统计描述常用
   A. 平均数
   B. 标准差
   C. 变异系数
   D. 相对数
   E. 几何均数
2. 以下关于构成比的叙述中，正确的是
   A. 反映某现象发生的强度
   B. 表示两个同类指标的比
   C. 反映某事物内部各组成部分占全部构成的比重
   D. 既反映某现象发生的强度，也反映某事物内部各部分占全部构成比重
   E. 表示某一现象在时间顺序的排列
3. 比较甲乙两地某病死亡率时，因其人口构成有差异，需对年龄进行标准化，标准人口的选择可以是
   A. 甲地或乙地的年龄别人口构成
   B. 甲乙两地合计的各年龄组人口数
   C. 甲乙两地所在省的年龄别人口构成
   D. 甲乙两地合计的各年龄组患者数构成
   E. 全国各年龄别人口构成或人口数
4. 定基比与环比指标是

4.
   A. 构成比
   B. 平均数
   C. 频率
   D. 绝对数
   E. 相对比
5. 某地区某种疾病在某年的死亡人数为 a_0，以后历年为 $a_1, a_2, \cdots, a_n$，则该疾病死亡人数的年平均增长速度为
   A. $\dfrac{a_0 + a_1 + \cdots + a_n}{n+1}$
   B. $\sqrt[n+1]{a_0 a_1 \cdots a_n}$
   C. $\sqrt[n]{\dfrac{a_n}{a_0}}$
   D. $\sqrt[n]{\dfrac{a_n}{a_0}} - 1$
   E. $\sqrt[n]{\dfrac{a_n}{a_{n-1}}}$
6. 计算标准化死亡率的目的是
   A. 减少死亡率估计的偏倚
   B. 减少死亡率估计的抽样误差
   C. 便于进行不同地区死亡率的比较
   D. 便于进行不同时间死亡率的比较
   E. 消除各地区内部构成不同的影响

三、综合分析题
1. 某年某校教师 5 项体检项目检查结果如表 5-8 所示。
(1) 通过计算将表中空格处填完整。
(2) 回答问题：不同年龄组中哪个项目异常最多？不同检测项目哪个年龄组检出异常较高？

表 5-8　某年某校教师 5 项体检项目检查结果

检查项目	<40 岁组			≥40 岁组		
	异常例数	构成比	检出率（%）	异常例数	构成比	检出率（%）
肝	5	(　)	(　)	(　)	11.5	(　)
血脂	26	(　)	5.00	117	(　)	25.00
心电图	20	(　)	(　)	98	(　)	(　)
胆囊 B 超	19	25.00	(　)	90	22.5	(　)
子宫 B 超	(　)	(　)	(　)	49	(　)	(　)
合计	(　)	100.00	(　)	(　)	100.00	(　)

2. 某市某医院 2002—2007 年日门诊量的统计数据见表 5-9，试作动态分析。

表 5-9 某医院 2002—2007 年日门诊量

年份	2002	2003	2004	2005	2006	2007
日门诊人次	1615	1667	1928	2251	2598	2927

（祁艳波）

第六章 二项分布和 Poisson 分布

第一节 二项分布的概念及应用条件

一、二项分布的概念

在医学研究中常常会遇到一些随机现象，它们的结局只有两种互相对立的结果，即是以二分类变量来表示的，如某种检测结果的阳性与阴性，接触某种危险因素后的发病与不发病，实验动物的生存与死亡，某种疾病的治愈与未愈等。如果各个观察值之间是相互独立的，且每个观察对象阳性结果的发生概率为 π，阴性结果的发生概率为 $(1-\pi)$，那么，重复观察 n 次，发生阳性结果的次数 X 的概率分布服从二项分布（binomial distribution），记作 $X \sim B(n, \pi)$。

二项分布的概率函数 $P(X)$ 可用下式计算：

$$P(X) = C_n^X \pi^X (1-\pi)^{n-X} \tag{6-1}$$

其中

$$C_n^X = \frac{n!}{X!(n-X)!} \tag{6-2}$$

式中 π 为总体阳性率；n 为样本例数；X 为样本阳性数；C_n^X 为从 n 个个体中抽 X 个的组合数；"!"为阶乘符号，$n! = 1 \times 2 \times 3 \times 4 \times \cdots \times n$，并约定 $0! = 1$。

例 6-1 假如已知某人群中每个个体患某病的概率为 0.3。重复抽取 3 次，患病人数为 0 人、1 人、2 人和 3 人的概率分别为多少？1 人及以上患病的概率为多少？

根据式（6-1），0 人患病的概率为：

$$P(0) = C_3^0 \, 0.3^0 (1-0.3)^3 = 0.7^3 = 0.343$$

同理可算得患病人数为 1、2 和 3 的概率，见表 6-1。

表 6-1 重复抽取 3 人可能的患病人数及其概率

患病人数 (X)	C_3^X	π^X	$(1-\pi)^{n-X}$	出现该结果的概率 $P(X)$
0	1	0.3^0	0.7^3	0.343
1	3	0.3^1	0.7^2	0.441
2	3	0.3^2	0.7	0.189
3	1	0.3^3	0.7^0	0.027

由表 6-1 可知，所有可能结果出现的概率之和为：

$$\sum P(X) = 0.343 + 0.441 + 0.189 + 0.027 = 1$$

据此，1 人及以上患病的概率可表示为：

$$\sum P(X \geq 1) = P(1) + P(2) + P(3) = 0.441 + 0.189 + 0.027 = 0.657$$

或 $\sum P(X \geqslant 1) = 1 - P(0) = 1 - 0.343 = 0.657$，两者相同。

二、二项分布的性质

（一）二项分布的图形

在正态分布或其他连续性分布中，常用分布曲线下的面积表示某区间的概率；而在二项分布中，则以 X 为横轴，以对应于 X 的概率 $P(X)$ 为纵轴，对所有可能的 $X(0 \leqslant X \leqslant n)$ 分别用垂直于横轴、长度为 $P(X)$ 的线段表示相应的概率，得二项分布图（图 6-1）。由图 6-1 可见，二项分布图的高峰在 $\mu = n\pi$ 处或附近。给定 n 后，二项分布的形状取决于参数 π 的大小。π 为 0.5 时，图形是对称的；当 π 不等于 0.5 时，分布不对称，呈偏态；当 $\pi < 0.5$ 时分布呈正偏态；当 $\pi > 0.5$ 时分布呈负偏态；对同一 n，π 偏离 0.5 愈远，分布愈偏；对同一 π，随着 n 的增大，分布趋于对称，如 $\pi = 0.30$、$n = 5$ 和 $n = 10$ 时，图形呈偏态，当 $n = 30$ 时，图形已接近正态分布。

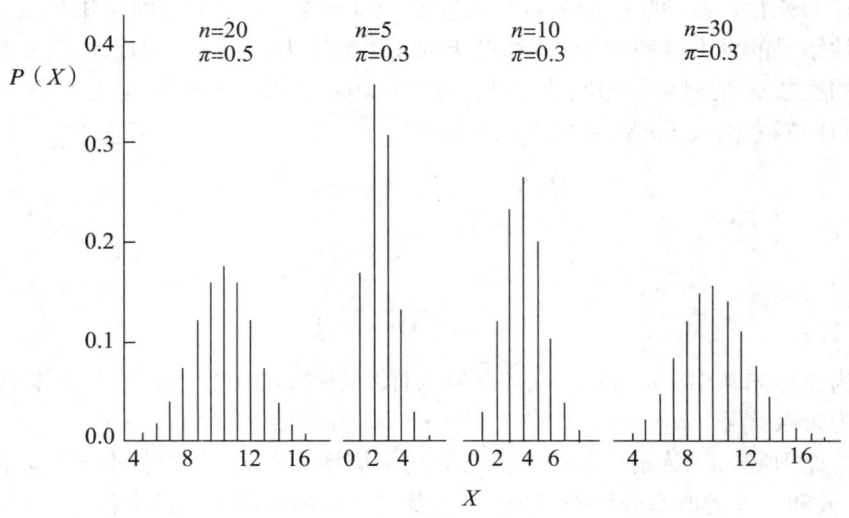

图 6-1　二项分布示意图

（二）二项分布的均数和标准差

对于二项分布问题，如果每一次出现阳性结果的概率均为 π，进行 n 次独立重复试验，出现 X 次阳性结果，那么阳性数 X 的均值 μ 及其标准差 σ 可由式（6-3）与式（6-4）算出。

$$\mu = n\pi \tag{6-3}$$

$$\sigma = \sqrt{n\pi(1-\pi)} \tag{6-4}$$

若将出现阳性结果的频率记为：

$$P = \frac{X}{n}$$

则 P 的总体均数和标准差分别为：

$$\mu_P = \pi \tag{6-5}$$

$$\sigma_P = \sqrt{\frac{\pi(1-\pi)}{n}} \tag{6-6}$$

式（6-6）中的 σ_P 是样本率的标准差，又称频率的标准误，它反映阳性频率的抽样误差的大小。当 π 未知时，常以样本率 P 来估计：

$$S_P = \sqrt{\frac{P(1-P)}{n}} \tag{6-7}$$

三、二项分布的应用条件

1. 每个观察单位只能有两个互相对立的结果中的一个，如阳性与阴性、发病与未发病、生存与死亡等，属于二分类资料。
2. 每次实验的条件不变，即每个观察单位为某种结果的概率 π 是恒定不变的，实际工作中要求 π 是从大量观察中获得的比较稳定的数值。
3. n 个观察单位的结果互相独立，即每个观察单位的结果不会影响到其他观察单位的结果，如要求疾病无家族聚集性、无传染性等。

第二节　二项分布的应用

一、累积概率

实际应用中我们经常需要计算二项分布的累积概率（cumulative probability），常用的有左侧累积和右侧累积两种方法。

二项分布出现阳性次数至多为 k 次的概率为：

$$P(X \leqslant k) = \sum_{0}^{k} P(X) = P(0) + P(1) + \cdots + P(k) \tag{6-8}$$

出现阳性次数至少为 k 次的概率为：

$$P(X \geqslant k) = \sum_{k}^{n} P(X) = 1 - P(X \leqslant k-1) \tag{6-9}$$

其中，$X = 0, 1, 2, \cdots, k, \cdots, n$。

计算时可借助递推公式：

$$P(X+1) = \frac{n-X}{X+1} \cdot \frac{\pi}{1-\pi} P(X) \tag{6-10}$$

例 6-2　已知我国成人乙肝病毒表面抗原平均阳性率为 10%，现随机抽查某地区 6 人的血清，问至少有 4 人阳性的概率为多少？最多有 2 人阳性的概率是多少？

本例 $\pi=0.1$，$1-\pi=0.9$，$n=6$，根据公式（6-9）至少有 4 人阳性的概率为：

$$P(X \geqslant 4) = P(4) + P(5) + P(6),$$

根据公式（6-1）得：

$$P(4) = \frac{6!}{4!(6-4)!} 0.1^4 \times 0.9^2 = 0.001215$$

$$P(5) = P(4+1) = \frac{6-4}{5} \times \frac{0.1}{0.9} \times 0.001215 = 0.000054$$

$$P(6) = 0.1^6 = 0.000001$$

则 $P(X \geq 4) = 0.001215 + 0.000054 + 0.000001 = 0.00127$

最多有 2 人阳性的概率为：

$$P(X \leq 2) = P(0) + P(1) + P(2)$$
$$= 0.9^6 + \frac{6!}{1!(6-1)!} 0.1^1 \times 0.9^5 + \frac{6!}{2!(6-2)!} 0.1^2 \times 0.9^4$$
$$= 0.98415$$

二、总体概率的置信区间

同样本均数存在着抽样误差一样，样本率也存在着抽样误差，其大小可由式（6-6）、式（6-7）计算。对于服从二项分布的样本资料，我们可以参照估计总体均数的置信区间的概念和方法，估计总体概率 π 的 $(1-\alpha)$ 置信区间。具体有两种估计方法。

（一）正态近似法

当样本量 n 足够大，且 np 和 $n(1-p)$ 均大于 5 时，样本率 p 的抽样分布近似正态分布，总体概率 π 的双侧 $(1-\alpha)$ 置信区间近似等于：

$$(p - Z_{\alpha/2} S_p,\ p + Z_{\alpha/2} S_p), \qquad (6-11)$$

或

$$p \pm Z_{\alpha/2} S_p \qquad (6-12)$$

式中，S_p 为频率标准误的估计值，$Z_{\alpha/2}$ 是置信度为 $(1-\alpha)$ 时，标准正态分布双侧概率为 α 的界值。

例 6-3 在美国曾经做过一项关于 45～54 岁女性恶性黑色素瘤患病情况的调查，随机抽取了该年龄段的女性 5000 人，其中有 28 人患有该病，试估计美国 45～54 岁女性恶性黑色素瘤患病率的 95% 置信区间。

由题可知样本的患病率 $p = \dfrac{28}{5000} = 0.0056$

标准误 $S_p = \sqrt{\dfrac{0.0056(1-0.0056)}{5000}} = 0.0011$

由于该例 n 较大，且 $np = 28$ 及 $n(1-p) = 4972$ 均大于 5，可用公式（6-11）近似地估计出总体概率的双侧 95% 置信区间：

$$(0.0056 - 1.96 \times 0.0011,\ 0.0056 + 1.96 \times 0.0011) = (0.34\%,\ 0.78\%)$$

即美国 45～54 岁女性恶性黑色素瘤患病率的 95% 置信区间为 $(0.34\%, 0.78\%)$。

（二）查表法

当样本含量较小，如 $n \leq 50$，可通过查附表 5 总体率的置信区间表直接得到总体率的置信区间。

例 6-4 某医生用开放式手术治疗 40 名前列腺癌患者，术后有合并症者 3 人，试估计该手术合并症发生概率的 95% 置信区间。

查附表 5，在 $n = 40$ 与 $X = 3$ 的纵横交叉处可得 95% 置信区间为 2%～20%。

第三节 Poisson 分布的概念及应用条件

一、Poisson 分布的概念

医学研究中常把用于描述单位时间、单位空间、单位面积内等罕见事件发生次数的概率分布称为 Poisson 分布（Poisson distribution）。例如，单位时间内放射性质点数的分布，每升水中大肠菌群数的分布，单位容积内粉尘计数的分布，每天交通事故发生数的分布，以及一定人群中某种患病率很低的非传染性疾病患病数或死亡数的分布等。

Poisson 分布的一个前提条件是事件发生的概率 π 不变，且每个事件的发生与否是独立的也是完全随机的。Poisson 分布一般记作 $X \sim Poisson(\lambda)$。其中，λ 是 Poisson 分布的唯一参数，因此 Poisson 分布的特征也由 λ 唯一确定。

Poisson 分布的概率函数为：

$$P(X) = e^{-\lambda}\frac{\lambda^X}{X!} \quad X=0, 1, 2, \cdots \quad (6-13)$$

式中，$\lambda = n\pi$ 是 Poisson 分布的总体均数，X 为单位时间或空间内某稀有事件的发生次数，e 为自然对数的底，为常数，约等于 2.71828。

例 6-5 已知一般人群先天性心脏病的发病率为 8‰，问观察 150 名新生儿中有 3 人患先天性心脏病的概率为多少？

本例 $\lambda = 150 \times 0.008 = 1.2$，由公式（6-13）可得 150 名新生儿中有 3 人患先天性心脏病的概率为：

$$P(3) = e^{-1.2}\frac{1.2^3}{3!} = 0.0867。$$

二、Poisson 分布的性质

（一）Poisson 分布的图形

以事件发生数 X 为横坐标，以对应于 X 的概率 $P(X)$ 为纵坐标，对所有可能的 $X(X \geq 0)$ 分别绘制垂直于横轴，高度为 $P(X)$ 的线段，即为 Poisson 分布的图形，如图 6-2 所示。

由图 6-2 可见，Poisson 分布是非对称的，不同的参数 λ 对应不同的 Poisson 分布图形，即 λ 的大小决定了 Poisson 分布的图形特征。λ 越小，分布越偏态；随着 λ 的增大，分布逐渐趋于对称，当 $\lambda = 20$ 时已基本接近对称分布；当 $\lambda \geq 50$ 时，可按正态分布原理处理 Poisson 分布的有关问题。

（二）Poisson 分布的均数和方差

Poisson 分布的均数 μ 与方差 σ^2 相等，均为 λ，即 $\lambda = \mu = \sigma^2$，这是 Poisson 分布的重要特征。

（三）Poisson 分布具有可加性

对于服从 Poisson 分布的 m 个相互独立的变量 $X_1, X_2, X_3, \cdots, X_m$，它们的和也服从 Poisson 分布，并且总体均数为这 m 个随机变量的均数之和。例如，从同一水源独立取水样 6 次，每个样本取 1ml 水作细菌培养，水样中的菌落数分别为 89、80、85、83、82、84 个，均服从 Poisson 分布，那么把 6 份水样混在一起，合计菌落数也呈 Poisson 分布。

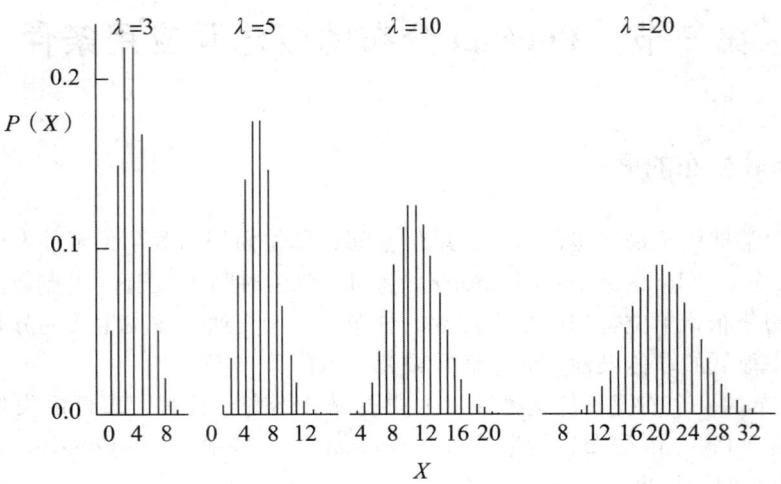

图 6-2 Poisson 分布示意图

医学研究中常利用 Poisson 分布的可加性原理，将小观察单位合并，使 $\lambda \geqslant 20$，以便用正态近似法进行分析。

（四）Poisson 分布是二项分布的极限形式

二项分布中，当事件的发生概率 π 很小，而试验次数 n 很大，此时 $n\pi$ 为一个常数，二项分布就非常近似 Poisson 分布，π 越小，n 越大，近似程度越好。即

$$C_n^X (1-\pi)^{n-X} \pi^X \longrightarrow e^{-\lambda} \frac{\lambda^X}{X!} \tag{6-14}$$

三、Poisson 分布的应用条件

Poisson 分布的应用条件与二项分布相同，即要求事件的发生是相互独立的，发生的概率相等，结果是二分类的。另外，Poisson 分布主要用于研究单位时间或单位空间内某事件的发生数，理论上单位时间或单位空间内的发生数可为无穷大。而用于研究单位人群中某疾病发生数的分布时，单位人群的人数要求大一些，如以 1000 人或更多作为单位人群，某些发病率极低的疾病要求更多。在实际工作及科研中，判定一个变量是否服从 Poisson 分布仍然主要依靠经验及以往累积的资料。

第四节　Poisson 分布的应用

一、累积概率

与二项分布相同，实际应用时我们经常需要计算 Poisson 分布的累积概率，常用的有左侧累积和右侧累积两种方法。如果罕见事件发生次数的总体均数为 λ，那么该罕见事件发生次数至多为 k 次的概率为：

$$P(X \leqslant k) = \sum_0^k P(X) = P(0) + P(1) + \cdots + P(k) \tag{6-15}$$

发生次数至少为 k 次的概率为：

$$P(X \geqslant k) = 1 - P(X \leqslant k-1) \qquad (6-16)$$

例 6-6 在例 6-5 中，至多有 2 人患先天性心脏病的概率是多少？至少有 1 人患先天性心脏病的概率是多少？

根据公式（6-15）至多有 2 人患先天性心脏病的概率为：

$$P(X \leqslant 2) = \sum_{0}^{2} P(X) = P(0) + P(1) + P(2)$$

根据公式（6-13）得：

$$P(0) = e^{-1.2} \frac{1.2^0}{0!} = 0.3012$$

$$P(1) = e^{-1.2} \frac{1.2^1}{1!} = 0.3614$$

$$P(2) = e^{-1.2} \frac{1.2^2}{2!} = 0.2169$$

则 $P(X \leqslant 2) = 0.3012 + 0.3614 + 0.2169 = 0.8795$

根据公式（6-15）至少有 1 人患先天性心脏病的概率为：

$$P(X \geqslant 1) = 1 - P(X \leqslant 0) = 1 - P(0) = 1 - 0.3012 = 0.6988$$

二、总体均数的置信区间

服从 Poisson 分布的样本资料我们也可以求出总体均数 λ 的（$1-\alpha$）置信区间，具体方法有两种。

（一）正态近似法

当样本均数 $X > 50$，可采用正态近似法估计总体均数 λ 的双侧（$1-\alpha$）置信区间，计算公式为

$$(X - Z_{\alpha/2}\sqrt{X},\ X + Z_{\alpha/2}\sqrt{X}) \qquad (6-17)$$

式中，$Z_{\alpha/2}$ 是置信度为（$1-\alpha$）时，标准正态分布双侧概率为 α 的界值。

例 6-7 某研究者调查了有亲缘血统婚配关系的后代 25 000 人，发现 120 人精神发育不全，试估计有亲缘血统婚配关系的后代精神发育不全数的 95% 置信区间。

本例 $X = 120$，根据公式（6-17）可求出有亲缘血统婚配关系的后代精神发育不全数的双侧 95% 置信区间为：

$$(120 - 1.96 \times \sqrt{120},\ 120 + 1.96 \times \sqrt{120}) = (98.5,\ 141.5)$$

（二）查表法

当样本均数 $X \leqslant 50$ 时，可通过查附表 6，Poisson 分布参数置信区间表直接得到总体均数的置信区间。

例 6-8 将一个面积为 $100 cm^2$ 的培养皿放于某病室，1 小时后取出，培养 24 小时查得 9 个菌落，试求该病室平均 1 小时 $100 cm^2$ 菌落数的 95% 置信区间。

本例 $X = 9$，查附表 6 得该病室平均 1 小时 $100 cm^2$ 菌落数的 95% 置信区间为（4.0，17.1）个。

第五节 小 结

1. 随机变量的概率分布是医学统计学中非常重要的内容。本章介绍了常用的两个分布模

第六章 二项分布和 Poisson 分布

型：离散型变量的二项分布和 Poisson 分布。

2. 在医学研究中常常会遇到一些随机现象，它们的结局只有两种互相对立的结果。如果这些随机现象的各个观察值之间是相互独立的，且每个观察对象阳性结果的发生概率为 π，阴性结果的发生概率为 $(1-\pi)$，那么，重复观察 n 次，发生阳性结果的次数 X 的概率分布服从二项分布，记作 $X \sim B(n, \pi)$。二项分布的概率函数的公式为：$P(X) = C_n^X \pi^X (1-\pi)^{n-X}$，其中 $C_n^X = \dfrac{n!}{X!(n-X)!}$。

3. 医学研究中常把用于描述单位时间、单位空间、单位面积内等罕见事件发生次数的概率分布称为 Poisson 分布，记作 $X \sim \text{Poisson}(\lambda)$。Poisson 分布是二项分布的极限形式，即发生概率 π 很小，试验次数 n 很大的二项分布近似于 Poisson 分布。Poisson 分布的概率函数的公式为：$P(X) = e^{-\lambda} \dfrac{\lambda^X}{X!}$。

4. 二项分布变量 X 的均数 $\mu = n\pi$，标准差 $\sigma = \sqrt{n\pi(1-\pi)}$；频率 $p = \dfrac{X}{n}$ 的总体均数 $\mu_p = \pi$，标准差 $\sigma_p = \sqrt{\dfrac{\pi(1-\pi)}{n}}$。Poisson 分布的均数 μ 与方差 σ^2 相等，均为 λ。

5. 二项分布中，当样本量 n 足够大，且 np 和 $n(1-p)$ 均大于 5 时，可用正态近似法求总体概率 π 的 $(1-\alpha)$ 置信区间，公式为：$(p - Z_{\alpha/2} S_p, p + Z_{\alpha/2} S_p)$；而当样本含量较小，如 $n \leq 50$，可通过查附表 5 得到总体概率的置信区间。

6. Poisson 分布中，当样本均数 $X > 50$，可用正态近似法估计总体均数 λ 的 $(1-\alpha)$ 置信区间，公式为：$(X - Z_{\alpha/2}\sqrt{X}, X + Z_{\alpha/2}\sqrt{X})$；而当样本均数 $X \leq 50$ 时，可通过查附表 6 得到总体均数的置信区间。

思考与练习

一、简答题

1. 简述二项分布的概念和应用条件。
2. 简述 Poisson 分布的概念和应用条件。
3. 试述二项分布图形的特征。
4. 简述 Poisson 分布的性质。

二、单选题

1. 二项分布近似正态分布的条件是
   A. n 较大且 π 接近 0
   B. n 较大且 π 接近 1
   C. n 较大且 π 接近 0 或 1
   D. n 较大且 π 接近 0.5
   E. n 较大或 π 接近 0

2. 二项分布在下列哪种情况下是对称分布
   A. $n = 20$
   B. $P = 0.5$
   C. $P = 1$
   D. $nP = 1$
   E. $P = 1$ 且 $n = 20$

3. 以下分布中，均数和方差相等的是
   A. 正态分布
   B. 二项分布
   C. Poisson 分布
   D. 对称分布
   E. t 分布

4. 设某地人群中糖尿病患病率为 π，由该地随机抽查 n 人，则
   A. n 人中糖尿病的患病人数 X 服从二项分布 $B(n, \pi)$
   B. 样本患病率 P 服从二项分布 $B(n, \pi)$
   C. 患病人数与样本患病率均服从二项分布 $B(n, \pi)$
   D. 患病人数与样本患病率不服从二项分布 $B(n, \pi)$
   E. 患病人数或样本患病率服从二项分布 $B(n, \pi)$

5. 二项分布近似于 Poisson 分布的条件是
   A. n 较大且 π 接近 0
   B. n 较大且 π 接近 1

C. n 较大且 π 接近 0 或 1
D. n 较大且 π 接近 0.5
E. π 接近 0.5

6. 已知某校近视眼患病率为 50%，从该校随机抽取 3 名学生，其中 2 人患近视眼的概率为

A. 0.125
B. 0.375
C. 0.25
D. 0.5
E. 0.465

三、综合分析题

1. 某医生在某克山病区作中小学生心肌受损情况检查，检查了 540 人，心肌受损者为 263 人，试求该地区中小学生心肌受损检出率的 95% 置信区间。

2. 用计数器测得某放射性物质一小时内脉冲数为 700 个，试估计该放射性物质平均每 10 分钟脉冲计数的 95% 置信区间。

（黄水平）

第七章 χ^2 检验

χ^2 检验（chi-square test）是以 χ^2 分布为基础、用途广泛的一种假设检验方法，在计数资料统计推断的应用中包括：两个总体率或构成比的 χ^2 检验，多个总体率或构成比的 χ^2 检验，分类资料的相关分析以及频数分布拟合优度的 χ^2 检验。

第一节 两个独立样本四格表资料的 χ^2 检验

一、χ^2 分布

χ^2 分布是一种连续型分布，χ^2 分布的形状依赖于自由度 ν 的大小，当自由度 $\nu \leqslant 2$ 时，曲线呈 L 形；随着 ν 的增大，曲线逐渐趋于对称；当自由度 $\nu \to \infty$ 时，χ^2 分布趋向正态分布（图 7-1）。

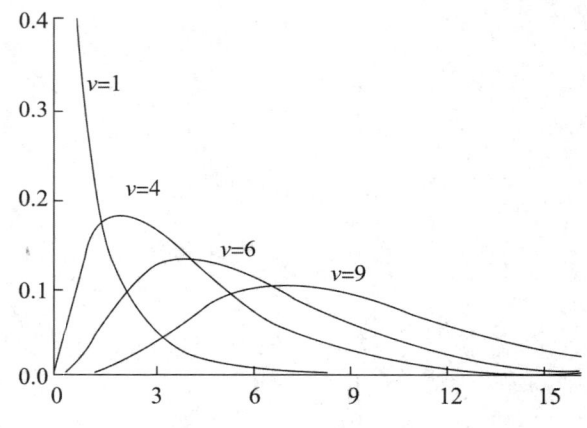

图 7-1 不同自由度的 χ^2 分布曲线图

χ^2 分布具有可加性：若有 k 个服从 χ^2 分布且相互独立的随机变量，则它们之和仍是 χ^2 分布，新的 χ^2 分布的自由度为原来 k 个 χ^2 分布自由度之和。

χ^2 分布界值（见附表 7）按自由度 ν 及相应的检验水准 α 可确定对应的 χ^2 界值。例如 $\nu=1$、$\alpha=0.05$ 其对应的 χ^2 界值 $\chi^2_{0.05,1}=3.84$。

二、χ^2 检验的基本思想

以两个独立样本四格表（fourfold table）资料为例，介绍 χ^2 检验的基本思想。四格表资料数据格式见表 7-1。

表 7-1　四格表资料数据格式

分组	属性		合计
	阳性	阴性	
甲	A_{11} (T_{11})	A_{12} (T_{12})	$n_1 = A_{11} + A_{12}$
乙	A_{21} (T_{21})	A_{22} (T_{22})	$n_2 = A_{21} + A_{22}$
合计	$m_1 = A_{11} + A_{21}$	$m_2 = A_{12} + A_{22}$	$n = A_{11} + A_{12} + A_{21} + A_{22}$

有时为了方便，用 a、b、c、d 分别表示四格表中 4 个实际频数 A_{11}、A_{12}、A_{21}、A_{22}，$n = a + b + c + d$。

由表 7-1 可见，表中 $\begin{array}{|c|c|} \hline a\,(A_{11}) & b\,(A_{12}) \\ \hline c\,(A_{21}) & d\,(A_{22}) \\ \hline \end{array}$ 4 个数是该表的基本数据，其余数据均可由这 4 个基本数据推算出来，这种资料称为四格表资料。通过 χ^2 检验可推断两个总体率或构成比之间有无差别。χ^2 检验的检验统计量为 χ^2。

基本公式（亦称 Pearson χ^2）：$\chi^2 = \sum \dfrac{(A-T)^2}{T}$ （7-1）

自由度：$\nu = $（行数-1）（列数-1） （7-2）

理论频数 T 的计算公式：$T_{RC} = \dfrac{n_R \cdot n_C}{n}$ （7-3）

式中 T_{RC} 为第 R 行（row）第 C 列（column）的理论频数，n_R 为相应行的合计，n_C 为相应列的合计，n 为总例数。

理论频数 T 是根据检验假设 H_0：$\pi_1 = \pi_2 = \pi$ 确定的，且用合并率来估计 π 而定的。如表 7-1，无效假设是甲组与乙组的总体阳性率相等，均等于合计的阳性率。

由公式（7-1）可以看出：χ^2 值反映了实际频数与理论频数的吻合程度，其中 $\dfrac{(A-T)^2}{T}$ 反映了某个格子实际频数与理论频数的吻合程度。当实际频数与理论频数完全一致时，则 χ^2 值为 0；二者越接近，则 χ^2 值越小；二者差别越大，则 χ^2 值越大。

若检验假设 H_0 成立，实际频数与理论频数的差值会小，则 χ^2 值也会小；反之，若检验假设 H_0 不成立，实际频数与理论频数的差值会大，则 χ^2 值也会大。χ^2 值的大小还取决于 $\dfrac{(A-T)^2}{T}$ 个数的多少（严格地说是自由度 ν 的大小）。由于各 $\dfrac{(A-T)^2}{T}$ 皆是正值，故自由度 ν 愈大，χ^2 值也会愈大；所以只有考虑自由度 ν 的影响，χ^2 值才能正确地反映实际频数 A 与理论频数 T 的吻合程度。χ^2 检验时，要根据自由度 ν 查 χ^2 界值表（见附表7）。当 $\chi^2 \geqslant \chi^2_{\alpha,\nu}$ 时，$P \leqslant \alpha$，拒绝 H_0，接受 H_1；当 $\chi^2 < \chi^2_{\alpha,\nu}$ 时，$P > \alpha$，尚没有理由拒绝 H_0。

由公式（7-2）可见，χ^2 检验的自由度 ν 取决于可以自由取值的格子数目，而不是样本含量 n。四格表资料只有两行两列，$\nu = 1$，即在周边合计数固定的情况下，4 个基本数据当中只有一个可以自由取值，因此，对于四格表资料，只要根据公式（7-3）计算出一个理论值 T_{RC} 后，其他 3 个理论值可用周边合计数减去相应的理论值 T 得出。

三、四格表资料 χ^2 检验的基本步骤

例 7-1　某医生欲研究两种口服液治疗慢性咽炎的效果，将 90 名慢性咽炎患者随机分成两组，一组采用兰芩口服液治疗，另一组采用银黄口服液治疗，结果见表 7-2。问两种药物治

疗慢性咽炎的有效率有无差别?

表7-2 两种药物治疗慢性咽炎的疗效

组别	有效	无效	合计
兰芩口服液	40 (36.8)	8 (11.2)	48
银黄口服液	29 (32.2)	13 (9.8)	42
合计	69	21	90

现以例7-1为例说明 χ^2 检验步骤。

1. 建立检验假设

H_0：$\pi_1 = \pi_2$，两种药物治疗慢性咽炎的总体有效率相等

H_1：$\pi_1 \neq \pi_2$，两种药物治疗慢性咽炎的总体有效率不等

$\alpha = 0.05$

2. 计算检验统计量

当总例数 $n \geq 40$ 且所有格子的 $T \geq 5$ 时，用 χ^2 检验的基本公式或四格表资料 χ^2 检验的专用公式。

$$基本公式 \quad \chi^2 = \sum \frac{(A-T)^2}{T}$$

$$专用公式 \quad \chi^2 = \frac{(ad-bc)^2 n}{(a+b)(c+d)(a+c)(b+d)} \tag{7-4}$$

本例总例数 $n \geq 40$ 且所有格子的 $T \geq 5$，采用 χ^2 检验的基本公式或四格表资料 χ^2 检验的专用公式计算检验统计量 χ^2。

$$T_{11} = \frac{48 \times 69}{90} = 36.8 \quad\quad T_{12} = \frac{48 \times 21}{90} = 11.2$$

$$T_{21} = \frac{42 \times 69}{90} = 32.2 \quad\quad T_{22} = \frac{42 \times 21}{90} = 9.8$$

基本公式：

$$\chi^2 = \sum \frac{(A-T)^2}{T}$$
$$= \frac{(40-36.8)^2}{36.8} + \frac{(8-11.2)^2}{11.2} + \frac{(29-32.2)^2}{32.2} + \frac{(13-9.8)^2}{9.8} = 2.56$$

专用公式：

$$\chi^2 = \frac{(ad-bc)^2 n}{(a+b)(c+d)(a+c)(b+d)} = \frac{(40 \times 13 - 8 \times 29)^2 \times 90}{(40+8)(29+13)(40+29)(8+13)} = 2.56$$

3. 作出统计推断

以 $\nu = 1$、$\alpha = 0.05$ 查 χ^2 界值表得 $\chi^2_{0.05,1} = 3.84$。本例题 $\chi^2 = 2.56 < 3.84$，$P > 0.05$，按 $\alpha = 0.05$ 检验水准不拒绝 H_0，尚不能认为两种药物治疗慢性咽炎的有效率不等。

注意，最小理论频数 T_{RC} 的判断：R 行与 C 列中，行合计数中的最小值与列合计数中的最小值所对应格子的理论频数最小。

四、四格表资料校正 χ^2 检验的基本步骤

英国统计学家 Yates 认为，χ^2 分布是一种连续型分布，而四格表资料是分类资料，属离散

型分布，由此计算的 χ^2 值的抽样分布也应当是不连续的，当样本量较小时，两者间的差异不可忽略，应进行连续性校正。当总例数 $n \geq 40$ 但有 $1 \leq T < 5$ 时，用四格表资料 χ^2 检验的校正公式：

$$校正公式 \quad \chi_c^2 = \sum \frac{(|A-T|-0.5)^2}{T} \tag{7-5}$$

$$校正公式 \quad \chi_c^2 = \frac{(|ad-bc|-\frac{n}{2})^2 n}{(a+b)(c+d)(a+c)(b+d)} \tag{7-6}$$

例 7-2 某医生欲研究含钙胶囊预防妊高征的效果，将 22～33 岁单胎初孕妇女具有妊娠高危因素者随机分为两组。含钙胶囊组 42 人从孕 28 周起到分娩止每日口服，结果出现妊高征 3 例。安慰剂组 29 人，结果出现妊高征 8 例。试问补钙对妊高征是否具有预防作用？

χ^2 检验的基本步骤如下：

1. 建立检验假设

H_0：$\pi_1 = \pi_2$，补钙对妊高征不具有预防作用

H_1：$\pi_1 \neq \pi_2$，补钙对妊高征具有预防作用

$\alpha = 0.05$

2. 计算检验统计量

本例总例数 $n \geq 40$，但有一个格子的 $T = 4.5 < 5$，采用四格表资料 χ^2 检验的校正公式计算检验统计量 χ^2。

$$\chi^2 = \frac{(|ad-bc|-\frac{n}{2})^2 n}{(a+b)(c+d)(a+c)(b+d)} = \frac{(|39 \times 8 - 3 \times 21|-\frac{71}{2})^2 \times 71}{42 \times 29 \times 60 \times 11} = 4.03$$

3. 作出统计推断

以 $\nu = 1$，$\alpha = 0.05$ 查 χ^2 界值表得 $\chi_{0.05,1}^2 = 3.84$。本例题 $\chi^2 = 4.03 > 3.84$，$P < 0.05$，按 $\alpha = 0.05$ 检验水准拒绝 H_0，可认为补钙对妊高征具有预防作用。

五、四格表资料 Fisher 确切概率法的基本步骤

当 $n < 40$，或 $T < 1$，或当 $P \approx \alpha$ 时，改用四格表资料的 Fisher 确切概率法（Fisher's exact probability），又称四格表概率的直接计算法，该法是由 R. A. Fisher 于 1934 年提出的，其理论依据是超几何分布（hypergeometric distribution），并非 χ^2 检验的范畴。但由于在实际应用中常用它作为四格表资料假设检验的补充，故把此法列入本章。

下面以例 7-3 介绍其基本思想与检验步骤。

例 7-3 某医师为研究两种方剂治疗胃溃疡的效果，将 17 名患者随机分到两个治疗组，疗效结果见表 7-3。问这两个方剂的治疗效果有无差别？

表 7-3 两种方剂治疗胃溃疡的效果

治疗方法	有效	无效	合计
甲方剂	7	2	9
乙方剂	2	6	8
合　计	9	8	17

第七章 χ² 检验

1. 基本思想

在四格表周边合计数固定不变的条件下，计算表内 4 个实际频数变动时的各种组合之概率 P_i，再按检验假设用单侧或双侧的累计概率 P，依据所取的检验水准 α 作出推断。

（1）各组合概率 P_i 的计算：在四格表周边合计数不变的条件下，表内 4 个实际频数 a，b，c，d 变动的组合数共有"周边合计中最小数+1"个。如例 7-3，表内 4 个实际频数变动的组合数共有 8+1=9 个，依次为：

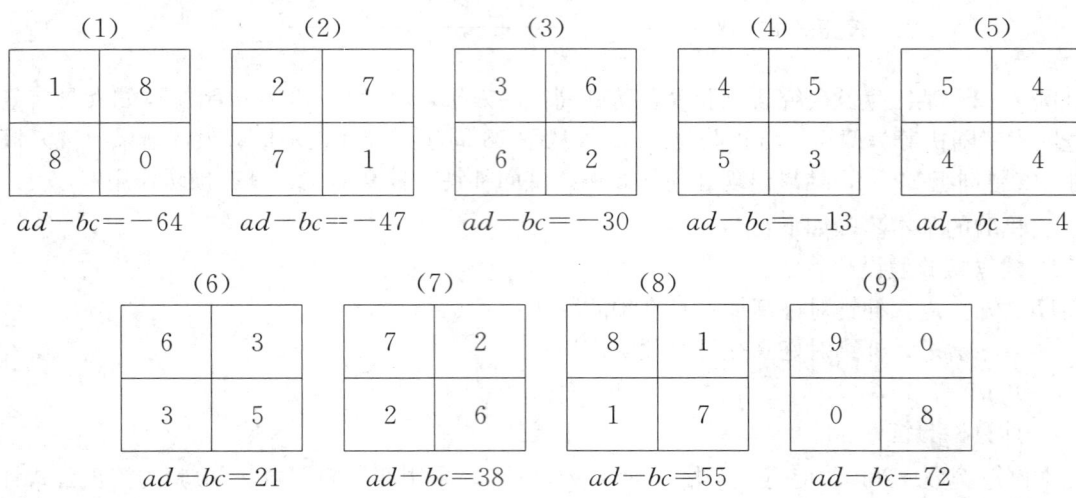

各组合的概率 P_i 服从超几何分布，其和为 1。可按公式（7-7）计算：

$$P_i = \frac{(a+b)!\ (c+d)!\ (a+c)!\ (b+d)!}{a!\ b!\ c!\ d!\ n!} \qquad (7-7)$$

式中 a，b，c，d，n 等符号的意义同表 7-1；! 为阶乘符号。

（2）累计概率 P 的计算：设现有样本四格表中的交叉积差 $a^*d^* - b^*c^* = D^*$，其概率为 P^*，其余情况下的组合四格表的交叉积差记为 D_i，概率记为 P_i。

1）单侧检验：若现有样本四格表中 $D^* > 0$，需计算满足 $D_i \geq D^*$ 和 $P_i \leq P^*$ 条件的各种组合下四格表的累计概率。若 $D^* < 0$，则计算满足 $D_i \leq D^*$ 和 $P_i \leq P^*$ 条件的各种组合下四格表的累计概率。

2）双侧检验：计算满足 $|D_i| \geq |D^*|$ 和 $P_i \leq P^*$ 条件的各种组合下四格表的累计概率。若遇到 $a+b=c+d$ 或 $a+c=b+d$ 时，四格表内各种组合的序列呈对称分布，此时按单侧检验规定条件只计算单侧累计概率，然后乘以 2 即得双侧累计概率。

2. 检验步骤

本例 $n=33<40$，宜用四格表资料 Fisher 确切概率法直接计算累计概率。检验步骤为：

（1）H_0：$\pi_1 = \pi_2$，甲乙方剂总体有效率相等

H_1：$\pi_1 \neq \pi_2$，甲乙方剂总体有效率不等

$\alpha = 0.05$

（2）计算现有样本四格表的 D^* 和 P^* 及各组合下四格表的 D_i，见表 7-4。本例 $D^* = 38$，$P^* = 0.041464$。

（3）计算满足 $|D_i| \geq |D^*|$ 条件的各组合下四格表的概率 P_i。

（4）计算同时满足 $|D_i| \geq 38$ 和 $P_i \leq P^*$ 条件的四格表的累计概率。本例 P_1、P_2、P_7、P_8 和 P_9 满足条件，累计概率为

双侧累计概率：$P = P_1 + P_2 + P_7 + P_8 + P_9 = 0.057$

$P>0.05$，按 $\alpha=0.05$ 检验水准不拒绝 H_0，尚不能认为甲乙方剂总体有效率不等。

单侧累计概率：$P=P_7+P_8+P_9=0.044$

$P<0.05$，按 $\alpha=0.05$ 检验水准拒绝 H_0，可认为甲乙方剂总体有效率不等，甲方剂总体有效率高于乙方剂。

表 7-4 例 7-3 的 Fisher 确切概率法计算表

i	四格表组合				$D_i=ad-bc$	P_i
	a	b	c	d		
1	1	8	8	0	−64	0.000370
2	2	7	7	1	−47	0.011847
3	3	6	6	2	−30	0.096750
4	4	5	5	3	−13	0.290251
5	5	4	4	4	4	0.362814
6	6	3	3	5	21	0.193501
7*	7	2	2	6	38*	0.041464*
8	8	1	1	7	55	0.002962
9	9	0	0	8	72	0.000041

* 为现有样本

第二节　多个独立样本列联表资料的 χ^2 检验

本章第一节介绍了两个独立样本四格表资料的 χ^2 检验，其基本数据有 2 行 2 列，称四格表或 2×2 表资料。本节将介绍行×列表资料的 χ^2 检验，用于多个样本率的比较、两个或多个构成比的比较以及双向无序分类资料的关联性检验。其基本数据有以下 3 种情况：①多个样本率比较时，有 R 行 2 列，称为 $R\times2$ 表；②两个样本的构成比比较时，有 2 行 C 列，称 $2\times C$ 表；③多个样本的构成比比较，以及双向无序分类资料关联性检验时，有 R 行 C 列，称为 $R\times C$ 表。以上 3 种情况可统称为列联表资料。其基本数据形式见表 7-5。

表 7-5 行×列表资料基本数据形式

处理	属性				合计
	X_1	X_2	...	X_C	
1	B_{11}	B_{12}	...	B_{1C}	n_1
2	B_{21}	B_{22}	...	B_{2C}	n_2
...	...	...	...	...	...
R	B_{R1}	B_{R2}	...	B_{RC}	n_R
合计	m_1	m_2	...	m_C	n

$R\times C$ 表资料的 χ^2 检验仍可用 Pearson χ^2 公式，即公式（7-1）计算检验统计量 χ^2 值。因该式需先计算理论频数 T_{RC}，计算较繁琐，可将计算理论频数的公式（7-3）代入公式（7-1），化简后得行×列表资料 χ^2 检验的专用公式：

$$\chi^2=n\left(\sum\frac{A^2}{n_R n_C}-1\right),\ \nu=（行数-1）（列数-1） \quad (7-8)$$

一、R×C表资料的 χ^2 检验

例7-4 某医生为了解该地区儿童不同年龄组乙型肝炎表面抗体（HBsAb）阳性率的情况，对2011—2012年来医院就诊的儿童随机抽取7971例，采用酶联免疫法进行乙肝血清学检测，整理结果见表7-6。问不同年龄组儿童HBsAb的阳性率是否相同？

表7-6 不同年龄组儿童HBsAb阳性率

年龄组（岁）	阳性	阴性	合计	阳性率（%）
0~1	2814	712	3526	79.8
2~3	1508	497	2005	75.2
4~5	836	528	1364	61.3
≥6	641	435	1076	59.6
合计	5799	2172	7971	72.8

本例为4×2列联表。

1. 建立检验假设

H_0：4个年龄组儿童HBsAb的总体阳性率相同

H_1：4个年龄组儿童HBsAb的总体阳性率不同或不全相同

$\alpha=0.05$

2. 计算检验统计量

$$\chi^2 = 7971\left(\frac{2814^2}{3526\times5799} + \frac{712^2}{3526\times2172} + \cdots + \frac{435^2}{2172\times1076} - 1\right) = 279.33$$

$$\nu = (\text{行数}-1)(\text{列数}-1) = (R-1)(C-1) = (4-1)(2-1) = 3$$

3. 作出统计推断

以 $\nu=3$ 查 χ^2 界值表，$P<0.005$，按 $\alpha=0.05$ 检验水准拒绝 H_0，接受 H_1，可认为4个年龄组儿童HBsAb的阳性率有差别。

例7-5 某医生收集了上消化道出血患者与同期健康体检者的A、B、O、AB血型资料，结果见表7-7，问两组研究人群ABO血型分类构成比是否不同？

表7-7 两组研究人群ABO血型频数分布

分组	A型	B型	O型	AB型	合计
上消化道出血患者	141	290	155	52	638
健康体检者	236	272	214	102	824
合计	378	561	370	154	1462

本例为2×4列联表。

1. 建立检验假设

H_0：两组研究人群ABO血型分布总体构成比相同

H_1：两组研究人群ABO血型分布总体构成比不同

$\alpha=0.05$

2. 计算检验统计量

$$\chi^2 = 1462\left(\frac{141^2}{638\times378}+\frac{290^2}{638\times561}+\cdots+\frac{102^2}{824\times154}-1\right)=144.45$$

$$\nu = （行数-1）（列数-1）=(R-1)(C-1)=(2-1)(4-1)=3$$

3. 作出统计推断

以$\nu=3$查χ^2界值表，$P<0.005$，按$\alpha=0.05$检验水准拒绝H_0，接受H_1，可认为两组研究人群ABO血型分布总体构成比不同。

二、双向无序分类资料的关联性检验

$R\times C$表中两个分类变量皆为无序分类变量的列联表资料，又称为双向无序$R\times C$表资料。对于一个样本的双向无序$R\times C$表资料，研究者常常分析两个分类变量之间有无关系以及关系的密切程度，采用列联表资料χ^2检验来推断二者有无关系。如有则进一步分析其密切程度，可计算Pearson列联系数r_p，计算公式为$r_p=\sqrt{\frac{\chi^2}{n+\chi^2}}$。式中$\chi^2$为列联表的$\chi^2$值；$n$为样本含量；$r_p$取值范围在0~1之间。0表示完全独立；1表示完全相关；愈接近于0，关系愈不密切；愈接近于1，关系愈密切。

例7-6 某医生欲探讨四种甲状腺疾病与季节的关系，连续三年观察某医院四种甲状腺疾病在四个季节中的检出情况，结果见表7-8。问四种甲状腺疾病检出情况与季节是否存在关联？

表7-8　某医院四种甲状腺疾病四个季节中检出结果

疾病分类	季节				合计
	春季	夏季	秋季	冬季	
甲状腺肿瘤	68	74	92	81	314
亚急性甲状腺炎	376	484	663	412	1935
甲状腺功能亢进	621	663	589	574	2447
甲状腺功能减退	91	92	88	82	353
合计	1156	1312	1432	1149	5049

H_0：四种甲状腺疾病检出情况与季节无关联

H_1：四种甲状腺疾病检出情况与季节有关联

$\alpha=0.05$

本例为双向无序$R\times C$表资料，可推断两分类变量之间有无关联。

$$\chi^2 = 5049\left(\frac{68^2}{1156\times314}+\frac{74^2}{1312\times314}+\cdots\cdots+\frac{82^2}{1149\times353}-1\right)=65.67$$

$$\nu=(4-1)(4-1)=9$$

查χ^2界值表得$P<0.005$，按$\alpha=0.05$检验水准拒绝H_0，接受H_1，可以认为四种甲状腺疾病检出情况与季节有关联。进一步计算Pearson列联系数，以分析其关系的密切程度。

列联系数　$r_p=\sqrt{\dfrac{\chi^2}{n+\chi^2}}=\sqrt{\dfrac{65.67}{5049+65.67}}=0.113$

第七章 χ^2 检验

四种甲状腺疾病检出情况与季节虽然有关联性，但 r_p 数值较小，虽然有统计学意义，仍可认为关系不太密切。

三、列联表资料 χ^2 检验的注意事项

1. 一般认为，列联表中的理论频数不应小于1，或 $1 \leq T < 5$ 的格子数不宜超过格子总数的 1/5。如果出现上述情况，可通过以下方法解决：①最好是增加样本含量，增大理论频数；②根据专业知识，考虑能否删去理论频数太小的行或列，或将理论频数太小的行或列与性质相近的邻行或邻列合并；③改用双向无序 $R \times C$ 表的 Fisher 确切概率法（可用软件实现）。

2. 多个样本率或多个构成比之间比较，若所得结论为拒绝 H_0，接受 H_1 时，只能认为各总体率之间总的来说有差别，但不能说明任意两个总体率之间皆有差别。要进一步推断哪两两总体率之间有差别，需进一步做多个样本率的多重比较，方法有 Bonferroni 法和 χ^2 分割法，下面以例 7-7 来说明 Bonferroni 法。

例 7-7 对例 7-4 资料进行多个样本率两两比较。

Bonferroni 法的基本思想就是根据重复检验次数重新规定检验水准。

检验水准：$\alpha' = \alpha / \binom{k}{2}$，其中 k 为比较组数。

本例 $\alpha' = \alpha / \binom{k}{2} = \dfrac{0.05}{4(4-1)/2} = 0.00833$

检验步骤如下：

（1）检验假设

H_0：第 i 组与第 j 组所代表的总体率相等

H_1：第 i 组与第 j 组所代表的总体率不等

$\alpha = 0.05$

（2）计算检验统计量并确定 P 值：对第 i 组与第 j 组的两样本率进行四格表资料 χ^2 值的计算，得 P 值或根据 Fisher 精确概率法得 P 值。

（3）作出统计推断结论：将某两组比较所得 P 值与调整以后的检验水准 α' 比较，若 P 值 $< \alpha'$，则拒绝 H_0；若 P 值 $> \alpha'$，则不拒绝 H_0。

多个样本率两两比较的结果见表 7-9，多个样本率两两比较的 χ^2 值及对应 P 值见表 7-10。按 $\alpha = 0.00833$ 检验水准，除 4~5 岁组与 ≥6 组无差别外，其余各对比组之间均有差别。

表 7-9 不同年龄组儿童 HBsAb 阳性率的多重比较结果

对比组	阳性	阴性	合计	阳性率（%）	χ^2	P
0~1	2814	712	3526	79.8	15.801	<0.00833
2~3	1508	497	2005	75.2		
0~1	2814	712	3526	79.8	178.166	<0.00833
4~5	836	528	1364	61.3		
0~1	2814	712	3526	79.8	180.394	<0.00833
≥6	641	435	1076	59.6		
2~3	1508	497	2005	75.2	74.324	<0.00833
4~5	836	528	1364	61.3		
2~3	1508	497	2005	75.2	81.173	<0.00833
≥6	641	435	1076	59.6		
4~5	836	528	1364	61.3	0.743	>0.00833
≥6	641	435	1076	59.6		

表 7-10　多个样本率多重比较的 χ^2 界值表（$v=1$）

χ^2	P	χ^2	P	χ^2	P
5.02	0.02500	6.96	0.00833	7.88	0.00500
5.73	0.01666	7.24	0.00714	8.05	0.00450
6.24	0.01250	7.48	0.00625	8.21	0.00417

3. 实际应用中，对于 $R \times C$ 表的资料要根据其分类类型和研究目的选用恰当的检验方法。下面介绍 $R \times C$ 表的分类及其相应检验方法的选择。

（1）双向无序 $R \times C$ 表资料，采用 $R \times C$ 表资料的 χ^2 检验，或者是 Fisher 确切概率法。

（2）单向有序 $R \times C$ 表资料，若分组变量有序，而指标变量无序，采用 $R \times C$ 表资料的 χ^2 检验，若分组变量无序，而指标变量有序，采用非参数检验进行分析或 Ridit 分析。

（3）双向有序属性相同的 $R \times C$ 表资料，采用一致性检验（Kappa 检验）；或采用特殊模型分析（SAS 软件实现）。

（4）双向有序属性不同的 $R \times C$ 表资料，若关心不同组之间有无差别，采用非参数检验进行分析；若关心是否存在相关关系，采用等级相关分析；若关心两个有序分类变量之间是否存在线性变化趋势，采用线性趋势检验。

第三节　配对设计资料的 χ^2 检验

例 7-8　某医生为比较 A、B 两种方法的诊断效果，随机抽查 132 名乳腺癌患者，同时用 A、B 两种方法对各位患者进行检查，结果见表 7-11。试分析 A、B 两种方法检出率有无差别？

表 7-11　甲乙两种方法检查乳腺癌患者的情况

A 方法	B 方法		合计
	检出	未检出	
检　出	62（a）	10（b）	72
未检出	33（c）	27（d）	60
合　计	95	37	132

本例对同一个个体有两次不同的检查，从设计的角度上讲可以理解为自身配对设计，上述问题可理解为两种"处理"之差别的分析，属于配对设计的两组频数分布的 χ^2 检验。本例不能采用本章第一节两个独立样本四格表资料的 χ^2 检验，因为经配对处理后的两份样本不是相互独立的。

通过分析表 7-11 的结果，可以看出 62（a）是两种检查方法检查结果均为检出的数据，27（d）是两种检查方法检查结果均为未检出的数据，a、d 是两种检查方法检查结果为一致的两种情况，这两个频数大小显示不出两种检查方法的差别；b、c 是两种检查方法检查结果为不一致的两种情况，分析两种检查方法检出率是否有差别依赖 b 和 c 提供的信息，如果两种检查方法无差别，对总体则有 B=C，但是由于抽样误差的存在，b 与 c 往往不等，需做假设检验（McNemar test）。检验公式如下：

若 $b+c \geqslant 40$，公式：
$$\chi^2 = \frac{(b-c)^2}{b+c}, \quad v=1 \tag{7-9}$$

第七章 χ² 检验

若 $b+c<40$,校正公式:
$$\chi^2=\frac{(|b-c|-1)^2}{b+c}, \nu=1 \tag{7-10}$$

现以例 7-8 说明配对设计资料的 χ² 检验基本步骤。

1. 建立检验假设

H_0:$B=C$,即两种检查方法的总体检测结果相同

H_1:$B\neq C$,即两种检查方法的总体检测结果不同

$\alpha=0.05$

2. 计算检验统计量

本例 $b+c=43\geq 40$,采用公式(7-9)计算检验统计量 χ^2。

$$\chi^2=\frac{(b-c)^2}{b+c}=\frac{(10-33)^2}{10+33}=12.30$$

3. 作出统计推断

以 $\nu=1$ 查 χ^2 界值表得,$P<0.005$,按 $\alpha=0.05$ 检验水准拒绝 H_0,可认为两种检查方法的总体检查结果不同,B 检查方法检出率较高。

通过配对设计资料的 χ² 检验解决了两种检查方法的检出率是否存在差别,若要了解两种检查方法的结果之间是否存在关联,需作两种属性的关联性分析,可采用独立四格表资料 χ² 检验来推断二者是否存在关联,如有则进一步分析其关联程度,可采用 ϕ 系数(phi coefficient)度量,计算公式为 $\phi=\sqrt{\chi^2/n}$。式中 χ^2 为四格表的 χ^2 值;n 为样本含量;ϕ 取值范围在 0~1 之间,0 表示完全独立;1 表示完全相关;愈接近于 0,关系愈不密切;愈接近于 1,关系愈密切。具体步骤如下:

H_0:两种检查方法的结果之间无关联

H_1:两种检查方法的结果之间有关联

$\alpha=0.05$

将数据代入公式(7-4),

$$\chi^2=\frac{(ad-bc)^2 n}{(a+b)(c+d)(a+c)(b+d)}=\frac{(62\times 27-10\times 33)^2\times 132}{72\times 60\times 95\times 37}=15.702$$

按照 $\alpha=0.05$ 水准,拒绝 H_0,可以认为两种检查方法的结果之间有关联。进一步分析其关联程度。

本例两变量的关联程度:$\phi=\sqrt{\chi^2/n}=\sqrt{15.702/132}=0.345$。

第四节 频数分布拟合优度的 χ² 检验

χ² 检验是用途很广的一种假设检验方法,除本章前三节介绍的两个独立样本四格表资料的 χ² 检验、多个独立样本列联表资料的 χ² 检验以及配对设计资料的 χ² 检验,χ² 检验还可用于频数分布拟合优度检验。下面具体介绍频数分布的拟合优度检验过程。

一、频数分布的拟合优度

对样本的频数分布拟合某理论分布后,进而检验样本实际分布与理论分布是否符合,或样本是否取自某已知分布的总体,称为频数分布的拟合优度检验。

医学研究实践中,常需推断某现象频数分布是否符合某一理论分布。由于 Pearson χ^2 值能反映实际频数和理论频数的吻合程度,所以 χ^2 检验可用于推断频数分布的拟合优度(goodness of fit),应用十分广泛,如正态分布、二项分布、Poisson 分布、负二项分布等。拟合的理论分布不同,求其理论频数的方法各异。现以例 7-9 介绍频数分布拟合优度 χ^2 检验的步骤。

二、频数分布拟合优度 χ^2 检验的步骤

例 7-9 某企业 2000 年对 130 名正常成年女性职工进行体检,血清三酰甘油(mmol/L)测量结果见表 7-12。问此资料是否符合正态分布?

拟合优度 χ^2 检验步骤:

本例均值为 $\bar{X}=1.145$,标准差为 $S=0.196$。

1. 建立检验假设,确定检验水准

H_0:本资料服从均值为 $\bar{X}=1.145$,标准差为 $S=0.196$ 的正态分布

H_1:本资料不服从均值为 $\bar{X}=1.145$,标准差为 $S=0.196$ 的正态分布

$\alpha=0.05$

2. 计算检验统计量

如果样本观察频数与理论频数相符,那么当观察例数愈来愈大时,观察频数 A_i 与理论频数 T_i 之间的差异愈来愈小,因此 A_i 与 T_i 之间的差异程度可以反映该样本的频率分布是否与根据 H_0 确定的理论分布相符。K. Pearson 提出运用 χ^2 统计量来衡量它们的差异程度。本例表 7-12 第二列作为实际频数,第六列为理论频数,通过 χ^2 检验基本公式计算 χ^2 值,反映二者的吻合程度。

$$P_1 = P(0.7 \leqslant X < 0.8) = \Phi\left(\frac{u_i-\mu}{\sigma}\right) - \Phi\left(\frac{l_i-\mu}{\sigma}\right)$$

$$= \Phi\left(\frac{0.8-1.145}{0.196}\right) - \Phi\left(\frac{0.7-1.145}{0.196}\right)$$

$$= 0.0392 - 0.0116 = 0.0276$$

$$T_1 = NP_1 = 130 \times 0.0276 = 3.588$$

以此类推分别计算 P_2、P_3、P_4、P_5、P_6、P_7、P_8、P_9 值及 T_2、T_3、T_4、T_5、T_6、T_7、T_8、T_9 值,结果见表 7-12。

$$\chi^2 = \sum \frac{(A_i-T_i)^2}{T_i} = 5.0638$$

$\nu=k-1-s$ s 表示有 s 个总体参数用样本统计量代替。

3. 作出统计推断

本例 $\nu=9-1-2=6$,查 χ^2 界值表得 $\chi^2_{0.50,6}=5.35$,$P>0.5$,按 $\alpha=0.05$ 检验水准不拒绝 H_0,可认为本资料服从均值为 $\bar{X}=1.145$,标准差为 $S=0.196$ 的正态分布。

表 7-12 130 名女性职工血清三酰甘油的频数分布及拟合优度检验统计量计算

组段 (1)	观察频数 A_i (2)	$\Phi\left(\dfrac{l_i-\mu}{\sigma}\right)$ (3)	$\Phi\left(\dfrac{u_i-\mu}{\sigma}\right)$ (4)	P_i (5) = (4) − (3)	理论频数 T_i (6)	$\dfrac{(A_i-T_i)^2}{T_i}$ (7)
0.7~	6	0.0116	0.0392	0.0276	3.588	1.6214
0.8~	10	0.0392	0.1056	0.0664	8.632	0.2168
0.9~	14	0.1056	0.2296	0.1240	16.120	0.2788
1.0~	20	0.2296	0.4090	0.1794	23.322	0.4732
1.1~	31	0.409	0.6103	0.2013	26.169	0.8918
1.2~	22	0.6103	0.7816	0.1713	22.269	0.0032
1.3~	13	0.7816	0.9032	0.1216	15.808	0.4988
1.4~	9	0.9032	0.9649	0.0617	8.021	0.1195
1.5~	5	0.9649	0.9898	0.0249	3.237	0.9602
合计	130					5.0638

第五节 小 结

1. χ^2 检验是以 χ^2 分布为基础的一种常用假设检验方法，常用作计数资料的统计推断。本章主要讲解四格表资料、配对设计、R×C 表资料 χ^2 检验以及用于拟合优度检验。使用时注意各自的适用条件。

2. χ^2 检验的基本思想是：通过 χ^2 检验基本公式计算检验统计量 χ^2 值，由其反映实际频数与理论频数的吻合程度。

3. 多个样本率或多个构成比之间比较，所得结论为拒绝 H_0，仅认为各总体率之间总的来说有差别，但不能说明任意两个总体率之间皆有差别。要进一步推断哪两两总体率之间有差别，需进一步做多个样本率的多重比较。

思考与练习

一、简答题

1. 简述 χ^2 检验的用途。
2. 对于两独立样本四格表资料，如何正确选用检验方法？
3. 简述列联表资料 χ^2 检验的注意事项。
4. 简述 R×C 表的分类及其相应检验方法的选择。

二、多选题

1. 下列哪项检验适用 χ^2 检验
   A. 两样本均数的比较
   B. 两样本率的比较
   C. 多个样本构成比的比较
   D. 拟合优度检验
   E. 双向无序分类资料的关联性检验
2. 分析四格表资料时，通常在下列哪种情况下需用 Fisher 精确概率法
   A. $1 \leq T < 5$，$n > 40$
   B. $1 \leq T < 5$
   C. $T < 1$
   D. $n < 40$
   E. $T \geq 5$，$n > 40$
3. 四格表资料 χ^2 检验的校正公式
   A. $\chi^2 = \sum \dfrac{(|A-T|-0.5)^2}{T}$
   B. $\chi^2 = \sum \dfrac{(A-T)^2}{T}$

C. $\chi^2 = n(\sum \frac{A^2}{n_R n_C} - 1)$

D. $\chi^2 = \frac{(ad-bc)^2 n}{(a+b)(c+d)(a+c)(b+d)}$

E. $\chi^2 = \frac{(|ad-bc| - \frac{n}{2})^2 n}{(a+b)(c+d)(a+c)(b+d)}$

4. 配对四格表中，为比较两样本率的差别，下列说法正确的是

A. 当 $b+c \geq 40$ 时，计算公式 $\chi^2 = \frac{(b-c)^2}{(b+c)}$

B. 当 $b+c < 40$ 时，需作连续性校正

C. 无效假设为 B=C

D. 可以用配对设计的 t 检验

E. 以上都不对

5. 关于 $R \times C$ 行列联表的叙述正确的是

A. 假设检验公式 $\chi^2 = \sum \frac{(A-T)^2}{T}$

B. 可用于计数资料的关联性分析

C. 可用于构成比的比较

D. 可用于多个样本率的比较

E. $\nu = (R-1)(C-1)$

6. 列联表中的理论频数不应小于1，或 $1 \leq T < 5$ 的格子数不宜超过格子总数的 1/5。如果出现上述情况，可通过下列哪些方法解决

A. 增加样本含量，增大理论频数

B. 根据专业知识删去理论频数太小的行或列

C. 根据专业知识将理论频数太小的行或列与性质相近的邻行或邻列合并

D. 改用双向无序 $R \times C$ 表的 Fisher 确切概率法

E. 采用列联表资料 χ^2 检验处理

三、分析题

1. 某院康复科用共鸣火花治疗癔症患者56例，有效者42例；心理辅导法治疗癔症患者40例，有效者21例。问两种疗法治疗癔症的有效率有无差别？

2. 某医生用两种方法检查已确诊的乳腺癌患者120名的检查结果，结果见表7-13。问两种方法何者为优？

表 7-13 两种方法检查结果比较

乙法	甲法		合计
	+	-	
+	42	18	60
-	30	30	60
合计	72	48	120

3. 某研究者将腰椎间盘突出症患者1184例随机分为三组，分别用快速牵引法、物理疗法和骶裂孔药物注射法治疗，结果见表7-14。问三种疗法的有效率有无不同？

表 7-14 三种疗法治疗腰椎间盘突出有效率的比较

疗法	有效	无效	合计
快速牵引法	444	30	474
物理疗法	323	91	414
骶裂孔药物注射法	222	74	296
合计	989	195	1184

（邱洪斌）

第八章 秩和检验

第一节 非参数检验的概念及其应用

假设检验的方法可分为两类：参数检验（parametric test）与非参数检验（nonparametric test）。参数检验方法是以特定的总体分布为前提，对未知总体参数进行推断，如在前面章节介绍的 t 检验和方差分析均属参数检验方法，都是在要求总体服从正态分布的前提下，对总体均数进行推断。非参数检验方法则不依赖于总体分布类型，也不对总体参数进行推断，而是对总体分布进行检验，又称任意分布检验（distribution-free test）。

非参数检验具有广泛的适用性，当总体分布不易确定、分布呈非正态而又无适当的数据转换方法、未能精确测量的资料如等级资料等，不具备参数检验的条件时，非参数检验不失为一种有效的分析方法。但对符合参数检验条件的资料，如果采用非参数检验，则会损失部分信息，导致检验效能下降。

非参数检验的方法很多，本章主要介绍基于秩次的非参数检验，也称秩和检验（rank sum test）。秩和检验是将变量值从小到大或从弱到强转换成秩次后再计算检验统计量，据此推断一个总体表达分布位置的中位数 M 与已知 M_0、两个或多个总体的分布是否不同。秩和检验方法使用灵活，易于对各种设计类型的资料进行假设检验，在零假设下统计量与分布无关，该类方法在非参数检验中占有重要的地位。

第二节 配对设计资料的符号秩和检验

对于配对设计的定量资料，当差值服从正态分布时，推断差值的总体均数是否为零，可采用 t 检验。当差值不服从正态分布以及总体分布无法确定时，可采用 Wilcoxon 符号秩和检验（Wilcoxon signed-rank test）。

Wilcoxon 符号秩和检验的目的是推断差值的总体中位数是否为 0，基本思想是：当 H_0 成立时，差值的总体分布是对称的（即差值的总体中位数为 0），此时正差值的秩和与负差值的秩和理论上应相等，等于 $n(n+1)/4$。即使由于抽样误差两者会有差别，但差别不应太大。若正差值的秩和与负差值的秩和相差悬殊，则 H_0 成立的可能性很小，即有理由拒绝 H_0，接受 H_1；反之，没有理由拒绝 H_0。Wilcoxon 符号秩和检验通过推断差值的总体中位数是否为 0，来推断样本所来自的两个总体中位数是否不同，即两种处理的效应是否不同。

例 8-1 为比较离子交换法与蒸馏法测定尿汞值的结果，对 12 名健康人的尿样分别采用两种方法进行测定，结果见表 8-1。请问两法测定结果有无差别？

表 8-1 12 名健康人离子交换法与蒸馏法尿汞测定值（μg/L）

编号 (1)	离子交换法 (2)	蒸馏法 (3)	差值 d_i (4) = (2) − (3)	秩次 (5)
1	0.6	0.1	0.5	2
2	3.2	2.1	1.1	8
3	3.4	2.4	1.0	7
4	2.6	3.3	−0.7	−3.5
5	0.4	0.4	0.0	
6	2.0	5.6	−3.6	−11
7	1.5	2.4	−0.9	−6
8	3.4	3.6	−0.2	−1
9	5.8	3.0	2.8	10
10	4.5	5.3	−0.8	−5
11	3.9	2.7	1.2	9
12	1.9	1.2	0.7	3.5

$T_+ = 39.5 \quad T_- = 26.5$

该例的差值不服从正态分布，采用 Wilcoxon 符号秩和检验，分析过程如下：

1. 建立假设

H_0：差值的总体中位数等于 0，即两种方法测定结果相同

H_1：差值的总体中位数不等于 0，即两种方法测定结果不同

$\alpha = 0.05$

2. 求差值、编秩、求秩和

求各对差值 d_i，见表 8-1 第（4）列。按 d_i 的绝对值由小到大编秩，若差值为 0，弃去不计，如第 5 号差值；若差值的绝对值相等，称为相持（tie），取平均秩次，如绝对值同为 0.7 的差值有 2 个，按顺序编为 3、4，分别取平均秩次为 3.5，见表 8-1 第（5）列。将所编的秩次按原差值的正负冠以正负号，分别求出正、负差值秩次之和，以 T_+ 与 T_- 表示，且 $T_+ + T_- = n(n+1)/2$（这里 n 为参与编秩的差值个数）。

3. 确定检验统计量并得出 P 值，作出推断结论

当 $5 \leqslant n \leqslant 50$ 时（n 为参与编秩的差值个数），任取 T_+ 或 T_- 为检验统计量 T，根据 n 查 T 临界值表（配对比较的符号秩和检验用），见附表 8，得出 P 值。在表中找到对应的 n，将统计量 T 值与最左侧的界值进行比较，若 T 值在上下界值范围内，其 P 值大于上方对应的概率；若 T 值等于界值，其 P 值等于上方对应的概率；若 T 值在上下界值范围外，其 P 值小于上方对应的概率，此时应右移一列，再作比较，直至得出最接近的 P 值。

随 n 的不断增大，T 的分布逐渐近似均数为 $\mu_T = n(n+1)/4$、标准差为 $\sigma_T = \sqrt{n(n+1)(2n+1)/24}$ 的正态分布，因此当 $n > 50$ 时，可利用正态近似法进行 Z 检验，根据 Z 的概率分布得出 P 值。检验统计量为：

$$Z = \frac{T - \mu_T}{\sigma_T} = \frac{T - n(n+1)/4}{\sqrt{n(n+1)(2n+1)/24}} \tag{8-1}$$

因为 T 值是非连续的，而 Z 分布是连续的，因此统计量 Z 可利用公式（8-2）作连续性校正，式中 0.5 是连续性校正值。

$$Z=\frac{|T-\mu_T|-0.5}{\sigma_T}=\frac{|T-n(n+1)/4|-0.5}{\sqrt{n(n+1)(2n+1)/24}} \quad (8-2)$$

若相持现象较多时（如超过 25%），用公式（8-1）或公式（8-2）求得的 Z 值偏小，可按公式（8-3）计算校正的统计量值 Z_c。

$$Z_c=\frac{|T-n(n+1)/4|-0.5}{\sqrt{\dfrac{n(n+1)(2n+1)}{24}-\dfrac{\sum(t_j^3-t_j)}{48}}} \quad (8-3)$$

式中 t_j 为第 j（$j=1$，2，…）次相持所含相同秩次的个数，如：假定同为 3.5 的秩次有 2 个、同为 5.5 的秩次有 3 个、同为 8.5 的秩次有 2 个，则 $t_1=2$、$t_2=3$、$t_3=2$，$\sum(t_j^3-t_j)=(t_1^3-t_1)+(t_2^3-t_2)+(t_3^3-t_3)=(2^3-2)+(3^3-3)+(2^3-2)=36$。

本例 $n=11$，取 $T=26.5$，查 T 临界值表（配对比较的符号秩和检验用）：T 值在 $T_{0.10(11)}$ 对应的界值范围内，故 $P>0.10$，按 $\alpha=0.05$ 水准，不拒绝 H_0，差异无统计学意义，尚不能认为两种方法测定结果不同。

第三节 完全随机设计两组独立样本比较的秩和检验

对于完全随机设计两组独立样本的定量资料或等级资料，在不符合参数检验的条件时，可采用 Wilcoxon 秩和检验，其目的是推断两样本分别代表的两个总体分布有无差别。理论上零假设 H_0 应为两个总体分布相同，其对立的备择假设 H_1 应为两个总体分布不同。然而，由于秩和检验对于总体分布形状的差别不敏感，当两个总体的分布位置相同、而分布形状不同但类似时，秩和检验并不能推断出两个总体的分布（形状）有差别。基于此，在秩和检验时零假设 H_0 表达为两个总体的分布位置相同、备择假设 H_1 表达为两个总体的分布位置不同（单侧检验时则为某个总体的分布位置比另一个总体的分布位置要右或左一些）是较为恰当的。因此无论两个总体的分布形状有无差别，通过秩和检验推断的是两个总体的分布位置是否不同。

Wilcoxon 秩和检验的基本思想是：假设两总体分布位置相同（H_0），两样本可认为是从同一总体中抽取的随机样本，将二者混合后由小到大编秩，然后分别计算两组的秩和 T_1 与 T_2，以例数较小者的秩和为检验统计量 T，此时 T 与其理论秩和 $n_1(N+1)/2$（n_1 为较小的样本例数，N 为两样本例数之和）应相差不大，其差别是由抽样误差引起；反之，若 T 与 $n_1(N+1)/2$ 相差较大，则有理由拒绝 H_0。

一、两组定量资料的秩和检验

两组独立样本定量资料的假设检验，当两样本均来自正态总体、且两总体方差相等时，可采用 t 检验或方差分析，若不满足这些条件时可采用完全随机设计两组独立样本比较的 Wilcoxon 秩和检验。

例 8-2 某实验室为观察局部温热治疗小鼠移植肿瘤的疗效，将已经造模成功的小鼠随机分为实验组与对照组，实验组采用局部温热治疗，以生存日数作为观察指标，实验结果见表 8-2。问局部温热治疗小鼠移植肿瘤是否可延长小鼠生存日数？

表 8-2 两组小鼠的生存日数

实验组		对照组	
生存日数	秩次	生存日数	秩次
10	9.5	2	1
12	12.5	3	2
15	15	4	3
16	16	5	4
17	17	6	5
18	18	7	6
20	19	8	7
23	20	9	8
50	21	10	9.5
		11	11
		12	12.5
		13	14
$n_1=9$, $T_1=148$		$n_2=12$, $T_2=83$	

该例中两组小鼠的生存日数资料方差不齐，应采用两个独立样本比较的 Wilcoxon 秩和检验，分析过程如下：

1. 建立检验假设，确定检验水准

H_0：两组小鼠生存日数的总体分布位置相同

H_1：两组小鼠生存日数的总体分布位置不同

$\alpha=0.05$

2. 编秩次并求秩和

将两组数据混合后由小到大统一编秩，编秩时如遇有相同数据，取平均秩次，然后将每组秩次分别相加得 T_1、T_2，且有 $T_1+T_2=N(N+1)/2$，见表 8-2。

3. 确定检验统计量并得出 P 值，作出推断结论

若两组例数相等，则任取其中一组的秩和为检验统计量 T；若两组例数不等，则以样本例数较小者对应的秩和为检验统计量 T，以较小的样本量为 n_1，根据 n_1 和 n_2-n_1 查 T 临界值表（两独立样本比较的秩和检验用），见附表 9，得出 P 值。在表中找到对应的 n_1 与 n_2-n_1，将统计量 T 值与界值进行比较，若 T 值在上下界值范围内，其 P 值大于其对应的概率；若 T 值等于界值，其 P 值等于其对应的概率；若 T 值在上下界值范围外，其 P 值小于其对应的概率，此时应下移一行，再作比较，直至得出最接近的 P 值。

当 $n_1>10$ 或 $n_2-n_1>10$ 时，可用正态近似检验，根据 Z 的概率分布得出 P 值。检验统计量为：

$$Z=\frac{\left|T-n_1\frac{(n_1+n_2+1)}{2}\right|-0.5}{\sqrt{\frac{n_1n_2(n_1+n_2+1)}{12}}} \tag{8-4}$$

公式（8-4）用于无相持或相持不多的情形，若相持较多（超过 25%），应按公式（8-5）进行校正。

$$Z_c = \frac{Z}{\sqrt{c}} \qquad (8-5)$$

其中，$c = 1 - \sum (t_j^3 - t_j)/(N^3 - N)$，$t_j$ 为第 j 次相持时相同秩次的个数，$N = n_1 + n_2$。

本例 $n_1 = 9$，$n_2 - n_1 = 3$，取 $T = 148$，查 T 临界值表（两独立样本比较的秩和检验用）：T 在 63~135 之外，故 $P < 0.01$，按 $\alpha = 0.05$ 水准，拒绝 H_0，接受 H_1，差异有统计学意义，可以认为两组小鼠生存日数的总体分布位置不同，两组的平均秩次分别是：$\bar{R}_1 = 148/9 = 16.4$，$\bar{R}_2 = 83/12 = 6.9$，可以认为局部温热治疗小鼠移植肿瘤可延长小鼠生存日数。

二、两组等级资料的秩和检验

例 8-3 为了研究某种药物对两种老年慢性支气管炎的治疗效果，用该药分别治疗单纯型患者 100 例、单纯型合并肺气肿患者 80 例，治疗结果见表 8-3 第（1）~（3）列。试分析该药治疗两种类型老年慢性支气管炎的疗效是否不同。

表 8-3 某药治疗两种类型老年慢性支气管炎的疗效

疗效 (1)	例数			秩次范围 (5)	平均秩次 (6)	秩和	
	A (2)	B (3)	合计 (4)			A (7)	B (8)
控制	58	41	99	1~99	50	2900	2050
显效	12	7	19	100~118	109	1308	763
有效	21	22	43	119~161	140	2940	3080
无效	9	10	19	162~180	171	1539	1710
合计	100	80	180	—	—	8687	7603

表 8-3 中的资料为等级资料，若采用 χ^2 检验，只能说明两组各等级的构成或分布是否不同，采用完全随机设计两组独立样本比较的 Wilcoxon 秩和检验，可比较两组的平均等级是否有差别，分析过程如下：

1. 建立检验假设，确定检验水准

H_0：该药治疗两种类型老年慢性支气管炎疗效的总体分布相同

H_1：该药治疗两种类型老年慢性支气管炎疗效的总体分布不同

$\alpha = 0.05$

2. 编秩并求秩和

在编秩时，相同等级的个体属于相持。先按各等级计算两组的合计例数，确定各等级的秩次范围，然后计算出各等级的平均秩次，见表 8-3 第（4）~（6）列。如：疗效为"控制"的 99 例，其秩次范围为 1~99，平均秩次为：$(1+99)/2 = 50$，余仿此。再以各等级的平均秩次分别与每组各相应等级的例数相乘，得到每组各等级的秩和，见表 8-3 第（7）、（8）列，之后合计求出每组的总秩和 T_1 与 T_2，$T_1 = 8687$，$T_2 = 7603$。

3. 确定检验统计量并得出 P 值，作出推断结论

本例例数较小者为 80 例，取其秩和为检验统计量 T，$T = 7603$，因相持较多，故用式 (8-4)、式 (8-5) 计算 Z_c 值，$Z_c = 1.1540$，得 $P > 0.05$，按 $\alpha = 0.05$ 水准，不拒绝 H_0，差异无统计学意义，尚不能认为该药治疗两种类型老年慢性支气管炎疗效的总体分布不同。

第四节　完全随机设计多组独立样本比较的秩和检验

完全随机设计的多组独立样本比较时，若不符合方差分析的条件，可采用 Kruskal-Wallis 秩和检验方法。该方法是由 Kraskal 和 Wallis 在 Wilcoxon 秩和检验的基础上扩展而来，又称为 $K-W$ 检验或 H 检验。目的是推断多个样本分别代表的总体分布位置是否不同，其基本思想与两组独立样本比较的 Wilcoxon 秩和检验相同。检验统计量为 H 值，当 H_0 成立时，仅仅由于抽样误差，H 值一般不会太大；反之，H_0 不成立，则 H 值会较大。

一、多组定量资料的秩和检验

例 8-4 某医院对科主任、护士长、行政管理干部进行医院规范化管理培训，并在培训后对部分人员采用综合评分评价培训效果，结果见表 8-4。请分析不同部门人员的培训效果是否不同。

表 8-4　不同部门人员培训效果的综合评分

科主任		护士长		行政管理干部	
综合评分	秩次	综合评分	秩次	综合评分	秩次
8.0	1	8.1	2	8.9	11
8.2	3	8.5	6.5	9.3	15
8.3	4	8.6	8	9.7	18
8.4	5	8.8	10	9.8	19
8.5	6.5	9.0	12	10.2	21
8.7	9	9.4	16	10.8	22
9.1	13	9.6	17	11.4	23
9.2	14	9.9	20	11.8	24
R_i	55.5		91.5		153
n_i	8		8		8
$\bar{R}_i$	6.94		11.44		19.13

该例为多组样本定量资料的比较，因三组方差不齐，不满足方差分析的条件，采用 Kruskal-Wallis 秩和检验，分析过程如下：

1. 建立检验假设，确定检验水准
H_0：不同部门人员培训效果的总体分布位置相同
H_1：不同部门人员培训效果的总体分布位置不同或不全相同
$\alpha = 0.05$

2. 编秩并求秩和
将三组数据混合由小到大统一编秩，编秩时如遇有相同数据，取平均秩次，然后将每组秩次分别相加得到各组秩和 R_1、R_2、R_3，见表 8-4。

3. 计算检验统计量并得出 P 值，作出推断结论

$$H = \frac{12}{N(N+1)} \sum \frac{R_i^2}{n_i} - 3(N+1) \tag{8-6}$$

第八章 秩和检验

式中，R_i 为各组的秩和，n_i 为各组对应的例数，$N=\sum n_i$。若相持较多（如超过25%），可按公式（8-7）计算校正值 H_c：

$$H_c = \frac{H}{C} \tag{8-7}$$

校正数 $C=1-\sum(t_j^3-t_j)/(N^3-N)$，$t_j$ 为第 j 次相持时相同秩次的个数。

当组数 $k=3$、每组例数 $n_i \leqslant 5$ 时，可查 H 临界值表（三独立样本比较的秩和检验用），见附表10，得出 P 值。在表中找到对应的 n（为三组例数之和）、n_1、n_2、n_3，将统计量 H 值与界值进行比较，若 H 值大于界值，其 P 值小于对应的概率；若 H 值小于界值，其 P 值大于对应的概率。

当 $k>3$，或有 $n_i>5$ 时，H 近似地服从自由度为 $\nu=k-1$ 的 χ^2 分布，可查 χ^2 界值表，得出 P 值。

例8-4中，$R_1=6.94$，$R_2=11.44$，$R_3=19.13$，$H=12.16$；$k=3$，各组例数均大于5，故以 $\nu=k-1=3-1=2$ 查 χ^2 界值表，得 $P<0.005$，按 $\alpha=0.05$ 水准，拒绝 H_0，接受 H_1，可以认为不同部门人员培训效果的总体分布位置不同或不全相同。

二、多组等级资料的秩和检验

例8-5 为了研究果酸的抗角化作用，将24只纯种新西兰实验用大白兔右耳制成痤疮模型，随机分为三组，采用不同的治疗方案进行治疗，观察治疗后的病理变化情况，结果见表8-5中（1）～（4）列。试分析三组治疗方案的疗效有无差异。

表8-5 三组动物治疗后痤疮的病理变化情况

病理变化 (1)	例数				秩次范围 (6)	平均秩次 (7)	秩和		
	A (2)	B (3)	C (4)	合计 (5)			A (8)	B (9)	C (10)
－	7	6	6	19	1～19	10	70	60	60
＋	1	2	2	5	20～24	22	22	44	44
＋＋	1	2	0	3	25～27	26	26	52	0
＋＋＋	1	0	2	3	28～30	29	29	0	58
合计	10	10	10	30	—	—	147	156	162

该例观察的资料为等级资料，与分析两组等级资料的情况类似，若采用 χ^2 检验，只能说明各组各等级的构成或分布是否不同，而不能说明各组的平均等级是否有差别，宜采用多组独立样本比较的 Kruskal-Wallis 秩和检验，分析过程如下：

1. 建立检验假设，确定检验水准

H_0：三组治疗方案疗效的总体分布位置相同

H_1：三组治疗方案疗效的总体分布位置不全相同

$\alpha=0.05$

2. 编秩并求秩和

编秩、求秩和的过程同两组等级资料的秩和检验。最后可得各组秩和 R_1、R_2、R_3，见表8-5。

3. 计算检验统计量并得出 P 值，作出推断结论

例8-5资料计算结果：$R_1=147$，$R_2=156$，$R_3=162$，因相持较多，采用式（8-6）、式

(8-7)计算 H_c 值，$H_c=0.2689$，以 $\nu=2$ 查 χ^2 界值表，得 $0.9>P>0.75$，按 $\alpha=0.05$ 水准，不拒绝 H_0，差异无统计学意义，尚不能认为三组治疗方案疗效的总体分布位置不同。

三、多组样本间的多重比较

进行多组样本的 Kruskal-Wallis 秩和检验后，结论为拒绝 H_0 时，只能得出各总体分布位置不同或不全相同的结论，不能说明任两个总体分布位置不同。若要明确哪些总体之间分布位置不同，需要作多组间的多重比较。

多组独立样本间多重比较的秩和检验方法较多，常用的有 Nemenyi 法、扩展的 t 检验等。如 Nemenyi 法，检验统计量按下式计算：

$$\chi^2 = \frac{(\bar{R}_i - \bar{R}_j)^2}{\frac{N(N+1)}{12}(\frac{1}{n_i}+\frac{1}{n_j})C}, \quad \nu = k-1 \tag{8-8}$$

式中：n_i、n_j 分别为第 i 组和第 j 组样本的含量，$\bar{R}_i$ 和 $\bar{R}_j$ 分别为第 i 组和第 j 组样本的平均秩次，k 为样本的组数，$N=\sum_{i=1}^{k} n_i$ 为 k 组样本的总例数，C 为前述多组独立样本比较的 Kruskal-Wallis 秩和检验中的校正数。

关于多组独立样本间多重比较的秩和检验方法不一，目前这些方法在理论上尚存在争议，且 SAS、SPSS 等软件也没有给出相应的分析模块。

第五节 随机区组设计资料的秩和检验

对于随机区组设计的多组资料比较，若不符合方差分析的要求，可采用 Friedman 秩和检验。该方法是 M. Friedman 在符号秩和检验的基础上提出的，称为 Friedman 检验或 M 检验，目的是推断样本所代表的总体分布位置是否不同。

Friedman 秩和检验的基本思想是：各区组内的观察值从小到大编秩后，若各处理组的效应相同，各区组内秩次 $1,2,\cdots,k$ 出现在各处理组中的概率应相等，因此各个处理组的秩和 $R_1, R_2, \cdots, R_k$ 亦应大致相等，仅仅由于抽样误差不太可能出现较大的差别；否则若各个处理组的秩和相差较大，则有理由认为各总体的分布位置不同。

例 8-6 为了研究给药方式与血药浓度的关系，将 12 只大鼠按窝别相同、体重相近组成 4 个区组，每个区组内的 3 只大鼠随机分配至 A、B、C 三个不同给药方式的处理组中，检测给药后同一时间大鼠的血药浓度，结果见表 8-6。请分析不同给药方式的血药浓度是否不同。

表 8-6 不同给药方式时大鼠的血药浓度（μg/ml）

区组号	A		B		C	
	血药浓度	秩次	血药浓度	秩次	血药浓度	秩次
1	31.6	3	28.9	2	25.4	1
2	29.9	1	30.4	2	32.2	3
3	28.4	3	26.6	1	27.8	2
4	30.8	3	27.0	1	29.7	2
R_j		10		6		8

第八章 秩和检验

1. 建立检验假设，确定检验水准

H_0：不同给药方式血药浓度的总体分布位置相同

H_1：不同给药方式血药浓度的总体分布位置不同或不全相同

$\alpha=0.05$

2. 编秩并求秩和

分别在各区组内将数据从小到大编秩，如遇相同数值，则取其平均秩次。分别将各处理组的秩次相加，得到相应各处理组的秩和 R_j，见表 8-6。

3. 计算检验统计量，得出 P 值，作出推断结论

Friedman 检验的检验统计量为 M：

$$M=\sum (R_j-\bar{R})^2 \tag{8-9}$$

式中，$\bar{R}=\sum R_j/k$，k 为处理组数。

当区组数 $b\leqslant 15$、处理组数 $k\leqslant 15$ 时，查 M 临界值表（随机区组比较的 Friedman 秩和检验用），见附表 11，得出 P 值作出推断结论。

当 k 或 b 超出 M 界值表的范围时，利用 χ^2 近似法，计算检验统计量 χ_r^2 值：

$$\chi_r^2=\frac{12}{bk(k+1)}\sum R_j^2-3b(k+1) \tag{8-10}$$

式中，k 表示处理组数，b 表示区组数，R_j 为各处理组的秩和。χ_r^2 服从 $\nu=k-1$ 的 χ^2 分布，可查 χ^2 界值表得出概率。

当各区组间相持较多时，需用下式进行校正：

$$\chi_c^2=\frac{\chi^2}{c} \tag{8-11}$$

校正数 $C=1-\sum(t_j^3-t_j)/bk(k^2-1)$，$t_j$ 为第 j 次相持时相同秩次的个数。

例 8-6 资料：$R_1=10$，$R_2=6$，$R_3=8$，$\bar{R}=8$，$M=8$，以 $k=3$，$b=4$ 查 M 临界值表（见附表 11），$M_{0.05}=6.5$，得 $P<0.05$，按 $\alpha=0.05$ 水准，拒绝 H_0，差异有统计学意义，可以认为三种不同给药方式血药浓度的总体分布位置不同。

对于随机区组设计资料，进行 Friedman 秩和检验拒绝 H_0 后，与完全随机设计多组资料的秩和检验类似，也需进行各处理组间的多重比较，方法不一，在此介绍 q 检验，检验统计量的计算参见下式：

$$q=\frac{R_i-R_j}{\sqrt{b \cdot MS_{误差}}} \tag{8-12}$$

式中，R_i 和 R_j 分别为两对比组的秩和，b 为区组数，其中：

$$MS_{误差}=\frac{\frac{bk(k+1)(2k+1)}{6}-\frac{1}{b}\sum R_i^2-\frac{1}{12}\sum(t_j^3-t_j)}{(b-1)(k-1)} \tag{8-13}$$

式中，R_i 为前述随机区组设计中各处理组的秩和，t_j 为第 j 次相持时相同秩次的个数。

以 ν、a 查 q 界值表，得出 P 值，$\nu=(b-1)(k-1)$，a 是指将 k 个处理组的秩和从小到大排列后，R_i 和 R_j 之间涵盖的组数（包括 R_i 和 R_j 在内）。

第六节 小 结

1. 非参数检验是一类不依赖于总体分布类型，也不对总体参数进行推断，而是对总体分布进行推断的假设检验方法。其应用范围广泛，对于不具备参数检验条件的资料，非参数检验不失为一种有效的分析方法。但对符合参数检验条件的资料，如采用非参数检验，则可能会损失部分信息，导致检验效能下降。

2. 非参数检验适用于：总体分布不易确定、分布呈非正态而无适当的方法将其转换为正态、两组或多组资料方差不齐而无适当的转换方法达到方差齐性、不能或未经精确测量的资料如等级资料等。

3. 非参数检验方法中使用较多的是秩和检验方法，该方法是将变量值从小到大或从弱到强转换成秩次后再计算检验统计量，其推断的是总体的分布位置。该方法可用于配对设计、完全随机设计两组或多组独立样本以及随机区组设计资料的假设检验。

4. 秩和检验的编秩、求秩和、确定检验统计量及其 P 值的过程因设计类型、资料类型不同而异，使用时要注意区别。

5. 多组独立样本的秩和检验在拒绝 H_0 之后，需进一步进行多重比较。

思考与练习

一、简答题

1. 非参数检验的用途有哪些？
2. 非参数检验的优缺点有哪些？
3. 两组或多组等级资料的比较，采用秩和检验与采用 χ^2 检验有何区别？

二、单选题

1. 配对设计资料的秩和检验，若 H_0 成立，对样本来说则
   A. 正秩和与负秩和的绝对值不会相差很大
   B. 正秩和与负秩和的绝对值相等
   C. 正秩和与负秩和的绝对值相差很大
   D. 不能得出结论
   E. 以上都不对

2. 完全随机设计两独立样本比较的秩和检验，下列描述错误的是
   A. 将两组数据分别由小到大编秩
   B. 将两组数据混合由小到大编秩，若遇到相同数据，若在同一组，按顺序编秩
   C. 遇有相同数据，若在同一组，可按顺序编秩，也可取其平均秩次
   D. 遇有相同数据，若在不同组，取其平均秩次
   E. 等级资料相同秩次出现的较多

3. 下列假设检验方法中，不属于非参数检验的是
   A. χ^2 检验
   B. 方差分析
   C. t 检验
   D. H 检验
   E. M 检验

4. 以下对非参数检验的描述哪一项是正确的
   A. 参数检验不依赖于总体的分布类型
   B. 非参数检验不依赖于总体的分布类型
   C. 一般情况下，同一资料参数检验的检验效能高于非参数检验
   D. 一般情况下同一资料非参数检验犯 II 类错误的概率小于参数检验
   E. B 和 C 都对

5. 配对设计差值的符号秩和检验，编秩时，遇有差值绝对值相等
   A. 符号不同，取平均秩次
   B. 符号不同，仍按顺序编秩
   C. 符号相同，可按顺序编秩
   D. 不考虑符号，按顺序编秩
   E. A 和 C 都对

6. 两组或多组等级资料的比较，宜用
   A. t 检验
   B. 方差分析
   C. χ^2 检验
   D. 秩和检验
   E. 等级相关

三、综合分析题

1. 某职业病防治所分别测定了 15 名矽肺与 15 名非矽肺矿工的血清铜蓝蛋白含量（μmol/L），结果见表 8-7。请分析两组矿工血清铜蓝蛋白含量是否不同。

表 8-7　30 名矿工血清铜蓝蛋白含量（μmol/L）

非矽肺	8.0	9.0	5.8	6.3	5.4	8.5	5.6	5.4	5.5	7.2	5.6	4.3	6.7	7.7	9.0
矽肺	8.5	10.5	11.0	9.0	9.0	7.2	13.9	6.5	11.3	7.0	9.5	8.5	9.6	10.8	9.9

2. 某医院汇总了内科、外科和综合科对患者治疗后的疗效情况，结果见表 8-8。请对各科的疗效情况进行比较。

表 8-8　不同科室患者治疗后的疗效

科室	例数			
	治愈	好转	无效	死亡
内科	1420	1712	76	75
外科	3445	931	74	53
综合科	438	116	8	23

（尹素凤）

第九章 线性相关与回归

前面几章介绍的统计方法仅涉及单一变量，不论是两组还是多组比较，所比较的依然是同一变量，而且是以讨论各组间该变量是否有统计学差别为中心。但是在医学科学研究中，常需讨论同一个体两个或多个变量之间的关系，如年龄与血压、吸烟与肺癌、体重与胸围、体温与脉搏、冠心病与年龄、性别、高血压等，相关与回归（correlation and regression）就是研究这种关系的统计方法。相关分析按照其是否为线性分为线性相关与曲线相关，按照分析变量的数目分为简单相关与多元相关。本章只介绍相关回归中最简单、最基本的两个变量间关系的分析方法。

第一节 线性相关

一、线性相关的概念

"相关"与"回归"理论由英国人类学家、生物统计学家 F. Galton 提出，K. Pearson 推广了相关结论和方法。K. Pearson 为研究父亲与成年儿子身高之间的关系，测量了 1078 对父子的身高。并将 1078 对数值表示在直角坐标系中，水平轴 X 上的数值代表父亲身高，垂直轴 Y 上的数值代表儿子的身高，1078 个点所形成的图形是一个散点图。它的形状像一块橄榄状的云，中间的点密集，边沿的点稀少，其主要部分是一个椭圆，由散点图发现，父亲身高与儿子身高之间存在"相关"关系。

线性相关分析是描述两变量间是否有线性关系以及线性关系的方向和密切程度的分析方法。线性回归分析方法是描述两变量间依存变化的方法。实际工作中有时并不要求由 X 估计 Y（或者先不考虑这个问题）而关心的是两个变量间是否确实有线性相关关系，如有线性相关关系，那么它们之间的关系是正相关（positive correlation），还是负相关（negative correlation）以及相关程度（degree of relationship）如何，此时可应用相关分析。

如果两个随机变量中，一个变量由小到大变化时，另一个变量也相应地由小到大（或由大到小）地变化，并且测得两变量组成的坐标点在直角坐标系中呈线性趋势，就称这两个变量存在线性相关关系。

线性相关（linear correlation）又称简单相关（simple correlation），用于双变量正态分布（bivariate normal distribution）资料。一般说来，两个变量都是随机变动的，不分主次，处于同等地位。两变量间的线性相关关系用相关系数 r（correlation coefficient，r）描述。线性相关的性质可由散点图（图 9-1）直观地说明。

图 a 中，散点呈椭圆形分布，宏观而言两变量 X、Y 变化趋势是同向的，称为正线性相关或正相关（$0<r<1$）；反之，图 b 中的 X、Y 呈反向变化，称为负线性相关或负相关（$-1<r<0$）。图 c 的散点在一条直线上、且 X、Y 是同向变化，称为完全正相关（perfect positive correlation，$r=1$）；反之，图 d 中的 X、Y 呈反向变化，称为完全负相关（perfect negative correlation，$r=-1$）。图 e~图 h，两变量间毫无联系或可能存在一定程度的曲线联系而没有线性相关关系，称为零相关（zero correlation，$r=0$）。正相关或负相关并不一定表示一个变量的改变是另一个变量变化的原因，有可能同受另一个因素的影响。

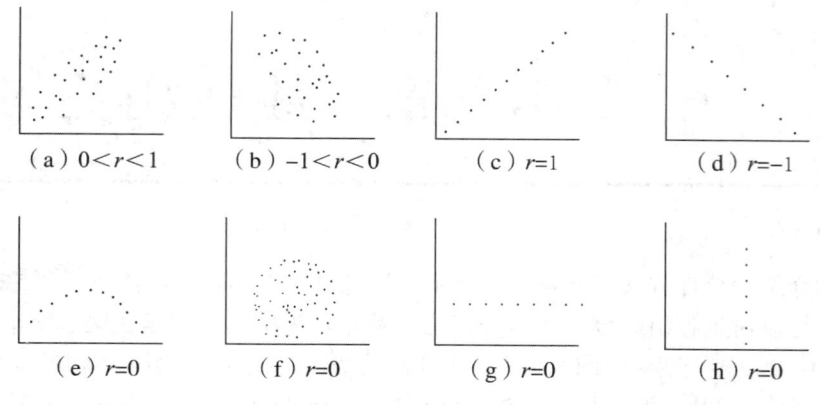

图 9-1 线性相关示意图

二、相关系数的意义及计算

相关系数亦称积差相关系数（coefficient of product moment correlation），用 r 表示样本相关系数，ρ 表示总体相关系数。它是说明有线性关系的两变量间相关关系密切程度和相关方向的统计指标。计算公式如下：

$$r=\frac{\sum(X-\bar{X})(Y-\bar{Y})}{\sqrt{\sum(X-\bar{X})^2\sum(Y-\bar{Y})^2}}=\frac{l_{XY}}{\sqrt{l_{XX}l_{YY}}} \quad (9-1)$$

其中：

$$l_{XX}=\sum(X-\bar{X})^2=\sum X^2-\frac{(\sum X)^2}{n} \quad (9-2)$$

$$l_{YY}=\sum(Y-\bar{Y})^2=\sum Y^2-\frac{(\sum Y)^2}{n} \quad (9-3)$$

$$l_{XY}=\sum(X-\bar{X})(Y-\bar{Y})=\sum XY-\frac{(\sum X)(\sum Y)}{n} \quad (9-4)$$

相关系数没有单位，取值范围为 $-1 \leqslant r \leqslant 1$。当两变量呈同向变化时，$0<r<1$，为正相关；两变量呈反向变化时，$-1<r<0$，为负相关；$r=0$ 为零相关，表示无线性相关关系；两变量呈同向或反向变化且分布在一条直线上，$|r|=1$，为完全相关。完全相关属相关分析中的特例，由于医学研究中影响因素众多，个体变异不可避免，很少呈现完全相关。

例 9-1 某医生测得 15 名正常成年男性的血浆清蛋白含量（g/L）及其血红蛋白含量（g/L），测量结果见表 9-1。试分析两变量是否存在关联？如果有关联，其关联方向及密切程度又如何？

表 9-1 15 名正常成年男性的血浆清蛋白含量（g/L）及其血红蛋白含量（g/L）

编号	血浆清蛋白含量	血红蛋白含量	编号	血浆清蛋白含量	血红蛋白含量
1	35.4	120.1	9	35.6	108.2
2	36.3	121.2	10	34.5	105.3
3	38.6	127.8	11	35.5	108.7
4	37.4	126.7	12	36.5	112.6
5	36.6	120.9	13	34.8	109.4
6	34.4	117.8	14	35.7	108.6
7	34.5	110.6	15	34.8	105.4
8	34.2	109.3			

1. 绘制散点图

首先利用 15 对数值绘制如图 9-2 所示的散点图。

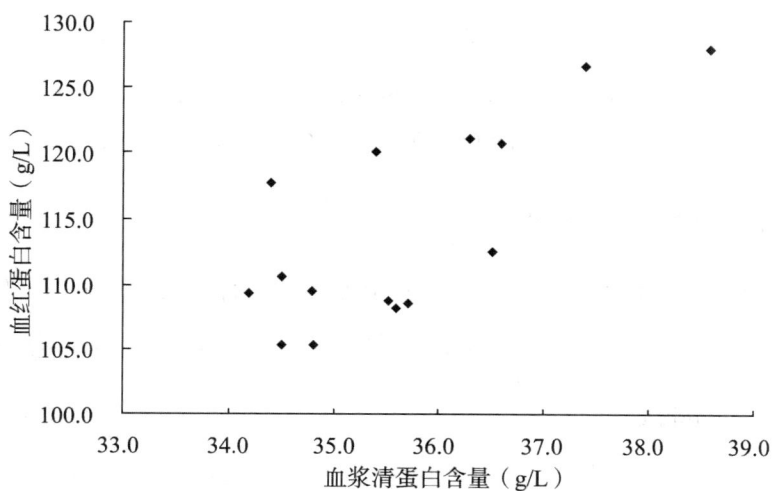

图 9-2　15 名正常成年男性血浆清蛋白及血红蛋白散点图

2. 计算相关系数

本例 $n=15$，$\sum X=534.8$，$\sum X^2=19089.06$，$\sum Y=1712.6$，$\sum Y^2=196332.9$，$\sum XY=61159.36$

$$l_{XX}=\sum X^2-\frac{(\sum X)^2}{n}=19089.06-\frac{(534.8)^2}{15}=21.66$$

$$l_{YY}=\sum Y^2-\frac{(\sum Y)^2}{n}=196332.9-\frac{(1712.6)^2}{15}=799.69$$

$$l_{XY}=\sum XY-\frac{(\sum X)(\sum Y)}{n}=61159.36-\frac{534.8\times 1712.6}{15}=99.46$$

$$r=\frac{99.46}{\sqrt{21.66\times 799.69}}=0.756$$

三、相关系数的假设检验

样本相关系数 r 只是总体相关系数 ρ 的估计值。从同一总体中抽出的不同样本会提供不同的样本相关系数，因而，样本相关系数也存在变异性。所以，即使从 $\rho=0$ 的总体作随机抽样，由于抽样误差的影响，所得 r 值也不一定等于零。故当计算出 r 值后，需做是否 $\rho=0$ 的假设检验，以判断两变量的总体是否有线性相关关系。常用方法有查表法（按照自由度 $\nu=n-2$ 查 r 界值表，见附表 12）和 t 检验。二者结论相同。

t 检验计算公式：
$$t_r=\frac{r-0}{S_r}=\frac{r}{\sqrt{\frac{1-r^2}{n-2}}}, \quad \nu=n-2 \tag{9-5}$$

例 9-2　根据例 9-1 求得的 r 值，检验正常成年男性的血浆清蛋白含量与血红蛋白含量是否有线性相关关系。

H_0：$\rho=0$，正常成年男性的血浆清蛋白含量与血红蛋白含量之间无线性相关关系

H_1：$\rho\neq 0$，正常成年男性的血浆清蛋白含量与血红蛋白含量之间有线性相关关系

$\alpha=0.05$

本例 $n=15$,$r=0.756$

$$t_r=\frac{0.756}{\sqrt{\frac{1-0.756^2}{15-2}}}=4.161, \nu=15-2=13$$

查 t 界值表，得 $P<0.002$，按 $\alpha=0.05$ 水准拒绝 H_0，接受 H_1，故可以认为正常成年男性的血浆清蛋白含量与血红蛋白含量之间有线性相关关系，二者呈正相关。

四、总体相关系数 ρ 的区间估计

由于一般情况下，相关系数在 $\rho\neq0$ 时抽样分布并不对称，因此需要对 r 作变量变换。转换后的 $z=\tanh^{-1}r$ 近似服从均数为 $z=\frac{1}{2}\ln\frac{(1+\rho)}{(1-\rho)}$，标准差为 $\frac{1}{\sqrt{n-3}}$ 的正态分布，总体相关系数 ρ 的区间估计具体步骤如下：

首先对相关系数 r 作 z 变换： $\quad z=\tanh^{-1}r$ 或 $z=\frac{1}{2}\ln\frac{(1+r)}{(1-r)}$ （9-6）

式中，$\tanh$ 为双曲正切函数；$\tanh^{-1}$ 为反双曲正切函数。

z 的分布符合近似正态分布，按正态近似原理，z 的 $1-\alpha$ 置信区间计算公式：

$$(z-Z_{\alpha/2}/\sqrt{n-3},\ z+Z_{\alpha/2}/\sqrt{n-3}) \quad (9-7)$$

对上述计算结果进行如下变换，得到 r 的 $1-\alpha$ 置信区间：

$$r=\tanh z\ 或\ r=\frac{e^{2z}-1}{e^{2z}+1} \quad (9-8)$$

例 9-3 根据例 9-1 求得的 r 值，求总体相关系数 ρ 的 95% 置信区间。

已知 $r=0.756$，则 $z=\tanh^{-1}0.756=0.987$，

z 的 95% 置信区间为 $(0.987-1.96/\sqrt{15-3},\ 0.987+1.96/\sqrt{15-3})=(0.421,\ 1.553)$。

将 z 作反变换，该总体相关系数 ρ 的 95% 置信区间为 $(0.398,\ 0.914)$。

五、线性相关分析时的注意事项

1. 相关分析要有实际意义，两变量相关并不代表两变量间一定存在内在联系，不要把毫无关联的两事物或两种现象作相关分析。如根据儿童身高与小树树高资料算得的相关系数，即是由于时间变量与二者的潜在联系，造成了儿童身高与树高相关的假象。

2. 并非任何有联系的两个变量都属线性联系，在计算相关系数之前首先利用散点图判断两变量间是否具有线性联系，曲线相关时不能用线性相关分析。

3. 作相关分析时，必须剔除异常点。异常点即为一些特大特小的离群值，相关系数的数值受这些点的影响较大，有此点时两变量存在相关，无此点时可能就不存在相关。所以，应及时复核检查，对由于测定、记录或计算机录入的错误数据，应予以修正和剔除。

4. 两事物或现象之间有相关关系，但不一定有因果关系，也可能仅是伴随关系。但是，如果两事物或现象之间存在因果关系，则两者必然是相关的。

5. 相关分析的应用，只限于原实测数据范围之内，而不能随意外推。因为不知道在此范围之外，两变量间是否仍存在同样的线性关系。如果确有进行外推的充分根据和需要，应用时也要十分慎重。

第二节 等级相关

在医学科研工作中,经常遇到有些资料并不服从正态分布。对于这样的资料,分析变量间是否相关最常用的方法是等级相关分析。等级相关又称秩相关(rank correlation)是一种非参数统计方法,适用于资料不服从双变量正态分布或总体分布未知;数据一端或两端有不确定值的资料或等级资料。等级相关分析的方法有多种,在此仅介绍 Spearman 等级相关。

Spearman 等级相关是用等级相关系数 r_s 来说明两个变量间相关关系的密切程度与相关方向。等级相关系数亦称为秩相关系数,样本等级相关系数记为 r_s,它是总体等级相关系数 ρ_s 的估计值。r_s 值介于 -1 与 1 之间,其意义同积差相关系数 r。r_s 为正表示正相关,r_s 为负表示负相关,r_s 等于零为零相关。

Spearman 等级相关分析方法将 X、Y 两变量分别由小到大编秩次,以 d 表示每对观察值所对应的秩次之差,r_s 计算公式如下:

$$r_s = 1 - \frac{6\sum d^2}{n(n^2-1)} \tag{9-9}$$

式中,d 为每对观察值所对应的秩次之差;n 为对子数。

r_s 是总体等级相关系数 ρ_s 的估计值,存在着抽样误差,故计算出 r_s 后,需作是否 $\rho_s=0$ 的假设检验。当 $n \leq 50$ 时,可通过查 r_s 界值表(见附表 13)实现;当 $n > 50$ 时,可通过 Z 检验实现,统计量 Z 值的计算公式为 $Z = r_s \sqrt{n-1}$。

例 9-4 在肝癌病因学研究中,某研究者调查了某地 14 个乡的肝癌死亡率(1/10 万)与食物中黄曲霉毒素相对含量(最高含量为 10),结果见表 9-2。试作相关分析。

表 9-2 某地 14 个乡肝癌死亡率与黄曲霉毒素相对含量

乡编号 (1)	黄曲霉毒素相对含量		肝癌死亡率(1/10 万)		d (6)=(3)-(5)	d^2 (7)
	X (2)	秩次 (3)	Y (4)	秩次 (5)		
1	0.6	1	20.5	4	-3	9
2	1.1	2	18.6	3	-1	1
3	1.7	3	14.9	1	2	4
4	2.0	4	15.2	2	2	4
5	2.6	5	28.4	8	-3	9
6	3.1	6	25.8	5	1	1
7	3.7	7	46.6	11	-4	16
8	4.0	8	27.3	7	1	1
9	4.8	9	26.7	6	3	9
10	5.1	10	61.5	13	-3	9

续表

乡编号 (1)	黄曲霉毒素相对含量		肝癌死亡率 (1/10万)		d (6) = (3) − (5)	d² (7)
	X (2)	秩次 (3)	Y (4)	秩次 (5)		
11	5.4	11	46.1	10	1	1
12	5.7	12	34.2	9	3	9
13	5.9	13	77.6	14	−1	1
14	10.0	14	55.1	12	2	4
合计						78

1. 建立假设，确定检验水准

H_0：$\rho_s = 0$，即黄曲霉毒素含量与肝癌死亡率之间无相关关系

H_1：$\rho_s \neq 0$，即黄曲霉毒素含量与肝癌死亡率之间有相关关系

$\alpha = 0.05$

2. 计算统计量

将两个变量的观察值分别从小到大编秩，若同一变量有相同观察值，则取平均秩次，见表 9-2 第 (3)、(5) 列。已知 $n = 14$，

$$r_s = 1 - \frac{6 \times 78}{14 \times (14^2 - 1)} = 0.829$$

3. 确定 P 值，作出统计推断

查 r_s 界值表，得 $P < 0.001$，按 α 水准拒绝 H_0，接受 H_1，故可以认为黄曲霉毒素与肝癌死亡率间存在正相关关系。

注意：当 X 或 Y 中相同秩次较多时，宜用 r_s 的校正值 r'_s，

$$r'_s = \frac{(n^3 - n)/6 - (T_X + T_Y) - \sum d^2}{\sqrt{(n^3 - n)/6 - 2T_X}\sqrt{(n^3 - n)/6 - 2T_Y}} \tag{9-10}$$

式中，T_X（或 T_Y）$= \sum (t^3 - t)/12$，t 为 X（或 Y）中相同秩次的个数。

第三节 线性回归

回归分析是用来确定两个或两个以上变量间相互依存关系的一种统计分析方法，应用十分广泛。按照自变量和因变量之间的关系类型，可分为线性回归分析和非线性回归分析。只有一个自变量的情况称为简单线性回归，或简单回归，大于一个自变量情况的叫做多重线性回归。

一、线性回归的概念

线性回归（linear regression）是用线性回归方程表示两个变量间依存关系的统计分析方法，属双变量分析的范畴。如果某一个变量随着另一个变量的变化而变化，并且它们的变化在直角坐标系中呈线性趋势，就可以用一个线性方程来定量地描述它们之间的数量依存关系，这就是线性回归分析。

线性回归分析中两个变量的地位不同，其中一个变量是依赖另一个变量而变化的，因此分别称为因变量（dependent variable）和自变量（independent variable），习惯上分别用 Y 和 X

来表示。其中 X 可以是规律变化的或人为选定的一些数值（非随机变量，此时若进行回归分析时，称为Ⅰ型回归），也可以是随机变量（此时若进行回归分析时，称为Ⅱ型回归）。

二、线性回归分析的应用条件

1. 两变量的变化趋势呈线性（linear）趋势。
2. 任意两个观察个体之间相互独立，即独立性（independent）。
3. 因变量 Y 属于正态随机变量（normal distribution）。
4. 对于Ⅰ型回归要求对于每个选定的 X，Y 都有一个正态分布的总体，并且这些总体的方差都相等（equal variance）；对于Ⅱ型回归，要求 X、Y 服从双变量正态分布。

三、线性回归分析的一般步骤

1. 将 n 个观察单位的变量对（X，Y）在直角坐标系中绘制散点图，若呈线性趋势，则可拟合线性回归方程。
2. 求回归方程的回归系数和截矩。
3. 写出回归方程，$\hat{Y}=a+bX$，画出回归直线。
4. 对回归方程进行假设检验。

四、线性回归方程及其求法

1. 方程的形式及意义

线性回归方程的一般形式为 $\hat{Y}=a+bX$。其中 b 称为回归系数（coefficient of regression），含义为当 X 每变化 1 个单位时，因变量 Y 平均变化的估计值；a 称为截矩（intercept），为回归直线或其延长线与 y 轴交点的纵坐标。

2. 线性回归方程的求法

方程 $\hat{Y}=a+bX$ 中的 a 和 b 是两个待定常数，根据样本实测值（X，Y）计算 a 和 b 的过程就是求回归方程的过程。

为使方程能较好地反映各点的分布规律，应该使各实测点到回归直线的纵向距离的平方和 $Q=\sum(Y-\hat{Y})^2$ 最小，这就是最小二乘法（least sum of squares）原理。按以下公式计算：

（1）首先通过下列计算公式求回归系数 b：

$$b=\frac{\sum(X-\bar{X})(Y-\bar{Y})}{\sum(X-\bar{X})^2}=\frac{l_{XY}}{l_{XX}} \tag{9-11}$$

（2）求截距 a：$a=\bar{Y}-b\bar{X}$，式中 $\bar{Y}$、$\bar{X}$ 为因变量与自变量实测值的均值。因此，线性回归方程也可用如下形式表示：$\hat{Y}=\bar{Y}+b(X-\bar{X})$。

例 9-5 某医生欲研究儿童身高（cm）与肺死腔容积（ml）的关系，分别测量了 10 名儿童的身高与肺死腔容积，测量结果见表 9-3。试对该资料进行回归分析。

第九章 线性相关与回归

表9-3 10名儿童的身高与肺死腔容积的观测数据

编号	身高（cm）	肺死腔容积（ml）	编号	身高（cm）	肺死腔容积（ml）
1	110	34	6	137	51
2	112	46	7	147	65
3	122	62	8	150	56
4	123	56	9	154	70
5	130	60	10	155	62

1. 绘制散点图，见图9-3，两变量存在线性趋势。

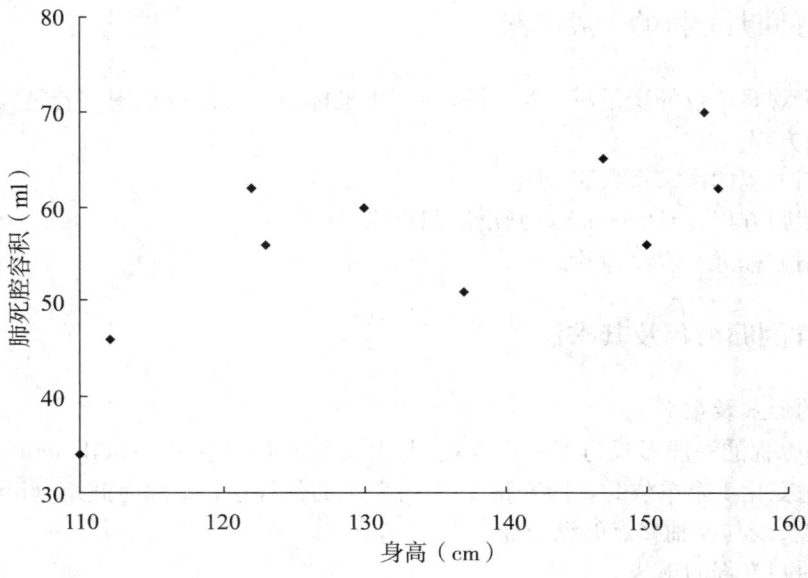

图9-3 10名儿童身高与肺死腔容积散点图

2. 计算回归系数b、截距a。

本例$n=10$，$\sum X=1340$，$\sum X^2=182176$，$\overline{X}=134$

$\sum Y=562$，$\sum Y^2=32558$，$\overline{Y}=56.2$

$\sum XY=76476$

$l_{XX}=2616$，$l_{YY}=973.6$，$l_{XY}=1168$

$$b=\frac{\sum(X-\overline{X})(Y-\overline{Y})}{\sum(X-\overline{X})^2}=\frac{l_{XY}}{l_{XX}}=\frac{1168}{2616}=0.4465$$

$a=\overline{Y}-b\overline{X}=-3.6287$

线性回归方程为：$\hat{Y}=-3.6287+0.4465X$

五、线性回归方程的假设检验

回归系数的检验亦即是回归关系的检验，又称回归方程的检验，其目的是检验求得的回归方程在总体中是否成立。我们知道即使X、Y总体回归系数β为零，由于抽样误差的原因，其样本回归系数b也不一定为零，因此，需作β是否为零的假设检验，方法有以下两种：

（一）方差分析

其基本思想是将因变量Y的总变异$SS_{总}$分解为$SS_{回归}$和$SS_{剩余}$，然后利用F检验来判断回归方程是否成立。

$SS_总$即$\sum(Y-\bar{Y})^2$，为Y的离均差平方和（total sum of squares），反映未考虑X与Y的回归关系时Y的变异，其意义可通过图9-4加以说明。

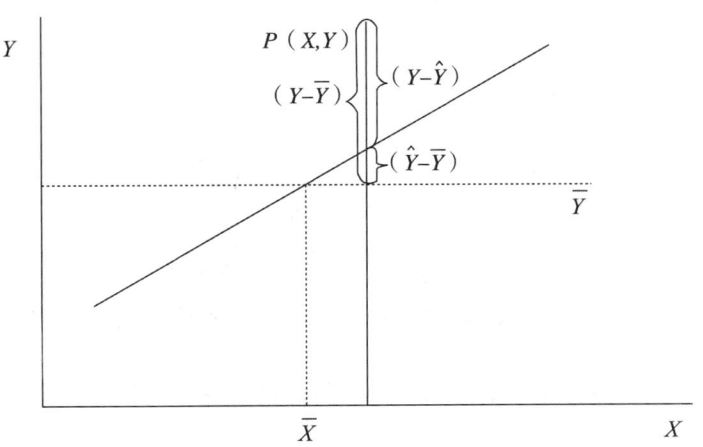

图9-4　因变量Y的平方和划分示意图

任一点P的纵坐标被回归直线与均数$\bar{Y}$截成三段：

第一段$(Y-\hat{Y})$，表示实测点P与回归直线的纵向距离，即实际值Y与估计值$\hat{Y}$之差，称为剩余或残差。

第二段$(\hat{Y}-\bar{Y})$，即Y估计值$\hat{Y}$与均数$\bar{Y}$之差，它与回归系数的大小有关。$|b|$值越大，$(\hat{Y}-\bar{Y})$也越大，反之亦然。当$b=0$时，$(\hat{Y}-\bar{Y})$亦为零，则$(Y-\hat{Y})=(Y-\bar{Y})$，也就是回归直线不能使残差$(Y-\hat{Y})$减小。

第三段$\bar{Y}$，是因变量Y的均数。

上述三段的代数和为：$Y=\bar{Y}+(\hat{Y}-\bar{Y})+(Y-\hat{Y})$

移项：$Y-\bar{Y}=(\hat{Y}-\bar{Y})+(Y-\hat{Y})$

P点是散点图中任取的一点，将所有点都按上法处理，并将等式两端平方后再求和，则有：$\sum(Y-\bar{Y})^2=\sum(\hat{Y}-\bar{Y})^2+\sum(Y-\hat{Y})^2$

上式用符号表示为：$SS_总=SS_{回归}+SS_{剩余}$

式中，$SS_{回归}$即$\sum(\hat{Y}-\bar{Y})^2$，为回归平方和（regression sum of squares），它反映在Y的总变异$SS_总$中由于X与Y的线性关系而使Y变异减小的部分，也就是在总平方和中可以用X解释的部分。$SS_{回归}$越大，说明回归效果越好，即$SS_总$中可用X与Y线性关系解释的变异越多。

$SS_{剩余}$即$\sum(Y-\hat{Y})^2$，为剩余平方和（residual sum of squares），它反映X对Y的线性影响之外的一切因素对Y的变异的作用，也就是在总平方和$SS_总$中无法用X解释的部分。在散点图中，各实测点离回归直线越近，$\sum(Y-\hat{Y})^2$也就越小，说明线性回归的估计误差越小。

所以，总变异$SS_总$是由回归关系引起的$SS_{回归}$和与回归无关的其他各种因素产生的$SS_{剩余}$所构成。若回归直线与各实测点十分吻合，则$SS_{回归}$将明显大于$SS_{剩余}$，当全部实测值都在回归直线上时，$SS_总=SS_{回归}$，$SS_{剩余}=0$；反之，若回归直线拟合不好，$SS_{回归}$相对较小，$SS_{剩余}$则相对增大。可见$\dfrac{SS_{回归}}{SS_{剩余}}$反映了回归的效果。

$$SS_总=\sum(Y-\bar{Y})^2=\sum Y^2-\frac{(\sum Y)^2}{n},\ SS_{回归}=bl_{XY}=\frac{l_{XY}^2}{l_{XX}},\ SS_{剩余}=SS_总-SS_{回归}$$

$$F=\frac{SS_{回归}/\nu_{回归}}{SS_{剩余}/\nu_{剩余}}=\frac{MS_{回归}}{MS_{剩余}}$$

(二) t 检验

其基本思想是利用样本回归系数 b 与总体均数回归系数 β 进行比较来判断回归方程是否成立，实际应用中因为回归系数 b 的检验过程较为复杂，而相关系数 r 的检验过程简单并与之等价，故一般用相关系数 r 的检验来代替回归系数 b 的检验。

统计量 t 的计算公式为

$$t = \frac{b-0}{S_b}, \quad \nu = n-2 \tag{9-12}$$

其中

$$S_b = \frac{S_{Y \cdot X}}{\sqrt{l_{XX}}}, \quad S_{Y \cdot X} = \sqrt{\frac{\sum(Y-\hat{Y})^2}{n-2}} = \sqrt{\frac{SS_{剩余}}{n-2}} \tag{9-13}$$

式中，S_b 为样本回归系数的标准误；$S_{Y \cdot X}$ 为剩余标准差（residual standard deviation），它是指扣除了 X 对 Y 的线性影响后 Y 的变异，可用以说明估计值 $\hat{Y}$ 的精确性。$S_{Y \cdot X}$ 越小，表示回归方程的估计精度越高。

例 9-6 对例 9-5 数据建立的回归方程进行假设检验。

（1）方差分析（表 9-4）

H_0：总体回归系数 $\beta = 0$

H_1：总体回归系数 $\beta \neq 0$

$\alpha = 0.05$

$SS_{总} = l_{YY} = 973.6, \nu_{总} = n-1 = 9$

$SS_{回归} = bl_{XY} = l_{XY}^2/l_{XX} = 521.492, \nu_{回归} = 1$

$SS_{剩余} = SS_{总} - SS_{回归} = 973.6 - 521.492 = 452.108, \nu_{剩余} = n-2 = 8$

$$F = \frac{MS_{回归}}{MS_{剩余}} = \frac{\frac{SS_{回归}}{\nu_{回归}}}{\frac{SS_{剩余}}{\nu_{剩余}}} = \frac{\frac{521.492}{1}}{\frac{452.108}{8}} = 9.228$$

表 9-4 例 9-5 资料的方差分析表

变异来源	SS	ν	MS	F	P
总变异	973.600	9			
回归	521.492	1	521.492	9.228	<0.05
剩余	452.108	8	56.513		

查 F 界值表，得 $P < 0.05$，按 $\alpha = 0.05$ 水准拒绝 H_0，接受 H_1，认为儿童的身高与肺死腔容积之间存在线性关系。

（2）t 检验

H_0：总体回归系数 $\beta = 0$

H_1：总体回归系数 $\beta \neq 0$

$\alpha = 0.05$

$$S_{Y \cdot X} = \sqrt{MS_{剩余}} = \sqrt{56.153} = 7.4935, \quad S_b = \frac{S_{Y \cdot X}}{\sqrt{l_{XX}}} = \frac{7.4935}{\sqrt{2616}} = 0.1465$$

$$t = \frac{b}{S_b} = \frac{0.4465}{0.1465} = 3.0474$$

按 $\nu = 8$ 查 t 界值表，得 $P < 0.05$，按 $\alpha = 0.05$ 水准拒绝 H_0，接受 H_1，认为儿童的身高与

肺死腔容积之间存在线性关系。

六、线性回归方程的图示

为了进行直观分析或实际需要，可在坐标轴上任意取相距较远且易读的两 X 值，根据所求线性回归方程算得对应 $\hat{Y}$ 值，在图上确定两个点，连接上述两点就可得到回归方程的图示。应注意的是，连出的回归直线不应超过 X 的实测值范围；所绘回归直线必然通过 $(\overline{X}, \overline{Y})$；将直线的左端延长与纵轴交点的纵坐标必等于截距 a。

七、线性回归的区间估计

（一）总体回归系数 β 的区间估计

总体回归系数 β 的置信区间为：$b \pm t_{\alpha/2,\nu} S_b$。

例 9-7 根据例 9-5 资料的样本回归系数 $b=0.4465$，估计 β 的 95% 置信区间。

已知 $b=0.4465$，$S_b=0.1465$，$\nu=10-2=8$，$t_{0.05/2,8}=2.306$，总体回归系数 β 的 95% 置信区间为：

$$(0.4465 - 2.306 \times 0.1465, \ 0.4465 + 2.306 \times 0.1465) = (0.1087, \ 0.7843)$$

（二）μ_Y 的区间估计

μ_Y 是指总体中自变量 X 为某一定值 X_0 时，$\hat{Y}$ 的总体均数。

总体均数 μ_Y 的置信区间：$\hat{Y} \pm t_{\alpha/2,\nu} S_{\hat{Y}}$

式中，$S_{\hat{Y}}$ 即 $\hat{Y}$ 的标准误，可按下式计算：$S_{\hat{Y}} = S_{Y \cdot X} \sqrt{\dfrac{1}{n} + \dfrac{(X_0 - \overline{X})^2}{\sum (X - \overline{X})^2}}$ (9-14)

式中，$S_{Y \cdot X}$ 为剩余标准差。当 $X_0 = \overline{X}$ 时，$S_{\hat{Y}} = S_{Y \cdot X}/\sqrt{n}$，此时，置信区间的范围最窄，预测精度相对较高。

例 9-8 根据例 9-5 资料，试计算当 $X_0=130\text{cm}$ 时，μ_Y 的 95% 置信区间。

已知 $\overline{X}=134$，$\sum (X-\overline{X})^2=2616$，$S_{Y \cdot X}=7.4935$

$\hat{Y} = -3.6287 + 0.4465 \times 130 = 54.4163$

$S_{\hat{Y}} = 7.4935 \sqrt{\dfrac{1}{10} + \dfrac{(130-134)^2}{2616}} = 2.4410$，$\nu=10-2=8$，$t_{0.05/2,8}=2.306$。

当 $X_0=130\text{cm}$ 时，μ_Y 的 95% 置信区间为：

$$(54.4163 - 2.306 \times 2.4410, \ 54.4163 + 2.306 \times 2.4410) = (48.7874, \ 60.0452)$$

（三）个体 Y 值的容许区间

总体中，X 为一定值时，个体 Y 值的波动范围，可按下式求出：$\hat{Y} \pm t_{\alpha/2,\nu} S_Y$。

式中 S_Y 为 X 取一定值时，个体 Y 值的标准差，其计算公式为

$$S_Y = S_{Y \cdot X} \sqrt{1 + \dfrac{1}{n} + \dfrac{(X_0 - \overline{X})^2}{\sum (X - \overline{X})^2}}$$

例 9-9 根据例 9-5 资料，试计算当 $X_0=130\text{cm}$ 时，个体 Y 值的 95% 容许区间。

已知 $\hat{Y}=54.4163$，$S_{Y \cdot X}=7.4935$，$t_{0.05/2,8}=2.306$

$$S_Y = 7.4935 \sqrt{1 + \dfrac{1}{10} + \dfrac{(130-134)^2}{2616}} = 7.8811$$

故当 $X_0=130$cm 时，个体 Y 值的 95% 容许区间为：

$(54.4163-2.306\times7.8811, 54.4163+2.306\times7.8811)=(36.2425, 72.5901)$

八、线性回归方程的应用

1. 定量描述两变量之间的依存关系　对回归系数 b 进行假设检验时，若 $P<\alpha$，可认为两变量间存在线性回归关系，则线性回归方程即为两个变量间依存关系的定量表达式。

2. 利用回归方程进行预测　把预报因子（即自变量 X）代入回归方程对预报量（即因变量 Y）进行估计，即可得到个体 Y 值的容许区间。

3. 利用回归方程进行统计控制　若规定 Y 值的变化，可通过控制 X 的范围来实现统计控制的目标，所以统计控制是利用回归方程进行的逆估计。

4. 应用线性回归的注意事项

（1）作回归分析要有实际意义，不能把毫无关联的两种现象，随意进行回归分析，忽视事物现象间的内在联系和规律；如对儿童身高与小树的生长数据进行回归分析既无道理也无用途。另外，即使两个变量间存在回归关系时，也不一定是因果关系，必须结合专业知识作出合理解释和结论。

（2）线性回归分析的资料一般要求因变量 Y 是来自正态总体的随机变量，自变量 X 可以是正态随机变量，也可以是精确测量和严密控制的值。若稍偏离要求时，一般对回归方程中参数的估计影响不大，但可能影响到标准差的估计，也会影响假设检验时 P 值的真实性。

（3）进行回归分析时，应先绘制散点图。若提示有线性趋势存在时，可作线性回归分析；若提示无明显线性趋势，则应根据散点分布类型，选择合适的曲线模型（curvilinear model），经数据变换后，化为线性回归来解决。一般来说，在不满足线性条件的情形下去计算线性回归方程会毫无意义，最好采用非线性回归方程的方法进行分析。

（4）绘制散点图后，若出现一些特大特小的离群值（异常点），则应及时复核检查，对由于测定、记录或计算机录入的错误数据，应予以修正和剔除。否则，异常点的存在会对回归方程中的系数 a、b 的估计产生较大影响。

（5）回归直线不要外延。线性回归的适用范围一般以自变量取值范围为限，在此范围内求出的估计值 $\hat{Y}$ 称为内插（interpolation）；超过自变量取值范围所计算的 $\hat{Y}$ 称为外延（extrapolation）。若无充足理由证明，超出自变量取值范围后线性回归关系仍成立时，应该避免随意外延。

第四节　线性相关与回归的区别和联系

一、区别

1. 资料要求不同　线性回归要求因变量 Y 是来自正态总体的随机变量，而 X 可以是来自正态总体的随机变量，也可以是严密控制、精确测量的变量；相关分析则要求 X，Y 是来自双变量正态分布总体的随机变量，即双变量正态分布。

2. 统计意义不同　线性相关反映两变量间的相关关系，这种关系是相互的、对等的，不一定有因果关系；线性回归则反映两变量间的依存关系，描述 Y 如何依赖于 X 而变化，有自变量与因变量之分，一般将"因"或较易测定、变异较小者定为自变量，这种依存关系可能是因果关系或从属关系。

3. 分析目的不同 相关分析的目的是把两变量间线性关系的密切程度及相关方向用统计指标表示出来；回归分析的目的则是把自变量与因变量间的关系用函数公式定量表达出来。若仅仅为了了解两变量之间呈线性关系的密切程度和方向，宜选用线性相关分析；若仅仅为了建立由自变量推算因变量的线性回归方程，宜选用线性回归分析。

4. 相关系数 r 与回归系数 b 的计算公式不同。

5. 相关分析是相互关系，双方向，r 取值范围为 $[-1, 1]$，无单位，有相关不一定有回归；回归分析是依存关系，单方向，b 有单位，有回归一定有相关。

二、联系

1. 方向一致 对同一资料，其 r 与 b 的正负号一致。

2. 假设检验等价 对同一样本，$t_r = t_b$，由于 t_b 计算较复杂，实际中常以 r 的假设检验代替对 b 的检验。

3. r 与 b 值可相互换算

$$r = \frac{l_{XY}}{\sqrt{l_{XX}l_{YY}}} = \frac{l_{XY}}{l_{XX}}\sqrt{\frac{l_{XX}}{l_{YY}}} = b\sqrt{\frac{l_{XX}}{l_{YY}}}, \quad b = r\sqrt{\frac{l_{YY}}{l_{XX}}} \tag{9-15}$$

4. 用回归解释相关 r^2 称为决定系数（coefficient of determination）

$$r^2 = \frac{l_{XY}^2}{l_{XX}l_{YY}} = \frac{l_{XY}^2/l_{XX}}{l_{YY}} = \frac{SS_{回}}{SS_{总}} \tag{9-16}$$

是回归平方和与总的离均差平方和之比，故回归平方和是引入相关变量后总平方和减少的部分，其大小取决于 r^2。回归平方和越接近总平方和，则 r^2 越接近 1，说明引入相关的效果越好，反之，则说明引入相关的效果不好或意义不大。

第五节 小 结

1. 相关与回归分析是研究同一个体两个或多个变量之间的关系的统计方法。本章只介绍相关回归中最简单、最基本的线性相关与线性回归。

2. r 表示样本相关系数，ρ 表示总体相关系数，是用来说明有线性关系的两变量间相关密切程度和方向的统计指标。r 只是总体相关系数 ρ 的估计值，因存在抽样误差，需做是否 $\rho=0$ 的假设检验，以判断两变量的总体是否有线性相关关系。常用方法有查表法和 t 检验，二者结论相同。

3. Spearman 等级相关是用等级相关系数 r_s 来说明两个变量间相关关系的密切程度与相关方向，r_s 计算公式 $r_s = 1 - \dfrac{6\sum d^2}{n(n^2-1)}$。

4. 线性回归是用线性回归方程表示两个变量间依存关系的统计分析方法，线性回归方程的一般形式为 $\hat{Y} = a + bX$。回归方程的检验，其目的是检验求得的回归方程在总体中是否成立，检验方法包括方差分析和 t 检验。

5. 线性相关与回归的区别和联系。

第九章 线性相关与回归

思考与练习

一、简答题

1. 应用线性回归和相关分析时应注意哪些问题？
2. 简述线性回归与线性相关的区别与联系。
3. 简述线性相关与秩相关的区别与联系。
4. 如何对样本相关系数和样本回归系数进行假设检验？

二、多选题

1. 按照相关性的密切程度，相关关系可以分为
   A. 正相关
   B. 完全相关
   C. 负相关
   D. 不完全相关
   E. 无相关

2. 简单线性相关分析的特点是
   A. 两个变量是对等关系
   B. 只能算出一个相关系数
   C. 相关的两个变量必须都是随机的
   D. 相关系数有正负号
   E. 相关系数的大小反映两个变量之间相关的密切程度

3. 建立回归模型的目的是
   A. 描述变量之间的变动关系
   B. 用因变量推算自变量
   C. 用自变量推算因变量
   D. 自变量和因变量互相推算
   E. 确定两个变量之间的函数关系

4. 简单线性相关分析与简单线性回归分析的区别在于
   A. 相关的两个变量都是随机的，而回归分析中自变量是给定的数值，因变量是随机的
   B. 回归分析中的两个变量都是随机的，而相关中的自变量是给定的数值，因变量是随机的
   C. 相关系数有正负号，而回归系数只能取正值
   D. 相关的两个变量是对等关系，而回归分析中的两个量不是对等关系
   E. 相关分析中根据两个变量只能计算出一个相关系数，而回归分析中根据两个变量可以求出两个回归方程

5. 在线性回归方程中
   A. 在两个变量中须确定自变量和因变量
   B. 一个回归方程只能作一种推算
   C. 回归系数只能取正值
   D. 两个变量都是随机变量
   E. 自变量是给定的，因变量是随机的

6. 线性相关与回归分析中，下列描述正确的是
   A. r 值的范围在 $-1 \sim +1$ 之间
   B. 已知 r 来自 $\rho \neq 0$ 的总体，则 $r>0$ 表示正相关，$r<0$ 表示负相关
   C. 已知 Y 和 X 相关，则必可计算其线性回归方程
   D. 回归描述两变量的依存关系，相关描述其相互关系
   E. r 无单位

三、分析题

1. 10 名 20 岁男青年身高与前臂长的数据见表 9-5。计算相关系数并进行假设检验。

表 9-5 10 名 20 岁男青年身高与前臂长

身　高（cm）	170	173	160	155	173	188	178	183	180	165
前臂长（cm）	45	42	44	41	47	50	47	46	49	43

2. 某地 10 名一年级女大学生的胸围（cm）与肺活量（L）数据如表 9-6 所示。试建立肺活量 Y 与胸围 X 的回归方程。

表 9-6 10 名一年级女大学生的胸围（cm）与肺活量（L）

学生编号	1	2	3	4	5	6	7	8	9	10
胸　围 X	72.5	83.9	78.3	88.4	77.1	81.7	78.3	74.8	73.7	79.4
肺活量 Y	2.51	3.11	1.91	3.38	2.83	2.86	3.16	1.91	2.98	3.28

（邱洪斌）

第十章 统计图与统计表

统计表（statistical table）和统计图（statistical graph）是对资料进行统计描述的重要工具。医学科学研究资料经过整理和计算各种统计指标后，所得结果除了用适当的文字说明外，常将统计资料及其指标以表格列出，称为统计表。或将统计资料形象化，利用点的位置、线段的升降、直条的长短或面积的大小等形式直观表示事物间的数量关系，称为统计图。统计表与统计图可以代替冗长的文字叙述，便于分析和比较。统计表和统计图常可一起使用。

第一节 统计表

一、统计表的基本结构

统计表一般由标题、标目、线条、数字和备注5部分组成，其基本格式如下：

	表号	标题××××××	
横标目名称	纵标目……	合计	顶线
横标目			标目线
⋮	表体（数字）		
合计			合计线
			底线

二、统计表的制作原则和编制要求

制作统计表的原则：①重点突出，简单明了；②主次分明，层次清楚。
编制统计表的具体要求是：

1. 标题　要能简明扼要地说明表的主要内容，位于表的上端中央，左侧加表号，必要时应注明资料收集的时间、地点。统计表的标题不能过于简单，也不能过于繁琐，要求标题与内容必须相符。

2. 标目　有横标目和纵标目，分别说明表格每行和每列数字的含义。横标目列在表的左侧，是表中被研究事物的主要标志，相当于句子中的主语，如表10-1中的"肿瘤，恶性"、"鳞状细胞癌"、"腺癌"等。纵标目列在表的上端，用来说明横标目内容的各项统计指标，相当于句子中的谓语，如表10-1中的"发病数"、"构成比"等。横、纵标目连贯起来能读成一句比较完整而通顺的话。必要时，可在横标目或纵标目上冠以总标目。如在表10-2中，"2005年"和"2009年"分别是其对应纵坐标的总标目。标目内容一般应按顺序从小到大排列，不同时期的资料可按年份、月份先后排列，有助于说明其规律性。

3. 线条　线条不宜过多，常用3条基本线表示，即上面的顶线，下面的底线，以及纵标目下面的横线，称为"三线表"。表格中如有合计则用一条合计线隔开。如果表中有总标目，在总标目与纵标目之间一般用短横线隔开。统计表的左右两侧不应有边线，表的左上角不能用斜线，表内不允许使用竖线和斜线。

4. 数字　用阿拉伯数字表示。表内的数字必须正确，同一指标的小数位数应一致并对齐。表内不留空格，数字暂缺或未记录用"…"表示，无数字用"—"表示，若数字为"0"，则填写"0"。为方便核实与分析，表一般应有合计。

5. 备注　不是统计表的必备部分，一般不列入表内，必要说明者可标"＊"号等，并用文字写在表的下面。

三、统计表的种类

通常按分组标志的多少分为简单表与组合表。

1. 简单表（simple table）　只按一个标志分组为简单表，如表 10-1 所示，只按细胞类型一个标志分组，可比较不同细胞类型宫颈癌患者的发病情况。

表 10-1　某地 2005—2009 年不同类型宫颈癌患者的发病情况

细胞类型	发病数	构成比（%）
肿瘤，恶性	350	27.1
癌，NOS	80	6.2
鳞状细胞癌	655	50.7
腺癌	182	14.1
其他	24	1.9
合计	1291	100.0

2. 组合表（combinative table）　按两个或两个以上标志分组的为组合表，如表 10-2 所示，按肿瘤和年份两个分组标志分组，可比较不同年份、不同肿瘤的发病率和构成比。

表 10-2　某地居民 2005 年和 2009 年 5 种主要恶性肿瘤发病情况

肿瘤	2005 年		2009 年	
	发病率（1/10 万）	构成比（%）	发病率（1/10 万）	构成比（%）
肺癌	48.43	34.03	65.04	36.42
结直肠癌	30.42	21.38	41.25	23.10
乳腺癌	24.98	17.56	30.56	17.11
胃癌	21.00	14.76	21.70	12.15
肝癌	17.46	12.27	20.04	11.22

第二节　统计图

医学文献与报告中常用的统计图有条图、饼图、百分条图、线图、半对数线图、直方图、散点图与箱式图等。

一、绘制统计图的基本要求

绘制统计图的基本要求如下：

1. 根据资料的性质和分析目的选用合适的图形。
2. 每一张统计图都要有标题。标题应概括地说明资料的内容、时间和地点，一般位于图的下方。
3. 条图、散点图、线图和直方图都要有横轴和纵轴。纵、横轴应注明尺度及对应的单位，尺度应等距或具有规律性，横轴尺度自左而右，纵轴尺度自下而上，数量由小到大。条图与直方图纵坐标从 0 开始，并标明 0 点位置。纵、横坐标长度的比例一般以 5:7 为宜。
4. 比较不同事物时，可用不同颜色或线条表示，并附图例加以说明。图例一般放在图的右上角空隙处或图下方中间位置。

二、常用统计图的适用条件和绘制要求

各种统计图的适用条件与绘制要点不完全相同，下面针对不同的统计图分别说明如下：

1. 条图（bar graph） 又称直条图，是用等宽直条的长短表示相互独立的各项指标的数值大小。所比较的指标可以是绝对数，也可以是相对数。一般有单式直条图与复式直条图两种，单式直条图是按一个统计指标、一个因素分组的，如图 10-1 所示，按肿瘤类型分组，比较 5 种恶性肿瘤发病率的高低；复式直条图是按一个统计指标、两个因素分组的，如图 10-2 所示，是按肿瘤类型和性别两个因素进行分组，比较恶性肿瘤发病率的大小。从图 10-2 可以看出，无论男女，都是肺癌发病率最高，其次是结直肠癌和胃癌。3 种恶性肿瘤的发病率均是男性明显高于女性。

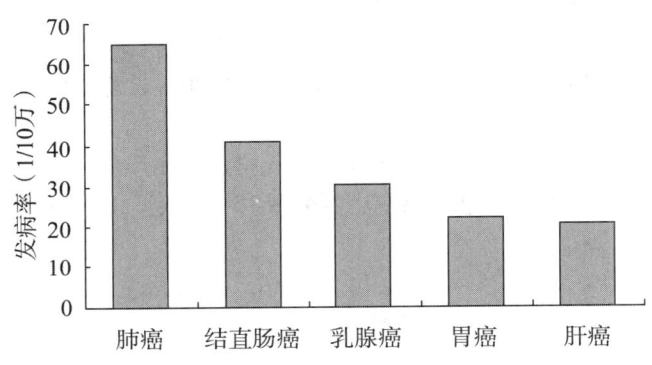

图 10-1　某地 2009 年 5 种主要恶性肿瘤发病率

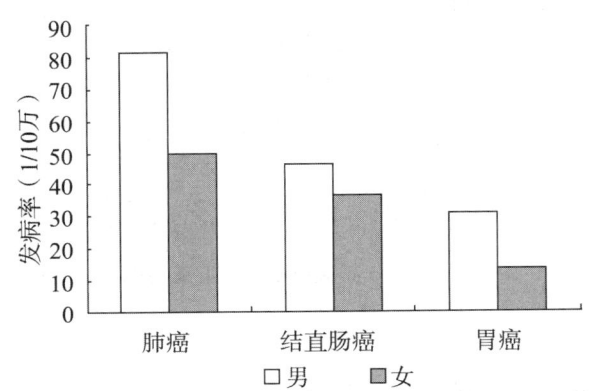

图 10-2　某地 2009 年男性和女性 3 种恶性肿瘤发病率比较

条图的绘制要求：

（1）一般以横轴为基线，表示各个类别，纵轴表示其数值大小。

（2）纵轴尺度必须从 0 开始，且等距，否则会改变各对比组之间的关系。

（3）各直条宽度应相等，各直条之间的间隔也应相等，其宽度一般与直条的宽度相等或为直条宽度的一半。

（4）直条的排列按由高到低的顺序或按自然顺序，便于比较。

（5）复式条图绘制方法同上，所不同的是复式条图以组为单位。每组包括两个或两个以上直条，直条所表示的类别需用图例说明，同一组的直条间不留空隙。

实际应用中还可利用直条的高度代表均数大小，在直条的顶端绘制一小段"触须"代表标准差的大小。如图 10-3 所示，对染毒时间不同的实验组及对照组大鼠血清中肺表面活性蛋白 SP-A 的含量进行比较。

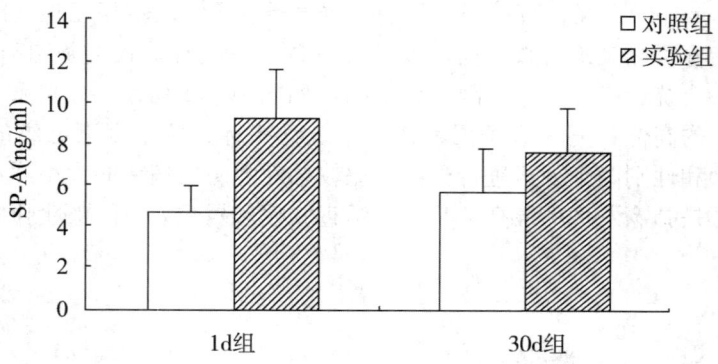

图 10-3　不同染毒时间大鼠血清中 SP-A 含量比较

2. 饼图（pie graph）　饼图适用于百分构成比资料，表示事物各组成部分所占的比重或构成。它是以圆的总面积为 100%，把面积按比例分成若干部分，以扇形面积大小来表示各部分所占的比重（图 10-4）。

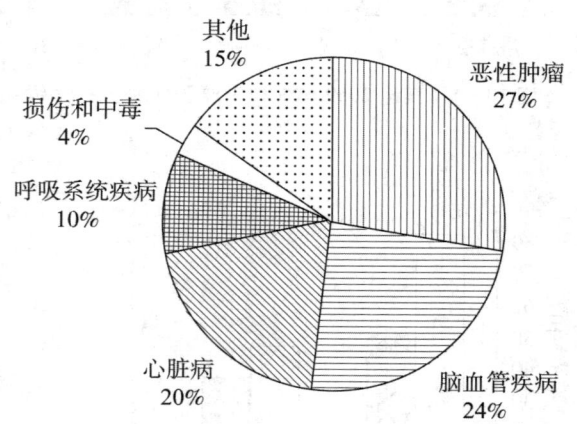

图 10-4　2002 年某城市居民主要死因构成（%）

饼图的绘制要求：

（1）先绘制一个大小适当的圆形。由于圆心角为 360°，因此每 1% 相当于 3.6°，将各部分百分比分别乘以 3.6 为各构成部分应占的度数。

（2）圆内各部分可按事物自然顺序或按百分比的大小顺序排列，一般以时钟 12 点位置为起始点,按顺时针方向依次绘制,其他项放最后。

(3) 圆中各部分用线分开,各部分可注明简要文字及百分比或用图例说明。

(4) 如有两种或两种以上性质类似的资料相比较,应绘半径相同的圆,并使各圆中各部分的排列次序一致,以便于比较。

3. 百分条图 (percent bar chart)　百分条图的意义及适用资料与饼图相同,不同的是表现形式不一样。百分条图亦称构成条图,是以直条总长度作为100%,直条中各段表示各构成部分的百分比(图10-5)。

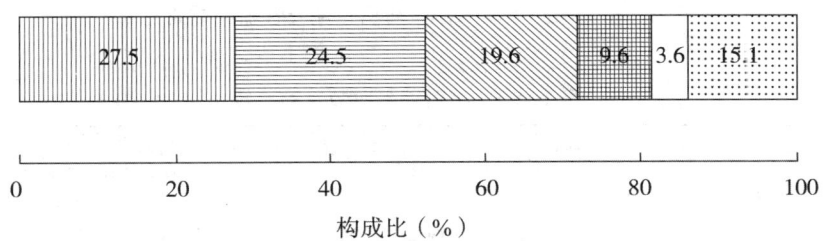

□ 恶性肿瘤　□ 脑血管疾病　☒ 心脏病　▦ 呼吸系统疾病　□ 损伤和中毒　□ 其他

图10-5　2002年某城市居民主要死因构成

百分条图的绘制要求:

(1) 先绘制一个标尺,尺度为0~100%,标尺可绘制在图的上方或下方。

(2) 绘制一直条,长度与标尺一致。直条宽度可任意选择,以直条的长度表示数量的百分比。

(3) 直条各部分用线分开,各段需用不同颜色或图形表示,并注明百分比,必要时可用图例说明。

(4) 绘制图形时一般按各部分所占的百分比由大到小(或按自然顺序),自左至右依次排列,其他项置后。

(5) 如有两种或两种以上性质相同的资料相比较,在同一标尺上可绘制两个或两个以上的直条,以便于比较。

4. 线图 (line graph)　亦称普通线图,是用线段的升降表示某事物在时间上的发展变化,或表示某现象随另一现象变化的趋势,适用于连续性资料。

线图的绘制要求:

(1) 普通线图的纵轴和横轴均为算术尺度。横轴表示某一连续变量,如时间或年龄等;纵轴表示频数或频率等,其尺度一般从0开始,也可不从0开始。

(2) 纵轴、横轴长度的比例一般以5∶7为宜。绘图时相邻两点用直线连接,不应将折线绘制成光滑的曲线。

(3) 线图中只有一条线,称为单式线图。若有两条或两条以上的线条,称为复式线图。同一图内线条不宜太多,若有两条或两条以上的折线,要用不同的颜色或图线(实线、虚线等)加以区别,并用图例说明。

图10-6反映了1997—2004年某地男性和女性的糖尿病死亡率随时间变化均呈上升趋势。

5. 半对数线图 (semi-logarithmic line chart)　半对数线图用于表示事物发展变化的速度(相对比)。其横坐标为算术尺度,纵坐标为对数尺度,线图上的数量关系就变为对数关系。绘制半对数线图时,可使用特制的半对数坐标纸,按原始数据的大小直接作图;也可将纵轴数据取对数后再在普通坐标纸上作图。普通线图和半对数线图的关系见表10-3。

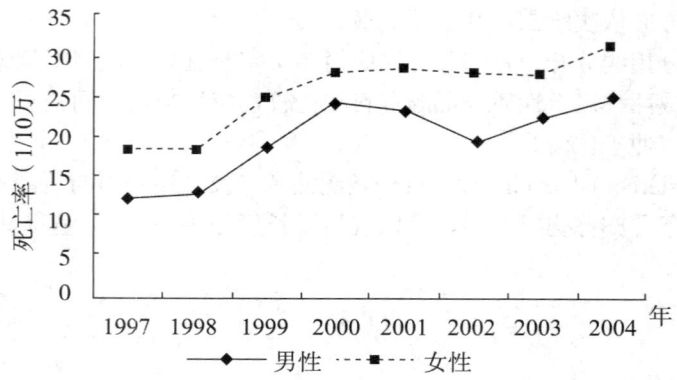

图 10-6　某地 1997—2004 年男性和女性糖尿病死亡率

表 10-3　绝对差与对数差的比较

A→B	绝对差	相对比（A/B）	对数差（lgA−lgB）
1000→100	1000−100=900	1000/100=10	lg1000−lg100=3−2=1
100→10	100−10=90	100/10=10	lg100−lg10=2−1=1
10→1	10−1=9	10/1=10	lg10−lg1=1−0=1

从表 10-3 可以看出对于相对数指标，用普通线图不能准确表达和对比不同变量的变化速度。因此，在比较几组数据的变化速度，特别是两组数据相差悬殊时，应选用半对数线图。绘制时应注意半对数线图的纵坐标表示为对数尺度，它的纵坐标没有零点，起点为 0.1，1，10，… 等。0.1~1、1~10、10~100 等各单元距离相同，但同一单元内不等距，可根据需要标出相应的尺度。

表 10-4 列出了某地居民 1992—2004 年心脏病和糖尿病的死亡率资料。现将表 10-4 的数据分别绘制成普通线图和半对数线图，见图 10-7 和图 10-8。

表 10-4　某地居民 1992—2004 年心脏病与糖尿病死亡率（1/10 万）

年份	心脏病死亡率	糖尿病死亡率	年份	心脏病死亡率	糖尿病死亡率
1992	86.76	11.11	1999	121.81	21.88
1993	91.91	10.73	2000	141.09	26.33
1994	98.15	11.81	2001	131.75	26.00
1995	97.49	11.43	2002	136.34	23.90
1996	103.97	13.64	2003	146.49	25.10
1997	106.50	15.33	2004	144.69	28.31
1998	110.27	15.71			

由普通线图 10-7 可以看出，心脏病和糖尿病死亡率随时间变化呈上升趋势，而且心脏病死亡率的上升幅度较大。但从半对数线图 10-8 可以看出心脏病和糖尿病死亡率随时间变化的速度相差不大。

6. 直方图（histogram）　用于表示连续性资料的频数分布。以不同直方面积代表各组频数的多少，面积的总和为各组的频数之和。

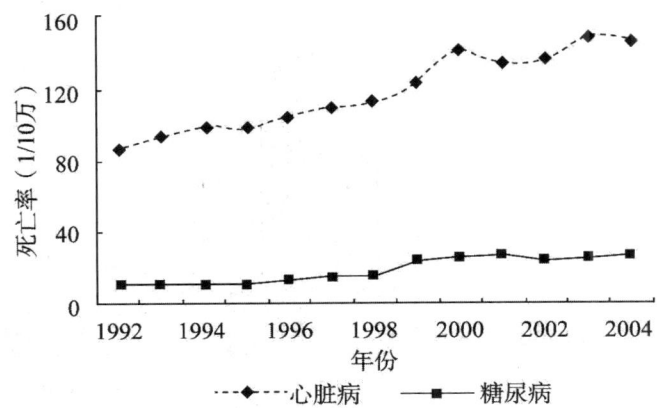

图 10-7 某地 1992—2004 年心脏病与糖尿病死亡率普通线图

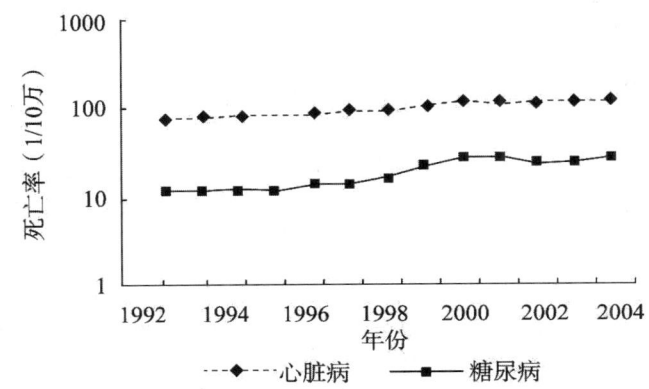

图 10-8 某地 1992—2004 年心脏病与糖尿病死亡率半对数线图

直方图的绘制要求：
(1) 直方图的横轴表示被观察对象，是连续变量。
(2) 纵轴表示被观察现象的频数（或频率），纵轴尺度必须从"0"开始。
(3) 直方的宽度代表组距。各组段的组距应相等，如果组距不等，要折合成等距后再绘图。
(4) 各直条间不留间隙，可划纵线来区分，也可不划纵线。

例如，图 10-9 描述了某市 110 名 20 岁男大学生身高的频数分布情况，横轴表示各个身高组段，纵轴表示各个身高组段的人数。

7. 散点图（scatter diagram） 散点图是以直角坐标上点的密集程度和变化趋势来表示两个变量间的相关关系。根据点的散布情况，推测两种事物或现象有无相关关系，因此常在对资料进行相关分析之前使用。绘制散点图时，通常横轴代表自变量，纵轴代表因变量。

图 10-10 是根据 13 名 8 岁健康男童的体重和心脏横径绘制的散点图。从散点图可以看出随体重的增加，心脏横径也相应增大，男童体重和心脏横径之间有一定的线性相关趋势。

8. 箱式图（box plot） 用于反映一组或多组连续型变量的分布特征，由一组数据的 5 个特征值，即最大值、最小值、中位数、下四分位数 P_{25} 和上四分位数 P_{75} 绘制而成。箱式图的中间横线表示中位数，箱体的长度表示四分位数间距，两端分别是 P_{75} 和 P_{25}，最外面两端连线分别表示除异常值外的最大值和最小值。在箱式图中异常值（outlier）常用圆圈"○"或"*"号表示。箱体越长表示数据离散程度越大。中间横线若在箱子中心位置，表示数据分布为对称分布；如果中间横线偏上或偏下，表示数据分布为偏态分布。箱式图一般主要用于多组数据分布

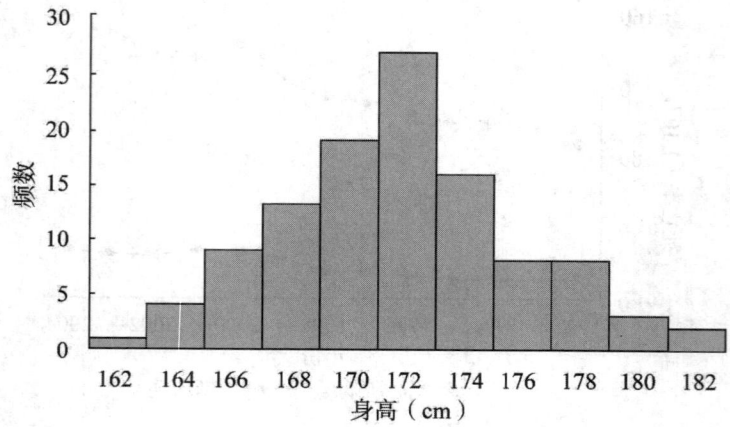

图 10-9　某地 110 名 20 岁男大学生身高频数分布

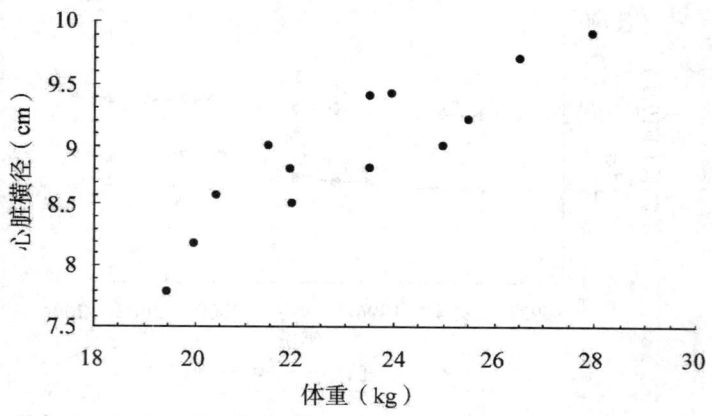

图 10-10　13 名 8 岁健康男童体重与心脏横径的关系

的比较，也可用于发现异常值。

其绘制方法如下：首先找出一组数据的 5 个特征值，然后连接两个四分位数画出箱子；再将两个极值点与箱子相连接而成。

例如，图 10-11 反映了某校三个专业学生 SCL-90 量表总得分的分布情况。可以看出，专业 C 组数据分布基本对称且离散程度最大，专业 A 组数据呈明显偏态分布且中位数最大，此外该专业组中还有一个异常值，编号为 8。

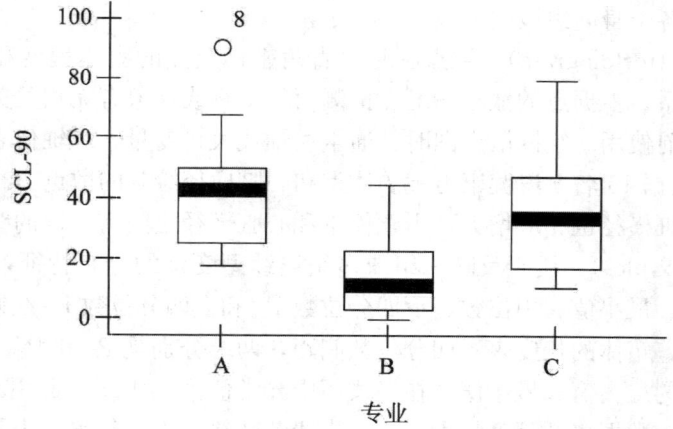

图 10-11　三个专业学生 SCL-90 量表得分

第三节 统计图表应用示例

例 10-1 某医生为比较治疗组和对照组不同剂量某药物对慢性肾衰竭血液透析患者缺铁治疗的疗效,将收集到的资料整理成表10-5。请指出表10-5的不足之处,并修改。

表 10-5 治疗组和对照组疗效比较

疗效	治疗组				对照组			
	常规剂量		大剂量		常规剂量		大剂量	
	例数	百分率(%)	例数	百分率(%)	例数	百分率(%)	例数	百分率(%)
显效	21/68	30.9	14/60	23.3	0/24	0.0	3/31	9.7
有效	43/68	63.2	44/60	73.3	21/24	87.5	26/31	83.9
无效	4/68	5.9	2/60	3.4	3/24	12.5	2/31	6.4
总有效率	64/68	94.1	58/60	96.7	21/24	87.5	29/31	93.5

分析:从表10-5可以看出,该表主、谓语位置不当,导致例数在表中重复。本研究是对治疗组和对照组疗效进行比较,因此,治疗组和对照组是主语,应放在表的左侧,而反映治疗效果的各项指标是谓语,应放在纵标目位置。此外,标题过于简单,而且对比指标未能靠近排列,降低了表达效果,故将表修改为表10-6。

表 10-6 不同治疗剂量治疗组和对照组疗效比较

组别	总例数	疗效例数			总有效	
		显效	有效	无效	例数	率(%)
治疗组	128	35	87	6	122	95.3
常规剂量	68	21	43	4	64	94.1
大剂量	60	14	44	2	58	96.7
对照组	55	3	47	5	50	90.9
常规剂量	24	0	21	3	21	87.5
大剂量	31	3	26	2	29	93.5

例 10-2 某研究者对北京地区468名6~13岁少儿肥胖情况进行随访观察,结果见表10-7,并根据此资料绘制成图10-12。

问题:①该研究者选用的统计图是否合理,为什么?②要达到分析目的,应选用何种统计图?

表 10-7　不同性别肥胖少儿检出率（%）

年龄（岁）	男	女
6	4.9	5.1
7	5.4	6.8
8	5.3	7.9
9	7.7	7.2
10	12.7	7.0
11	14.2	8.8
12	14.7	11.2
13	16.4	6.7

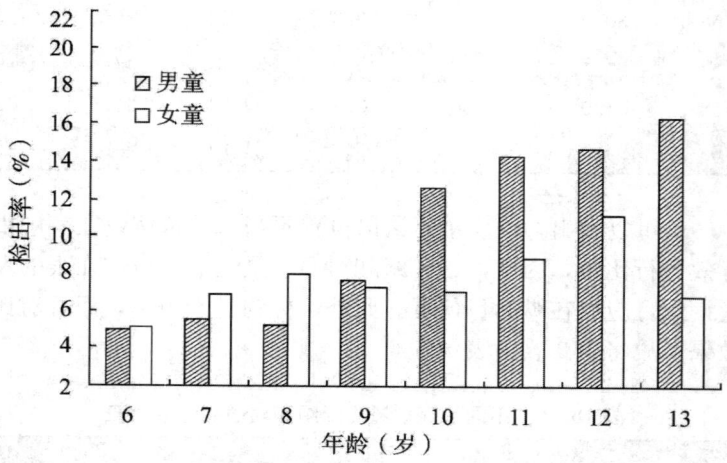

图 10-12　不同性别肥胖少儿检出率

分析：该统计图的选用是错误的。因为年龄是连续性资料，描述随年龄的增长肥胖少儿检出率的变化情况应该选用普通线图。此外，直条图的纵轴起点应为 0，而该直条图的纵轴起点为 2 也是错误的，它所反映的数量关系与实际情况不符。修改后见图 10-13。

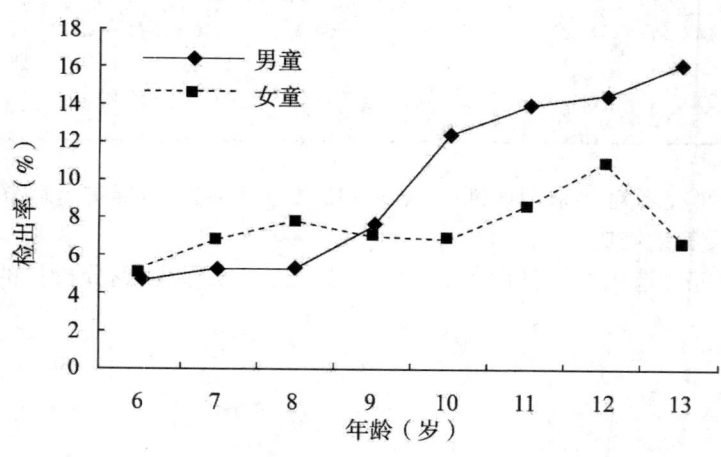

图 10-13　不同性别肥胖少儿检出率

目前很多计算机软件都可以绘制统计图，如办公软件 EXCEL 或常用的统计软件如 SPSS、

SAS 等都可以方便地绘制出各种统计图。

第四节 小 结

1. 统计表和统计图是统计描述的重要工具。统计表将数据有条理地列出来，统计图则直观地将数据形象化。统计表和统计图的绘制都要遵循一定的原则和要求，但有时也要根据资料的特征灵活应用。

2. 表达统计结果的表格称为统计表。统计表由标题、标目、线条、数字 4 部分组成，必要时增加备注。统计表的线条不宜太多，一般应尽量采用三线表。

3. 统计图有多种，常用的统计图有条图、百分条图、饼图、线图、半对数线图、直方图、散点图与箱式图等，使用时应根据资料的性质和分析目的合理选择统计图，见表 10 - 8。

表 10 - 8　常用统计图的应用

统计图	适用资料	应用
条图	分类变量、连续型变量	用直条长短表示相互独立指标数值大小
百分条图	分类变量	用直条各段的长度（面积）表示各部分所占比例
饼图	分类变量	用圆内的扇形面积大小表示各部分所占比例
线图	连续型变量、分类变量	描述一个变量随另一个变量变化的趋势
半对数线图	连续型变量、分类变量	描述一个变量随另一个变量变化的速度
直方图	连续型变量	用直条的高度或面积表达各组段的频率或频数
散点图	双变量，连续型变量	用点的密集程度和变化趋势表示两变量相关关系
箱式图	连续型变量	描述变量的分布特征

思考与练习

一、简答题

1. 统计表的基本组成部分有哪些？各部分的基本要求是什么？
2. 统计表的制表原则是什么？
3. 绘制统计图的基本要求有哪些？
4. 线图和半对数线图在应用上有何不同？

二、单选题

1. 比较某地某年三种传染病的发病率时，宜绘制
  A. 条图
  B. 普通线图
  C. 百分条图
  D. 直方图
  E. 半对数线图

2. 表示某医院各科患者与全院收治患者的关系，宜绘制
  A. 条图
  B. 直方图
  C. 饼图
  D. 普通线图
  E. 半对数线图

3. 描述某地 1985—1995 年间肝炎发病率的变动趋势，应绘制
  A. 条图
  B. 百分条图
  C. 普通线图
  D. 半对数线图
  E. 直方图

4. 描述某地某年 210 名健康成人发汞含量的分布，应绘制
  A. 直方图
  B. 百分条图
  C. 线图
  D. 条图

E. 箱式图

5. 观察儿童智力与家庭收入的关系，宜选择的图形为
   A. 直方图
   B. 条图
   C. 饼图
   D. 散点图
   E. 线图

6. 欲比较两家医疗机构近15年来床位数的增加速度，应当使用的统计图为
   A. 复式条图
   B. 百分条图
   C. 线图
   D. 半对数线图
   E. 统计地图

三、综合分析题

1. 某地调查脾肿大和疟疾临床分型的关系，脾肿大程度与血片检查疟原虫结果见表10-9，请指出下表不足之处，并进行修改。

表10-9 脾肿大与血片查疟原虫结果

项目 脾肿程度	血膜阴性	血膜阳性		合计	
		恶性疟	间日疟		
		例数	例数		例数
合计	174	28	20	222	48
脾Ⅰ	105	8	9	122	17
脾Ⅱ	51	14	5	70	19
脾Ⅲ	15	6	5	26	11
脾Ⅳ	3	0	1	4	1

2. 根据表10-10资料绘制合适的统计图。

表10-10 2005年某地140名卵巢癌患者的年龄分布

年龄组（岁）	例数	年龄组（岁）	例数
20～	7	55～	11
25～	2	60～	15
30～	5	65～	15
35～	2	70～	16
40～	12	75～	4
45～	22	80～	4
50～	25	合计	140

（潘秀丹）

第十一章 调查设计

第一节 调查研究的特点

在研究工作中，若研究者在没有任何干预措施的条件下，对研究对象进行观察并记录结果，这种研究方法称为调查（survey）。如研究母乳喂养与人工喂养的儿童生长发育情况，我们只要对这两类儿童进行体格测量就可以了。又如要研究某地某年 40 岁以上居民的糖尿病患病率，我们只是客观地观察样本人群的实际情况（包括每个居民是否患病以及其他特征如年龄、体重等），而未施加任何干预措施。调查研究因不对调查对象施加任何干预，故又称为观察性研究（observational study）。调查研究具有以下特点：①不能对调查对象人为施加干预措施（处理因素）；②不能将调查对象随机分组；③很难控制干扰因素；④只能"被动"地观察客观存在的现象，一般不能下因果结论。

调查研究的类型有不同的划分方法。根据研究范围分为全面调查（又称普查）和抽样调查，普查即对同质总体中所有观察单位都进行的调查，抽样调查指研究者根据研究目的从同质总体中抽取部分观察单位进行的调查。抽样调查中按抽取样本的方式可分为概率抽样调查和非概率抽样调查；根据调查时间可分为横断面调查、病例-对照研究、队列研究等。

第二节 调查研究设计的主要内容

调查设计是调查研究得以成功的重要保证，它包括资料搜集、整理和分析的各个环节以及整个调查过程的统计设想和科学安排。现将调查设计的基本内容与原则介绍如下。

一、调查目的和指标

调查目的应当十分明确，即通过调查要解决什么问题。每次调查都应紧紧围绕一个中心，不能分散调查的内容，致使调查内容庞杂，达不到预期效果。从统计学的角度来说，调查主要解决两个问题：一是了解总体参数，用以说明总体特征，如某地兵役征集对象的身高均数、体重均数等；二是研究事物间的相互联系，如吸烟与冠心病的联系、肥胖与糖尿病的联系等。

调查目的是选定调查指标的依据，而调查指标是调查目的的具体体现。设计时，应将调查目的转化为具体的调查指标，通过指标来达到目的。如某地可疑为食管癌高发区，拟进行现场调查，目的是摸清病情及其地理分布，为防治工作提供根据，为病因研究提供线索。具体提出的调查指标为：①某地某年不同性别、年龄居民食管癌死亡率；②以县为单位的居民食管癌死亡率的地理分布。要结合研究需要和调查可行性，选择灵敏度和特异度高、客观性强、精确性高的指标。一般情况下，定量指标比定性指标具体，选择指标要精选，不要贪多求全，否则既浪费人力、财力和时间，又影响资料的准确性。

二、调查对象与观察单位

调查对象指我们所要研究的总体，即根据调查目的确定观察哪些对象；而观察单位指组成调查对象的各个单位（个体），只有对这些单位进行严格的界定，才能保证调查结果的科学性。如上述某地食管癌调查，调查对象是该地某年全部常住人口，观察单位是每个人。又如在研究医院的服务质量时，每个医院是基本的观察单位。

三、调查范围

在调查中应对下列范围作出规定，即明确要调查哪些地区的事物（空间范围），调查什么时间发生的现象（时间范围），观察多少例数（数量范围）。

四、调查项目与调查表设计

（一）调查项目

根据调查指标确定对每个观察单位的调查项目，包括分析项目和备查项目。分析项目是直接用于整理计算调查指标所必需的内容。如整理计算上述食管癌调查指标，就必须有食管癌死者的"诊断"、"性别"、"死时实足年龄（岁）"和"县名"几个项目，还必须向有关部门搜集该地男性和女性各年龄组的人数。备查项目是为了保证分析项目填写的完整、正确，便于检查、补填和更正而设置的，通常不直接用于分析。如下面的居民食管癌死亡调查表中，列出了死者的姓名和住址，这有助于确定观察单位和核查；死者的死亡年月，可用于核对是否为所调查年份的死者，还可结合"出生年月"换算"死时实足年龄"；"诊断依据"有助于核对"诊断结果"；"调查者"和"调查日期"有助于查询调查情况和明确责任。调查项目要精选，分析项目一个也不可少，备查项目不宜过多，不必要的坚决不列。调查项目的定义要明确，提法要通俗易懂，不使人误解，尽量做到不加说明或少加说明即能准确理解。

（二）调查项目的答案

1. 开放式回答　不预先给出固定答案，让调查对象自由地说出自己的情况和想法。设计答案时，每个项目之后需留足必要的空白，如填写体重、身高，询问既往病史等。优点是适于设计者不了解答案有哪些或答案难于——列出的情况，缺点是分类资料不便汇总。

2. 封闭式回答　针对某一项目提供可能的答案，供调查对象选答或调查员据实选择。优点是答案标准化，容易回答，节省时间，拒答率低，综合汇总方便。缺点是调查对象容易随便选答而失真，调查员容易圈错答案。

设计答案时，分三种情况：

（1）无序定性回答：列出所有可能的答案，供调查对象选择其一划上符号。例如，性别分男、女两个答案；婚姻状况分未婚、同居、已婚、分居、离婚、丧偶六个答案。

（2）有序定性回答：列出不同程度的答案，供调查对象选择其一划上符号。例如，您的睡眠好吗？①很好；②好；③一般；④不好；⑤很不好。

（3）有序定量回答：采用模拟线性评分方法，让调查对象在他们认为适当的线性尺度位置上作出标记。例如：您的睡眠好吗？

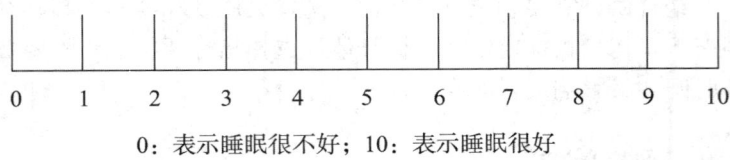

0：表示睡眠很不好；10：表示睡眠很好

（三）调查表设计

调查表（或称为问卷，questionnaire）包括了所有的调查项目，在安排调查项目之前，最好有一个简短的引导语，供调查对象了解本次调查的目的、意义和要求。大型复杂的调查，应随调查表同时编制一份详细的填表说明，供培训调查员使用和调查时查阅。为了便于计算机录入资料，需给调查表中所有要用计算机录入、汇总、分析的项目的各种可能结果设置适当代码（包括缺失值的代码设置）。

调查表中调查项目中的排列顺序应考虑：①符合逻辑；②先易后难；③封闭式回答在前，开放式回答及敏感项目在后。下面是一个居民食管癌死亡调查表。

```
                        居民食管癌死亡调查表
                                                              （编码）
住址_____县_____乡_____村_____居民组_____ □□□□□
死者姓名_____                                                   □
性别      1男    2女                                              □
死亡日期_____年_____月_____日      出生日期_____年_____月_____日
死时实足年龄_____岁                                            □□□
诊断依据     检查：
             X线             1阳性    2阴性    3可疑              □
             细胞病理         1阳性    2阴性    3可疑              □
             临床表现
                进行性吞咽困难  1阳性    2阴性    3可疑              □
                食物反流       1阳性    2阴性    3可疑              □
                胸骨后闷、胀、痛 1阳性    2阴性    3可疑              □
                进行性消瘦或恶病质 1阳性   2阴性    3可疑              □
             病程_____个月                                       □□
诊断结果     1是      2否      3可疑                             □
             调查人_____    调查日期_____年_____月_____日
```

说明：（1）本表只填写全部死者中初步推定为食管癌的死者；（2）调查人只在"_____"线上填写文字或数字，在相应的代码上画"○"，不填写右侧的编码

五、资料收集的方式

调查方式主要有直接观察法和采访法两种，有时可结合使用。

（一）直接观察法

由调查员到现场对调查对象进行直接观察、检查、测量或计数来取得资料。如生长发育调查中，调查员直接对儿童进行身高、体重等指标的测量。本法取得的资料比较真实可信，能保证有较高的应答率，但所需人力、财力较多。

（二）采访法

分直接采访法和间接采访法。

1. **直接采访法** 是调查员对调查对象面对面采访（interview），根据调查对象的回答来收集资料，可由调查员向调查对象作口头询问，将答案填入调查表，这种方式一般称为"访问调查"，这种调查方式的优点主要是，有利于调查对象对问题的理解与设计的要求一致，从而保证资料的准确性，一般应答率较高，将会降低填写"不详"或空项的比例。这种方式必须用调查员进行调查，所以成本较高。也可由调查对象本人直接填写，这种方式一般称为"自填调

查"。这种调查方式的优点主要是，调查成本较低而且保密，缺点是调查对象对问题的理解可能与设计要求不一致，以致影响调查的质量，而且应答率一般较低。

2. 间接采访法 是通过通讯或电话等方式对调查对象进行间接调查，这种调查方式应答率更低，调查质量较差，一般用得较少。

六、调查的组织与实施

现场调查与实验室研究有很大不同，现场条件有时十分复杂，而且情况多变，所以要求调查者考虑周密，合理可行的调查组织计划是调查研究得以顺利实施的重要保证。

（一）预调查

在正式调查之前，先在小范围内进行预调查。预调查的目的在于检验调查的实用性，并通过预调查反馈的信息作必要的修改。只有当预调查成功后，才能批量印制调查表并正式使用。预调查在调查对象、调查方法和采访方式等方面应与正式调查相同。

（二）组织计划

调查的组织计划包括：组织领导、宣传动员、时间进度、调查员培训、任务分工与联系、经费预算、调查表和宣传资料的准备以及质量控制方案等。调查设计中必须对上述工作作出周密的计划安排，并认真执行。在实施现场调查时尤其应注意原始资料的完整性和准确性，发现问题及时补查或修正。

第三节 常用的抽样方法及样本量估算

一、调查方法

根据调查的范围和选择对象的方式，常用的调查方法有全面调查、典型调查和抽样调查。

（一）全面调查

全面调查（overall survey）亦称普查，将组成总体的所有观察单位全部加以调查（如我国人口普查等）。普查一般都是用于了解总体某一特定"时点"的情况，如年平均人口数、时点患病率等。优点：①理论上只有普查才能取得总体参数，因为普查没有抽样误差；②普查能全面地了解总体的分布特征。缺点：①普查工作量大，较费时费力；②调查质量难以保证，系统误差大。疾病普查的使用范围一般是：①发病率较高的疾病；②灵敏度和特异度较高的检查或诊断方法；③普查方法便于操作、易于接受；④具有实施条件。普查一般应尽可能在较短时间内完成，且不适于病程较短的急性病。因普查成本较高，除非十分必要，一般不宜采用。

（二）典型调查

典型调查（typical survey）亦称案例调查，即在对事物进行全面分析的基础上，选择典型的人或单位进行调查。如调查疾病的个别典型患者，研究其病理损害等；调查几个卫生先进或落后单位，用以总结经验教训。典型常常是同类事物特征的集中表现，有利于对事物特征进行深入的研究，若与普查相结合，则可分别从深度和广度说明问题。由于典型调查没有贯彻随机抽样的原则，不宜进行统计推断，但在一定条件下，结合专业知识，可对总体特征作经验推论。

（三）抽样调查

抽样调查（sampling survey）是一种非全面调查，它是医学科研中最为常用的方法。抽样调查是从总体中抽取一定数量的观察单位组成样本，然后根据样本信息来推断总体特征。抽样调查中,通常采用随机抽样(random sampling)的方法获得样本,使样本对总体具有较好的代表性。其优点:①费用较少,速度较快,覆盖面较大,正确率较高;②许多医学问题只能作抽样调查,如药物疗效观察等。缺点:调查设计、实施及资料分析较复杂。

二、抽样方法

抽样必须遵循随机化的原则,才能获得对总体有较好代表性的样本,并通过样本信息推断总体。随机抽样的方法有多种,常用的有单纯随机抽样、系统抽样、整群抽样、分层抽样等,可根据研究设计的要求及人力、物力等实际可能加以选择。抽样必然有抽样误差,抽样误差的大小用标准误来衡量。

(一)单纯随机抽样

1. 抽样方法 单纯随机抽样(simple random sampling)要求每个观察单位有同等概率被选入样本。从 N 个观察单位的总体中抽取例数为 n 的样本是一种简单的方法。可先将调查对象的全部观察单位编号并各赋一个随机数(位数与 N 的位数相同)。再将 N 个随机数排序,序号 $1\sim n$ 所对应的观察单位即为抽取的样本。例如,要想了解某地 3000 名小学生中蛔虫的感染率,拟用抽样方法调查 300 人,可先对该地在校 3000 名小学生每人都编一个号,并做成签,充分混匀后从中随机抽出 300 个签,将这 300 个签相对应的学生组成有代表性的样本。也可利用计算机或计算器产生随机数字。对于上例,将 3000 名小学生编号,从计算机产生多于 300 个随机数字,变换为 3000 以内的数字,如计算机产生四位数的随机数为:8619,7650,1716,1818,…,原随机数在 $1\sim 3000$ 之内者不变,$3000\sim 6000$ 之间者减去 3000,$6000\sim 9000$ 之内者减去 6000,9000 以上者废弃。这样,前 300 个互不相关的随机数字所对应的小学生就是要调查的对象。

2. 抽样误差 对于单纯随机抽样,样本均数与样本率的计算大家已熟悉,其抽样误差(标准误)的计算公式见表 11-1。

表 11-1 单纯随机抽样样本均数、样本率标准误的计算公式

总体类型	均数标准误	率的标准误
无限总体	$S_{\bar{X}}=\dfrac{S}{\sqrt{n}}$	$S_p=\sqrt{\dfrac{p(1-p)}{n}}$
有限总体	$S_{\bar{X}}=\dfrac{S}{\sqrt{n}}\sqrt{1-\dfrac{n}{N}}$	$S_p=\sqrt{\dfrac{p(1-p)}{n-1}}\sqrt{1-\dfrac{n}{N}}$

注:当被抽样的总体含量无穷大时,称为无限总体,反之称为有限总体。样本量为 n,有限总体中个体的数目为 n,样本标准差为 S,样本率为 p

3. 优缺点 优点是均数(或率)及其标准误的计算简单,缺点是当总体例数较多时,实施抽样比较困难,往往难以实现。

(二)系统抽样

1. 抽样方法 系统抽样(systematic sampling)又称等距抽样或机械抽样。方法是按照一定顺序,机械地每隔若干个观察单位抽取一个观察单位组成样本。例如,流行病学调查要从 1000 户中抽取 10% 做样本,可先在门牌号 $1\sim 10$ 号之间随机抽取一户(假定为第 5 号住户),其后每隔 10 号抽取一户,即抽取 5,15,25,35,…,995,共 100 户组成样本。

2. 抽样误差 总体的性质不同,抽样间隔不同,其抽样误差也不同,所以系统抽样本身无统一的计算标准误的方法。实际工作中一般按照单纯随机抽样方法估计误差,但系统抽样抽

取每个观察单位并不是彼此独立的。如上例中，在 1~10 之间随机确定 5 后，15，25，35，…，便不是独立的。而按单纯随机抽样方法估计抽样误差一般是偏大的。

3. 优缺点　优点是易于理解，简单易行，容易得到一个按比例分配的样本。缺点是一般情况下，虽然系统抽样的抽样误差小于单纯随机抽样，但是在某些特殊情况下可能有偏性。例如，上述例子中我们抽取的住户均为单号，其住房可能都是一个朝向，若作采光等卫生学检查，将产生明显的偏性。

（三）整群抽样

1. 抽样方法　整群抽样（cluster sampling）先将总体划分为 K 个群（集团），每个群包括若干个观察单位，再随机抽取 k 个"群"（$k<K$），并将被抽取的各个群的全部观察单位组成样本。例如，研究某地中学生中近视眼的患病率，从该地 4 所中学中随机地抽取 2 所中学，对被抽取的 2 所中学全部中学生进行调查，即为整群抽样。如果从被抽取的 2 所中学内再各随机抽取 2 个班，对被抽取的班内全部中学生调查，就是两阶段整群抽样。由于这种抽样方法易于组织，常在大规模的调查中采用。但各群间一般差异较大，因而，抽样误差也较大。

2. 抽样误差　设 N 为总体观察单位数，$\sum X$ 为样本中各群全部观察值之和，$\sum m_i$ 为调查各群个体数之和，$\bar{X}_i$ 为第 i 群样本的均数，T_i 为第 i 群内观察值之和，$\bar{T}_i$ 为各 T_i 的均数，$\sum \alpha_i$ 为样本中各群阳性数之和，$\bar{\alpha}$ 为样本各群的平均阳性数，p_i 为样本第 i 群的阳性率。样本均数（$\bar{X}$）、样本率（p）及其标准误的计算公式见表 11-2 和表 11-3。

表 11-2　各群内观察单位数相等时的计算公式

总体类别	样本均数 $\bar{X}$	均数标准误差 $S_{\bar{X}}$	样本率 p	率的标准误差 S_p
无限总体	$\dfrac{\sum X}{\sum m_i}=\dfrac{\sum \bar{X}_i}{\sum k}$	$\sqrt{\dfrac{\sum (\bar{X}_i-\bar{X})^2}{k(k-1)}}$	$\dfrac{\sum \alpha_i}{\sum m_i}=\dfrac{\sum p_i}{k}$	$\sqrt{\dfrac{\sum (p_i-p)^2}{k(k-1)}}$
有限总体	$\dfrac{\sum X}{\sum m_i}=\dfrac{\sum \bar{X}_i}{k}$	$\sqrt{\dfrac{\sum (\bar{X}_i-\bar{X})^2}{k(k-1)}\left(1-\dfrac{k}{K}\right)}$	$\dfrac{\sum \alpha_i}{\sum m_i}=\dfrac{\sum p_i}{k}$	$\sqrt{\dfrac{\sum (p_i-p)^2}{k(k-1)}\left(1-\dfrac{k}{K}\right)}$

表 11-3　各群内观察单位数不相等时的计算公式

总体类别	样本均数 $\bar{X}$	均数标准误 $S_{\bar{X}}$	样本率 p	率的标准误 S_p
无限总体	$\dfrac{K}{Nk}\sum m_i \bar{X}_i$	$\dfrac{K}{N}\sqrt{\dfrac{\sum (T_i-\bar{T}_i)^2}{k(k-1)}}$	$\dfrac{K\sum \alpha_i}{Nk}$	$\dfrac{K}{N}\sqrt{\dfrac{\sum (\alpha_i-\bar{\alpha})^2}{k(k-1)}}$
有限总体	$\dfrac{K}{Nk}\sum m_i \bar{X}_i$	$\dfrac{K}{N}\sqrt{\dfrac{\sum (T_i-\bar{T}_i)^2}{k(k-1)}\left(1-\dfrac{k}{K}\right)}$	$\dfrac{K\sum \alpha_i}{Nk}$	$\dfrac{K}{N}\sqrt{\dfrac{\sum (\alpha_i-\bar{\alpha})^2}{k(k-1)}\left(1-\dfrac{k}{K}\right)}$

3. 优缺点　优点是在大规模调查中，整群抽样易于组织，可节省人力物力，容易控制调查质量；缺点是如果各群间差异较大，则抽样误差也较大。

例 11-1　某校有 80 个班级，各班学生 50 人，现用锡克实验调查该校学生白喉易感率，随机抽查了 8 个班的全部学生，分别得阳性人数为 12，17，12，15，21，20，21，18。试估计该校学生锡克实验阳性率的 95% 置信区间。

阳性率　　$p=\dfrac{\sum \alpha_i}{km}=\dfrac{12+17+\cdots+18}{8\times 50}=0.34$；

率的抽样误差 S_p，即

$$S_p=\left\{\left(1-\dfrac{8}{80}\right)\times\dfrac{1}{8\times(8-1)}\left[(0.24-0.34)^2+(0.34-0.34)^2+\cdots+(0.36-0.34)^2\right]\right\}^{\frac{1}{2}}$$
$$=0.0248$$

总体率的 95% 置信区间为 $0.34\pm 1.96\times 0.0248$，即（0.291，0.389）。

(四) 分层抽样

1. 抽样方法 分层抽样 (stratified sampling) 又称分类抽样，即先按对观察指标影响较大的某种特征，将总体分为若干类别，统计上称之为"层"(strata)，再从每一层内随机抽取一定数量的观察单位，合起来组成样本。如调查某地肺癌死亡率，由于不同年龄段的肺癌死亡率不同，故按年龄组进行分层抽样，这里，对观察指标肺癌死亡率影响较大的特征即年龄。如分为0～14岁组、15～34岁组、35～54岁组、55岁及以上组，再从每个年龄组中随机抽取一定数量的观察单位合起来组成样本。在分层时，应当使样本中各层的比例接近总体的比例，如分别按总体中年龄构成比例确定每个年龄组的调查人数，这样就增强了样本的代表性。下面介绍两种常用的分层抽样方法。

(1) 按比例分配 (proportional allocation)：按各层观察单位数 N_i 占总体观察单位数 N 的比例抽取样本，使各层样本含量 n_i 与样本总含量 n 之比等于各层观察单位数 N_i 与总体观察单位数 N 之比。这样，就将样本总含量 n 按比例分配到各层，再按单纯随机抽样方法抽取各层样本，满足 $n=\sum n_i$。即按下式计算：

$$\frac{n_i}{n}=\frac{N_i}{N}=W_i,\quad n_i=n\frac{N_i}{N}=N_i\frac{n}{N}。$$

例 11-2 在 12 万人口的居民区中调查某病患病率。居民区分 4 层，样本总含量确定为 1000 人，根据按比例分配的计算方法，问各层应抽取多少人？

根据上式计算可得，各层应分别抽取 292, 208, 417, 83 人, 合计 1000 人, 见表 11-4。

表 11-4 各层应抽取人数的分配

层	人口数 (N_i)	抽样比例 (N_i/N)	样本含量 (n_i)
1	35000	0.292	292
2	25000	0.208	208
3	50000	0.417	417
4	10000	0.083	83
合计	120000 (N)		1000 (n)

(2) 最优分配 (optimum allocation)：即同时按总体各层观察单位数 N_i 的多少和标准差 σ_i 的大小来分配各层的观察单位数。

均数的抽样 $\quad n_i=n\dfrac{N_i\sigma_i}{\sum N_i\sigma_i}$

率的抽样 $\quad n_i=n\dfrac{N_i\sqrt{\pi_i(1-\pi_i)}}{\sum N_i\sqrt{\pi_i(1-\pi_i)}}$

式中，σ_i 为总体第 i 层的标准差 (参数)，π_i 为总体第 i 层的率 (参数)，σ_i 或 π_i 一般根据以往经验、文献资料或预调查来估计。

2. 抽样误差 样本均数 ($\bar{X}$)、样本率 (p) 及标准误的计算见表 11-5。

表 11-5 分层抽样样本均数、样本率及其标准误的计算公式

总体类别	样本均数 $\bar{X}$	均数标准误 $S_{\bar{X}}$	样本率 p	率的标准误 S_p
无限总体	$\sum W_i\bar{X}_i$	$\sqrt{\sum W_i^2 S_{\bar{X}_i}^2}$	$\sum W_i p_i$	$\sqrt{\sum W_i^2 S_{p_i}^2}$
有限总体	$\sum W_i\bar{X}_i$	$\sqrt{\sum\left(1-\dfrac{n_i}{N_i}\right)W_i^2 S_{\bar{X}_i}^2}$	$\sum W_i p_i$	$\sqrt{\sum\left(1-\dfrac{n_i}{N_i}\right)W_i^2 S_{p_i}^2}$

第十一章 调查设计

3. 优缺点 ①抽样误差比较小；②先要将总体分层，层内个体差异越小越好，层间个体差异越大越好，便于对不同的层采用不同的抽样方法。

例 11-3 在 12 万人口的居民区中调查某病患病率。居民区分 4 层，样本总含量确定为 1000 人，若以三年前各层患病率作参考，做最优分配分层随机抽样，各层应抽多少人？

各层应查人数 n 计算方法见表 11-6。

表 11-6 最优分配分层随机抽样各层内应查人数（n）计算方法

层	人口数 N_i	三年前患病率 p_i	q_i	$\sqrt{p_i q_i}$	$N_i \sqrt{p_i q_i}$	$\dfrac{N_i \sqrt{p_i q_i}}{\sum N_i \sqrt{p_i q_i}}$	$n_i = n \dfrac{N_i \sqrt{p_i q_i}}{\sum N_i \sqrt{p_i q_i}}$
甲	35000	0.040	0.96	0.196	6860	0.163	163
乙	25000	0.400	0.60	0.490	12250	0.291	291
丙	50000	0.200	0.80	0.400	20000	0.475	475
丁	10000	0.100	0.90	0.300	3000	0.071	71
合计	120000	0.187	—	—	42110	1.000	1000

例 11-4 续例 11-3 资料为例，计算率的抽样误差，结果见表 11-7。

表 11-7 最优各层分配人数及患病率

层	总人数 N_i	抽查人数 n_i	患病人数	p_i	q_i	$p_i q_i$
甲	35000	163	6	0.04	0.96	0.0384
乙	25000	291	116	0.40	0.60	0.2400
丙	50000	475	95	0.20	0.80	0.1600
丁	10000	71	7	0.10	0.90	0.0900
合计	120000	1000 (n)	224	0.224	—	—

$$S_p = \sqrt{\sum \left(1 - \frac{n_i}{N_i}\right)^2 \left(\frac{N_i}{N}\right)^2 \frac{p_i q_i}{n_i}}$$

$$= \sqrt{\left(1 - \frac{163}{35000}\right)^2 \left(\frac{35000}{120000}\right)^2 \frac{0.0384}{163} + \left(1 - \frac{291}{25000}\right)^2 \left(\frac{25000}{120000}\right)^2 \frac{0.2400}{291}}$$
$$\overline{+ \left(1 - \frac{475}{50000}\right)^2 \left(\frac{50000}{120000}\right)^2 \frac{0.1600}{475} + \left(1 - \frac{71}{10000}\right)^2 \left(\frac{10000}{120000}\right)^2 \frac{0.0900}{71}}$$

$$= 0.01143;$$

如若按单纯随机抽样，则其抽样误差：

$$S_p = \sqrt{\frac{0.224 \times 0.776}{1000}} = 0.0132。$$

三、样本含量的估计

在抽样调查中，要考虑样本大小问题，因为样本例数过少时，所得指标不够稳定，用于推断总体的精度差，检验效能低；而样本例数过多，则不但造成不必要的浪费，也给调查的质量控制带来更多的困难。估计样本例数即在保证一定精度和检验效能的前提下,确定最少的观察单位数。抽样方法不同,样本含量估计方法各异。下面介绍参数估计时单纯随机抽样的样本含量估计。

(一) 估计抽样样本的先决条件

样本含量估计可以通过某些公式计算,也可以查表得到,二者均需事先确定。

1. 容许误差 δ,即预计样本统计量与相应总体参数的最大相差控制在什么范围。常取置信区间长度之半。

如:估计总体均数的容许误差:$\delta = \dfrac{Z_{\frac{\alpha}{2}}\sigma}{\sqrt{n}}$;

估计总体率的容许误差:$\delta = Z_{\alpha/2}\sqrt{\dfrac{\pi(1-\pi)}{n}}$,式中的 $Z_{\alpha/2}$ 表示双侧 Z_α 值。

2. 调查总体的标准差 σ,若不了解,可根据前人的类似研究资料或预实验所得标准差作出估计。

3. Ⅰ类错误的概率 α,若要求 α 越小,则所需样本例数越多,通常取 0.05。

4. 对有限总体抽样,还须了解总体观察单位数(N)。

(二) 计算公式及举例

1. 均数的抽样

无限总体抽样:$n = \left(\dfrac{Z_{\alpha/2}\sigma}{\delta}\right)^2$,$\delta = \overline{X} - \mu$ (11-1)

若 σ 未知,可用 $n = \left(\dfrac{t_{\alpha/2}S}{\delta}\right)^2$ (11-2)

有限总体抽样:$n_c = \dfrac{n}{1 + \dfrac{n}{N}}$ (11-3)

例 11-5 在某项工作中,需要调查血吸虫病患者血红蛋白含量(g/L),根据以往经验,标准差为 30g/L,这次希望误差不超过 5g/L,并定 $\alpha=0.05$,在这些条件下,拟用单纯随机抽样法调查血吸虫病患者的血红蛋白含量,需调查多少人?

令 $\alpha=0.05$,$Z_{0.05/2}=1.96$,已知 $\sigma=30$,$\delta=5$,代入公式(11-1)

$$n = \left(\dfrac{1.96 \times 30}{5}\right)^2 \approx 139$$

所以我们认为需要调查 140 人左右,才能在Ⅰ类错误的概率不超过 5% 的前提下估计患者的平均血红蛋白误差不超过 5g/L。

例 11-6 某厂有职工 6500 人,拟用单纯随机抽样了解该厂职工白细胞总数的平均水平,以便说明该厂生产条件是否对白细胞总数有影响。希望绝对误差不超过 100 个/mm³。据该厂以往资料,职工白细胞总数的标准差为 950 个/mm³,若取 $\alpha=0.05$,问需调查多少人?

今 $\delta=100$ 个/mm³,$\sigma=950$ 个/mm³,$\alpha=0.05$,$Z_{0.05/2}=1.96$。

代入公式(11-1),$n=(1.96 \times 950/100)^2 = 346.7 \approx 347$ 人,

代入公式(11-3),$n_c = 347/(1+347/6500) = 329.4 \approx 330$ 人。

2. 率的抽样

当 π 接近 0.5 时无限总体抽样 $n = \dfrac{Z_{0.05/2}^2 \times \pi \times (1-\pi)}{\delta^2}$,$\delta = p - \pi$ (11-4)

有限总体抽样 $n_c = \dfrac{n}{1 + (n-1)/N}$ (11-5)

当 π 接近 0 或 1 时

无限总体抽样 $\qquad n=(57.3Z_{\alpha/2})^2/\sin^{-1}[\delta\sigma/\sqrt{\pi(1-\pi)}]$ (11-6)

有限总体抽样 $\qquad n_c=\dfrac{n}{1+(n-1)/N}$ (11-7)

例 11-7 根据以往观察，人群服用某预防性药物，体温高于 37.5℃ 的反应率为 10%，今欲推广使用该预防性药物，拟再次调查证实，若允许误差为 2%，$\alpha=0.05$，采用单纯随机抽样调查，需调查多少人？

已知 $Z_{0.05/2}=1.96$，$\delta=0.02$，$\pi=0.1$，$\alpha=0.05$，

$$n=\frac{1.96^2\times 0.1\times(1-0.1)}{0.02^2}=864.4\approx 865,$$

即需调查 865 人，才有 95% 的可能使误差控制在 2% 以内。

(三) 注意事项

抽样方法不同，估计样本的方法各异。上面我们介绍了单纯随机抽样的样本大小估计方法。至于其他三种抽样的样本大小计算方法可参阅有关统计学专著，亦可用上述单纯随机抽样计算样本例数的方法粗估，但有时误差较大。须知，要保证同样的精度，所用抽样方法的抽样误差越大，则所需样本例数相对较多，反之亦然。而各种抽样方法的抽样误差一般是：整群抽样≥单纯随机抽样≥系统抽样≥分层抽样。因而上述粗估值对整群抽样来说一般偏低，而对系统抽样或分层抽样来说偏高。

上面讨论的是单个指标样本例数的估计，实际工作中往往要就同一观察对象，同时调查多个指标，这就需要对多个调查指标分别估计 n 以后，再加以综合判定。

第四节　调查研究的质量控制

现场调查工作是搜集资料的过程，在此过程中能否取得准确、可靠的调查数据，对研究结果有着直接的影响。任何研究总是期望对总体作出客观、可靠、真实的评价，但在调查实施的全过程中，调查结果随时有可能受到干扰和影响而偏离真实情况。质量控制 (quality control) 是确保获取准确数据的前提，其目的是避免或减少误差，使调查的结果能反映调查对象的真实情况。统计研究中，实测值与真值之差称为误差 (error)，根据产生的原因可分为随机误差和非随机误差。随机误差是随机出现的，分布有规律，是以零为中心的正态分布；非随机误差是由于所得结果偏离真实值，致使推断出现问题而产生的偏差，该误差不仅贯穿调查的全过程，且无规律可循。非随机误差可分为过失误差和系统误差：①过失误差是由于各种人为因素造成的，主要是由于工作人员态度不端正，责任心不强，检查核对制度不严或故意修改等造成的记录、观察、检查和录入数据错误等；②系统误差 (systematic error) 又称偏倚 (bias)，是因研究因素和研究条件控制不严使调查结果出现的误差，如研究方案不周密、测量仪器不准确、回答问题的偏倚等。本节主要针对调查各阶段中如何控制非随机误差展开讨论。

一、设计阶段的质量控制

设计阶段一般需通过对大量的国内外研究文献进行查新来确定一个较好的研究题目，并明确需要调查的总体范围。该阶段产生误差主要是由于理论不完善、设计不严谨或研究方案脱离实际等。对设计阶段的质量控制应当从以下几个方面进行：①必须围绕调查目的，从实际出发，设计严密的调查方案；②明确调查范围和调查对象，避免遗漏调查对象或包含非调查对象

而产生抽样误差；③根据研究目的和现场调查的可操作性选择合理的抽样方法和调查方式；④正确选择调查指标，明确设置调查项目和调查问题；⑤通过预调查了解研究方案的可行性，确定设计的调查表能达到预期目的、设计方案合理可行，以便及时修改和完善调查表，为正式开展调查时减少误差提供实践经验；⑥采用随机化、盲法、限制和配比等科学技术加强混杂因素的控制，广泛听取相关专家的意见，制订完善、合理的研究方案；⑦保证足够的样本含量，调查的数量一般在调查计划设计的抽样例数基础上再增加15%的样本量，避免因失访而影响样本的代表性。

二、资料收集阶段的质量控制

资料收集阶段的误差主要来源于调查员和调查对象，如调查员的工作态度不好和业务水平不足、调查对象拒绝回答或记忆不清等因素影响调查质量。

（一）问卷设计

根据研究目的认真设计专门的调查问卷，问卷中每个问题的意思要明确、易懂；尽量口语化，让人理解一致；问题尽量采用封闭式，提供可供选择的固定答案；敏感问题要排在后面；调查表要有填表说明等；必要的问卷信度、效度分析等。

（二）调查准备

经过预调查后，就要考虑现场调查的准备工作了。现场调查实施中有很多前期工作，如调查计划的制订、调查人员的组织、调查员的培训等，这些需要项目主管人对调查全面负责，其职责是在深入了解调查项目的性质、目的及实施要求的基础上，制订翔实、可行的调查实施计划和培训计划，对调查员进行培训和督导，并实施严格的质量管理和控制。

现场调查的主要实施者是调查员，他们是资料收集的具体执行者。因此，要对调查员进行严格的选择和培训，使每个调查员都能准确地理解调查的目的和要求。对调查员进行培训可从两个方面进行，一方面使调查员知道如何确定访问地点和访问对象、如何与被访者接触和问候、如何确认合格的被访者、如何询问和追问以及结束访问；另一方面要让调查员知道为什么要这样做。在培训过程中，要使调查员明白调查工作的重要性、调查员自身应具备的诚实、客观和认真负责的态度，同时调查员还应遵循为被访者保密的原则。培训方式一般是面对面的培训，如条件不允许，则可写出详细的书面指导，同时利用通讯工具来培训。培训步骤是：先介绍调查项目概况及目的，再讲解实施要求、指南和注意事项，并将调查问卷、书面指导等发给调查员，将问卷从头到尾过一遍，对需注意和易引起歧义的地方进行解释，之后由培训者模拟调查，讨论可能出现的问题和解决方案，最后对督导者和调查员提问。

（三）调查实施

在调查实施过程中，调查员对当天完成的问卷首先进行自查，检查问卷有无漏项、表中内容的逻辑关系以及填写方式是否妥当，对发现的问题及时采取措施查漏补缺或更正。调查组负责人要对调查问卷进行初审、复审。项目管理者可随时监督调查员的工作，观察调查员的访问过程。调查初期，在每天的调查任务完成后可组织调查员进行交流和讨论，以便针对他们在调查中遇到的问题给予指导，及时提高他们的调查水平和调查质量。

整个调查过程中，调查员既要善于做有效的询问，又要能正确解释和回应，注意避免信息偏倚，如对敏感问题、尖锐问题或隐私问题的调查，调查员要注意保密，语言表达要恰当，不要引起被调查对象的反感而拒绝回答；调查过程中调查员应保持中立态度，避免诱导性提问；研究对象若存在记忆失真或回忆不完整，可请知情人、同龄人帮助回忆或适时调整调查方式。在实际调查中，调查员尽量使用精良的仪器设备或合格的试剂进行测查和严格按照问卷中指导语的要求来提问，避免按照自己的理解修改问卷中的问题。若通过电话等通讯工具访问，更要注意访问技巧和注意事项，确保对方愿意配合调查并能在较短的时间内提供准确数据。研究对

第十一章　调查设计

象的记录不全或不易得到、拒绝合作等均可产生失访偏倚，这会影响研究结果的真实性，调查员应注意提高调查的应答率，如对农村居民进行调查时，尽量选择方便于调查对象的时间，可选择农闲或春节前等；必要时对被调查者进行细致的思想工作，争取他们的全力配合。

三、资料整理和分析阶段的质量控制

在资料的整理和分析阶段，要注意以下问题：①核查资料的完整性，对发现的缺项应要求调查员进一步补充；②检查填报的正确性，调查问卷的各项指标填写是否符合要求，及时更正；③调查问卷的登记和编码做到不重复、不遗漏；④计算机录入数据时，要严格控制录入质量，条件许可的情况下可"双机录入"，即由两名人员独立地各用一台计算机做一份输入，完全一致的数据才能进入分析；⑤设计一定的计算机程序对录入的数据进行逻辑检查，包括关系型逻辑检错和区间型逻辑检错等，如根据调查日期和出生日期计算调查对象的年龄，并与所填写的数据比较，再如比较收缩压与舒张压，看是否前者大于后者等；对于区间型选项的逻辑检错，要注意其是否超出某项编码范围。

评价调查质量的控制情况，可从应答率、审查率、抽样复查符合率、计算机逻辑检错率、两次调查结果的一致性分析等方面来考虑。对样本的代表性进行分析，可通过对样本人群某些特征（如性别、年龄、文化、职业等）的构成情况与当地总人口的情况进行比较来判断。若调查的应答率过低，则需要对影响应答的因素进行分析，了解应答者和无应答者的差异，以便对调查结果的可靠性进行评价。对不同来源的同类资料作对比，如对死亡调查，可从医疗机构、户籍部门获得同类资料，与调查资料进行对比分析以评价现场调查的非抽样误差的大小，借此了解本次调查的质量。统计分析阶段可采用分层分析及多元统计分析等方法来控制混杂因素的影响。

第五节　小　结

1. 对于客观存在的现象进行直接或间接的询问和观察的研究方法统称为调查。其主要特点是没有人为地施加处理因素，只能"被动"地观察客观存在。

2. 调查设计就是对整个调查研究作出完整的计划，包括资料的搜集、整理、分析和调查的组织计划。其关键是调查方法（包括抽样方法）的选择、样本量的估计和调查表的制订。调查计划主要包括调查目的和指标、调查对象和观察单位、调查方法、资料搜集方式、调查项目和调查表等。

3. 调查表是在正式调查前制作的包括各调查项目的书面材料，可以是简单的调查提纲，可以是包括若干问题的调查表格，也可以是标准的测量量表，统称为问卷。

4. 常用的概率抽样方法分为单纯随机抽样、系统抽样、分层抽样和整群抽样，可单独使用，也可联合使用（表11-8）。

表 11-8 四种常用的概率抽样方法的比较

	单纯随机抽样	系统抽样	分层抽样	整群抽样
优点	简单直观；均数（或比率）及其标准误计算简便	易理解，简便易行；可得到按比例分配的样本；样本在总体中的分布较均匀	减少抽样误差；可对不同层采用不同的抽样方法；可对不同层进行独立分析	便于组织调查；节省经费；容易控制调查质量
缺点	例数较多时编号麻烦，实际操作难度大；当总体变异大时，代表性不如分层抽样；若样本分散，难以组织调查	观察单位按顺序有周期趋势或递增（减）时，容易产生偏差	若分层变量选择不当，层内变异较大而层间变异小时，分层抽样就失去意义	样本例数一定时，抽样误差大于单纯随机抽样
适用范围	是其他抽样方法的基础，主要用于总体不太大的情形	主要用于按抽样顺序个体随机分布的情形	主要用于层间差异较大的情形	主要用于群间差异较小的情形

5. 根据不同的研究目的和条件来选择相应的调查方法。一般来说，若目的在于了解总体特征，可采用现况调查方法；目的在于研究事物之间相互关系可采用病例-对照或队列研究方法；有足够的调查人员和费用时，可采用面对面的问卷调查，否则可采用邮寄调查表或电话调查等；需要快速得到结果时，可采用集中填答法、网络或电话调查。

思考与练习

一、简答题

1. 与实验研究比较，简述调查研究的两个特点。
2. 为什么科学研究中大多采用抽样调查而不是全面调查？
3. 简述分层抽样的实施办法和优点。
4. 在调查的设计阶段，一般从哪些方面进行质量控制？

二、多选题

1. 单纯随机抽样调查中，估计样本量时应考虑
   A. Ⅰ类错误 α
   B. 变异度 σ
   C. 容许误差 δ
   D. 总体率
   E. Ⅱ类错误 β
2. 四种基本的概率抽样方法是
   A. 单纯随机抽样
   B. 系统抽样
   C. 分层随机抽样
   D. 整群抽样
   E. 滚雪球抽样
3. 调查研究设计的内容包括
   A. 明确的调查目的
   B. 客观准确的研究指标
   C. 调查的对象和方法
   D. 干预措施的选择
   E. 调查组织实施计划
4. 调查研究的质量控制涉及以下哪些阶段
   A. 设计阶段
   B. 资料收集阶段
   C. 资料整理阶段
   D. 研究报告撰写阶段
   E. 资料分析阶段
5. 针对敏感问题较适用的问卷调查法有
   A. 集中填答法
   B. 自填问卷法
   C. 网上匿名调查法
   D. 电话询问法
   E. 面对面询问法
6. 进行分层随机抽样时，要求
   A. 层间差异越大越好
   B. 层内差异越大越好
   C. 层内差异越小越好

第十一章 调查设计

D. 层间差异和层内差异越大越好　　　　　　E. 层间差异和层内差异越小越好

三、分析题

1. 某医师打算对某城市 4 月龄婴儿进行喂养现状及泥糊状食物添加的问卷调查，请设计抽样方法和组织实施办法。

2. 要了解某医院抗生素的使用情况并评价有无滥用抗生素的问题，欲进行流行病学调查，请设计调查实施办法，如何在设计阶段减少因季节因素、疾病构成因素等造成的误差。

（李向云）

第十二章 实验设计与临床试验设计

对于医学专业的学生，学习统计学最重要的目的在于应用，将统计学思想贯穿于医学问题的研究和解决之中。例如，对于心内科医生，可用来治疗高血压的药物包括血管紧张素转化酶抑制剂（如赖诺普利）和利尿剂（如氯噻酮），如何才能知道二者疗效孰优孰劣？单凭经验是不够的，需要通过一整套缜密的设计进行科学的探索。这就是实验设计与临床试验设计。

实验设计（experiment design）针对的是实验研究（experimental study）。实验研究又称干预性研究（interventional study），指由研究者主动给予部分实验对象某种实验处理（如治疗或者干预），给予另一部分实验对象某种对照处理的研究设计形式。与实验研究相对的研究方式称为观察性研究（observational study），二者的主要区别在于研究者是否向研究对象主动施加处理因素。实验设计通过对实验对象的合理选择、处理因素的随机分配，以保证比较组之间非处理因素的均衡性和实验效应的可比性，较好地控制误差，以达到用尽量小的样本获得较可靠结论的目的。从定义出发，实验设计包括以下特点：①研究者能人为设置处理因素；②受试对象接受何种处理因素或水平经随机分配而定，能使非处理因素在不同处理组间保持均衡，组间的实验效应具有可比性；③能将多种实验因素包括在较少次数的实验中，更有效地控制误差。

医学实践中经常接触到的一类实验研究——临床试验（clinical trial），是以人作为研究对象，以治疗方案作为处理因素，以评估治疗效果为目的的实验研究。随机对照试验（randomized controlled trial，RCT）则是临床试验中较为常用的一种，是通过将患者随机分配到干预组（intervention group）和对照组（control group），通过比较两组的结果来确定某项干预措施效果的一种前瞻性研究方法。以下将从实验设计的主要内容和基本原则、常用的实验设计方法及其样本量估算和临床试验设计三个方面进行介绍。

第一节 实验设计的主要内容和基本原则

正如本章开头所举的例子，实验设计过程中最关键、需要着重考虑的不外乎处理因素（赖诺普利或氯噻酮）、研究对象（高血压患者）和实验效应（血压变化），这三个方面又称为实验设计的三要素。

一、实验设计的三要素

（一）处理因素

研究者向不同研究对象施加的不同研究条件称为处理因素（treatment factor）。处理因素有数量因素（quantitative factor）与质量因素（qualitative factor）之分。所谓数量因素，是指因素水平的取值是定量的，如药物的不同剂量。在实验中取哪些水平需要认真考虑，在缺乏经验的前提下，应进行必要的预实验或借助他人的经验，选取较为合适的若干个水平。所谓质量因素，是指因素水平的取值是定性的，如药物的不同种类。应结合实际情况和具体条件，选取质量因素的水平（类别），不能不顾客观条件而盲目选取。与处理因素相对应的称为非处理因素，是指除了所关心的处理因素以外，影响实验结果的其他因素，例如两种药物治疗高血压试验中患者的性别、年龄、高血压分级等。它们混杂于处理因素之中，对实验结果起着干扰作用。所以我们在确定处理因素的同时，应尽可能地找出对研究结果有重要影响的非处理因素，并加以控制。

（二）研究对象

研究对象（subject）是处理因素作用的客体，研究对象可以是人、动物，也可以是器官、血清、细胞等。在临床试验中，研究对象通常是患者。为保证研究对象的同质性（homogeneity），在实验进行前必须对受试对象的纳入和排除标准进行明确规定。实验设计中所需受试对象的总数称为样本含量（sample size），在实验设计中，应根据特定的设计类型、研究要求和资料特征估计出较合适的样本含量。如果样本量过小往往不能得出正确的结论，样本量过大则会浪费人力、物力、财力，非处理因素不易控制。

（三）实验效应

实验效应（effect）是指处理因素施加于研究对象后所起的作用，通过适宜的指标来体现。指标按性质分类，可分为客观指标（如某降脂药治疗高脂血症后，患者的三酰甘油测量值）和主观指标（如采用某精神科药物治疗焦虑症后，患者主观感受的焦虑状况）。有些指标虽然是客观的，但判断上却受到主观的影响，如不同医生读同一张X线片所做的诊断等，这样的指标可称为半客观指标。在选择指标时应尽可能选择客观指标。

效应指标的选择和测量关系到研究的成败。选择指标时应考虑其有效性（validity）、灵敏性（sensitivity）、特异性（specificity）以及精确性（precision）。有效性是指实验效应指标与研究目的有本质联系，能确切反映处理因素的效应。如研究抗乙型肝炎病毒新药的疗效研究中，采用患者乙型肝炎病毒DNA水平变化而不是谷丙转氨酶、谷草转氨酶含量变化作为效应指标。效应指标同时应具有一定的灵敏性和特异性。灵敏性是指将阳性标本判断为阳性（真阳性）的能力，特异性是指将阴性标本判断为阴性（真阴性）的能力。例如，冠脉造影（CAG）在诊断冠心病中具有较高的灵敏性和特异性，而心电图检查也可以作为诊断冠心病的标准，但其灵敏性和特异性均不及CAG，故作为辅助指标。此外，指标还应具有一定的精确性，即准确度和精密度。准确度是指测定值与真值之间的接近程度，其大小与系统误差有关。精密度则是每个测定值与测定均数之间的接近程度，统计学中用变异系数、标准差、方差等来表示实验精密度的大小。精密度属于随机误差的范畴。

二、实验设计的四原则

要使实验设计方案科学严谨，实验设计中除了要恰当考虑上述三要素外，还必须严格遵守以下四个基本原则：对照、随机、重复和均衡。

（一）对照

通过设立对照（control），可以鉴别和区分处理因素和非处理因素对实验效应的影响。研究中影响结果的因素很多，而研究者只能一次研究某一个或几个处理因素，通过设立对照，使处理组和对照组间的非处理因素处于均衡状态，从而在比较实验效应时凸显处理因素的作用。另外，在临床上有许多疾病会自然缓解或者痊愈，如上呼吸道感染、口腔溃疡等，只有设立对照才能判断出处理因素与自然转归之间的关系。常用的对照有以下6种：

（1）空白对照：对照组不施加任何措施。这种研究反映对照组研究对象在实验过程中的自身变化。此种对照一般用于动物实验中，在临床上，一般只适用于慢性病的对比研究中。

（2）标准对照：为了比较某新药的疗效，往往以当前公认的同类药物作为对照，此为标准对照。

（3）自身对照：对照与处理均在同一受试者身上进行。如评价某种治疗手足癣药物的疗效，若患者左、右手臂均患该病，可以在一侧手臂上采用试验药物，另一侧手臂上采用常规药物治疗，对两种药物疗效进行比较。临床上患者接受某一治疗前后的比较也属于自身对照。

(4) 相互对照：有时要考察的因素不能取零水平，如考察不同剂量的某药物对疗效的影响，不适宜设置零剂量，此时，各处理组分别接受不同剂量的同一种药物，各组在试验中起到了相互对照的作用。

(5) 实验对照：当某些处理本身夹杂着重要的非处理因素的作用时，仅有空白对照不能说明问题，还需设立仅含该非处理因素的实验组，此为实验对照。例如，为了考察含赖氨酸的面包对儿童生长发育的影响，若处理组每天上午吃一定数量含赖氨酸的面包，那么对照组每天同一时间也应吃一定数量不含赖氨酸的相同面包，这样后者称为是前者的实验对照。

(6) 历史对照：将当前的实验结果与历史上的同类实验结果相比较，此为历史对照，一般不宜采用。因为随着时间的推移，社会、经济、文化等因素均在发生变化，有可能会导致研究结果的不同。

另外，在一项研究中，为了排除重要非处理因素的影响，往往会选择多种类型的对照。读者在设计阶段，可根据自身需要，合理采用各种类型的对照。

(二) 重复

"重复（repeat）"一词在实验研究中通常有三层含义：①实验的可重复性；②用多个实验单位进行重复实验；③同一实验单位的重复观察。其中，第一点是确保在相同的实验条件下，某研究的结果可被其他研究者重现，具有可重复性；第二点是保证实验中，对照组和实验组的实验单位均应具有一定的数量（即样本含量），避免把个体情况误认为普遍情况，把偶然现象当作必然规律，而将实验结果错误地推广到总体。通过设计确保足够的样本含量，对一定数量的受试对象进行观测，从而确保结论可信；第三点是保证观察结果的精度。例如，在测量血压时通常测3次，以3次的平均值作为最终观察值。

在实验设计中，更多情况下"重复"是指样本含量，由于个体差异等影响因素的存在，同一种处理因素对不同的研究对象所产生的效果不尽相同，其具体指标的取值必然有高低之分。只有在大量重复实验的条件下，该处理的真实效应才会比较真实地显露出来。因此，在实验研究中，必须坚持重复的原则。

(三) 均衡

均衡（balance）是人为地使处理组与对照组在重要的非处理因素方面保持一致。在实验研究中必须保持组间良好的均衡性，方可进行组间比较。同样是前面提到的抗高血压药物赖诺普利和氯噻酮，欲比较其疗效差异，需确保两组高血压患者在年龄、病情轻重等非处理因素方面的均衡可比。如果赖诺普利组患者中1级高血压患者比例较高，氯噻酮组患者中3级高血压患者比例较高，即使得出赖诺普利组好转率高于氯噻酮组的统计学结论，由于患者的病情轻重在两组间不均衡，也不能得出赖诺普利疗效好于氯噻酮的结论。

要提高组间的均衡性，在实验设计阶段，研究者应具有较好的专业知识和统计学知识，对研究中重要的非处理因素有整体的把握，设计时尽可能使得重要的非处理因素在不同组间达到均衡可比。对于无法均衡的非处理因素，则需要在资料分析阶段，通过分层分析或者校正的方法进行控制。

(四) 随机

实验设计中，为了使大量不可控制的非处理因素在处理组和对照组之间的分布尽量保持均衡一致，统计学上常采用随机化（randomize）的方法。随机化应贯穿于整个实验设计和实施的全过程，主要体现在以下三方面：①在抽样时必须做到使总体中任何一个个体都有同等的机会被抽取进入样本，以保证样本具有代表性；②样本中任何一个个体都有同等机会被分配到任何一个组中去，以保证样本在各处理组间的均衡，使组间具有可比性；③样本中的任何一个个体接受处理的顺序是随机的，用以平衡实验顺序的影响。

随机化的方法很多，抽签法和掷骰子法就是最简单的随机化方法。在科学试验中，随机化是通过随机数（random number）来实现的。随机数可通过随机数字表和计算机软件的随机数发生器获得。在使用随机数字表时，需事先根据研究性质确定随机数的位数，然后任意指定随机数字表的行和列，按事先确定的方向读取随机数。随机数发生器产生随机数的基础是(0，1)上均匀分布的随机变量，取值在 0~1 之间（不包括 0 和 1），产生一个随机数即是在 0~1 之间无数个实数中随机抽取一个数。在使用随机数发生器时，一般需事先指定一个种子（seed），相当于在随机数字表上指定行和列。

第二节　常用的实验设计方法及其样本量估算

实验设计方法是用来安排处理因素及其水平的具体结构或模式。如考察单个因素的效应，可采用完全随机设计、配对设计等单因素设计方法；如考察多个因素的效应，则可采用析因设计、重复测量设计等多因素设计方法。每一种实验设计方案都有其样本含量估算方法，常用的方法如下。

一、单因素设计

当实验研究中所考察的处理因素只有一个时，称为单因素设计（univariate design）。按该处理因素水平数的多少、有无匹配和处理的先后顺序，可分为完全随机设计、配对设计、随机区组设计和交叉设计。

（一）完全随机设计

完全随机设计（completely random design）是医学科研中最常用的一种研究设计方法，它是将同质的受试对象随机地分配到各处理组中进行实验观察。其样本含量估算公式为：

$$n = \frac{\Psi^2 \left[\sum_{i=1}^{k} S_i^2 / k \right]}{\left[\sum_{i=1}^{k} (\overline{X}_i - \overline{X})^2 / (k-1) \right]} \tag{12-1}$$

式中，n 为各处理组所需样本含量。假定各样本组样本含量相等，且均为 n；$\overline{X}_i$ 和 S_i 分别为第 i 个处理组的均数和标准差的估计值。

$$\overline{X} = \frac{\sum_{i=1}^{k} \overline{X}_i}{k}$$

k 为组数；Ψ 值是通过查 Ψ 界值表（见附表 14）获得。

先以 α，β，$\nu_1 = k-1$，$\nu_2 = \infty$ 查得 Ψ 值（一般取 $\alpha = 0.05$，$\beta = 0.10$），代入上式，求得 $n_{(1)}$，第 2 次由 $\nu_1 = k-1$，$\nu_2 = k(n_{(1)} - 1)$ 查 Ψ 值表，代入式中求 $n_{(2)}$，仿此进行，直至前后两次求得的结果趋于稳定为止，即为所求样本含量。

例 12-1　用 3 种方法治疗高血压，进行完全随机设计。估计治疗后 3 种方法收缩压下降值分别为 11.0mmHg、10.0mmHg 和 9.0mmHg，标准差分别为 3mmHg、3mmHg 和 2mmHg，如果要得到 3 组之间的差别有统计学意义的结论，问每组各需要多少例患者？

取 $\alpha = 0.05$，$\beta = 0.10$。

$$\overline{X} = \frac{11.0 + 10.0 + 9.0}{3} = 10.0, \quad \sum S_i^2 = 3^2 + 3^2 + 2^2 = 22$$

$$\sum (\overline{X}_i - \overline{X})^2 = (11.0 - 10.0)^2 + (10.0 - 10.0)^2 + (9.0 - 10.0)^2 = 2$$

根据 $\nu_1 = 3 - 1 = 2$，$\nu_2 = \infty$，查表得：$\Psi_{0.05, 0.10, 2, \infty} = 2.52$

$$n_{(1)} = \frac{\Psi_{(1)}^2 \left[\sum_{i=1}^{k} S_i^2 / k\right]}{\left[\sum_{i=1}^{k} (\overline{X}_i - \overline{X})^2 / (k-1)\right]} = \frac{(2.52)^2 \times (22/3)}{[2/(3-1)]} \approx 47$$

根据 $\nu_1 = 3-1 = 2$，$\nu_2 = 3 \times (47-1) = 138$，查表得：

$\Psi_{0.05, 0.10, 2, 120} = 2.55$，$\Psi_{0.05, 0.10, 2, 240} = 2.53$，利用内插法求得：$\Psi_{0.05, 0.10, 2, 138} = 2.547$

$$n_{(3)} = \frac{\Psi_{(3)}^2 \left[\sum_{i=1}^{k} S_i^2 / k\right]}{\left[\sum_{i=1}^{k} (\overline{X}_i - \overline{X})^2 / (k-1)\right]} = \frac{(2.547)^2 \times (22/3)}{[2/(3-1)]} \approx 48$$

根据 $\nu_1 = 3-1 = 2$，$\nu_2 = 3 \times (48-1) = 141$，查表得：

$\Psi_{0.05, 0.10, 2, 120} = 2.55$，$\Psi_{0.05, 0.10, 2, 240} = 2.53$，利用内插法求得：$\Psi_{0.05, 0.10, 2, 141} = 2.548$

$$n_{(3)} = \frac{\Psi_{(3)}^2 \left[\sum_{i=1}^{k} S_i^2 / k\right]}{\left[\sum_{i=1}^{k} (\overline{X}_i - \overline{X})^2 / (k-1)\right]} = \frac{(2.548)^2 \times (22/3)}{[2/(3-1)]} \approx 48$$

以上两次计算结果很接近，故可取 $n=48$，即每组需观察 48 例，合计 144 例。

(二) 配对设计

配对设计 (paired design) 通常是将受试对象按某些特征或条件配成对子，然后分别把每对中的两个受试对象分到不同的处理组中去。若每对中的两个个体来源相同（如双胞胎），称为同源配对设计，反之则称为条件相近者配对设计。在条件相近者配对设计中，配对的非实验因素是对观测结果有较大影响的一个或多个因素的组合，如性别、年龄、体重等。

事实上，还有一种配对设计被称为自身配对，就是在处理前后或者处理的平行部位，从每个受试者身上观测到同一个指标的两个数值，将测自每个个体的这两个数据形成一个配对，有 n 个个体就能形成 n 个对子。值得一提的是，自身前后配对设计要慎重，因为受试对象可能存在自然转归或自愈倾向，若果真如此，则药物或疗效的效果会被人为夸大。其样本含量估算公式为：

$$n = \frac{(t_\alpha + t_\beta)^2 S_d^2}{\delta^2} \quad \text{（单侧检验）} \tag{12-2}$$

$$n = \frac{(t_{\alpha/2} + t_\beta) S_d^2}{\delta^2} \quad \text{（双侧检验）} \tag{12-3}$$

式中，n 代表观察的对子数；t_α 和 t_β 通过查阅 t 界值表获得（见附表2）；S_d 代表治疗前后数据差值的标准差；δ 代表治疗前后差值的均数。同样采用迭代计算方法，前后两次结果接近时停止。

例 12-2 为探讨服用某减肥药后是否能使受试者体重减轻，通过预实验发现，服药后体重平均减轻 7.5kg，体重减轻量的标准差为 12.5kg，若取 $\alpha = 0.05$（单侧），$\beta = 0.10$。问需观察多少名患者，才能发现服药后体重的减轻量有统计学意义？

$$t_{\alpha(\infty)} = t_{0.05(\infty)} = 1.645, \quad t_{\beta(\infty)} = t_{0.10(\infty)} = 1.282$$

$$n_{(1)} = \frac{(t_\alpha + t_\beta)^2 S_d^2}{\delta^2} = \frac{(1.645 + 1.282)^2 \times 12.5^2}{7.5^2} \approx 24$$

$$t_{\alpha(23)} = t_{0.05(23)} = 1.714, \quad t_{\beta(23)} = t_{0.10(23)} = 1.319$$

$$n_{(2)} = \frac{(t_\alpha + t_\beta)^2 S_d^2}{\delta^2} = \frac{(1.714 + 1.319)^2 \times 12.5^2}{7.5^2} \approx 26$$

$$t_{\alpha(25)} = t_{0.05(25)} = 1.708, \quad t_{\beta(25)} = t_{0.10(25)} = 1.316$$

$$n_{(3)} = \frac{(t_\alpha + t_\beta)^2 S_d^2}{\delta^2} = \frac{(1.708+1.316)^2 \times 12.5^2}{7.5^2} \approx 26$$

最后两次计算结果很接近,故可取 $n=26$,即需观察 26 例患者才能发现服药后体重的减轻量有统计学意义的结论。

(三) 随机区组设计

随机区组设计 (randomized blocks design) 是配对设计的扩展。它是将全部受试对象按某个或某些重要的属性(即区组因素,如窝别、体重、年龄)分组,把条件最接近的 k 个受试对象视为同一个区组内的个体 (k 为处理因素的水平数);然后用完全随机的方法将每个区组中的受试对象分配到 k 个组(含对照组和处理组)中去。其样本含量估算公式与完全随机设计相同,但第二次及以后的 $\nu_2 = (k-1)(n_{(1)}-1)$。

例 12-3 用 3 种方法治疗高血压,进行随机区组设计,研究对象按照年龄段,分为若干个区组。估计治疗后 3 种方法收缩压下降值分别为 11.0mmHg、10.0mmHg 和 9.0mmHg,标准差分别为 3mmHg、3mmHg 和 2mmHg,如果要得到 3 组之间的差别有统计学意义的结论,问每组各需要多少例患者?

取 $\alpha=0.05$, $\beta=0.10$。$n_{(1)}$ 和完全随机设计实例计算过程一致(见例 12-1)。

$$\nu_2 = (k-1)(n_{(1)}-1) = (3-1) \times (47-1) = 92,$$

$\Psi_{0.05,0.10,2,80}=2.56$,$\Psi_{0.05,0.10,2,120}=2.55$,利用插值法求得:$\Psi_{0.05,0.10,2,92}=2.557$

$$n_{(2)} = \frac{\Psi_{(2)}^2 \left[\sum_{i=1}^k S_i^2/k\right]}{\left[\sum_{i=1}^k (\bar{X}_i-\bar{X})^2/(k-1)\right]} = \frac{(2.557)^2 \times (22/3)}{[2/(3-1)]} \approx 48$$

$$\nu_2 = (k-1)(n_{(2)}-1) = (3-1) \times (48-1) = 94,$$

$\Psi_{0.05,0.10,2,80}=2.56$,$\Psi_{0.05,0.10,2,120}=2.55$,利用插值法求得:$\Psi_{0.05,0.10,2,94}=2.5565$

$$n_{(3)} = \frac{\Psi_{(2)}^2 \left[\sum_{i=1}^k S_i^2/k\right]}{\left[\sum_{i=1}^k (\bar{X}_i-\bar{X})^2/(k-1)\right]} = \frac{(2.5565)^2 \times (22/3)}{[2/(3-1)]} \approx 48$$

以上两次计算结果很接近,故可取 $n=48$,即每组需观察 48 例,累计 144 例。

(四) 交叉设计

当研究者关心的实验因素有两个水平(设为 A、B),而且希望这两个水平要先后作用于每一个受试对象,于是受试者和实验顺序就成了两个重要的非实验因素。此时可采用交叉设计 (cross-over design) 来安排实验:将全部 $2n$ 个受试对象完全随机均分为两组,用随机的方法决定其中一组接受 A、B 两种处理的先后顺序,另一组接受处理的顺序正好相反。

值得注意的是,由于两种处理先后作用于同一个受试对象,交叉设计仅限于处理的效应在短时间内就能消失的干预,否则容易造成两种处理的效应混杂。即便如此,仍应结合具体问题确定适当长度的"洗脱期"(washout period),即同一个受试者先、后接受两种不同处理之间要有一段"空白"的时间。若处理因素是两台血压计,洗脱期可以很短;若处理因素是两种药物,则可能需要较长的洗脱期。特别是当药物使用后,受试者观测指标的数值难以恢复到原先的水平,应慎用交叉设计。

交叉设计的样本含量估算公式与配对设计类似,用实验效应的标准差 S 取代 S_d,即

$$n = \frac{(t_{\alpha/2}+t_\beta)^2 S^2}{\delta^2} \quad \text{(双侧)}$$

例 12-4 一项临床试验研究新型降压药 A 治疗高血压的作用,以常规药 B 作为对照,进行交叉对照设计。Ⅰ组先服用 A 药两周,洗脱 4 周后服用 B 药两周;Ⅱ组反之。如果新型降

压药 A 能够比常规药平均多降低收缩压 10mmHg，则认为有推广价值。估计新型降压药 A 和常规药低收缩压差值的标准差为 15mmHg。令 $\alpha=0.05$，$\beta=0.10$，如进行双侧检验，需要多少样本？

$$t_{\alpha/2(\infty)}=t_{0.05/2(\infty)}=1.965, \quad t_{\beta(\infty)}=t_{0.10(\infty)}=1.282$$

$$n_{(1)}=\frac{(t_{\alpha/2}+t_{\beta})^2 S^2}{\delta^2}=\frac{(1.960+1.282)^2 \times 15^2}{10^2}\approx 24$$

$$t_{\alpha/2(23)}=t_{0.05/2(23)}=2.069, \quad t_{\beta(23)}=t_{0.10(23)}=1.319$$

$$n_{(2)}=\frac{(t_{\alpha/2}+t_{\beta})^2 S^2}{\delta^2}=\frac{(2.069+1.319)^2 \times 15^2}{10^2}\approx 26$$

$$t_{\alpha/2(25)}=t_{0.05/2(25)}=2.060, \quad t_{\beta(25)}=t_{0.10(25)}=1.316$$

$$n_{(3)}=\frac{(t_{\alpha/2}+t_{\beta})^2 S^2}{\delta^2}=\frac{(2.060+1.316)^2 \times 15^2}{10^2}\approx 26$$

以上两次计算结果很接近，故可取 $n=26$，即每组需观察 26 例患者。

二、多因素设计

当实验研究中所考察的处理因素多于一个时，称为多因素设计（multivariate design）。常用的多因素设计方法包括析因设计和重复测量设计。

（一）析因设计

当实验中涉及 k（$k\geq 2$）个处理因素时，若将这 k 个处理因素的水平全面组合，设组合数为 m（即全部因素的水平数相乘），可认为全部实验有 m 个不同的实验条件。若这 k 个实验因素同时施加于实验（因素施加没有先后顺序之分）且对观测指标的影响地位平等，则这样安排试验的方案就叫做 k 因素析因设计（factorial design）或称为全因子实验设计。如果实验所涉及的处理因素个数 ≥ 2，且因素之间存在较复杂的交互作用时，需选用析因设计。

析因设计的优点是不仅可以准确地估计各实验因素的主效应（main effect）的大小，还可以估计实验因素之间的各级交互作用（interaction）的效应大小；其缺点是所需的实验次数很多，当实验涉及的实验因素及其水平数很多、每次实验时间较长、花费较多时，不适合选用析因设计。

析因设计的样本含量计算过程比较复杂，这里不作详细介绍，可使用专门的软件进行计算。

（二）重复测量设计

重复测量设计（repeated measures design）指在不同的时点或不同的场合（或二者同时存在）重复观测每一个研究对象的相同观察指标。判别数据是否为重复测量数据，其主要依据为数据是否来自于对同一个体的多次观测。重复测量设计中每一个体作为自身的对照，一方面克服了个体间的变异，分析时可以更好地集中于处理效应；另一方面，研究所需的个体相对较少，因此更加经济。其不足主要包括滞留效应（carry-over effect）、潜隐效应（latent effect）和学习效应（learning effect）。滞留效应即前面的处理效应有可能滞留到下一次的处理。潜隐效应指前面的处理效应有可能激活原本不活跃的效应。学习效应则是由于研究对象逐步熟悉实验，其反应能力有可能逐步提高。重复测量设计的样本含量估算公式为：

$$n=\frac{2\sigma^2 (Z_{1-\alpha/2}+Z_{1-\beta})^2}{\delta^2}\left\{\left[\frac{1}{r}+\left(1-\frac{1}{r}\right)\rho\right]-\frac{\rho^2}{1/p+(1-1/p)\rho}\right\} \quad (12-4)$$

式中，n 代表每组样本含量，$Z_{1-\alpha/2}$ 和 $Z_{1-\beta}$ 需要查阅自由度为 ∞ 的 t 界值表（见附表2），σ 代表标准差；p 代表每个受试者处理前观测的次数；r 代表每个受试者处理后观测的次数；ρ 代表重测值之间的相关系数，应充分利用以前的先验信息或通过预实验获得；δ 代表具有临床意义的差值。

例 12-5 某医生研究运动对高血压患者高胰岛素血症的影响，将高血压患者随机分为实验组和对照组，重复观测空腹血浆胰岛素，实验前基础观测 2 次，施加处理因素（运动）后，在不同时间重复观测 4 次。根据文献，高血压患者空腹血浆胰岛素的标准差为 10.32mU/L，其具有临床意义的最小差值为 5mU/L，采用重复测量设计，$\alpha=0.05$，$\beta=0.20$，如需经双侧检验发现差异，需要多少样本？

本例中，通过回顾文献，取 $\rho=0.65$。

$$n = \frac{2\sigma^2 (Z_{1-\alpha/2}+Z_{1-\beta})^2}{\delta^2} \left\{ \left[\frac{1}{r}+\left(1-\frac{1}{r}\right)\rho\right] - \frac{\rho^2}{1/p+(1-1/p)\rho} \right\}$$

$$= \frac{2\times(10.32)^2\times(1.96+0.8416)^2}{5^2} \left\{ \left[\frac{1}{4}+\left(1-\frac{1}{4}\right)\times 0.65\right] - \frac{0.65^2}{1/2+(1-1/2)\times 0.65} \right\}$$

$$\approx 16$$

该研究每组需要至少 16 例患者。

第三节 临床试验设计

临床试验是比较临床治疗（或干预）措施和对照措施的效果及其临床价值的前瞻性研究。临床试验一般分为四期，新药临床试验是临床试验中一个重要的组成部分。由于临床试验以患者为研究对象，试验中须充分考虑医学伦理问题。

一、临床试验分期

临床试验分为 Ⅰ、Ⅱ、Ⅲ、Ⅳ 期。新药在批准上市前，通常应当进行 Ⅰ、Ⅱ、Ⅲ 期临床试验；Ⅳ 期临床试验在新药上市后进行。以下对四期临床试验进行简要介绍。

（一）Ⅰ 期临床试验

药物 Ⅰ 期临床研究的任务是对新药进行初步的临床药理学及人体安全性评价试验，包括人体耐受性试验和人体药物代谢动力学测定，其目的是为新药 Ⅱ 期临床研究确定合适的剂量，为用药间隔和疗程方案提供依据。因此，它是新开发的药物进行临床研究必不可少的第一步试验。

人体耐受性试验：根据动物实验的有效量、耐受量和中毒量，估算出符合安全要求的最小剂量和最大剂量，采用剂量递增方案，在人体（主要是健康志愿者）进行不同剂量给药，考察人体对该药的耐受性，找出人体对新药的最大耐受剂量及其产生的不良反应，为 Ⅱ 期临床研究推荐合适的剂量。

人体药物代谢动力学试验是通过研究药物在人体内的吸收、分布、生物转化及排泄过程的规律，为 Ⅱ 期临床研究提供合适的给药方案。人体药代动力学实验观察的是药物及其代谢物在人体内的含量随时间变化的动态过程，这一过程主要通过数学模型和统计学方法进行定量描述。药代动力学的基本假设是药物的药效或毒性与其所达到的浓度（如血液中的浓度）有关。

Ⅰ 期临床试验一般从单剂量开始，在严格控制的条件下，将少量试验药物给予少数（10~100 例）谨慎筛选出的健康志愿者（对肿瘤药物而言通常是肿瘤患者），然后仔细检测药物的血液浓度、排泄性质和任何有益反应或不良作用，以评价药物在人体内的药代动力学和耐受性。通常要求志愿者在研究期间住院，每天对其进行 24h 的密切监护。随着对新药的安全性了解的增加，给药的剂量可逐渐提高，并可以多剂量给药。

（二）Ⅱ期临床试验

通过Ⅰ期临床研究，在健康人身上得到了为达到合理的血药浓度所需要的药品剂量的信息，即药代动力学数据。但是，通常在健康人体上是不可能证实药品的治疗作用的。

在临床研究的第二阶段即Ⅱ期临床试验，对少数患者志愿者（一般为100～500例）给药，重新评价药物的药代动力学和排泄情况。这是因为药物在患者体内的作用方式与在健康者体内往往是不同的，对那些影响肠、胃、肝和肾的药物尤其如此。以一个新的治疗关节炎的止痛药的开发为例，Ⅱ期临床试验将确定该药缓解关节炎患者的疼痛效果如何，还要确定不同剂量时不良反应发生率的高低，以确定疼痛得到充分缓解但不良反应最小的剂量。

Ⅱ期临床试验是治疗作用初步评价阶段，其目的是初步评价药物对目标适应证患者的治疗作用和安全性，也包括为Ⅲ期临床研究设计和给药剂量方案的确定提供依据。此阶段的研究设计可以根据具体的研究目的，采用多种形式，包括随机对照试验（randomized controlled trial，RCT）。

（三）Ⅲ期临床试验

Ⅲ期临床试验是扩大的多中心临床试验，遵循随机对照原则，将试验药物用于更大范围的患者志愿者身上，进一步评价有效性和安全性。Ⅲ期临床试验为治疗作用确证阶段，其目的是进一步验证药物对目标适应证患者的治疗作用和安全性，评价利益和风险关系，最终为药物注册申请的审查提供充分的依据。试验一般应为具有足够样本量的随机盲法对照试验。

Ⅲ期临床试验的目标是：①增加患者接触试验药物的机会，既要增加受试者的人数，还要增加受试者用药的时间；②对不同的患者人群确定理想的用药剂量方案；③评价试验药物在治疗目标适应证时的总体疗效和安全性。

该阶段是临床研究项目最繁忙和任务最集中的部分。除了对成年患者研究外，还要特别研究药物对老年患者，有时还要包括儿童的安全性。一般来讲，老年患者和危重患者所要求的剂量要低一些，因为他们的身体不能有效地清除药物，使得他们对不良反应的耐受性更差，所以应当进行特别的研究来确定剂量。而儿童人群具有突变敏感性、迟发毒性和不同的药代动力学性质等特点，因此在决定药物应用于儿童人群时，权衡疗效和药物不良反应是一个需要特别关注的问题。

（四）Ⅳ期临床试验

Ⅳ期临床试验是新药上市后的监测，在广泛应用的条件下观察疗效和不良反应，尤其是罕见不良反应。同时评价在普通或者特殊人群中使用的利益和风险关系以及改进给药剂量等。

在上市前进行的前三期临床试验是对较小范围、特殊群体的患者进行的药品评价，患者是经过严格选择和控制的，因此不具有代表性。而上市后，许多不同类型的患者将接受该药品的治疗。所以很有必要重新评价药品对大多数患者的疗效和耐受性。在上市后的Ⅳ期临床研究中，数以千计的经该药品治疗的患者的研究数据被收集并进行分析。在上市前的临床研究中因发生率太低而没有被发现的不良反应就可能被发现。

进行上市后研究的另一目的是进一步拓宽药品的适应证范围。在产品许可证中清楚地限定了药品的适应证，该药品也可能用于除此之外的其他适应证，但必须首先有临床试验的数据。例如，一种治疗关节炎疼痛的新药，可进行用其治疗运动损伤、背痛、普通疼痛等的临床试验来拓宽其适应证范围。如果这些试验表明在治疗这些病症时确实有效，那么就可以申请增加该药品的适应证。

二、临床试验中的伦理问题

在临床试验中，相关的伦理问题备受关注。一个经过良好设计的临床试验应该能够回答重要的医学问题而不会损害受试者的利益。无论是在临床试验的设计、实施,还是报告阶段,都需要考虑伦理问题。用来评价临床试验是否符合伦理标准包括价值、科学有效性、公平选择受试者、有利的利益风险比、独立审批、知情同意和对受试者的尊重七个方面。

在临床试验的设计阶段,首先需要明确进行临床试验的必要性。因为临床试验涉及向受试者施加一些处理因素(药物、仪器检查),或者试图改变受试者的行为,所有这些干预除了产生研究者所期望的积极效果以外还可能会带来副作用,此时进行该项临床研究的必要性就值得商榷。此外还要尽量使用随机化,避免在对照组的受试者中使用安慰剂。

在临床试验的实施阶段,尤其是国外药品在发展中国家进行的临床试验,需要明确选择该试验地点的原因,真的是由于所研究的疾病在该地区多发,还是因为在这些地区开展临床试验花费少、监管压力小。另外,在受试者的招募、隐私和保密方面都要以不损害受试者的根本利益为最大前提。

在临床试验的报告阶段,伦理问题主要包括发表偏倚。所有研究者都有义务完整、及时地报告试验结果。通常情况下,大型的、后期的临床试验相比于小规模的、前期的临床试验而言更有可能发表。为避免此种情况发生,越来越多的杂志和临床试验资助方要求在临床试验起始阶段进行网上注册。

三、临床试验中的其他关键问题

(一)结局变量的测量

临床试验的结局(outcome)是指受试者在干预的作用下所发生的有临床意义的临床事件和相关指标的变化。结局指标的测量(outcome measurement)可以用来反映处理因素作用于研究对象所呈现的效应。临床试验中结局指标的作用就好比疾病的诊断标准。临床试验的结论主要是从结局指标的数据分析推导出来的。因此,一项研究的结局指标如何选择和确定、具有什么特点,就成为评价该项研究结论的真实性和价值大小的重要方面。

一项临床试验通常只有一个主要结局(primary outcome),又称主要终点(primary endpoint),用一个主要变量(primary variable)来度量,又称目标变量(target variable),是能够为临床试验目的提供可信证据的变量。主要变量应易于量化,客观性强,被相关研究领域所公认,如死亡、急性心肌梗死、心力衰竭、重要器官损害、疾病的复发等。

次要结局(secondary outcome)又称次要终点(secondary endpoint),是与试验主要目的有关的附加的结局,或与试验次要目的有关的结局,可以有几个,但不宜太多。度量次要结局的变量称为次要变量(secondary variable),包括生物学指标、体征和实验室监测指标,如血脂、血糖和血压等。

替代结局变量(surrogate outcome)是通过测量可以用来替代生物学上确定的或者临床上最有意义的结局的一类指标。临床试验往往周期长、费用高,特别是采用生存率等远期疗效为结果的试验。为此,常有人用一些生化测定指标或近期疗效等指标替代主要指标。在选用替代结局变量时,必须满足下列条件:①与原设计项目高度相关,能真实、客观地反映实验结果;②能准确测量;③可行性好,无需增加太多的样本及成本;④其结果能够得到同行专家的接受。

(二)依从与脱落

依从(adherence)即为受试者遵守提前制订的试验方案用药、接受随访。一般来讲,住院患者的依从性较门诊患者好,较重患者和老年患者的依从性比较轻患者和年轻患者好。为了保证临床试验结果的可靠,必须对患者的依从性进行监测。监测方法分直接和间接两种。直接方法包括:①受试者在研究者直接观察下用药;②采用生物学标志,如进行血或尿药浓度监测;③药理学和生理效应的直接计数;④包装药品的直接计数等。间接方法包括:①定期询问患者的用药情况；②计数发给患者的药品消耗量（有的药厂为此专门设计了具有电子或机械计数器的药瓶）；③检查药房的发药量。

脱落（dropout）是指受试对象停止接受提前分配给他们的治疗措施。脱落的原因可归纳为主动原因和被动原因。患者主动退出的原因可能是因为对疗效不满意、不能耐受不良反应，或希望采取其他治疗方法，也可能无任何理由退出。被动退出试验的情况包括出现重要器官功能异常、药物过敏反应、依从性差、病情加重或出现严重不良反应等。无论如何，医生应尽可能了解其退出的原因，并作好记录，同时注意对这些患者在一定时间内作进一步的观察、治疗和护理，保护其退出试验后的安全。在病情加重、发生严重不良事件需要紧急破盲时，或发生其他医生认为患者须退出临床试验的情形时，研究者必须填写中止或退出试验的原因记录并对脱落患者采取必要的治疗和护理措施。

（三）盲法

在临床试验中，无论是研究人员或是受试者，都可能因为某些原因有意无意地给试验结果带来偏倚。如受试对象知道自己被分配到试验组，服用的是试验药，可能出于对新药的主观信赖，较多地报告该药的正面疗效，而较少报告其不良反应。如果发生上述问题，则有可能难以获得真实的数据，从而影响药物临床安全性和有效性的评价。而盲法（blinding）是药物临床试验中除随机化外避免上述偏倚的有效方法。

盲法是避免研究者和受试者的主观因素干扰试验结果的重要措施。根据设盲程度，临床试验分为双盲（double-blind）、单盲（single-blind）和开放（open-label）试验。单盲试验是只有受试者本人不知道试验分组的试验，而参加试验的工作人员知道受试者接受的是何种处理。双盲试验是指受试者和所有与试验相关的人都不知道受试者的分组情况。与单盲试验相比，双盲试验偏倚较小，但操作较为复杂，需要有严格的管理制度和保密措施。不设盲的试验称为开放试验。

若两组患者服用的药物剂型不同，可在双盲的基础上采用双模拟的技术来消除患者由于发现剂型不同而可能产生的诸如药物疗效存在差异的主观推测。每组患者除服用其本身要用剂型的药物外，还要服用与另一组患者所服用药物剂型相同的安慰剂。例如，Ⅰ组服用 A 药片剂，Ⅱ组服用 B 药粉剂。采用双盲双模拟的技术后，Ⅰ组服用 A 药片剂＋B 药粉剂安慰剂，Ⅱ组服用 B 药粉剂＋A 药片剂安慰剂。这样两组患者均服用了外形相同的 A 药片剂和 B 药粉剂，但有正常功能的只有一种药物，从而有效地实现了盲法的初衷——受试者不知道自己被分到了哪一组。

四、随机对照试验

随机对照试验（randomized controlled trial，RCT）是临床试验中的一种，是通过比较干预组（intervention group）和对照组（control group）的结果差别来判断某项治疗效果的一种前瞻性研究方法。随机对照试验是临床试验中最为常用的设计方法之一，这种设计能够使对研究结果有影响的各种已知和未知因素在各组之间均等化，使研究结果的判断更加科学和客观可靠，最大限度地避免研究者的偏倚，并使患者在利益和风险的分配上做到真正平等。

（一）效力试验和效果试验

随机对照试验可以分为效力试验和效果试验。效力（efficacy）指的是通过理想化的试验条件，观察到最大化的干预结果。效力试验（efficacy trials）是主要用来获得干预有效性的依据，因而也被称为"解释性"（explanatory）研究或"方法有效性"（method-effectiveness）研究。其样本含量通常相对较小，所招募的研究对象同质性（homogeneity）相对较强。研究者倾向于强调试验的内部有效性（internal validity）并且在专业知识基础上将其应用于其他背景条件下。通常，随机对照试验被认为是检验某干预是否有效的"金标准"，实际上，那些为了获得监管部门（如食品和药品监督管理局，FDA）批准上市而设计的试验，多数属于效力试验。在效力试验中，研究对象和研究场所可能与该干预实际应用时的对象和场所有很大的不同。

效果试验（effectiveness trials）则是在普通的场所和更广泛的人群中开展试验，以发现某项干预措施在临床实践中的利弊。效果试验是用来对干预价值作出评判的评价型工具（evaluation tools），更强调决策（making decision），因而也被称为"实用性"（pragmatic）研究或"现实有效性"（use-effectiveness）研究。其样本含量通常要比效力试验大，所招募的研究对象更具有异质性（heterogeneous）。研究者倾向于强调试验的外部有效性（external validity）并且期待结论可以较为迅速地运用在医疗实践中。因此效果研究的结果更加有助于决策者和患者进行决策的选择和评价。

效力试验和效果试验的主要区别见表 12-1。

表 12-1 效力试验与效果试验的区别

	效力试验	效果试验
目的	评价是否有效力	比较效果差别
场所	研究场所接近于实验室，尽可能控制背景因素	实际环境，尽可能符合临床或社区真实情况
受试者	纳入和排除标准严格，同质性高，普遍性低，允许小样本	纳入实际靶人群，排除标准较少，同质性低，普遍性高，所需样本量较大
干预	严格按照标准的特定治疗方法	常规治疗方法，并可根据受试者的情况加以调整
对照	使用安慰剂对照，以发现治疗/干预的特异性效力	使用常规方法作为对照，以发现最优策略
盲法	一般采用双盲	不要求用盲法，但应尽可能保证随机分配方案保密，避免实施者因判断受试者效果而违背随机的初衷；如结果的收集具有主观性，应对结果报告者或收集者设盲
分析方法	意向性分析	实际处理分析
研究结局	特异性强的单一实验室测量结果	反映受试者实际情况的多重结局
随访期	短	长

（二）数据集

在大多数的随机对照试验中，并非所有的患者都会依从于他们被随机分配到的方案组，他们有可能会接受另一方案组的治疗或者接受某个在研究计划里未曾涉及的疗法。当这些非依从情况发生时，究竟该利用哪些受试者的数据进行分析才能得到客观、可靠的结果？这就涉及数据集（dataset）的选择问题。

意向性分析（intention to treat，ITT）是指分析数据时，对所有随机化的受试者，按其所分到的组别进行随访、评价和分析，而不论其是否完全依从研究计划。但在实际操作中，完整随访所有受试者的试验结果往往难以达到。因此常常会采用全分析集（full analysis set，FAS）进行分析。全分析集是从所有参加随机化分组的受试者中，以合理的方法剔除最少的受试者后得出的分析数据集。从全分析集中剔除少数受试者的情况包括：不满足主要入选标准、没有用过一次药以及在随机化后没有任何数据。全分析集是尽可能接近意向性分析原则的理想的受试者集。

符合方案数据集（per protocol set，PPS）是指全分析集中符合方案要求的受试者子集，又称为"可评价病例"数据集，数据集中的受试者在入选标准、接受治疗、主要指标测量等方面对试验方案没有大的违反，依从性良好。安全性数据集（safety set，SS）应包括所有随机化后至少接受过一次治疗的受试者，用于安全性分析。安全性数据集应包括不良事件的名称、类型、严重程度、开始及结束时间、与研究用药的关系、转归和是否接受治疗等。安全性分析的主要内容是临床不良事件、血液学和临床化学实验室测定、体格检查和生命体征。

（三）注册

2004 年，国际医学期刊编辑委员会（International Committee of Medical Journal Editors，ICMJE）宣布，如果要在该委员会下属的期刊上刊登研究结果，所有于 2005 年 7 月 1 日以后开始的随机对照试验都必须先注册。这一要求主要是减少阴性结果未能发表而导致的发表偏倚。

主要途径包括：美国国立卫生院（the US National Institutes of Health，NIH）通过美国国立图书馆（National Library of Medicine，NLM）建立的临床试验网站（http://www.clinicaltrial.gov）、世界卫生组织的国际临床试验注册平台（International Clinical Trials Registry Platform，ICTRP）的网站（http://www.who.int/ictrp/en/），以及国际标准随机对照试验号（International Standard Randomized Controlled Trial Number，ISRCTN）的网站（http://www.isrctn.org）等。

（四）质量评价

相对于其他设计方法，一般认为，随机对照试验能够提供因果关联的最强依据，其结果往往会影响医疗卫生的决策，因此随机对照试验的质量和质量评估非常重要。这里所谓的质量可分为两类：方法学质量（methodological quality）和报告质量（reporting quality）。方法学质量指的是在干预效果研究的过程中，是否从设计、实施和分析层面尽可能避免或减少偏倚的发生。报告质量则是指是否对设计、实施和分析进行适当的报告，不充分的研究报告会影响对结果的解释和应用。常用的评估工具包括 Jadad 评分、Delphi 列表、Cochrane 偏倚量表等，这些评估工具对各问题进行计分，并通过总分来判断试验质量的高低。Jadad 评分是独立评价临床试验方法学质量的工具，通过对随机分组、盲法和退出/失访情况的评分来判断研究设计的质量。Delphi 列表、Cochrane 偏倚量表与 Jadad 评分类似，均采用评分的方法判断试验设计的质量。

（五）报告

为规范随机对照试验的报告，增加在报告方法和结果时的透明度，同时指导随机对照试验的设计，由临床试验、统计学、临床流行病学、生物医学等方面的专家组成的 CONSORT （consolidated standards of reporting trials）工作组于 1996 年提出"CONSORT 声明"，之后随着新的方法学证据和经验的积累，在 2001 年和 2010 年 CONSORT 工作组对该声明又进行了更新。

"CONSORT 2010 声明"包括检查清单（checklist）和流程图（flowchart）。检查清单含有 25 个条目，对报告的题目、摘要、试验设计、受试者、干预措施、统计学方法等作出要求；而流程图则要求研究者报告试验的每一步（包括研究对象招募、随机分组、随访和数据分析等）所涉及的样本量和样本量变化的理由。"CONSORT 2010 声明"虽然主要针对两组平行随机对照试验，对其他随机对照试验也有参考价值。更多资料可从 CONSORT 网站（http://www.consort-statement.org）获取。

第四节 小 结

1. 实验设计的三要素为处理因素、研究对象和实验效应，四原则为随机、对照、重复和

第十二章 实验设计与临床试验设计

均衡。

2. 常用实验设计方法有完全随机设计、配对设计、随机区组设计、交叉设计、析因设计、重复测量设计，每种实验设计方法均有其适用条件和样本含量估算方法。

3. 临床试验可以分为四期，在设计阶段需考虑伦理、结局变量、盲法等问题。随机对照试验是临床试验中最为常用的设计方法，可分为效力试验和效果试验，其注册、报告、评价均需遵守统一的国际通用规范。

思考与练习

一、简答题

1. 设置对照、重复、随机化的目的何在？
2. 临床试验通常分为哪四期？各期的主要目的分别是什么？
3. 临床试验设计的基本原则包括哪些？

二、多选题

1. 处理因素作用于受试对象的反应须通过观察指标来表达，则选择指标的依据具有
   A. 客观性
   B. 特异性
   C. 敏感性
   D. 准确性
   E. 精密度

2. 实验研究样本含量估算的要素包括
   A. α
   B. β
   C. δ
   D. σ
   E. ε

3. 随机化的目的是
   A. 消除主观因素造成的偏倚
   B. 使非处理因素在实验组和对照组中的影响相当
   C. 提高组间的可比性
   D. 增加样本的代表性
   E. 排除实验顺序的影响

4. 哪些技术可以用来避免医生和患者的主观因素对实验效应的观察造成影响
   A. 配对设计
   B. 盲法
   C. 提高组间的均衡性
   D. 安慰剂
   E. 模拟技术

5. 析因设计的优势在于
   A. 探讨各处理因素的主效应
   B. 获得各处理因素间的交互作用
   C. 工作量较小
   D. 通过比较寻求最佳组合
   E. 节省样本含量

6. 为比较 A、B 两种方法对乳腺癌的诊断效果，某研究者随机抽取 100 名已确诊的乳腺癌患者，同时用两种方法对患者进行检查。A、B 两法皆检出的有 45 人，A、B 两法皆未检出的有 30 人，A 法检出而 B 法未检出的有 10 人，以下说法正确的是
   A. 该试验属于完全随机设计
   B. 该资料属于计数资料
   C. 该试验属于配对设计
   D. 可用配对设计 χ^2 检验进行假设检验
   E. 可用配对设计 χ^2 检验校正公式进行假设检验

三、分析题

1. 表 12-2 为补肾药、Cy 对小鼠迟发型超敏反应的影响结果。某人将表 12-2 资料所对应的实验设计错误地看成了多个成组设计用 t 检验进行分析，究其原因是没能正确判断该实验设计的类型，故不能选用正确的分析方法。请分析该实验所涉及的因素及其水平数，确定该实验设计类型。

表 12-2　不同药物对小鼠迟发型超敏反应的影响结果 ($\bar{X}\pm S$)

药物	剂量/($g \cdot kg^{-1}$)	鼠数/只	耳肿重量/mg
对照	—	10	21.2±2.7
补肾药	5	10	22.3±3.5
补肾药	10	10	18.8±3.1
补肾药	20	10	16.5±2.4
Cy	0.025	10	11.2±1.5
Cy+补肾药	0.025+5	10	14.3±2.9
Cy+补肾药	0.025+10	10	18.6±3.6
Cy+补肾药	0.025+20	10	19.2±3.4

注：补肾药全称为补肾益寿胶囊

2. "泼尼松、环磷酰胺治疗肾病综合征"的文章中有如下叙述：某医院近十年来先后用泼尼松（1965—1970）（P组）及泼尼松合并环磷酰胺（1971—1975）（P+C组）治疗肾病综合征，并进行了较长期的随访。将病历资料较完整者各15例进行总结对比。泼尼松组平均病程较长，泼尼松合并环磷酰胺组肾功能损害较多。此外两组病情无其他重要区别，见表12-3。综合比较两组疗效，P+C组缓解率比P组高，且保持时间长。问：该试验是否符合临床试验设计的原则？

表 12-3　两组病例临床资料对比

组别	性别		平均年龄（岁）	平均病程（月）	肾功能损害（例数）
	男	女			
P	7	8	33.2±2.8	14.5±10.8	6
P+C	13	2	29.1±2.5	5.2±5.6	11

（顾　菁　刘　荣）

第十三章 医学常用人口统计与疾病统计指标

医学人口统计（medical demography）是应用人口统计学的理论和方法，从人类健康和卫生保健的角度研究和描述人口数量、分布、结构、变动及其与卫生事业发展的相互关系。它不仅是制定卫生工作计划及确定卫生政策的重要依据，也是了解人群健康水平及评价卫生工作效果的重要依据。

第一节 静态人口统计常用指标

一、人口总数

人口总数（population size）一般是指一个国家或地区在某一特定时间的人口数，是人口统计中最基本的指标，是计算其他人口指标的基础。按惯例，一般采用一年的中点，即7月1日零时为标准时刻来进行统计。为避免人口登记的重复和遗漏，国际上统一规定采用两种方法统计人口数：①实际制，指标准时刻某地实际存在的人口数（包括临时在该地的人）；②法定制，指某地的常住人口数。卫生领域的许多工作，如计划免疫、计划生育管理及传染病防治等都是采用实际人口。

由于人口数量经常变动，某一时点的人口数只能代表这一时点的人口规模，而不能代表其他时点或某一时期（如一年）的人口规模。在实际工作中，有时也用某一时期的平均人口数来代表人口总数。平均人口数通常是指相邻两年年末（12月31日）人口数的平均值；当人口数在一年中均匀变动时，此时也可用年中人口数代表全年人口数。

二、人口构成指标

通过计算人口的年龄、性别、文化、职业等构成指标来描述某一人群的基本特征，其中最常用来描述人口构成情况的是年龄和性别。

（一）人口年龄构成

指各年龄组人口在总人口中所占的比重。计算年龄构成的指标可以从不同角度反映人口发展的类型和趋势。常用的年龄构成指标有：

1. 人口系数

（1）老年（人口）系数：是指老年人口占总人口的比重，反映人口是否老化或老化的程度，可作为划分人口类型的尺度。一般把65岁及以上的人口称为老年人口。其计算公式为：

$$老年（人口）系数 = \frac{65岁及以上的人口数}{人口总数} \times 100\% \qquad (13-1)$$

（2）少年儿童（人口）系数：是指14岁及以下少年儿童占总人口的比重，是从另一侧面反映人口老化程度的指标，也是划分人口类型的指标之一。其计算公式为：

$$少年儿童（人口）系数 = \frac{14\ 岁及以下的人口数}{人口总数} \times 100\% \qquad (13-2)$$

2. **负担系数**（dependency ratio） 又称抚养比或抚养系数，是指人口中非劳动年龄人数与劳动年龄人数之比。一般以 15～64 岁为劳动年龄，14 岁及以下和 65 岁及以上为非劳动年龄或被抚养年龄。负担系数包括三个指标：总负担系数、少年儿童负担系数及老年负担系数，其计算公式分别为：

$$总负担系数 = \frac{14\ 岁及以下人口数 + 65\ 岁及以上人口数}{15\sim 64\ 岁人口数} \times 100\% \qquad (13-3)$$

$$少年儿童负担系数 = \frac{14\ 岁及以下人口数}{15\sim 64\ 岁人口数} \times 100\% \qquad (13-4)$$

$$老年负担系数 = \frac{65\ 岁及以上人口数}{15\sim 64\ 岁人口数} \times 100\% \qquad (13-5)$$

一般说来，发达国家的总负担系数低于发展中国家，老年负担系数高于发展中国家，而少年儿童负担系数低于发展中国家。

3. **老少比** 是指 65 岁及以上的老年人口与 14 岁及以下的少年儿童人口之比，表示每 100 名少年儿童对应多少老年人，是划分人口类型的标准之一。其计算公式为：

$$老少比 = \frac{65\ 岁及以上老年人口数}{14\ 岁及以下少年儿童人口数} \times 100\% \qquad (13-6)$$

（二）性别比

性别比（sex ratio）是指男性人口与女性人口的比值，其计算公式为：

$$性别比 = \frac{男性人口数}{女性人口数} \times 100\% \qquad (13-7)$$

除了全人口性别比之外，根据研究需要，还可计算出生婴儿性别比、年龄别性别比等。不同年龄人口的性别比是不相同的。根据大量观察，出生婴儿男多于女，出生性别比一般在 104%～107% 之间，但由于男性各年龄组死亡率均高于女性，到青壮年时期，人口的性别比在 100% 左右，到老年时期，随年龄增加性别比则减小，降至 100% 以下。

第二节　出生统计常用指标

一、出生率

粗出生率（crude birth rate，CBR）也称普通出生率，是指某年某地平均每千人口的活产数，是反映一个国家或地区的人口自然变动的基本指标。其计算公式为：

$$粗出生率 = \frac{同年活产总数}{某年平均人口数} \times 1000‰ \qquad (13-8)$$

粗出生率的优点在于资料易获得，计算简单；缺点是受人口的年龄和性别构成的影响较大，只能粗略反映生育水平。

二、生育率指标

(一) 总生育率

总生育率 (general fertility rate, GFR) 表示某地某年平均每千名育龄妇女的活产数, 国际上多数国家以 15~49 岁作为育龄妇女的年龄界限。其计算公式为:

$$总生育率 = \frac{同年活产数}{某年 15\sim49 岁妇女数} \times 1000‰ \qquad (13-9)$$

总生育率以育龄妇女为分母计算,消除了总人口中年龄性别构成不同对生育水平的影响,较粗出生率能更确切地反映生育水平。但育龄妇女在不同的年龄阶段其生育能力是有很大差别的,故该指标值的大小受育龄妇女内部年龄构成的影响。

(二) 年龄别生育率

年龄别生育率 (age-specific fertility rate, ASFR) 也称年龄组生育率,表示平均每千名某年龄组育龄妇女的活产数。其计算公式为:

$$年龄别生育率 = \frac{同年该年龄组活产数}{某年某年龄组平均妇女数} \times 1000‰ \qquad (13-10)$$

年龄别生育率消除了育龄妇女内部年龄构成不同对生育水平的影响,可以直接比较不同地区的年龄别生育率。

(三) 总和生育率

总和生育率 (total fertility rate, TFR) 表示每 1000 名妇女一生平均生多少个孩子,或每个妇女一生平均生多少个孩子。其计算公式为:

$$总和生育率 = i \times \sum ASFR \qquad (13-11)$$

式中, i 为年龄别的组距, $\sum ASFR$ 为各年龄别生育率之和。

总和生育率的基本含义是:假定同时出生的一代妇女,按照某年的年龄别生育率水平度过其一生的生育历程,则各年龄别生育率之和乘以年龄组组距,就是这一代妇女平均每人可能生育的子女数。

总和生育率是根据某年横断面的年龄别生育率资料计算的,这样就消除了女性的年龄构成不同对生育水平的影响,不同地区、不同时间的总和生育率可以直接进行比较。

三、人口再生育指标

人口的再生育与当前和未来的生育水平及死亡水平有关,因此测量人口再生育的情况必须从出生及死亡两个方面来考虑。测量人口再生育的常用统计指标有:

(一) 自然增长率

自然增长率 (natural increase rate, NIR) 是粗出生率 (CBR) 与粗死亡率 (CDR) 之差,表示人口自然增长情况。其计算公式为:

$$NIR = CBR - CDR \qquad (13-12)$$

自然增长率的计算简便,容易理解,常被用来粗略地估计人口的一般增长趋势。但它受到人口的年龄及性别构成的影响,不能用来预测未来人口的发展速度。

(二) 粗再生育率

粗再生育率 (gross reproduction rate, GRR) 是指每个妇女一生平均生育的女儿数,是表示人口再生育趋势的常用指标。其计算公式为：

$$GRR = TFR \times 女婴占出生婴儿的比例 \tag{13-13}$$

若母亲一代所生的女婴数大大超过母亲的人数，说明将来会有更多的人来代替母亲一代执行生育任务；若母亲一代所生的女婴数少于母亲的人数，则未来执行生育职能的人数将比现在少。

(三) 净再生育率

净再生育率（net reproduction rate，NRR）是在粗再生育率的基础上扣除了母亲一代所生的女儿中 0~49 岁的死亡数，剩下的即为真正能取代母亲一代的女儿数。净再生育率是由女婴年龄别生育率和女性寿命表中的生存人年数计算得到的，除了年龄别生育率外，还需要女性人口年龄别死亡率的数据。

若出生率与死亡率不变，则：NRR=1 时，表示母亲一代所生的女儿数恰好能取代母亲数，未来人口将保持恒定；NRR>1，表示母亲一代所生的女儿数大于母亲数，未来人口将增多；NRR<1，表示母亲一代所生的女儿数不够取代母亲数，未来人口将减少。

第三节 死亡统计常用指标

死亡统计是医学人口统计的重要组成部分，主要研究的是人群的死亡水平、死亡原因及其变动规律。常用的死亡统计指标有粗死亡率、年龄别死亡率、婴儿死亡率、新生儿死亡率、围生儿死亡率、死因别死亡率、某病病死率和死因构成等。

一、测量死亡水平的指标

1. 粗死亡率（crude death rate，CDR） 简称死亡率（mortality rate），是指某地某年平均每千人口中的死亡数，表示当地居民总的死亡水平。其计算公式为：

$$粗死亡率 = \frac{同年内死亡人数}{某年平均人口数} \times 1000‰ \tag{13-14}$$

粗死亡率和粗出生率一样，具有资料易获得、计算简便的优点，但也受到人口的性别、年龄构成的影响。

一般情况下，老年人和婴儿的死亡率较高，男性的死亡率高于女性。因此，在分析比较不同地区或不同时期的粗死亡率时，要注意人口的年龄及性别构成是否有差异，如不一致应采用标准化后再进行比较。

2. 年龄别死亡率（age-specific death rate，ASDR） 或称年龄组死亡率，是指某年龄别平均每千人口中的死亡数。其计算公式为：

$$某年龄别死亡率 = \frac{同年该年龄组死亡人数}{某年某年龄组平均人口数} \times 1000‰ \tag{13-15}$$

年龄别死亡率亦可按不同性别分别统计。年龄别死亡率的特点是：不满 1 岁的婴儿组死亡率较高，以后各年龄组死亡率随年龄增长而下降，一般在 10~14 岁组降至最低值，15 岁组以后缓慢上升，但在 40 岁以前一直处于较低水平，40 岁以后随年龄增长而增高。

3. 婴儿死亡率（infant mortality rate，IMR） 是指某年平均每千名活产儿中不满 1 周岁（婴儿）的死亡数。其计算公式为：

$$婴儿死亡率 = \frac{同年内不满 1 周岁的死亡人数}{某年活产儿总数} \times 1000‰ \tag{13-16}$$

婴儿死亡率的高低对平均寿命有重要影响,它是反映社会卫生状况、婴儿保健工作和人群健康状况的重要指标之一,也是死亡统计中较为敏感的统计指标。婴儿死亡率不受年龄的影响,可以直接进行比较。

4. 新生儿死亡率(neonatal mortality rate,NMR) 是指某地某年平均每千名活产儿中未满 28 天的新生儿死亡数。其计算公式为:

$$新生儿死亡率=\frac{同年内未满 28 天的死亡人数}{某年活产儿总数}\times 1000‰ \qquad (13-17)$$

新生儿死亡率与婴儿死亡率同样是反映妇幼卫生工作质量的重要指标。在婴儿时期,死亡并非均匀分布。越是生命早期,死亡风险越大。在婴儿死亡人数中,新生儿的死亡通常会占很大比重,因此,降低新生儿死亡率也是降低婴儿死亡率的关键。

5. 围生儿死亡率 围生期是指从妊娠满 28 周(胎儿或新生儿出生体重达到 1000g 及以上或身长达到 35cm 及以上)至出生后 7 天以内的时期。在此期间内的死亡称为围生儿死亡。围生儿死亡率(perinatal mortality rate)的计算公式为:

$$围生儿死亡率=\frac{同年围生期死胎数+死产数+出生 7 天内死亡数}{某年围生期死胎数+死产数+活产数}\times 1000‰ \qquad (13-18)$$

死胎是指妊娠 28 周及以上,临产前胎儿死于宫内,出生后无生命体征者;死产是指妊娠 28 周及以上,临产前胎儿存活,产程中胎儿死亡,出生后无生命体征者。

围生儿死亡率是衡量孕前、孕期、产期、产后保健工作质量的较为敏感的指标之一。

6. 5 岁以下儿童死亡率 在许多发展中国家,由于婴儿死亡率的资料不够准确,而 5 岁以下儿童的死亡水平又很高,因此用 5 岁以下儿童死亡率(under 5 mortality rate,U5MR)来反映婴幼儿的死亡水平。其计算公式为:

$$5 岁以下儿童死亡率=\frac{同年内 5 岁以下儿童死亡人数}{某年活产儿总数}\times 1000‰ \qquad (13-19)$$

7. 孕产妇死亡率(maternal mortality rate) 是指某年由于怀孕和分娩及并发症造成的孕产妇死亡人数与同年活产数之比。其计算公式为:

$$孕产妇死亡率=\frac{同年内孕产妇死亡人数}{某年活产儿总数}\times 10 万/10 万 \qquad (13-20)$$

孕产妇死亡率不仅可以评价妇女保健工作,也可间接反映一个国家的卫生文化水平。

8. 死因别死亡率(cause-specific death rate,CSDR) 是指因某种原因(疾病)所致的死亡率,亦称某病死亡率,说明各类病伤死亡对居民健康的危害程度。其计算公式为:

$$某死因死亡率=\frac{同年内某原因死亡人数}{某年平均人口数}\times 10 万/10 万 \qquad (13-21)$$

死因别死亡率是死因分析的重要指标,为消除人口性别、年龄构成的影响,通常采用标准化死因别死亡率进行不同国家或地区间的比较。

9. 病死率(fatality rate,FR) 是指在一定时期内(1 年)患某病者因该病死亡的比例。其计算公式为:

$$某病病死率=\frac{同年内因该病死亡人数}{某年患某病病人数}\times 100\% \qquad (13-22)$$

病死率反映确诊疾病的死亡概率,因此可反映疾病的严重程度。该指标也可反映一个医疗单位的诊治能力等医疗水平。

二、死因构成及死因顺位的指标

1. **死因构成比或相对死亡比** 死因构成比（proportion of dying of a specific cause），亦称比例死亡比（proportionate mortality rate，PMR）或相对死亡比，是指全部死亡人数中死于某死因者所占的百分比，说明各种死因的相对重要性。其计算公式为：

$$某死因构成比 = \frac{同年内某死因死亡人数}{某年死亡总人数} \times 100\% \tag{13-23}$$

2. **死因顺位** 死因顺位是指按各类死因构成比的大小由高到低排列的位置，说明各类死因的相对重要性。科学地进行死因分类，是应用这一指标的先决条件。当死者患有多种疾病或损伤时，必须从中选出一种最重要的致死原因作为死者的死因，称基本死因（underlying death cause），并按基本死因归类。因此，选择基本死因和按照国际疾病分类（International Classification of Diseases，ICD）的第10次修订本（ICD-10）归类原则是死因正确分类的基础。

2011年我国部分市县人群死亡前十位的疾病情况见表13-1。

表13-1 2011年我国部分市县前十位疾病死亡专率及死亡原因构成

顺位	市			县		
	死亡原因	死亡专率(1/10万)	构成比(%)	死亡原因	死亡专率(1/10万)	构成比(%)
1	恶性肿瘤	172.33	27.79	恶性肿瘤	150.83	23.62
2	心脏病	132.04	21.30	脑血管疾病	138.68	21.72
3	脑血管疾病	125.37	20.22	心脏病	123.69	19.37
4	呼吸系病	65.47	10.56	呼吸系病	84.97	13.31
5	损伤及中毒	33.93	5.47	损伤及中毒	56.50	8.85
6	内分泌营养和代谢病	18.64	3.01	消化系病	13.84	2.17
7	消化系病	16.35	2.64	内分泌营养和代谢病	10.56	1.65
8	神经系病	7.63	1.23	传染病	6.75	1.06
9	泌尿生殖系病	6.60	1.06	泌尿生殖系病	6.50	1.02
10	传染病	5.51	0.89	神经系病	4.85	0.76

第四节 疾病统计常用指标

疾病统计（morbidity statistics）是居民健康统计的重要内容之一，是研究疾病在人群中的发生、发展和流行分布的特点与规律，阐明社会因素、自然因素及生物因素对疾病发生发展的影响，为病因学研究、疾病防治及评价防治工作效果提供科学依据。

一、疾病统计的资料来源

疾病统计资料主要来源于以下三个方面：

1. **疾病报告和报表资料** 包括：①国家规定的报告与报表，如法定传染病的报告、地方病和寄生虫病的报告、工矿企业职业病报告等；②某些部门规定的一些重要慢性病报告，如恶性肿瘤、结核病、冠心病、高血压病等；③死亡登记资料。

2. 医疗卫生工作记录　医疗机构在诊治患者过程中的门诊医疗记录、门诊病历、住院病历、出院卡片等，都是疾病统计的原始资料之一。这些资料的特点是很少遗漏、比较准确。

3. 疾病调查资料　为深入了解某些重要疾病在人群中的流行分布规律而进行的专门调查，包括健康检查、疾病普查和疾病抽样调查等。

二、疾病统计指标

1. 发病率　发病率（incidence rate，IR）是指一定期间内，在可能发生某病的一定人群中新发病例出现的频率。其计算公式为：

$$发病率 = \frac{一定期间内某人群中某病新病例数}{同时期暴露人口数} \times K \qquad (13-24)$$

$K = 100\%，1000‰，或 10000/万……$

观察时间单位可根据所研究的疾病病种及研究问题的特点决定，通常用年或月。

发病率是反映某病在人群中发生频率大小的指标，常用作描述疾病的分布，探讨疾病的危险因素，评价预防措施的效果等。

2. 患病率　患病率（prevalence rate，PR）是指在某特定时间内一定人群中现患某种疾病的频率，又称现患率或流行率。患病率可按观察时间的不同分为时点患病率（point prevalence）和期间患病率（period prevalence）两种，其计算公式分别为：

$$时点患病率 = \frac{某一时点一定人口中现患疾病人数}{该时点人口数（被观察人数）} \times K \qquad (13-25)$$

$$期间患病率 = \frac{某观察期间一定人口中现患疾病人数}{同期的平均人口数（被观察人数）} \times K \qquad (13-26)$$

$K = 100\%，1000‰，或 10000/万……$

期间患病率实际上等于某一特定期间开始时的时点患病率加上该期间内的发病率。

患病率是横断面研究常用的指标，通常用于反映病程较长的慢性病的流行情况及其对人群健康的影响程度，或用来描述发病时间不易明确的疾病的患病情况。

3. 感染率　感染率（prevalence of infection）是指在某个时间内所检查的人群中，某病现有感染者人数所占的比例。其计算公式为：

$$感染率 = \frac{受检者中阳性人数}{受检人数} \times 100\% \qquad (13-27)$$

感染率常用于研究某些传染病或寄生虫病的感染情况、流行态势和分析防治工作的效果，尤其有较多隐性感染的疾病，如病毒性乙型肝炎、流行性乙型脑炎、结核病、脊髓灰质炎、蛔虫病等。感染率也可为制订防治措施提供依据。

4. 病死率（fatality rate）　（参见本章第三节）

5. 治愈率、有效率　治愈率（cure rate）表示接受治疗的患者中治愈的频率。有效率表示接受治疗的患者中治疗有效的频率。其计算公式分别为：

$$治愈率 = \frac{治愈病人数}{接受治疗人数} \times 100\% \qquad (13-28)$$

$$有效率 = \frac{治疗有效人数}{接受治疗人数} \times 100\% \qquad (13-29)$$

治愈率、有效率主要用于对急性病危害或防治效果的评价。在计算这类指标时要求的是治愈或有效的标准要有明确而具体的规定，只有在标准相同的情况下才可以互相比较。类似的反映疾病疗效的指标还有好转率、缓解率、复发率等。

6. 生存率　生存率（survival rate）是指患者从病程的某个时点（一般为疾病的确诊日期、接受治疗日期或出院日期）起，能活到某个时间的生存概率。它反映了疾病对生命的危害程度，常用于对治疗效果的评价或预后估计。在某些慢性病如恶性肿瘤、心血管疾病等的研究中常常被应用。生存率的计算可参阅有关的统计学专著。

7. 残疾率　残疾率（prevalence of disability）也称残疾流行率，是指某一人群中，在一定期间内每百（或千、万、十万）人中实际存在的残疾人数，即指通过询问调查或健康检查发现的残疾患者与调查（或检查）人数之比，说明残疾在人群中发生的频率。其计算公式为：

$$残疾率 = \frac{残疾患者人数}{调查（检查）人数} \times K \tag{13-30}$$

$K = 100\%，1000‰，或 10000/万……$

第五节　小　结

1. 医学人口统计和疾病统计不仅是制定卫生工作计划及确定卫生政策的重要依据，在了解人群健康水平、评价卫生工作效果及反映疾病负担和医疗质量方面也起着重要的作用。

2. 静态人口统计包括人口的数量与人口的构成，其中老年人口系数、少年儿童人口系数、老少比、负担系数、性别比等指标较为常用。

3. 出生统计属于动态人口统计。常用的分析指标如粗出生率、总生育率、年龄别生育率、总和生育率等，这些指标多涉及"活产总数"及"育龄妇女人数"，采用统一的"活产"及"育龄妇女"定义标准是国际间作比较的基础。自然增长率、粗再生率、净再生育率是分析人口再生育情况的指标，其中自然增长率计算简便，但只能粗略反映人口的增长速度。而净再生育率虽能较精确反映人口再生产情况，但计算复杂，一般在专门研究时使用。

4. 死亡统计也属于动态人口统计。需要注意的是在比较不同国家或地区的粗死亡率或死因别死亡率时，要消除人口性别年龄构成的影响，最好用标准化率进行比较。

5. 疾病统计应在统一的疾病诊断标准下进行。描述疾病分布常用的指标有发病率、患病率、病死率、感染率等，不同的指标意义不同，使用时应注意各指标间的联系与区别。

6. 死亡统计和疾病统计的准确性取决于登记资料的完整性及科学的死因分类。

思考与练习

一、简答题

1. 常用的人口年龄构成指标有哪些？各有什么意义？
2. 测量人口再生育有哪些指标？各指标有什么不同？
3. 常用的疾病统计指标有哪些？各有什么意义？
4. 请比较发病率与患病率、死亡率与病死率的区别。

二、单选题

1. 在死因统计分析中，死因顺位是按下列哪项的高低顺序，由高到低排列的位次
   A. 发病率
   B. 患病率
   C. 死亡率
   D. 死因百分构成比或死因别死亡率
   E. 死因别病死率

2. 总和生育率是指
   A. 一批妇女一生平均生育的子女数
   B. 一批妇女按某年的年龄别生育水平计算，一生平均生育的子女数
   C. 一批妇女某年的平均活产数

D. 某年龄段的育龄妇女某年的平均活产数
E. 某年龄段的育龄妇女一生平均生育的子女数

3. 老年人口比重增大，可使
   A. 粗死亡率增高
   B. 粗死亡率下降
   C. 粗死亡率无变化
   D. 出生率迅速下降
   E. 婴儿死亡率下降

4. 婴儿死亡率是指
   A. 0岁死亡率
   B. 活产婴儿在生活一年内的死亡概率
   C. 某年不满1岁婴儿死亡数与同年活产总数之比
   D. 某年不满1岁婴儿死亡数与同年婴儿总数之比
   E. 某年不满1岁婴儿死亡数与同年人口总数之比

5. 一项新的治疗方法可延长患者的生命，但不能治愈该病，则最有可能发生的情况是
   A. 该病的患病率增加
   B. 该病的患病率减少
   C. 该病的发病率增加
   D. 该病的发病率减少
   E. 该病的发病率和患病率均减少

6. 自然增长率是估计一般人口增长趋势的指标，它的计算为
   A. 出生数与死亡数之差
   B. 年末人口数与年初人口数之差
   C. 出生率与死亡率之差
   D. 粗出生率与粗死亡率之差
   E. 标化出生率与标化死亡率之差

三、综合分析题

表13-2为2009年我国人口年龄构成资料，试作如下分析：

1. 计算全人口的性别比；
2. 计算老少比；
3. 计算总负担系数；
4. 计算老年（人口）系数。

表13-2　2009年我国人口年龄构成情况

年龄组（岁）	男（%）	女（%）	年龄组（岁）	男（%）	女（%）
0～	2.84	2.32	60～	2.43	2.35
5～	6.39	5.31	65～	1.74	1.70
15～	7.57	7.13	70～	1.40	1.39
25～	6.56	6.67	75～	0.94	0.99
35～	9.31	9.44	80～	0.44	0.57
45～	7.56	7.61	85～	0.21	
55～	3.40	3.39			

资料来源：《中国卫生统计年鉴·2012》

（祁艳波）

第十四章 寿命表

第一节 寿命表的基本概念

在第十三章中,我们学习了常用于反映人口出生、人口死亡、人口疾病的一些人群健康的统计指标,关于人群健康的统计指标还有通过寿命表(life table)计算出来的期望寿命(life expectancy)。该指标既能综合地反映各个年龄组的死亡水平,又能以期望寿命长短的形式说明人群的健康水平,而且该指标不受比较人群年龄构成的影响,因此,它是评价不同地区或国家健康状况的主要指标之一。

本章将介绍现时寿命表和去死因寿命表的编制方法,通过其编制方法介绍寿命表的有关指标以及指标的应用。

寿命表又称为生命表(life table),是根据特定人群的年龄别死亡率编制出来的一种统计表,它说明在该特定人群年龄别死亡率的条件下,一代人的生命过程或死亡过程。由于是根据某个特定人群的年龄别死亡率编制的,所以最后计算的期望寿命反映了该人群的综合健康情况。

早在现代概率统计发展之前,人们就关心寿命长短的问题,并制表来度量寿命。最早的寿命表,据说出现于公元前3世纪。John Graunt 于 1662 年发表的《死亡率表》和 Edmund Halley 于 1693 年发表的 Breslaw 城的寿命表,标志着现代寿命表的开端。寿命表原是保险精算学的产物,主要用于人寿保险的保费测算。随着现代统计理论的发展,寿命表已成为医学统计、流行病学及其他生命科学领域的重要分析工具。

根据不同的研究设计,寿命表分为两类:

1. 现时寿命表(current life table) 简称寿命表,是根据对特定人群的横断面调查资料提供的年龄别死亡率编制出来的一种统计表。反映一定时期某地区实际人口的死亡经历,是从一个断面来看当年这段时间内人口的死亡和生存的经历。其原理为假定有同时出生的一代人,一般设为 10 万人,按照某一特定人群的一组年龄别死亡率先后死去,直到死完为止,可以用现时寿命表方法计算出这一代人在各个年龄组的死亡概率、死亡人数、活满某个年龄的尚存人数及期望寿命等指标,反映在遵循某一特定人群年龄组死亡率条件下,假想的一代人的生命过程。

2. 定群寿命表(cohort life table) 也称为队列寿命表,其数据需要纵向随访观察得到,是某一特定人群的寿命表,该寿命表记录从第一个人出生到最后一个人死亡的全部过程,即反映了某一特殊人群或者队列的死亡过程。例如,我们的研究人群为华南地区某县级市 1978 年出生的所有个体,需要追踪随访记录该研究人群中所有个体从出生到死亡的时间,即该固定人群中从第一人出生开始到最后一人死亡为止的前瞻性观察所得实际死亡资料计算的,才能得到寿命表。由于一般人群的生命周期很长,使用定群寿命表的方法去研究人群的生命过程,随访人数要很多,且随访时间也长;而且定群寿命表反映的是从 1978 年开始的历史情况,不能反映现时各年龄组死亡率水平对人口平均期望寿命的影响。因此,在编制一般人群寿命表时,一般不使用定群寿命表,而是使用现时寿命表。定群寿命表主要用于前瞻性研究资料或临床随访资料的分析。

根据是按每岁计算还是按年龄组计算,现时寿命表又分成两类:

1. 完全现时寿命表（complete life table） 是1岁一组由死亡率估算死亡概率，最后计算期望寿命。

2. 简略现时寿命表（abridged life table） 是0到不足1岁一组，1~4岁一组，以后都为5岁一组，85岁及以上合并为一组，即分为0~，1~，5~，10~，15~，…，80~，85+，由死亡率估算死亡概率，最后计算期望寿命。

现时寿命表的优点：与其他死亡统计指标相比，由于寿命表是根据年龄组死亡率计算出来的，因此，寿命表中各项指标不受人口年龄构成的影响，不同人群的寿命表指标具有良好的可比性。通过寿命表可计算死亡统计最重要的综合性指标期望寿命，通过期望寿命可以直接比较不同国家、地区不同性别人群的健康水平。

第二节 寿命表的主要指标和编制方法

下面以简略现时寿命表为例介绍寿命表的主要指标和编制方法。

一、现时寿命表编制原理与方法

（一）年龄组

在寿命表中的年龄均采用实足年龄（exact age）。每一年龄组的下限值记为X。完全寿命表（complete life table）的年龄组是每1岁为1组。刚出生到不足1岁记为"0~"，实足1岁到不足2岁记为"1~"，…，一般将85岁及以上合并为"85+"。简略寿命表一般是5岁为1个年龄组，由于婴儿死亡率是反应人群健康状况的主要指标，其对寿命表的影响相当大，直接影响寿命表的综合指标期望寿命的高低，所以简略寿命表将0到5岁年龄组分成组距为1岁的"0~"岁组和组距为4岁的"1~"岁组，从实足5岁开始的年龄组组距均为5岁，即分为0~，1~，5~，10~，15~，…，80~，85+。

（二）平均存活年数

设每一年龄组的下限值为X，组距为n，"$X \sim X+n$"岁年龄组的每个死亡者平均存活年数（average number of years lived）记为a_x。完全寿命表每个年龄组平均存活年数均为0.5年（"0~"岁组除外），简略寿命表需要分别计算，由于婴儿或幼儿的早期死亡率相对较高，特别是新生儿第一周死亡的比重较大，因此寿命表中"0~"岁组平均存活年数远小于0.5。我国a_0的经验系数：男性为0.1450，女性为0.1525，男女合计为0.15。"1~"岁组平均存活年数$a_1=2$年，其他组距为5的年龄组平均存活年数为2.5年。

（三）人口数与死亡数

编制寿命表需要完整可靠的人口资料与死亡登记资料得到平均人口数$_nP_X$与实际死亡人数$_nD_X$，按性别和年龄分组的可靠的平均人口数和准确的死亡登记资料是寿命表编制的必备条件。编制寿命表一般以日历年度的人口资料为依据，人口数与死亡数可由公安户籍部门或人口普查及专项调查获取。

这些数据中，出生数及婴儿死亡数据的准确性，对编制一份可信度高的寿命表十分重要。我国目前在搜集人口出生、死亡资料过程中，普遍存在的问题是新生儿出生与死亡数字的漏报，使得计算出来的婴儿死亡率不准确，从而直接影响整个寿命表资料的准确性。因此，在编制某国家或地区的寿命表时，应对人口及死亡的基本数据进行认真的核查。

（四）年龄组死亡率

计算年龄组死亡率需要某年龄组的人口数（number of persons in the age group）$_nP_X$和相应的实际死亡人数（number of deaths in the age group）$_nD_X$，年龄组死亡率（mortality rate）

$_nm_X$ 又称年龄别死亡率,表示某年龄组人口在一年或 n 年内的平均死亡率,它根据各年龄组平均人口数及死亡数计算而来,见公式 (14-1),式中的平均人口数也可用年中人口数代替。

$$_nm_X = \frac{_nD_X}{_nP_X} \tag{14-1}$$

计算寿命表的关键步骤是获得死亡概率,由于从横断面的调查数据中不能直接获得计算死亡概率的数据,一般都是用一些特定的公式将死亡率转换为死亡概率。因此,死亡率的计算是寿命表编制的重要步骤。

(五) 年龄组死亡概率

"$X \sim X+n$"岁年龄组的死亡概率 (probability of dying) 记为 $_nq_X$,其计算基于年龄组死亡率 $_nm_X$,表示 X 岁尚存者在今后 n 年内死亡的概率。该指标与死亡率 $_nm_X$ 的意义完全不同,年龄组死亡率只是表示某年龄组人口的平均死亡水平。年龄组死亡概率和年龄组死亡率之间存在一定的函数关系。当年龄组分得较细时,两个指标呈线性函数关系。死亡概率按照公式 (14-2) 计算:

$$_nq_X = \frac{2 \times n \times _nm_X}{2 + n \times _nm_X} \tag{14-2}$$

但是"0~"岁组死亡概率用婴儿死亡率代替,对于最后一个年龄组因为所假定的个体一定在此年龄组死亡,所以最后一个年龄组的死亡概率为1。

生存概率 (probability of survival) 表示 X 岁尚存者在今后 n 年内存活的概率,记为 $_np_X$,$_np_X = 1 - _nq_X$。

(六) 死亡人数

这里是指寿命表的死亡人数或者"理论"死亡人数 (number of dying),记为 $_nd_X$。表示假想的同时出生的一代人中,一般假定为10万人,X 岁尚存者按死亡概率 $_nq_X$ 死于 "$X \sim X+n$" 年龄组的死亡人数,即:

$$_nd_X = _nq_X \times l_X \tag{14-3}$$

注意:死亡人数 $_nd_X$ 是寿命表内同批人从 X 岁到 $X+n$ 岁间的死亡人数,它与实际统计出来的从 X 岁到 $X+n$ 岁间的死亡人数 $_nD_X$ 不同,一般称 $_nD_X$ 为实际死亡人数,$_nd_X$ 为寿命表死亡人数或者"理论"死亡人数。

(七) 尚存人数

尚存人数 (number of survivors) 记为 l_X,表示假想的同时出生的一代人,X 岁尚存者的平均人数。"0~"岁组的尚存人数 $l_0 = 100000$,其余年龄组的死亡人数按公式 (14-3) 计算,则生存人数按公式 $l_X = l_{X-n} - d_{X-n}$ 计算在 "$X \sim X+n$" 年龄组尚存的平均人数。

(八) 生存人年数

生存人年数 (number of survival person-years) 记为 L_X,是指假想同时出生的10万人中,X 岁尚存者在今后 n 年内的平均生存人年数。计算公式为:

$$_nL_X = \frac{n}{2}(l_X + l_{X+n}) \tag{14-4}$$

但"0~"岁组的平均生存人年数计算公式为:

$$L_0 = l_1 + a_0 \times d_0 \tag{14-5}$$

最后一个年龄组按公式 (14-6) 计算:

第十四章 寿命表

$$L_{85(+)} = \frac{l_{85}}{m_{85(+)}} \tag{14-6}$$

(九) 生存总人年数

生存总人年数 (total number of survival person-years) 记为 T_X，是指假想的同时出生的一代人中，X 岁尚存者今后存活的平均总人年数，它是 X 岁及 X 岁以上的各年龄组生存人年数的总和，即：

$$T_X = \sum{}_n L_X = T_{X+n} + L_X \tag{14-7}$$

由公式可见，计算应从最大年龄组开始累加生存人年数。最大年龄组的 $T_X = L_X$。

(十) 期望寿命

期望寿命 (life expectancy) 记为 e_X，这是寿命表最广泛使用的指标，是指同时出生的一代人活到 X 岁时，尚能生存的平均年数，即

$$e_X = \frac{T_X}{l_X} \tag{14-8}$$

编制现时寿命表需要的基本资料为性别年龄别人口数和性别年龄别死亡人数，由这两个数据得到年龄别死亡率即可计算死亡概率，由死亡概率可以算得现时寿命表中各年龄的尚存人数和各年龄的死亡人数，进一步算得各年龄组的生存人年数和生存总人年数，最后算得寿命表最重要的指标——某一年龄尚存者的平均预期寿命。

给定某一时点的某人群所有年龄组的死亡率，由寿命表计算所得 "0~" 岁组即出生时的期望寿命 (e_0) 为假想的同时出生的一代人未来的平均存活年数，具有特殊的意义，所以一般情况下的平均期望寿命多是指 "0~" 岁组平均期望寿命 e_0。

可见，有了死亡概率 ${}_nq_X$，就可按上述公式依次求出所有其他各项寿命表指标。因此，寿命表的关键指标是死亡概率，该指标最后算得 "0~" 岁组平均期望寿命 e_0 为评价不同时期、不同地区或国家健康状况的最常用指标。

二、现时寿命表的计算

编制简略寿命表的人口数据可以是一个国家的，也可以是一个地区的；还可以针对某个特定的人口区域编制寿命表，如城市人口或者农村人口的寿命表。不同性别的人口，死亡规律是有差异的，故寿命表一般分别按男、女性别进行编制。以下以例 14-1 来说明简略寿命表的编制过程。

例 14-1 已知 2006 年某县级市男性的各年龄组死亡率（见表 14-1 第 4 列，由第 2 列和第 3 列求得），请用该数据编制现时寿命表。

表 14-1 2006 年某县级市男性简略寿命表

年龄组（岁）X (1)	平均人口数 ${}_nP_X$ (2)	实际死亡人数 ${}_nD_X$ (3)	年龄组死亡率 ${}_nm_X$ (4)	死亡概率 ${}_nq_X$ (5)	尚存人数 l_X (6)	死亡人数 ${}_nd_X$ (7)	生存人年数 ${}_nL_X$ (8)	生存总人年数 T_X (9)	期望寿命（岁）e_X (10)
0~	2622	16	—	0.006102	100000	610	99478	7482672	74.83
1~	13262	7	0.000528	0.002109	99390	210	397140	7383194	74.29
5~	18627	7	0.000376	0.001877	99180	186	495435	6986054	70.44
10~	18796	5	0.000266	0.001329	98994	132	494640	6490619	65.57

续表

年龄组（岁） X (1)	平均人口数 $_nP_X$ (2)	实际死亡人数 $_nD_X$ (3)	年龄组死亡率 $_nm_X$ (4)	死亡概率 $_nq_X$ (5)	尚存人数 l_X (6)	死亡人数 $_nd_X$ (7)	生存人年数 $_nL_X$ (8)	生存总人年数 T_X (9)	期望寿命（岁）e_X (10)
15～	18318	7	0.000382	0.001909	98862	189	493837	5995979	60.65
20～	16199	14	0.000864	0.004312	98673	426	492210	5502142	55.76
25～	20264	14	0.000691	0.003448	98247	339	490387	5009932	50.99
30～	21352	24	0.001124	0.005604	97908	549	488165	4519545	46.16
35～	18637	29	0.001556	0.007750	97358	755	484905	4031380	41.41
40～	12883	36	0.002794	0.013875	96604	1340	479670	3546475	36.71
45～	12935	42	0.003247	0.016104	95264	1534	474985	3066805	32.19
50～	9778	73	0.007466	0.036645	93730	3435	460062	2591820	27.65
55～	7117	85	0.011943	0.057985	90295	5235	438888	2131758	23.61
60～	6463	77	0.011914	0.057847	85060	4920	413000	1692870	19.9
65～	5470	78	0.01426	0.068844	80140	5517	386908	1279870	15.97
70～	4076	135	0.033121	0.152940	74623	11413	344582	892962	11.97
75～	2640	156	0.059091	0.257426	63210	16272	275370	548380	8.68
80～	1204	149	0.123754	0.472566	46938	22181	179238	273010	5.82
85+	553	146	0.264014	1.000000	24757	24757	93772	93772	3.79

表 14-1 具体的计算结果如下：

表中的第 1 列为年龄组，第 2 和第 3 列为编制寿命表需要的平均人口数 $_nP_X$ 与实际死亡人数 $_nD_X$。

1. 年龄组死亡率 按公式 $_nm_X=\dfrac{_nD_X}{_nP_X}$ 求各年龄组死亡率，取 6 位小数，结果见表 14-1 第 4 列所示。

2. 年龄组死亡概率 "0～"岁组死亡概率用婴儿死亡率代替，最后一个年龄组死亡概率为 1.000000。其余年龄组死亡概率按公式 $_nq_X=\dfrac{2\times n\times _nm_X}{2+n\times _nm_X}$ 计算，本例的计算结果如下：

$$_4q_1=\dfrac{2\times 4\times 0.000528}{2+4\times 0.000528}=0.002109$$

$$_5q_5=\dfrac{2\times 5\times 0.000376}{2+5\times 0.000376}=0.001877$$

其他年龄组死亡概率的计算类推，结果如表 14-1 第 5 列所示。

3. 各年龄组死亡人数和尚存人数 令 "0～"岁组的生存人数 $l_0=100000$，死亡人数按公式 $_nd_X=l_X\times _nq_X$ 计算，生存人数按公式 $l_{X+n}=l_X-_nd_X$ 计算，本例的计算结果如下：

$$d_0=100000\times 0.006102=610$$

$$l_1=100000-610=99390$$

$$_4d_1=99390\times 0.002109=210$$

$$l_5=99390-210=99180$$

第十四章 寿 命 表

其他年龄组死亡人数、生存人数的计算类推，结果如表 14-1 第 6 和第 7 列所示。

4. 生存人年数　婴儿组的生存人年数按公式 $L_0 = l_1 + a_0 \times d_0$ 计算，其中我国 a_0 的经验系数：男性为 0.1450，女性为 0.1525，男女合计为 0.15；最后一个年龄组按公式 $L_{85(+)} = \dfrac{l_{85}}{m_{85(+)}}$ 计算，其他年龄组按公式 $_nL_x = \dfrac{n}{2}(l_x + l_{x+n})$ 计算。本例的计算结果如下：

$$L_0 = 99390 + 0.1450 \times 610 = 99478$$

$$_4L_1 = \frac{4}{2}(99390 + 99180) = 397140$$

$$_5L_5 = \frac{5}{2}(99180 + 98994) = 495435$$

其他年龄组按公式类推。

$$L_{85(+)} = \frac{24757}{0.264014} = 93772$$

结果如表 14-1 第 8 列所示。

5. 生存总人年数　最后一个年龄段的生存总人年数等于该年龄段的生存人年数，其他年龄段按公式 $T_x = \sum_n L_x$ 计算，本例的计算结果如下：

$$T_{85(+)} = 93772$$

$$T_{80} = 93772 + 179238 = 273010$$

$$T_{75} = 273010 + 275370 = 548380$$

其他年龄组类推，结果如表 14-1 第 9 列所示。

6. 期望寿命　各年龄期望寿命按公式 $e_x = \dfrac{T_x}{l_x}$ 计算，本例的计算结果如下：

$$e_0 = \frac{7482672}{100000} = 74.83$$

$$e_1 = \frac{7383194}{99390} = 74.29$$

$$e_5 = \frac{6986054}{99180} = 70.44$$

其他年龄组类推，结果如表 14-1 第 10 列所示。

简略寿命表各项指标计算完成，将所计算的指标按年龄分组列表，即形成简略寿命表。由于人群死亡率受社会经济发展水平、疾病预防控制情况、生活习惯、自然环境等因素影响，不同国家、不同地区、不同人群在不同年龄段的死亡水平不同，因此，寿命表应分国家和地区，并且分人群和性别进行编制。

第三节　寿命表的分析与应用

寿命表中的主要指标有死亡概率 $_nq_x$、尚存人数 l_x、死亡人数 $_nd_x$ 和期望寿命 e_x 等，这些指标都可以用来评价不同国家或者地区人群的健康状况。

一、寿命表指标分析

1. 寿命表死亡概率 $_nq_x$　将寿命表死亡概率绘制在半对数图纸上,横坐标为年龄组,用算术尺度,纵坐标为死亡概率,用对数尺度得"U"字形的半对数线图(图14-1),可比较死亡概率曲线起点及线条的高低。不同时期的死亡概率曲线可以进行比较。首先比较曲线的起始点的高低,起始点的高低反映婴儿死亡率的高低;其次,观察曲线低谷的宽度和最低点,通常,"10~"岁组的死亡概率为最低点,以后又逐渐上升,至"50~"岁组时死亡概率可成倍上升;最后,分析曲线的尾部,观察尾部的坡度,曲线尾部陡峭,说明死亡概率上升速度较快。

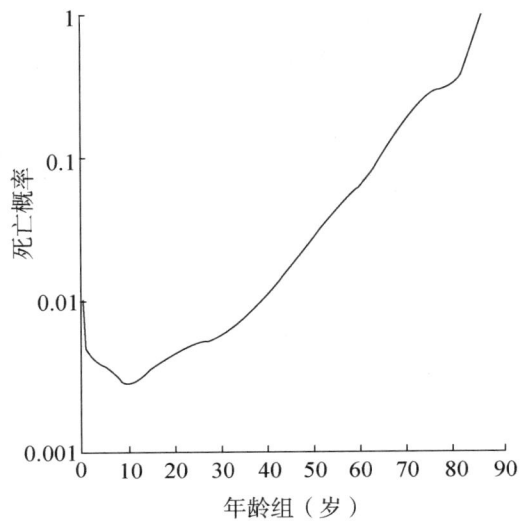

图 14-1　某地 2000 年男性死亡概率

2. 寿命表尚存人数 l_x　寿命表尚存人数反映遵循现时年龄别死亡率的一代假想人口的生存过程。一般用线图绘制尚存人数曲线,比较曲线的高度和曲率(图14-2)。年龄别死亡率低,则曲线的曲率小,反之,曲线下降坡度大。

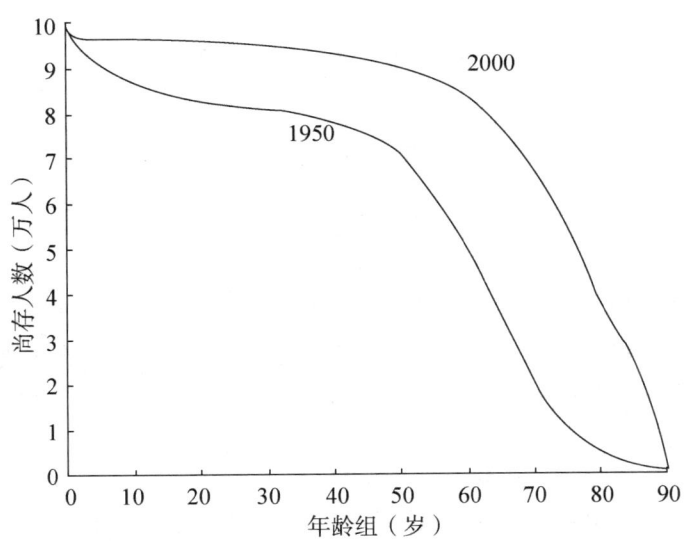

图 14-2　某地 1950 年与 2000 年男性尚存人数曲线比较

3. 寿命表死亡人数 $_nd_x$ 寿命表死亡人数反映在一定年龄组死亡率基础上，一代假想人口的死亡过程。可用直方图表示，横坐标为年龄，纵坐标为死亡人数，通过观察各年龄组直条的高低了解寿命表死亡人数的多少。分析时要注意直方图的高峰位置与高度。婴幼儿段高峰的降低，老年段高峰位置的后移，说明年龄组死亡率的下降。

4. 期望寿命 e_x 是评价居民健康状况的主要指标。刚满 X 岁者的期望寿命受 X 岁以后各年龄组死亡率的综合影响，即期望寿命是年龄 X 岁以后的年龄别死亡率的综合反映。出生时的期望寿命 e_0 简称为平均寿命或期望寿命，是各年龄组死亡率高低的综合反映，可概括地说明某个人群的健康水平，具有特殊的意义，故最为常用。

平均寿命实际上是同时出生的一批人 l_0，以各年龄组死亡人数 $_nd_x$ 作为权数计算出来的平均岁数，其大小取决于各年龄组死亡人数 $_nd_x$ 的相对水平。如果低年龄组死亡人数 $_nd_x$ 的比重增大，则平均寿命就会降低。反之，低年龄组死亡人数 $_nd_x$ 的比重减少，则活到高龄才死的人便增多，平均寿命就会增高。

各年龄组的期望寿命可绘制线图（图 14-3），分析时注意期望寿命曲线的高度和曲线的头部。如果各年龄组死亡率降低，期望寿命的曲线起点上升，曲线位置上升。

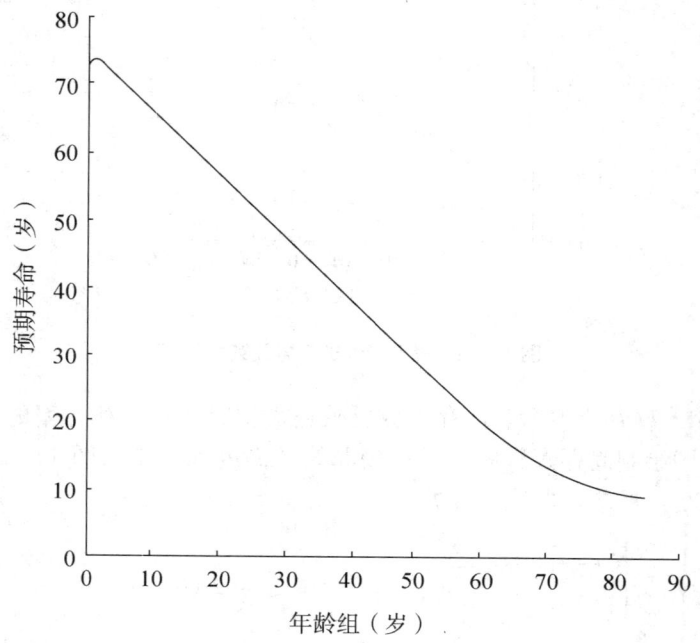

图 14-3 某地 2000 年男性期望寿命

任何一个年龄的死亡水平发生变化都会影响平均寿命的改变，但婴儿死亡率的高低对平均寿命的影响更为明显。从一般逻辑判断，e_x 应随年龄的增加而减少，但也会出现矛盾现象，特别常见于婴幼儿期，如 $e_0 < e_1$ 等，这种现象是由于婴儿死亡率较高所致。由于"1～"岁组死亡率比婴儿死亡率低得多，同时出生的一批新生儿，有相当一部分在 1 周岁内死亡。计算 e_0 时把这些周岁内死去的婴儿包括在内，因而降低了平均寿命，计算 e_1 时已经不包括那些未满周岁死去的婴儿，故平均寿命反而提高。

此外，应该把平均寿命与平均死亡年龄这两个指标加以区分。用寿命表方法计算的平均寿命的大小，仅取决于年龄组死亡率的高低，不受实际人群年龄构成的影响，同时又能综合反映某人群的死亡水平，所以不同地区、不同时期的平均寿命可以直接比较。但平均死亡年龄的大小，不仅取决于年龄组死亡率的高低，也取决于年龄别人口构成。

期望寿命可以直接比较。$X \neq 0$ 所对应的 e_x 也称 X 岁者的剩余期望寿命，对 X 岁的人进行人寿保险或考虑社会福利时均有参考价值。

寿命表的优点：与其他死亡统计指标相比，寿命表有着不受年龄构成影响、可直接作不同人群间比较、信息量大、能反映一段时间内的健康水平等优点，并可计算死亡统计最重要的综合性指标。

二、寿命表的应用

1. 用寿命表方法计算的期望寿命的大小仅取决于年龄组死亡率的高低，不受实际人口年龄构成的影响，所以不同地区、不同时期的平均寿命可以直接比较评价某个国家或地区居民健康水平，而且在一定程度上反映一个国家或地区的社会经济、文化教育及卫生保健的状况。

2. 可以利用寿命表研究人口再生产情况，净再生育率是测量人口再生育的确切指标，计算该指标须根据女性寿命表中的 l_x 及育龄期的生存人年数 $_nL_x$。从净再生育率水平可以分析在特定年龄组生育率和死亡率条件下人口的长期发展趋势。

3. 利用寿命表指标可以进行人口预测，所谓人口预测是指根据一个国家或者地区现有人口状况及可以预计到的未来发展变化趋势，测算在未来某个时间人口的状况，即人口的数目和人口的性别年龄构成。一个国家或地区未来人口的预测可为一个国家或地区编制国民经济计划及卫生保健规划提供人口资料；可预见一些可能发生的情况，如人口的老年化及受抚养人口的增长问题。在不同的假定条件下作出的人口预测，可预见到不同情况的人口数，对国民经济计划和卫生保健规划的决策有参考意义。

4. 可使用寿命表的方法研究人群的生育、发育及疾病发展规律。如随访一群孕妇，调查其活产、死胎和死产的结局，用定群寿命表的方法计算不同妊娠月份的活产、死胎和死产的概率，以及妊娠未结束者的预期妊娠月数。

三、其他与寿命表有关的健康评价指标

1. 潜在减寿年数（potential years of life lost，PYLL） 是某病某年龄组人群死亡者的期望寿命与实际死亡年龄之差的总和，即死亡所造成的寿命损失。

该指标以期望寿命为基准，在考虑死亡数量的基础上，进一步衡量死亡造成的寿命损失，不仅考虑到死亡水平的高低，而且考虑到死亡发生时的年龄对预期寿命的影响，强调了早死对人群健康的损害。潜在减寿年数是测量人群疾病负担、评价人群健康水平的重要指标。可通过计算不同疾病、不同年龄组死亡者总的减寿年数，比较不同地区及不同时间、不同疾病所致的寿命减少年数的特点和变化趋势，衡量某种死因对人群的危害程度，综合估计导致某人群早死的各种死因的相对重要性，为确定重点疾病、明确重点卫生问题提供依据，适用于防治措施效果的评价和卫生政策的分析。

2. 伤残调整寿命年（disability adjusted life year，DALY） 疾病可给人类健康带来包括早死与残疾（暂时失能与永久失能，即处于非健康状态）两方面的危害，这些危害的结果均可减少人类的健康寿命。DALY 是指从发病到死亡所损失的全部健康寿命年，包括因早死所致的寿命损失年（years of life lost，YLL）（实际死亡年数与一般人群中该年龄的预期寿命之差）和疾病所致伤残引起的健康寿命损失年（years lived with disability，YLD）两部分，它将两者结合起来，以反映疾病对人群寿命损失的综合影响。

DALY 是一种健康状态、生命质量（主要指伤残）调整和生命损失相结合的负向综合测量指标，把伤残状态调整成损失生命年，再加上直接由死亡（过早死亡）造成的损失生命年。它反映的是疾病状态下损失生命年或通过干预挽回的生命年损失。一个 DALY 表示一个健康生命年的损失。

3. 伤残调整期望寿命（disability-adjusted life expectancy，DALE） 它在寿命表的基础上，将人群的生存质量和死亡状况结合起来进行健康测量，成功地用于各成员国卫生系统的绩效评价。对不同个体的健康状况进行详尽描述后，将其在非完全健康状况下生活的年数，经过伤残严重性权重转化成相当于在完全健康状况下生活的年数，从而进行人群健康状况的量化评价，这种指标即为DALE。

4. 健康寿命年（healthy life years，HeaLY） HeaLY是一个将死亡和失能相结合的综合评价指标，其设计思想与DALY基本一致。HeaLY从疾病的发病开始，根据疾病的自然史，考虑疾病引起死亡的情况以及不同年龄段死亡造成的影响，并更充分地考虑到发病期间失能对健康的影响，从而对疾病对健康影响的估计更接近实际，对于宏观地认识疾病和控制疾病具有十分重要的意义。

5. 质量调整寿命年（quality adjusted life years，QALY） QALY是一种个体健康状况的综合评价指标，它全面考虑健康的生理、心理和社会适应各方面，把生命质量和生命数量相结合，以时间为测量单位反映个体以健康状态生存的年数。在经济学评价中QALY是应用最广泛的综合性效用评价指标，可用于疾病社会负担研究和成本效用分析。

6. 健康期望寿命（health life expectancy，HALE） HALE是指人群保持完全健康状态尚能存活的期望年数。HALE是以生活自理能力丧失为健康判定终点，依寿命表原理计算能够维持良好的日常生活活动功能的年限。它是衡量老年人健康功能状态的一个重要指标。

第四节 去某死因寿命表的编制

一、去死因寿命表的基本概念

1. 去死因寿命表（cause eliminated life table）的意义 研究某种死因对居民健康的影响时，常用死因别死亡率、年龄组死因死亡率及标准化死因死亡率等指标，但都存在着明显的缺点。比较合理的方法是利用去死因寿命表，分析某种或某类死因对期望寿命等寿命表指标的影响程度，反映某类疾病对人民健康的危害程度。显然，如果去除对生命威胁的某种原因，其威胁越大，期望寿命的延长就越多。

2. 去死因寿命表的优点

（1）寿命表指标期望寿命、尚存人数等的损失量可以综合说明某类死因对人群健康的影响程度，概念清楚。

（2）去死因寿命表指标不受人口年龄结构的影响，而且它既能说明某类死因对全人口的综合作用，又能表达对其中某个年龄组人口的作用。

二、去死因寿命表的编制方法

去死因寿命表中各指标的意义与全死因寿命表相同，只是在有关符号的右上角加一个标志："i"表示某死因，"$-i$"表示去某死因。编制去某死因寿命表的关键是求去某死因后各年龄组死亡概率${}_nq_X^{-i}$。有了${}_nq_X^{-i}$就可仿照编制全死因寿命表的方法，编制去某死因寿命表。以恶性肿瘤为例，具体步骤及方法如下：

1. 先根据各年龄组死亡人数${}_nD_X$和因恶性肿瘤死亡人数${}_nD_X^i$，计算去恶性肿瘤后所剩余的死亡人数，然后根据各年龄组人口数，按公式（14-9）计算去恶性肿瘤死因后的死亡率${}_nm_X^{-i}$：

$$_nm_X^{-i} = \frac{_nD_X - {}_nD_X^i}{_nP_X} \qquad (14-9)$$

2. 根据去恶性肿瘤后的死亡率，按公式（14-10）计算各年龄组去恶性肿瘤后的死亡概率 $_nq_{\bar{x}}^{-i}$：

$$_nq_{\bar{x}}^{-i} = \frac{2 \times n \times {_nm_{\bar{x}}^{-i}}}{2 + n \times {_nm_{\bar{x}}^{-i}}} \quad (14-10)$$

3. 去恶性肿瘤后的死亡人数 $_nd_{\bar{x}}^{-i}$、生存人数 $_nl_{\bar{x}}^{-i}$、生存人年数 $_nL_{\bar{x}}^{-i}$、生存总人年数 $T_{\bar{x}}^{-i}$、期望寿命 $e_{\bar{x}}^{-i}$ 的计算原理和方法均与全死因寿命表相同，所不同的是计算中将 $_nq_x$ 替换成 $_nq_{\bar{x}}^{-i}$。

例 14-2 已知 2006 年某县级市男性的各年龄组年平均人口数（见表 14-2 第 2 列）、全死因死亡人数（第 3 列）及肿瘤死亡人数（第 4 列），用这些数据求各年龄组尚存者去肿瘤死因后的期望寿命，结果见表 14-2。

表 14-2 2006 年某县级市男性去恶性肿瘤死亡寿命表

年龄（岁）X~ (1)	平均人口数 $_nP_x$ (2)	死亡人数 $_nD_x$ (3)	恶性肿瘤死亡人数 $_nD_{\bar{x}}^{-i}$ (4)	去肿瘤后死亡率 $_nm_{\bar{x}}^{-i}$ (5)	去肿瘤后的死亡概率 $_nq_{\bar{x}}^{-i}$ (6)	去肿瘤后生存人数 $_nl_{\bar{x}}^{-i}$ (7)	去肿瘤后死亡人数 $_nd_{\bar{x}}^{-i}$ (8)	去肿瘤后生存人年数 $_nL_{\bar{x}}^{-i}$ (9)	去肿瘤后生存总人年数 $T_{\bar{x}}^{-i}$ (10)	去肿瘤后期望寿命 $e_{\bar{x}}^{-i}$ (11)
0~	2622	16	0	0.006102	0.006102	100000	610	99431	8039790	80.40
1~	13262	7	1	0.000452	0.001550	99390	154	397251	7940309	79.89
5~	18627	7	1	0.000322	0.001380	99236	137	495836	7543058	76.01
10~	18796	5	1	0.000213	0.000851	99099	84	495233	7047221	71.11
15~	18318	7	1	0.000328	0.001403	99015	139	494725	6551938	66.17
20~	16199	14	1	0.000803	0.003719	98876	368	493459	6057213	61.26
25~	20264	14	2	0.000592	0.002535	98508	250	491915	5563754	56.48
30~	21352	24	5	0.000890	0.003516	98258	345	490427	5071839	51.62
35~	18637	29	7	0.001180	0.004468	97913	437	488470	4581411	46.79
40~	12883	36	10	0.002018	0.007261	97475	708	485607	4092941	41.99
45~	12935	42	13	0.002242	0.007710	96767	746	481972	3607334	37.28
50~	9778	73	19	0.005523	0.020220	96021	1942	475253	3125362	32.55
55~	7117	85	24	0.008571	0.030291	94080	2850	463274	2650109	28.17
60~	6463	77	31	0.007117	0.021038	91230	1919	451352	2186835	23.97
65~	5470	78	36	0.007678	0.020462	89311	1828	441985	1735483	19.43
70~	4076	135	38	0.023798	0.082036	87483	7177	419472	1293498	14.79
75~	2640	156	46	0.041667	0.137083	80306	11009	374011	874024	10.88
80~	1204	149	38	0.092193	0.295090	69298	20449	295366	500013	7.22
85+	553	146	14	0.238698	1.000000	48849	48849	204647	204647	4.19

通过同一人群全死因寿命期望寿命与去肿瘤寿命表期望寿命的比较，可以得到肿瘤死因对人群健康的危害程度，也间接地反映肿瘤的防控和治疗效果。从表 14-3 可知，2006 年某县级市男性因恶性肿瘤减少的平均期望寿命为 4.41 岁，反映了因恶性肿瘤死亡对平均期望寿命的损失量。即如果恶性肿瘤死亡得到有效控制，则平均期望寿命可增加 14.67%。从表 14-3 中还可以看出，除了"85+"岁组，寿命损失百分数有随年龄增加而增长的趋势，说明随着年龄

的增长，恶性肿瘤对健康的危害越大。

表 14-3 2006 年某县级市男性因恶性肿瘤死亡减少的平均预期寿命

年龄组（岁） $X\sim$ （1）	去肿瘤期望寿命 e_x^{-i} （2）	期望寿命 e_X （3）	$e_x - e_x^{-i}$ （4）	$\dfrac{e_x^{-i} - e_x}{e_x}$ （%） （5）
0~	80.40	74.83	5.57	7.44
1~	79.89	74.29	5.6	7.54
5~	76.01	70.44	5.57	7.91
10~	71.11	65.57	5.54	8.45
15~	66.17	60.65	5.52	9.10
20~	61.26	55.76	5.5	9.86
25~	56.48	50.99	5.49	10.77
30~	51.62	46.16	5.46	11.83
35~	46.79	41.41	5.38	12.99
40~	41.99	36.71	5.28	14.38
45~	37.28	32.19	5.09	15.81
50~	32.55	27.65	4.9	17.72
55~	28.17	23.61	4.56	19.31
60~	23.97	19.9	4.07	20.45
65~	19.43	15.97	3.46	21.67
70~	14.79	11.97	2.82	23.56
75~	10.88	8.68	2.2	25.35
80~	7.22	5.82	1.4	24.05
85+	4.19	3.79	0.4	10.55

第五节 小 结

1. 寿命表的编制需要通过某一特定人群完整可靠的人口资料与死亡登记资料得到平均人口数与实际死亡人数，计算年龄组死亡率，得到死亡概率，从而得到寿命表的各个指标来说明该人群生命和死亡过程的一种统计表。现时寿命表的基本原理为假定有同时出生的一代人，按照特定人群的年龄组死亡率先后死亡，用一系列指标，说明这一代人在不同年龄时的尚存人数，不同年龄段时的死亡概率与死亡人数，以及尚存者的生存人年数及平均期望寿命。医学上常用的是简略寿命表。

2. 寿命表是卫生统计常用的一种统计分析方法，主要用于评价社会经济、文化教育及卫生保健的状况，研究人口再生产过程、人口预测和人群的生育、发育及疾病发展规律。由于寿命表中的各项指标不受人口年龄结构的影响，因此，不同地区和不同时期的寿命表指标可以直接比较，其中预期寿命则是比较评价人群健康水平的重要指标。

思考与练习

一、简答题
1. 年龄组死亡率与寿命表死亡概率有什么区别和联系？
2. 简述出生期望寿命和平均寿命的区别。
3. 简述寿命表的主要用途。
4. 简述去死因寿命表的作用。

二、不定项选择题
1. 某地女性简略寿命表中"0～"岁组的期望寿命为72.3岁，关于"1～"岁组的期望寿命，以下结论错误的是
   A. 大于72.3岁
   B. 小于72.3岁
   C. 等于72.3岁
   D. 小于等于72.3岁
   E. 不一定
2. 下列说法正确的有
   A. 平均死亡年龄和寿命表中期望寿命不同
   B. 生存概率是指X岁存活者预期今后可以存活的岁数
   C. 在期望寿命的生存人年数指标计算中，10个人每人活1年和1个人活10年等价
   D. 某地"30～"岁组的死亡率变为原来的85%，则"35～"岁组的期望寿命会有所增加
   E. "0～"岁组的期内死亡者平均存活年数为0.50
3. 某地2006年女性"0～"岁组的期望寿命为75.67岁，去肿瘤后期望寿命为79.04，则
   A. 出生时该地女性的期望寿命为75.67岁
   B. "1～"岁组的期望寿命一定会小于75.67岁
   C. 出生时的期望寿命因肿瘤而损失3.37岁
   D. 如果肿瘤的死亡得到有效的控制，出生时的期望寿命可增加4.45%
   E. 该地女性出生时的期望寿命受所有年龄组死亡率的影响
4. 关于去死因寿命表，下列说法正确的有
   A. 可以说明该死因对人群生命的影响
   B. 受人口年龄结构的影响
   C. 编制时必须知道该死因造成的死亡人数或死亡率
   D. 去死因期望寿命可能小于全死因期望寿命
   E. 可以分别说明某死因对各年龄组人口的作用
5. 关于寿命表，下列说法正确的有
   A. 两地的年龄组死亡率完全相同，则两地的出生期望寿命相同
   B. 某地婴儿死亡率下降，则期望寿命曲线的起点上升
   C. 简略寿命表的编制是根据某一人群的年龄组死亡率计算出的一种统计表
   D. 健康期望寿命区分了"活得好"与"活得不好"的时间
   E. 计算期望寿命本质上是一种标准化

三、综合分析题
1. 全死因寿命表分为哪几类，各种类型的特点如何？
2. 完成下列寿命表。

我国某地2000年男性简略寿命表

年龄组	平均人口数	实际死亡数	死亡率	死亡概率	尚存人数	死亡人数	生存人年数	生存总人年数	期望寿命
0～	43681	446							
1～	98053	124							
5～	100407	75							
10～	166626	116							
15～	199860	162							
20～	249279	250							
25～	194560	210							
30～	141843	165							

续表

年龄组	平均人口数	实际死亡数	死亡率	死亡概率	尚存人数	死亡人数	生存人年数	生存总人年数	期望寿命
35~	99965	154							
40~	95662	231							
45~	95652	376							
50~	85074	563							
55~	69403	852							
60~	51560	1129							
65~	39865	1652							
70~	28956	1789							
75~	14000	1564							
80~	4465	986							
85~	1023	265							

(林爱华)

第十五章 生存分析

在医学研究中,常常需要对患者进行随访以观察疗效。研究者不仅关心终点事件如死亡或复发等是否发生,而且关心发生这些终点事件经历了多长时间。在进行资料的统计分析时,需要将终点事件是否发生和发生的时间信息等结合起来。统计学家发展了生存分析方法用于此类情形。

第一节 生存分析的基本概念

一、生存时间

医学调查研究中,观察对象在固定的研究期限范围的不同时间点进入研究,即延缓进入(staggered entry),并随访至终点事件的发生。由于不同的观察对象进入研究的时间不同,发生终点事件的时间也不同,因此不同的观察对象会具有不同的观察期。在随访研究中,生存时间指的是从招募开始到终点事件发生的时间间隔。

生存时间(survival time)可以广泛地定义为从规定的观察起点到某一特定终点事件出现的时间长度,其三要素为观察起点、终点事件和时间的度量。

观察起点和终点事件根据研究目的来确定。随机对照临床试验的观察起点通常是随机化的时间;观察性研究中,观察起点可以是发病时间、第一次确诊时间或接受正规治疗的时间等。终点事件通常是死亡、某种疾病的发生、疾病的复发、疾病的恢复或某种处理(治疗)的反应、出现并发症或更改治疗方案等研究感兴趣的事件。生存分析的结局变量为生存时间,时间长度的度量单位可以是年、月、日、小时等。例如,心脏病患者从接受移植手术后到死亡的时间;正常人群队列在随访期从无病状态发展到患有心脏病的时间,乳腺增生症妇女经药物治疗,从阳性体征消失至首次复发的时间;急性白血病患者从药物化疗到完全缓解或部分缓解的时间等。

尽管研究中可能要考虑到多个事件的发生,但是通常我们假定研究设计感兴趣的事件只有一个。由于最常见的结局是死亡,生存时间和生存分析由此得名。而终点事件通常是负面的,发生终点事件也称为失效(failure),因此生存时间也被称为失效时间。

生存分析的一个关键问题是随访期间不是所有患者都会出现感兴趣的结局。在规定的观察期内,对某些观察对象由于某种原因未能观察到终点事件发生,并不知道确切的生存时间,称为生存时间的删失数据(censored data)。产生删失数据的原因大致有:①研究结束时终点事件尚未发生;②失访,由于患者未继续就诊、拒绝访问或因患者搬迁而失去联系等,未能观察到其死亡结局;③患者因死于其他原因等终止观察。

例15-1 某医院呼吸科医师选择2000—2004年间经手术治疗的肺部肿瘤患者,对可能影响肺癌术后生存的因素进行了调查,研究者不仅要看是否出现了感兴趣的终点事件或结局(死亡),还关心出现该结局所经历的时间长短,研究因素及分组见表15-1。随访截止日期为2004年12月30日,患者的生存结局(死亡与否)通过查阅病历、电话和信访的方式获得,其中5例随访记录见表15-2。

第十五章 生存分析

表 15-1 肺癌患者生存资料变量赋值表

变量 (1)	因素 (2)	分组及赋值 (3)
age	年龄	岁
grade	肿瘤大小等级	Ⅰ级：1；Ⅱ级：2；Ⅲ级：3
therapy	手术类别	标准：1；试验：0
prior therapy	治疗史	有：1；无：0
start	手术日期	日/月/年
end	终止观察日期	日/月/年
t	生存时间	月
status	生存结局	删失：0；死亡：1

表 15-2 5例肺癌患者部分生存资料原始记录表

id (1)	age (2)	grade (3)	therapy (4)	prior therapy (5)	start (6)	end (7)	t (8)	status (9)	结局 (10)
1	62	1	0	0	10/01/2000	20/11/2004	58	0	存活
2	59	2	1	0	07/20/2000	06/21/2002	23	1	死亡
3	52	2	0	1	04/09/2000	12/03/2003	43	0	失访
4	64	1	0	0	03/05/2000	08/12/2004	53	1	死亡
5	60	1	0	0	06/06/2000	10/27/2004	52	0	死于其他

表 15-2 中，2号患者和 4号患者在随访结束前，观察到了终点事件死亡，患者的结局 (status) 记为 1。从起点到终点事件发生所经历的时间就是患者的生存时间。对这些观察对象所收集的准确的生存时间的数据称为生存时间的完全数据。例如 2号患者的生存时间为 23 个月，4号患者的生存时间为 53 个月。

表 15-2 中 1号、3号、5号患者均未观察到终点事件的发生，无确切的生存时间，生存结局均记为 0。1号患者从随访开始接受观察，随访研究结束时终点事件仍未发生。患者的生存时间大于观察期；3号患者可能由于未继续就诊、拒绝访问或因搬迁而失去联系等原因，未能观察到其死亡结局。患者的生存时间长于观察期。5号患者死于车祸而终止观察。患者由于肺癌正常死亡的生存时间未知，观察期小于生存时间。

1号、3号和 5号患者删失数据的产生原因分别为存活、失访、死于其他原因。生存时间的部分信息为从规定的起点至删失点（1号患者为研究结束时间；3号患者为最后一次随访时间；5号患者为死于车祸时间）所经历的时间。真实的生存时间未知，因此这类删失数据常在其右上角标记"+"，也叫右删失，表示比观察到的删失时间要长。相反，若只观察到生存时间的上限，并无确切的生存时间，这类数据为左删失数据。例如，调查随访人群首次暴露于 HIV 病毒的时间，首次 HIV 检测为阳性的个体，真实的生存时间小于或等于观察时间。若真实的生存时间介于已知的特定时间区间，这类删失数据为区间删失。在生存分析中，绝大多数删失数据为右删失，本章只分析右删失的情形，所有方法均为非信息性删失 (uninformative censoring)。非信息删失假定删失对象具有与非删失对象经历某感兴趣事件同样的风险。该删失机制未告诉我们任何关于经历终点事件风险的信息。

生存时间不服从正态分布，常常呈指数分布、Weibull 分布、对数正态分布、对数 logistic 分布、Gamma 分布或更为复杂的分布，因此需有能分析这类数据的特殊的统计方法。

二、死亡概率与生存概率

某时段开始时存活的个体,在该时段内死亡的可能性称为该时段的死亡概率(probability of death)。如年初尚存人口在今后 1 年内死亡的可能性为年死亡概率。

$$q = \frac{某年内死亡人数}{某年年初人口数} \quad (15-1)$$

某时段开始时存活的个体,在该时段结束时仍存活的可能性称为该时段的生存概率(probability of survival)。如年初尚存人口存活满一年的可能性为年生存概率。

$$p = \frac{某年活满一年人数}{某年年初人口数} \quad (15-2)$$

显然 $p = 1 - q$。

三、生存率

观察对象在 t_k 个时段结束时仍存活的可能性称为生存率或生存函数(survival rate, survival function),$0 \leq S(t) \leq 1$。若资料中无删失数据,直接法计算生存率的公式为:

$$S(t_k) = P(T > t_k) = \frac{t_k 时刻仍存活的例数}{观察总例数} \quad (15-3)$$

若含有删失数据,须分时段计算生存概率。假定观察对象在各分时段的生存事件独立,生存率应用概率乘法定理等于分时段的生存概率相乘。

$$S(t_k) = P(T > t_k) = p_1 \cdot p_2 \cdots p_k = S(t_{k-1}) \cdot p_k \quad (15-4)$$

式中,p_i ($i = 1, 2, \cdots, k$) 为各分时段的生存概率,故生存率又称累积生存概率(cumulative probability of survival)。

第二节 生存曲线的估计

寿命表法(life table method)和 Kaplan-Meier 法是非参数法估计生存率的主要方法,前者适用于按生存时间区间分组的大样本资料或粗略的生存时间资料;后者适用于有精确生存时间的大样本或小样本资料。应用定群寿命表的基本原理,两种方法均先求出各个时段的生存概率,然后根据概率乘法定理计算生存率。

一、寿命表法

寿命表法是分析分组生存资料的经典方法。例如肿瘤登记等大型监测系统的队列研究中,并不知道个体确定的死亡时间或删失时间,随访中某些个体死亡或删失发生在两次随访之间。

例 15-2 收集 436 名肝癌患者随访资料,取时间区间均为 1 年,整理结果见表 15-3 中 (1)~(5) 列,试估计各年生存率。

表 15-3 寿命表法估计生存率计算表

序号	确诊后年数	期内死亡数	期内删失数	期初病例数	期初有效例数	死亡概率	生存概率	生存率	生存率标准误
i	t_i	d_i	c_i	n'_i	n_i	$\hat{q}_i$	$\hat{p}_i$	$\hat{S}(t_i)$	$S_{\hat{S}(t_i)}$
(1)	(2)	(3)	(4)	(5)	(6)	(7)	(8)	(9)	(10)
1	0~	98	0	436	436.0	98/436.0=0.2248	0.7752	0.7752	0.0200
2	1~	85	0	338	338.0	85/338.0=0.2515	0.7485	0.7752×0.7485=0.5802	0.0237
3	2~	69	0	253	253.0	69/253.0=0.2727	0.7272	0.5802×0.7272=0.4220	0.0237
4	3~	40	10	184	179.0	40/179.0=0.2235	0.7765	0.4220×0.7765=0.3277	0.0226
5	4~	23	6	134	131.0	23/134=0.1716	0.8284	0.3277×0.8284=0.2715	0.0216
6	5~	9	9	105	100.5	9/100.5=0.0895	0.9105	0.2715×0.9006=0.2445	0.0211
7	6~	5	7	87	82.5	5/83.5=0.0606	0.9393	0.2445×0.9393=0.2297	0.0208
8	7~	3	3	75	73.5	3/73.5=0.0408	0.9592	0.2297×0.9592=0.2203	0.0207
9	8~	3	5	69	65.5	3/66.5=0.0458	0.9542	0.2203×0.9542=0.2102	0.0205
10	9~10	2	4	61	58.0	2/59=0.0345	0.9655	0.2102×0.9655=0.2029	0.0204

注：生存时间长于10年者54例

该生存资料为大样本，生存时间由研究者分组且含有删失数据。由于生存率即累积生存概率，可采用前述的定群寿命表的基本思想计算生存率，概念上和计算上都类似第十四章介绍的累积未发病率。

1. 计算期初有效例数 n_i。若无删失，q_i 的一个合理估计为 $\hat{q}_i = d_i/n'_i$；若该区间中有 c_i 个退出者，d_i/n'_i 将会低估 q_i。期初有效例数 n_i 调整了计算公式。该计算是假定退出的个体有一半的机会在该区间内仍面临死亡风险，期初有效例数为期初观察例数 n'_i 中减去 $c_i/2$，即 $n_i = n'_i - c_i/2$，见表 15-3 第（6）列。另一个解释是，若这部分删失对象未退出，将会额外增加死亡数 $\hat{q}_i c_i/2$，总死亡数为 $(d_i + \hat{q}_i c_i/2)$，死亡概率为 $\hat{q}_i = \frac{d_i + \hat{q}_i c_i/2}{n'_i}$，即 $\hat{q}_i = \frac{d_i}{n'_i - c_i/2}$。

2. 计算各时间区间上的死亡概率 $\hat{q}_i$、生存概率 $\hat{p}_i$ 和生存率 $\hat{S}(t_i)$，见表 15-3 第（7）、（8）和（9）列。结果该恶性肿瘤患者 1 年生存率为 77.52%，2 年生存率为 58.02%，余类推。

生存曲线（survival curve）是以生存时间为横轴，生存率为纵轴，将各个时间点所对应的生存率连接在一起的曲线图。例 15-2 生存曲线见图 15-1，呈折线形。可见肝癌患者确诊后 5 年内生存率下降较快，5 年后生存率下降较平缓，说明确诊后 4 年内肝癌对患者的死亡威胁较大。

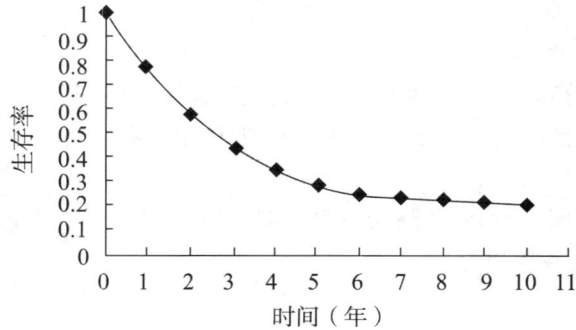

图 15-1 某恶性肿瘤生存曲线（寿命表法）

二、Kaplan-Meier 法

Kaplan-Meier 法由 Kaplan 和 Meier 于 1958 年首先提出，简称 K-M 法。由于应用乘积极限法（product limit method）计算被估生存概率，因此 K-M 法也称为乘积极限法。该方法是标准寿命表法的极限情形，即在寿命表中的区间无限增多，除最后一个区间外，所有区间的长度接近于 0，每个区间只含有一个观测数据时得到的。乘积极限的含义是：生存率等于各个区间生存概率的乘积。

例 15-3 42 例儿童急性白血病临床试验中，两组患者分别用安慰剂和 6-MP 治疗后的缓解时间（月）罗列如下，试估计两组生存率。

6-MP 组： 6　6　6　7　10　13　16　22　23　6+　9+
　　　　　10+　11+　17+　19+　20+　25+　32+　34+　34+　35+

安慰剂组： 1　1　2　2　3　4　4　5　5　8　8
　　　　　8　8　11　11　12　12　15　17　22　23

以 6-MP 组为例，计算步骤如下：

1. 将生存时间（t_i）由小到大顺序排列，完全数据与删失数据相同者，删失数据排在完全数据的后面，见表 15-4 第（2）列。

2. 列出时间区间（t_i, t_{i+1}）上的死亡数或失效数 d_i 和删失数 c_i，见表 15-4 第（3）、（4）列。

表 15-4　治疗组生存率计算表

序号 i (1)	时间（月） t_i (2)	失效数 d_i (3)	删失数 c_i (4)	期初例数 n_i (5)	死亡概率 $\hat{q}_i$ (6)	生存概率 $\hat{p}_i$ (7)	生存率 $\hat{S}(t_i)$ (8)	生存率标准误 $S_{\hat{S}(t_i)}$ (9)
1	6	3	0	21	3/21=0.1429	0.8571	1.0000×0.8571=0.8571	0.0764
2	6+	0	1	18	0/18=0.0000	1.0000	0.8571×1.0000=0.8571	0.0764
3	7	1	0	17	1/17=0.0588	0.9412	0.8571×0.9412=0.8067	0.0869
4	9+	0	1	16	0/16=0.0000	1.0000	0.8067×1.0000=0.8067	0.0869
5	10	1	0	15	1/15=0.0667	0.9333	0.8067×0.9333=0.7530	0.0963
6	10+	0	1	14	0/14=0.0000	1.0000	0.7530×1.0000=0.7530	0.0963
7	11+	0	1	13	0/13=0.0000	1.0000	0.7530×1.0000=0.7530	0.0963
8	13	1	0	12	1/12=0.0833	0.9167	0.7530×0.9167=0.6903	0.1068
9	16	1	0	11	1/11=0.0909	0.9091	0.6903×0.9091=0.6276	0.1141
10	17+	0	1	10	0/10=0.0000	1.0000	0.6276×1.0000=0.6276	0.1141
11	19+	0	1	9	0/9=0.0000	1.0000	0.6276×1.0000=0.6276	0.1141
12	20+	0	1	8	0/8=0.0000	1.0000	0.6273×1.0000=0.6276	0.1141
13	22	1	0	7	1/7=0.1429	0.8571	0.6276×0.8571=0.5379	0.1282
14	23	1	0	6	1/6=0.1667	0.8333	0.5379×0.8333=0.4482	0.1346

续表

序号	时间（月）	失效数	删失数	期初例数	死亡概率	生存概率	生存率	生存率标准误
i	t_i	d_i	c_i	n_i	$\hat{q}_i$	$\hat{p}_i$	$\hat{S}(t_i)$	$S_{\hat{S}(t_i)}$
(1)	(2)	(3)	(4)	(5)	(6)	(7)	(8)	(9)
15	25^+	0	1	5	0/5=0.0000	1.0000	0.4482×1.0000=0.4482	0.1346
16	32^+	0	1	4	0/4=0.0000	1.0000	0.4482×1.0000=0.4482	0.1346
17	34^+	0	2	3	0/3=0.0000	1.0000	0.4482×1.0000=0.4482	0.1346
18	35^+	0	1	1	0/1=1.0000	1.0000	0.4482×1.0000=0.4482	0.1346

3. 计算期初例数 n_i，即恰在每一时刻 t_i 之前的生存人数。计算时 t_{i-1} 时刻的期初例数应减去 t_i 时刻之前的死亡数和删失数，即 $n_i = n_{i-1} - d_{i-1} - c_{i-1}$，见表 15-4 第（5）列。

4. 计算各时间区间上的死亡概率或失效概率 q_i 和生存概率 p_i，见表 15-4 第（6）、（7）列。

$$\hat{q}_i = \frac{d_i}{n_i} \qquad \hat{p}_i = 1 - \hat{q}_i \tag{15-5}$$

5. 按式（15-4）计算生存率 $\hat{S}(t_i)$，见表 15-4 第（8）列。治疗组和对照组（计算表略）生存曲线见图 15-2。分析时应注意曲线的高度、下降的坡度以及两组间的相距程度。曲线高、下降平缓表示高生存率或较长生存期，如图 15-2 中的安慰剂组；曲线低、下降陡峭表示低生存率或较短生存期，在各个时间点，治疗者曲线均高于对照组，暗示治疗组在随访的各个时间点的治疗效果似乎均优于对照组。同时，两组曲线在随访的前几周距离较近，之后相距较远。两组曲线越来越宽的距离暗示，随访后期的比较治疗效果比随访前期的更好。

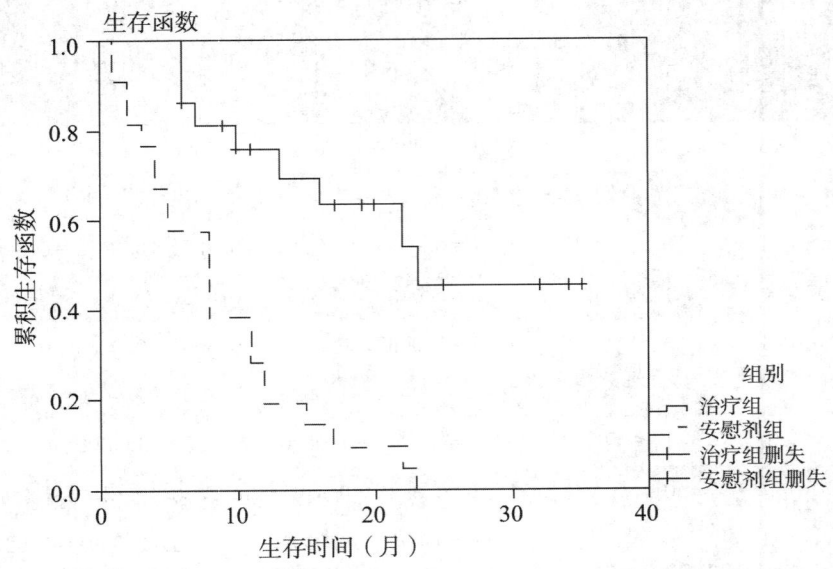

图 15-2 治疗组和安慰剂组生存曲线（Kaplan-Meier 法）

生存曲线纵轴生存率为 50% 时所对应横轴生存时间即中位生存期。中位生存期（median survival time）表示恰有 50% 的个体尚存活的时间，又称半数生存期。中位生存期越短，预后越差；反之，中位生存期越长，表示疾病的预后越好。从图 15-2 中可以直观地看出治疗组和安慰剂组的中位生存期大约为 23 个月和 8 个月。利用线性比例关系的线性内插法求解中位生存期可以得到更好的估计值，其计算是找到与生存率 50% 相邻的上下两个生存率及其生存时间列出比例式求解。若比例最大的数据是删失的而且删失的数据个数超过一半，则无法估计中位生存期。这种情况下一般是计算限于给定时间 L 的平均生存时间或者超过一给定时间长度（如 1 年、3 年或 5 年）的概率。

三、生存率的区间估计

生存率 $\hat{S}(t_i)$ 是由样本资料计算出的总体生存率的点估计值，应据此进行总体生存率的区间估计。Greenwood 生存率标准误近似计算公式为

$$\hat{S}_{S(t_i)} = \hat{S}(t_i)\sqrt{\sum_{t_j \leqslant t_i} \frac{d_j}{n_j(n_j-d_j)}} \tag{15-6}$$

如表 15-4 中 $\hat{S}(t_2)$ 的标准误为

$$\hat{S}_{S(t_2)} = \hat{S}(t_i)\sqrt{\sum_{t_j \leqslant t_i} \frac{d_j}{n_j(n_j-d_j)}} = 0.9048 \times \sqrt{\frac{1}{21 \times 20} + \frac{1}{20 \times 19}} = 0.0641$$

无删失数据时，生存率的点估计和标准误估计退化为二项分布的结果。

大样本时，生存率近似地服从正态分布，总体生存率的 $(1-\alpha)$ 置信区间为

$$\hat{S}(t_i) \pm Z_{\alpha/2} \cdot S_{\hat{S}(t_i)} \tag{15-7}$$

式中 $Z_{\alpha/2}$ 为标准正态分布对应于 α 的双侧临界值，当 $\alpha=0.05$ 时，$Z_{0.05/2}=1.96$。当 $\hat{S}(t)$ 接近 0 或 1 时，$\hat{S}(t)$ 为偏态分布。由式（15-7）计算的置信区间可能会出现超出 [0, 1] 范围的不合理情况。如表 15-4 中 $\hat{S}(t_2)$ 总体生存率的 95% 置信区间为 $0.9048 \pm 1.96 \times 0.0641 = (0.7792, 1.0303)$。此时，可对 $\hat{S}(t_i)$ 作变换

$$\hat{v}(t_i) = \ln[-\ln\hat{S}(t_i)] \tag{15-8}$$

相应的标准差为

$$S_{\hat{v}(t_i)} = \frac{S_{\hat{S}(t_i)}}{|\ln\hat{S}(t_i)| \cdot \hat{S}(t_i)} \tag{15-9}$$

利用 $\hat{v}(t_i)$ 的近似正态性质，$\ln[-\ln S(t_i)]$ 的 95% 置信区间为

$$\hat{v}(t_i) \pm 1.96 S_{\hat{v}(t_i)} \tag{15-10}$$

则 $S(t_i)$ 的 95% 置信区间为

$$\hat{S}(t_i)^{\exp[\pm 1.96 S_{\hat{v}(t_i)}]} \tag{15-11}$$

第三节 生存曲线的比较

例 15-4 例 15-3（续）试比较治疗组和安慰剂组急性白血病儿童患者的生存曲线，就总体而言，两组生存函数是否有差别？

目测两组生存曲线（图 15-2），治疗组生存率均高于安慰剂组，但两条生存曲线总体生存率的差别需通过假设检验来回答有无统计学意义。若不考虑每个观察对象生存时间的长短，笼统地以最后结果（死亡与否）作为检验依据，可采用第九章两组或多组频率比较的 χ^2 检验，但是显然过于粗糙。与普通 χ^2 检验相比，log-rank 检验能充分利用生存时间（包括删失数

第十五章 生存分析

据），而且能对各组的生存曲线作整体比较。生存分析的主要内容之一是两条或多条生存曲线比较。因此，实际工作中 log-rank 假设检验方法等应用较多。

一、log-rank 检验

log-rank 检验是比较生存曲线的非参数方法之一，其基本思想是：当 H_0 成立时，根据 t_i 时点的死亡率，可计算出各组 t_i 时点上的理论死亡数；将各组所有时点的理论死亡数累加得理论死亡总数 T_g，将 T_g 和各组的实际死亡总数 A_g 作比较，得到 log-rank 检验的 χ^2 统计量。

$$\chi^2 = \sum \frac{(A_g - T_g)^2}{T_g} \tag{15-12}$$

检验统计量 χ^2 近似服从自由度为（组数-1）的 χ^2 分布，可按相应自由度查 χ^2 界值表，得到 P 值，作统计推断并得出结论。H_0 为真时，各组实际死亡总数和理论死亡总数应该比较接近，χ^2 值比较小；H_0 非真时，各组实际死亡总数和理论死亡总数相差相对比较大，χ^2 值相对比较大。

例 15-3 两条生存曲线比较步骤如下：

H_0：$S_1(t) = S_2(t)$，对所有时间点两组生存率相等，即两总体生存曲线相同

H_1：$S_1(t) \neq S_2(t)$，即两总体生存曲线不同

$\alpha = 0.05$

1. 将两组资料统一按生存时间或失效时间（t_i）由小到大排序，见表 15-5 第（2）列。注意：排序时删失数据的处理同前。

表 15-5 治疗者和安慰剂组急性白血病儿童患者生存曲线比较的 log-rank 检验计算表

序号	时间（月）	治疗者			安慰剂组			合计	
i	t_i	n_{1i}	d_{1i}	T_{1i}	n_{2i}	d_{2i}	T_{2i}	n_i	d_i
(1)	(2)	(3)	(4)	(5)	(6)	(7)	(8)	(9)	(10)
1	1	21	0	1.0000	21	2	1.0000	42	2
2	2	21	0	1.0000	19	2	1.0000	40	2
3	3	21	0	0.5000	17	1	0.5000	38	1
…									
合计	—	—	9	19.4270	—	21	10.5730	—	30

2. 分别列出各组在时间 t_i 上的期初例数 n_{gi} 和死亡数或失效数 d_{gi}，见表 15-5 第（3）、（4）及（6）、（7）列。两组合计的期初例数 n_i 和死亡数 d_i 见表 15-5 第（9）、（10）列。

3. 计算各组在时间 t_i 上的理论死亡数 T_{gi}，计算公式同第九章理论频数的计算。

$$T_{gi} = \frac{n_{gi} d_i}{n_i} \tag{15-13}$$

各时间 t_i 上都对应一个四格表，以第一个时间 1（个月）为例，四格表如表 15-6。

则治疗组理论死亡数 = 21×2/42 = 1.000；安慰剂组理论死亡数 = 21×2/42 = 1.000。各组在时间 t_i 上的理论死亡数计算结果见表 15-5 第（5）、（8）列。

表 15-6　理论死亡数计算表（以第 4 个时间 6 个月为例）

组别	死亡数	未死亡数	合计
治疗组	0	21	21
安慰剂组	2	19	21
合计	2	40	42

4. 计算各组的实际死亡总数与理论死亡总数。治疗组实际死亡总数 $A_1=9$，理论死亡总数 $T_1=19.4270$；安慰剂组 $A_2=21$，$T_2=10.5730$。注意：$A_1+A_2=T_1+T_2=30$，可用来核对计算。

5. 代入式（15-12）计算 χ^2 统计量。

$$\chi^2 = \sum \frac{(A_g-T_g)^2}{T_g} = \frac{(9-19.427)^2}{19.427} + \frac{(21-10.573)^2}{10.573} = 15.88, \nu=1$$

查 χ^2 界值表，得 $0.005<P<0.010$，按 $\alpha=0.05$ 水准，拒绝 H_0，接受 H_1，可认为两条生存曲线不同，治疗组患者的生存曲线高于安慰剂组患者。

二、Breslow 检验

如果随机变量 a_j 以四格表的例数为权重，便可获得 Breslow 统计量（Breslow statistic），Breslow 检验取 $w_i=n_i$，

$$\chi^2 = \frac{\left[\sum w_i(d_{gi}-T_{gi})\right]}{V_g} \tag{15-14}$$

式中，d_{gi} 和 T_{gi} 意义同前，$V_g=\sum w_i^2 \frac{n_{gi}}{n_i}\left(1-\frac{n_{gi}}{n_i}\right)\left(\frac{n_i-d_i}{n_i-1}\right)d_i$。$w_i$ 为权重，在 log-rank 检验中 w_i 看作 1。相比于 log-rank 检验，Breslow 检验给出的组间死亡近期差别更大的权重，因此 Breslow 对近期差异敏感，log-rank 检验则对远期差异敏感。

例 15-2 采用 Breslow 检验，$\chi^2=13.45$，$P<0.01$，结论同 log-rank 检验。

三、趋势检验

在 log-rank 检验组间生存期差别有统计学意义后，还可做趋势检验（trend test），分析生存期长短或总体生存函数是否有随分组因素的等级变化而变化的趋势。多组生存率比较时，若分组变量是等级变量，如肿瘤分期为 Ⅰ 期、Ⅱ 期、Ⅲ 期，是否有肿瘤分期越高，预后越差；连续变量等级化分组，如年龄（岁）<30、30~、40~、≥50，是否有年龄越大，预后越差的情况。计算步骤如下：

1. 按某因素影响大小将患者分组，可采用临床上该因素的自然分组，如疾病的分期等，组数一般取奇数，如 3 组或 5 组。
2. 计算每组的实际死亡数 A 与期望死亡数 T。
3. 进行趋势检验。

$$\chi^2 = \frac{\left[\sum S(A-T)\right]^2}{\sum S^2 T - \left[(\sum ST)^2/(\sum T)\right]} \tag{15-15}$$

式中，S 为各组记分，简单地可用自然数 $1,2,\cdots,k$ 作为 S 的取值。χ^2 统计量服从自由度为 1 的 χ^2 分布。

第十五章 生存分析

例 15-5 试就表 15-7 资料,分析卵巢癌患者临床分期(grade)与预后的关系。

表 15-7 卵巢癌患者临床分期与预后的关系

临床分期	病例数	实际死亡数 A	期望死亡数 T	相对死亡比 (A/T)
(1)	(2)	(3)	(4)	(5)
Ⅰ	45	17	40.7633	0.9259
Ⅱ	29	20	23.2048	0.9877
Ⅲ	52	50	23.0318	1.1111

log-rank 检验 $\chi^2 = \frac{(17-40.7633)^2}{40.7633} + \frac{(20-23.2048)^2}{23.2048} + \frac{(50-23.0318)^2}{23.0318} = 45.8730$

$\nu=2$,$P<0.001$,可认为三组间生存率差别有统计学意义,进一步进行趋势检验。

H_0:$S_1(t) = S_2(t) = S_3(t)$,三总体生存曲线相同

H_1:$S_1(t) \geqslant S_2(t) \geqslant S_3(t)$,即临床分期越低,生存率越高

$\alpha = 0.05$

趋势检验的结果见表 15-8。

表 15-8 卵巢癌患者临床分期与预后关系趋势检验 χ^2 计算表

临床分期	记分 S	A	T	S(A-T)	ST	S^2T
(1)	(2)	(3)	(4)	(5)	(6)	(7)
Ⅰ	1	17	40.7633	-23.7633	40.7633	40.7633
Ⅱ	2	20	23.2048	-6.4096	46.4096	92.8192
Ⅲ	3	50	23.0318	80.9046	69.0954	207.2862
合计	—	87	87.0000	50.7317	156.2683	340.8687

代入式(15-15)

$$\chi^2 = \frac{50.73^2}{340.87 - [156.27^2/87.00]} = 42.77$$

$\nu=1$,查 χ^2 界值表得,$P<0.005$,可认为临床分期越低,生存率越高,预后越好。

四、应用注意事项

1. Log-rank 检验和 Breslow 检验亦适用于寿命表资料及多组生存率间的比较。

2. 实际死亡总数 A 与理论死亡总数 T 之比称为相对死亡比(relative death ratio),$R = \frac{A}{T}$,则相对危险度(relative risk,RR)估计值为两组相对死亡比之比。如表 15-5 中,治疗组与安慰剂组患者相比

$$\hat{RR} = \frac{A_1/T_1}{A_2/T_2} = \frac{9/19.427}{21/10.573} = 0.23$$

即治疗组患者死亡风险是安慰剂组患者死亡风险的 23%;反之,安慰剂组患者对治疗组患者的 $\hat{RR} = 4.29$,即治疗组患者死亡风险是安慰剂组患者死亡风险的 4.29 倍。

3. log-rank 检验属单因素分析方法,若除比较因素外,影响生存率的各混杂因素组间不均衡可比,应采用第十六章中能校正各混杂因素影响的 Cox 比例风险回归模型。

4. Log-rank 检验所需样本含量与检验水准（包括单、双侧检验）、预期的检验效能、风险比、两组例数是否均衡、随访的时间、删失率等因素有关。所需样本含量随着以下因素的变化而增大。如：检验水准越小，预期的检验效能越高，风险比越小，两组例数越不均衡，随访的时间越短，删失率越高。

第四节 小 结

1. 生存分析主要特点就是考虑了每个观察对象达到终点所经历的时间长短。它是一种将终点事件的出现与否和达到终点所经历的时间结合起来分析的统计分析方法。尽管终点事件最常见的是死亡，它也可以是疾病的发生、一种处理（治疗）的反应、疾病的复发等。生存分析可用于生存曲线估计、生存曲线比较以及影响因素分析和生存预测（后续章节的多元 Cox 回归）。

2. 生存曲线的非参数估计法有寿命表法和 Kaplan-Meier 法，寿命表法适用于粗略的生存资料，要求是观察例数较多的分组资料，Kaplan-Meier 法适用于精确的生存资料，可以是小样本或大样本未分组资料，二者均利用概率乘法定理计算生存率。

3. log-rank 检验是两条或多条生存曲线比较的非参数方法之一，该检验对远期差异敏感，能对各组的生存曲线作整体比较，实际工作中应用较多；Breslow 检验适用于组间近期差异较大时使用。

4. log-rank 检验适用于整条生存曲线的比较，若比较两条生存曲线某时间点处的生存率，可按下式计算：

$$Z = \frac{\hat{S}_1(t) - \hat{S}_2(t)}{\sqrt{S_{\hat{S}_1(t)}^2 + S_{\hat{S}_2(t)}^2}} \qquad (15-16)$$

例如根据例 15-2 数据算得治疗组和对照组 4 个月生存率分别为 1.0000 和 0.8095，标准误分别为 0 和 0.0857。

$$Z = \frac{1 - 0.8095}{\sqrt{0.0857^2}} = 2.22$$

$P < 0.05$，两组间 4 个月生存率差别有统计学意义。

若比较多个时间点处生存率，检验水准应作 Bonferroni 校正，即 $\alpha' = \alpha/k$，其中 k 为比较的次数，以保证总的 I 类错误概率不超过 α。

5. 对生存分析资料的统计分析一般要从以下几个方面报告：①一般统计描述：主要报告观察例数、终点事件发生数、删失数、随访时间（范围及其平均值）；②生存曲线估计：主要报告生存率估计方法、生存曲线（最好带期初例数）、中位生存期、某特定时间生存率点估计及其置信区间；③生存曲线比较：主要报告生存曲线图、生存曲线比较方法、检验统计量及其 P 值。

思考与练习

一、简答题

1. 简述生存分析的统计学方法及其主要用途。
2. K-M 法和寿命表法是如何利用删失数据估计生存率的？
3. 中位生存期用线性内插法如何计算？
4. 为什么寿命表法生存曲线为折线形，而 Kaplan-Meier 法生存曲线为阶梯形？

第十五章　生存分析

二、不定项选择题

1. 下列关于生存时间的定义中正确的是
   A. 急性白血病患者从治疗到开始缓解的时间
   B. 流行病学研究中，从开始接触某危险因素至某病发病所经历的时间
   C. 乳腺癌增生症妇女治疗后阳性体征消失至首次复发的时间
   D. 某队列研究从开始调查至调查结束的时间
   E. 某药物临床试验中，从受试者开始服药至退出试验的时间

2. 有关生存资料的说法，以下正确的是
   A. 样本量越大越好
   B. 死亡例数越大越好
   C. 删失数据越少越好
   D. 生存时间越精确越好

3. 表 15-9 中是急性白血病患者从开始接受治疗至死亡的随访记录。

   表 15-9　急性白血病患者从开始接受治疗至死亡的随访记录

编号	治疗日期	终止日期	结局	生存时间/天
1	2005.04.01	2005.09.08	复发	160
2	2006.02.06	2007.05.01	死亡	449
3	2005.01.05	2005.10.07	失访	275
4	2005.03.04	2006.02.02	复发	335

   ...

   生存时间属于删失数据类型的是
   A. 1号
   B. 2号
   C. 3号
   D. 4号

4. 下列有关 log-rank 检验的说法正确的是
   A. log-rank 检验可以比较各组某时间点的生存率
   B. log-rank 检验是生存曲线比较的非参数方法
   C. log-rank 检验中各组的实际死亡数等于理论死亡数
   D. log-rank 检验是各组生存率的整体比较

5. Log-rank 检验和 Breslow 检验相比，以下说法正确的是
   A. log-rank 检验对组间死亡近期差异敏感
   B. Breslow 检验对组间死亡近期差异敏感
   C. 两种方法都能比较两组生存率的整体差异
   D. 两种方法都是非参数统计方法

6. 手术治疗 100 例食管癌患者，术后 1、2、3 年的死亡数分别为 10、20、30，若无删失数据，2 年生存率为
   A. 大于 0.9
   B. 小于 0.78
   C. 大于 0.70
   D. 等于 0.70

三、综合分析题

1. 某医师收集 42 例口腔肿瘤患者甲、乙两种疗法治疗的生存时间（周），试估计两疗法组生存率，试比较两疗法组生存曲线是否有差别？

   治疗组：　143　164$^+$　188　190　192　206$^+$　209　213　216　220
   　　　　　227　230　234　246　265　304　227　230　234

   安慰剂组：　142$^+$　156$^+$　163　198　205　232　233　239　240　261
   　　　　　　280　296　323

2. 某研究者观察了确诊后采取相同化疗方案的 42 例急性混合型白血病患者，欲了解患者病情的缓解是否会受到某种不良染色体的影响，将有无不良染色体 chr（无=0，有=1）作为研究因素，治疗后 5 个月内（生存时间单位为月）症状是否缓解作为因变量 y（缓解=1，未缓解=0），骨髓原幼细胞数分组 bl，收集数据后（详细数据见表 15-10）考虑一系列统计分析，请结合以下问题，恰当地评价分析结果。

表 15-10　急性混合型白血病患者化疗后观察数据

id (1)	Sex (2)	Y (3)	Survt (4)	bl (5)	Chr (6)	id (1)	Sex (2)	Y (3)	Survt (4)	bl (5)	Chr (6)
1	0.0	0.0	1.45	0.0	1.0	22	1.0	1.0	3.06	1.0	0.0
2	0.0	0.0	1.47	0.0	1.0	23	1.0	1.0	3.49	1.0	0.0
3	1.0	0.0	2.20	0.0	1.0	24	1.0	1.0	2.12	1.0	0.0
4	1.0	0.0	2.53	0.0	1.0	25	1.0	1.0	3.52	1.0	0.0
5	0.0	0.0	1.78	0.0	1.0	26	1.0	1.0	3.05	1.0	0.0
6	1.0	1.0	2.57	0.0	1.0	27	1.0	1.0	2.32	1.0	0.0
7	1.0	1.0	2.32	0.0	1.0	28	1.0	1.0	3.26	1.0	1.0
8	1.0	0.0	2.01	0.0	1.0	29	1.0	1.0	3.49	1.0	1.0
9	1.0	0.0	2.05	0.0	1.0	30	1.0	1.0	3.97	1.0	0.0
10	1.0	0.0	2.16	0.0	1.0	31	1.0	1.0	3.05	1.0	1.0
11	1.0	1.0	3.60	0.0	1.0	32	1.0	1.0	2.32	1.0	1.0
12	1.0	1.0	2.88	0.0	1.0	33	1.0	1.0	3.26	1.0	1.0
13	1.0	0.0	2.60	0.0	0.0	34	1.0	1.0	3.49	1.0	1.0
14	1.0	0.0	2.70	0.0	0.0	35	1.0	1.0	3.97	1.0	1.0
15	1.0	1.0	2.96	0.0	0.0	36	1.0	1.0	4.36	1.0	1.0
16	1.0	1.0	3.28	0.0	0.0	37	1.0	1.0	2.42	1.0	1.0
17	0.0	0.0	1.97	1.0	1.0	38	1.0	1.0	4.01	1.0	1.0
18	1.0	1.0	2.73	1.0	1.0	39	1.0	1.0	4.91	1.0	1.0
19	1.0	1.0	2.95	1.0	0.0	40	1.0	1.0	4.48	1.0	1.0
20	1.0	1.0	2.30	1.0	0.0	41	1.0	1.0	2.80	1.0	1.0
21	0.0	1.0	1.50	0.0	0.0	42	1.0	1.0	5.00	1.0	1.0

（1）按照术后有无不良染色体分组比较缓解率，见表 15-11。考虑到四格表存在两格例数小于 5，采用 Fisher 精确概率法，得到 P 值为 0.0001，此时的结论如何？

表 15-11　有无不良染色体缓解率比较

分组	未缓解	缓解	合计	复发率（%）
无不良染色体	10	6	16	37.5
有不良染色体	1	25	26	96.2
合计	11	31	42	73.8

（2）考虑到有无不良染色体并非研究人员可以随机化分配的处理，所以比较组之间其他影响患者缓解的因素不一定均衡，因而需要考虑平衡其他可能的影响因素的作用。于是该研究者进一步查阅了相关文献，追加记录了患者的年龄 age（岁）、性别 gender（女：0；男：1）和骨髓原幼细胞数分组 bl（小于 50%：0；大于或等于 50%：1）（数据见表 15-10），采用多变量 logistic 模型，表 15-12 中的结果经前进法按 $\alpha=0.05$ 水准得到。此时的结论如何？

表 15-12 胃癌患者化疗后观察数据的前进法 logistic 回归结果

变量	b	$SE(b)$	Wald χ^2	P	$\hat{OR}$	$OR95\%CI$
(1)	(2)	(3)	(4)	(5)	(6)	(7)
chr	1.976	0.722	7.494	0.006	7.211	1.753
bl	−1.486	0.700	4.508	0.034	0.226	0.057

(3) 有临床医生指出，对于这种患者临床上可以认为只要能使缓解时间推迟就具有一定疗效，所以仅考虑是否缓解还不够，为让信息利用得更充分，可以利用复发时间的长短来进一步分析。费了很大辛苦，幸好查到了所有患者的缓解时间，于是采用 log-rank 检验比较了有无不良染色体两组患者的生存曲线，得 $\chi^2 = 5.249$，P 值为 0.022，此时的结论如何？

（谭盛葵　彭　娟）

第十六章 常用多因素分析方法

在第九章中介绍的简单线性回归与相关，是分析一个因变量与一个自变量之间的关系。但通常一个因素受到许多因素的影响，如女大学生肺活量不仅与体重有线性回归关系，还可能与胸围、身体健康状况、功能等指标有关；影响儿童咀嚼效能的因素是多方面的，包括咬合力的大小、咀嚼习惯、饮食习惯、性别和年龄等；又如低出生体重儿的产生同样受多个因素的影响，如孕妇的年龄、种族、孕期内是否患高血压、是否吸烟、是否有流产史等。因此，应把简单的线性回归与相关分析方法推广到多元统计分析的方法，即多重线性回归、多重 logistic 回归、生存分析等，从而起到更有效地识别、预报及控制影响因素的作用。多元统计分析的方法有多种，如多重线性回归与相关、聚类分析、主成分分析及因子分析等方法。在实际的科研工作中，应根据不同研究目的、数据结构选择不同的多元统计分析方法，更全面地分析医学现象背后隐藏的规律性。在本章中，仅详细介绍在实际工作中使用最多的两种多重回归方法：多重线性回归分析和多重 logistic 回归分析。

第一节 多重线性回归

一、多重线性回归模型

（一）多重线性回归的概念和任务

用线性方程来描述和分析一个因变量与多个自变量的数量关系，就称为多重线性回归（multiple linear regression）。多重线性回归模型为：

$$Y = \beta_0 + \beta_1 X_1 + \beta_2 X_2 + \cdots + \beta_p X_p + \varepsilon \tag{16-1}$$

式中，β_0 是常数项；β_i 是 X_i（$i=1, 2, \cdots, p$）对 Y 的偏回归系数（partial regression coefficient），它表示在其他自变量固定不变的情况下，X_i 每改变一个测量单位时所引起的因变量 Y 的平均改变量，Y 为独立的服从正态分布的随机变量。p 为自变量的个数。ε 为残差，独立服从 $N(0, \sigma^2)$ 分布。

研究者通过试验获得了（$X_1, X_2, \cdots, X_p, Y$）的 n 组样本值后，运用最小二乘法便可得出式（16-1）中各总体参数的估计值 $b_0, b_1, b_2, \cdots, b_p$，于是，多重回归模型（16-1）变成了多重回归方程式（16-2）。

$$\hat{Y} = b_0 + b_1 X_1 + b_2 X_2 + \cdots + b_p X_p \tag{16-2}$$

式中，b_0 是 β_0 的估计值；$b_1, b_2, \cdots, b_p$ 分别是 $\beta_1, \beta_2, \cdots, \beta_p$ 的估计值，亦称为样本偏回归系数，简称为偏回归系数；它表示在其他自变量固定不变的情况下，X_i 每改变一个测量单位时所引起的因变量 Y 的平均改变量，$\hat{Y}$ 为因变量 Y 的估计值，即 X_i 在取一组数值条件下因变量 Y 的平均估计值。

多重线性回归分析的任务包括计算相应模型中参数的估计值，并对参数进行假设检验，对自变量进行共线性诊断和对观测点进行异常点诊断，结合统计学知识和专业知识对各回归变量

（即自变量）的作用大小作出评价；并利用求得的回归方程对因变量进行预测、对自变量进行控制等。

（二）多重线性回归方程的建立

多重线性回归方程中的回归系数 $b_1, b_2, \cdots, b_p$ 可用最小二乘法求得，也就是求出能使估计值 $\hat{Y}$ 和实际观测值 Y 的误差平方和 $Q = \sum(Y-\hat{Y})^2$ 为最小值的一套回归系数 $b_1, b_2, \cdots, b_p$。根据以上要求，用数学方法可以得出求解回归方程系数 $b_1, b_2, \cdots, b_p$ 的正规方程组：

$$\begin{cases} b_1 l_{11} + b_2 l_{12} + \cdots + b_p l_{1p} = l_{1Y} \\ b_1 l_{21} + b_2 l_{22} + \cdots + b_p l_{2p} = l_{2Y} \\ \cdots \\ b_1 l_{p1} + b_2 l_{p2} + \cdots + b_p l_{pp} = l_{pY} \end{cases} \tag{16-3}$$

式中：$l_{ij} = l_{ji} = \sum(X_i - \bar{X}_i)(X_j - \bar{X}_j) = \sum X_i X_j - \dfrac{\sum X_i \sum X_j}{n}$

$l_{iY} = \sum(X_i - \bar{X}_i)(Y - \bar{Y}) = \sum X_i Y - \dfrac{\sum X_i \sum Y}{n}$

常数项 b_0 可用下式求出：

$$b_0 = \bar{Y} - b_1 \bar{X}_1 - b_2 \bar{X}_2 - \cdots - b_p \bar{X}_p \tag{16-4}$$

（三）多重线性回归方程的假设检验

在计算各偏回归系数并建立起回归方程后，还应该对此多重线性回归方程进行假设检验，判断自变量与因变量 Y 是否存在线性关系。对回归方程进行假设检验可分为两种：一种是对回归方程的假设检验，另一种是对各偏回归系数的假设检验。

1. 多重线性回归方程的假设检验 多重线性回归方程总体的假设检验与简单线性回归方程相同，均可采用方差分析的方法，将因变量总离均差平方和 $SS_总$ 分解为回归平方和 $SS_{回归}$ 与残差平方和 $SS_{残差}$ 两个部分，其自由度也相应地分解成两个部分，进行假设检验：

H_0：$\beta_1 = \beta_2 = \cdots = \beta_p = 0$

H_1：各值不全等于 0

$\beta_1, \beta_2, \cdots, \beta_p$ 表示总体回归系数。

$$F = \frac{MS_{回归}}{MS_{残差}} = \frac{SS_{回归}/p}{SS_{残差}/(n-p-1)}, \quad \nu_回 = p, \quad \nu_{残差} = n-p-1 \tag{16-5}$$

式中，$SS_总 = \sum(Y_i - \bar{Y})^2$；$SS_{回归} = \sum(\hat{Y} - Y)^2 = b_1 l_{1Y} + b_2 l_{2Y} + \cdots + b_p l_{pY}$；

$SS_{残差} = SS_总 - SS_{回归}$；n 为样本例数，p 为自变量的个数。

在 $\beta_1 = \beta_2 = \cdots = \beta_p = 0$ 成立时，F 值服从自由度为 $(p, n-p-1)$ 的 F 分布。若计算的 $F \geqslant F_{\alpha(p, n-p-1)}$，则在 α 水准上，拒绝 H_0，认为 P 个自变量 X 中，至少有一个与因变量 Y 之间存在线性回归关系。否则，不拒绝 H_0，即认为所有 X 与因变量 Y 之间无线性回归关系。

2. 偏回归系数的假设检验 在多重线性回归分析中，回归方程有统计学意义，并不能说明所有的 β_j 均不等于 0，因此，需要检验每个自变量是否均与 Y 都存在线性关系，因此，需分别对每个自变量 X_j 对应的偏回归系数进行假设检验，以免把无统计学意义的自变量引入回归方程。所用的检验方法有 F 检验与 t 检验，两种检验方法结果一致。需要说明的是，无论哪种方法，计算量都比较大，一般需要借助统计学软件完成。

（1）F 检验：是在其他自变量存在于回归方程的条件下，考察某一个自变量 X_j（$j=1, 2, \cdots, p$）对因变量 Y 的回归效应。首先将所有 p 个自变量全部引入到回归方程中，得到回

归平方和 $SS_{回归}$ 及残差平方和 $SS_{残差}$。然后将拟检验的某个自变量 X_j（$j=1, 2, \cdots, p$）从回归方程中剔除后，重新建立含 $p-1$ 个自变量的回归方程，并得到对应的回归平方和 $SS_{回归(-j)}$。差值 $SS_{回归}-SS_{回归(-j)}$，就是其他自变量存在于回归方程中的条件下，X_j 单独引起的回归平方和的改变量，称为 X_j 的偏回归平方和。最后，计算出 F 统计量：

$$F=\frac{SS_{回归}-SS_{回归(-j)}}{SS_{残差}/(n-p-1)} \quad \nu_1=1,\ \nu_2=n-p-1 \quad (16-6)$$

如果 $F_j \geq F_{\alpha(1,n-p-1)}$，则在 α 水准上，拒绝 H_0，接受 H_1，认为 X_j 与 Y 有线性关系，否则不拒绝 H_0。

（2）t 检验：还可以通过 t 检验对各偏回归系数进行假设检验。

$$t_j=\frac{b_j}{S_{b_j}} \quad (j=1, 2, \cdots, p) \quad \nu=n-p-1 \quad (16-7)$$

式中，S_{b_j} 为偏回归系数的标准误，计算量大，一般借助统计软件计算。若 $t_j \geq t_{\alpha,\nu}$，则 $P \leq \alpha$，则在 α 水准上认为 X_j 与 Y 有线性关系。

在许多情况下，需要比较各自变量对因变量相对贡献的大小，由于各自变量的测量单位不同，单单从各偏回归系数的大小来评价是不妥当的，此时需要对各偏回归系数进行标准化处理，即消除测量单位影响后，才能进行比较。消除量纲影响后计算的偏回归系数称为标准化偏回归系数 b'_j，其计算公式为：

$$b'_j=b_j \cdot (S_j/S_Y) \quad (16-8)$$

式中，S_j 和 S_Y 分别为自变量 X_j 及 Y 的标准差，b_j 为 X_j 的偏回归系数。统计学上常用标准化回归系数的绝对值大小来衡量自变量 X_i 对 Y 影响的相对重要性。

二、多重线性回归分析实例

例 16-1 27 名糖尿病患者的血清总胆固醇、三酰甘油、空腹胰岛素、糖化血红蛋白、空腹血糖的测量值见表 16-1。问：试建立血糖含量与 $X_1 \sim X_4$ 四种指标的多重线性回归方程。

表 16-1　27 名糖尿病患者的血糖及有关指标的测量结果

序号	总胆固醇 X_1	三酰甘油 X_2	胰岛素 X_3	糖化血红蛋白 X_4	血糖 Y
1	5.68	1.90	4.53	9.20	11.2
2	3.79	1.64	7.32	6.90	8.8
3	6.02	3.56	6.95	10.80	12.3
4	4.85	1.07	5.88	8.30	11.6
5	4.60	2.32	4.05	8.50	13.4
6	6.05	0.64	1.42	13.60	18.3
7	4.90	8.50	9.60	8.50	11.1
8	7.08	3.00	6.75	11.50	12.1
9	3.85	2.11	10.28	7.90	9.6
10	4.65	0.63	6.59	7.10	8.4

续表

序号	总胆固醇 X_1	三酰甘油 X_2	胰岛素 X_3	糖化血红蛋白 X_4	血糖 Y
11	4.59	1.97	3.61	8.70	9.3
12	4.29	1.97	6.61	7.80	10.6
13	7.97	1.93	7.57	9.90	8.4
14	6.19	1.18	1.42	7.90	9.6
15	6.13	2.06	9.35	10.35	10.9
16	5.71	1.78	8.53	9.00	10.1
17	6.40	2.40	4.53	10.30	14.8
18	6.06	3.67	9.79	8.10	9.1
19	5.09	1.03	2.53	8.90	10.8
20	6.13	1.71	5.28	9.90	10.2
21	5.78	3.36	2.96	9.00	13.6
22	5.43	1.13	4.31	11.30	14.9
23	6.50	6.21	3.47	12.30	16.0
24	7.98	7.92	3.37	9.80	13.2
25	11.54	10.89	1.20	10.50	20.0
26	5.84	0.92	8.61	8.40	13.3
27	3.84	1.20	6.45	10.60	10.4
28	6.01	2.55	4.44	10.50	11.4
29	7.00	2.10	5.25	10.60	12.2
30	7.50	5.50	6.50	11.00	13.1

由于多重线性回归分析计算量很大，一般采用统计软件进行计算，本例给出统计软件分析结果如下：

1. 回归方程方差分析结果（表 16-2）

表 16-2 多重线性回归方程分析表

变异来源	SS	v	MS	F	P
回归	148.0277	4	37.0069	12.14	<0.0001
残差	76.2260	25	3.049		
总变异	224.2537	29			

本例 $F=12.14$，$P<0.0001$，按照 $\alpha=0.05$ 水准，认为方程有统计学意义，拒绝各 β 值都是零的无效假设。

2. 对各偏回归系数假设检验的结果（表 16-3）

表 16-3 偏回归系数的假设检验结果

自变量	偏回归系数	标准误	t	P
常数项	4.83967	2.64584	1.83	0.0793
X_1	0.03540	0.30972	0.11	0.9099
X_2	0.35973	0.17058	2.11	0.0451
X_3	−0.37487	0.13831	−2.71	0.0120
X_4	0.83369	0.24212	3.44	0.0020

通过偏回归系数的计算，得到线性回归方程为：

$$\hat{Y}=4.83967+0.03540X_1+0.35973X_2-0.37487X_3+0.83369X_4$$

从表 16-3 可以看出，按照 $\alpha=0.05$ 水准，不是所有的自变量都有统计学意义（X_1 和常数项无统计学意义），因此，还要对自变量进行筛选，剔除没有统计学意义的变量。

三、多重回归模型中变量筛选的方法

上面提到，在多重回归分析中，多个自变量对因变量的贡献会不尽相同，有些对因变量的影响可能很小。因此，需要对自变量进行筛选。筛选变量的方法有多种，如向前筛选法、向后剔除法、逐步回归法、最优子集法、MAXR（基于最大 R^2 增量法）（R^2 称为决定系数，与简单线性回归分析同，R^2 越大，说明回归方程越有意义。）、MINR（基于最小 R^2 增量法）、RSQUARE（基于 R^2 数值大小的选择变量法）、ADJRSQ（基于校正 R^2 数值大小的选择变量法）、C_P 选择法（基于 Mallow's C_P 统计量数值大小的选择变量法）等。各种筛选变量的方法各有其特点，在此不再赘述，一般都采用统计软件实现。对例 16-1，采用逐步回归法对该资料进行变量筛选，结果如表 16-4、表 16-5 所示。

表 16-4 逐步回归法多重线性回归方程分析表

变异来源	SS	v	MS	F	P
回归	4412.20129	2	2206.10064	612.15	<0.0001
残差	100.90871	28	3.60388		
总变异	4513.11000	30			

表 16-5 逐步回归法偏回归系数的假设检验结果

自变量	偏回归系数	标准误	标准化回归系数	t	P
X_2	0.39087	0.1441	0.12085	2.71	0.0113
X_4	1.12907	0.05637	0.89235	20.03	<0.0001

以上是逐步回归分析的最终结果，给出回归模型的方差分析结果、参数估计值及其假设检验结果、标准化回归系数。此结果表明，X_2、X_4 对因变量 Y 的影响大，它符合模型的入选和排除的标准，故最后的多重线性回归方程为：$\hat{Y}=0.3909X_2+1.1291X_4$。

专业结论：根据现有资料，经逐步多重线性回归分析得知，三酰甘油、糖化血红蛋白对空腹血糖的影响具有统计学意义。同时，逐步回归得出决定系数 $R^2=0.9776>0.5$，说明由三酰甘油、糖化血红蛋白推测空腹血糖含量有较大的实用价值。

四、多重回归模型优劣的评价标准

经过回归诊断和变量筛选后,是否一定能找到一个最好的回归方程呢?那还有待斟酌。究竟哪一种筛选变量的方法最好,亦没有绝对的定论。一般来说,逐步回归法和最优回归子集法较好。对于一个给定的资料,可试用多种变量筛选的方法,结合以下几条评价标准,从中选择最佳者。

其一,拟合的多重回归方程在整体上有统计学意义;

其二,多重回归方程中各回归系数的估计值的假设检验结果都有统计学意义;

其三,多重回归方程中各回归系数的估计值的正负符号与变量在专业上的含义相吻合;

其四,根据多重回归方程计算出因变量的所有预测值在专业上都有意义;

其五,若有多个较好的多重回归方程时,残差平方和较小且多重回归方程中所含的自变量的个数又较少者为最佳。

五、应用多重线性回归分析的注意事项

在多重线性回归分析中,通过建立起回归方程,估计自变量与因变量之间的相互关系;分析哪些自变量对因变量有影响;并且从有影响的自变量当中找出哪个变量影响更大;最后通过建立的回归方程对因变量进行预测。在实现多重线性回归分析目的的过程中,应注意以下事项:

1. **多重线性回归用于预报的作用** 利用实际数据建立的回归方程,用 X 对 Y 作预报时,只能在 X 现有取值范围内进行。因为所建立的回归方程只能概括 X 与 Y 在该样本内的规律,若进行样本外预测,则要慎重。

2. **多重线性回归应用的前提条件** ①线性依存关系:因变量和自变量间具有线性依存关系。当 X 与 Y 不呈线性关系时,需对 X 作某种数据变换以满足线性的要求;②正态性:因变量原则上是连续型可测正态变量,其预测值与实际值的差值(即残差)服从正态分布;③独立性:观测单位之间是独立的,即因变量的观测值相互独立;④等方差:当自变量的取值发生变化时,因变量的总体变异保持不变。

3. **注意资料的异常点** 对因变量的预测影响特别大,甚至容易导致相反结论的观测点,被称为异常点。如果实际资料比较规则,回归方程选择得当,则标准化残差 ε_i^* 也近似服从 $N(0,1)$ 分布。如果有过多的点 $|\varepsilon_i^*|$ 超过了 1.96(按正态分布 95% 估计)时,除了考虑所选择的模型是否合适,还应考虑资料的可靠性,是否存在异常点。另外,还有若干统计量如学生化残差 Student 统计量、Cook'D、hi 统计量等可用于诊断哪些点对因变量的预测值影响大,其中最常用的是学生化残差 Student 统计量。关于各统计量的介绍此处从略。

第二节 多重 logistic 回归分析

在上一节中介绍了一个因变量与多个自变量的线性回归模型,该模型要求因变量 Y 是呈正态分布的连续型随机变量。但在医学研究中,常常会遇到因变量的取值不是连续型随机变量,而是两个或多个取值,如未发病与发病,阴性与阳性,生存与死亡,治疗的结局是无效、有效、显效、治愈。在此种情况下,若分析自变量与因变量之间的复杂关系时,就不满足多重线性回归分析的条件了。此时,就可能会用到 logistic 回归。logistic 回归属于概率型回归,其应用范围很广,不仅适用于流行病学上病因学的分析,而且也可用于临床疗效、卫生服务等因变量为二值变量的分析研究,也可用于因变量为多分类资料的研究。logistic 回归按照反应变量

（即因变量）的类型可分为：因变量二分类的 logistic 回归、因变量为多值有序的 logistic 回归、因变量为多值无序的 logistic 回归；logistic 回归按研究设计类型可分为非条件 logistic 回归和条件 logistic 回归。本节详细介绍非条件 logistic 回归。

一、多重 logistic 回归的概念、分类及任务

logistic 回归是 1970 年 Cox 提出的。设 $P(Y=1|X)$（简记为 P）表示暴露因素为 X 时个体发病的概率。发病的概率 P 与未发病的概率 $1-P$ 之比称为"优势"（odds）。对 P 作 logit 变换（logit transformation），logit P 定义为优势之对数（log odds），即：

$$\text{logit } P = \ln\left(\frac{P}{1-P}\right) \tag{16-9}$$

因此，多重 logistic 回归模型定义为：

$$\text{logit } P = \alpha + \beta_1 X_1 + \beta_2 X_2 + \cdots + \beta_j X_j \tag{16-10}$$

logit P 与各因素间呈线性关系，β_j 为 logistic 回归的偏回归系数，表示在其他变量都固定不变的情况下，X_j 对 Y 即 logit P 影响的大小。

在流行病学上，取 β_j 的自然对数可得比数比（OR）$= e^{\beta_j}$，表示其他变量不变的情况下，X_j 每变化一个单位时所引起的比数比的自然对数改变量，即引起的比数比的改变量是改变前的 e^{β_j} 倍，即 $OR_j = e^{\beta_j}$。当变量 X_j 的偏回归系数 $\beta_j > 0$ 时，X_j 增加一个单位后与增加前相比，$OR_j > 1$，表明与 X_j 相应的因素为危险因素；当变量 X_j 的偏回归系数 $\beta_j < 0$ 时，X_j 增加一个单位后与增加前相比，$OR_j < 1$，表明与 X_j 相应的因素为保护性因素。

建立 logistic 回归方程的过程也就是求常数项 α 及各偏回归系数 β_j 的过程。同多重线性回归一样，当比较暴露因素对反应变量相对贡献大小时，由于各自变量取值单位不同，也不能用偏回归系数的大小作比较，而需用标化偏回归系数来作比较。其计算公式为：

$$b'_j = b_j \cdot S_j / (\pi/\sqrt{3}) = 0.5513 b_j S_j \tag{16-11}$$

式中，b'_j 为标准化偏回归系数，S_j 为变量 X_j 的标准差，为标准 logistic 分布的标准差（$\pi = 3.1416$），标准化偏回归系数绝对值越大，说明相应变量的作用越大。

二、logistic 回归方程的参数估计及假设检验

1. 参数估计 由于 logistic 回归是一种概率模型，常用最大似然法求解模型中参数 β_j 的估计值 b_j。最大似然法根据一组实际观察资料估计 logistic 回归模型的参数。其基本思想是先建立一个样本的似然函数 L：

$$L = \prod_{i=1}^{n} P_i^{Y_i} \cdot (1-P_i)^{1-Y_i} \tag{16-12}$$

P_i 表示第 i 例观察对象阳性结果发生的概率。实际出现阳性结果时，$Y_i = 1$，否则 $Y_i = 0$；设法求出使 L 值最大的参数取值，即为参数的最大似然估计值。为了简便计算，通常取似然函数的对数形式：

$$\ln L = \sum_{i=1}^{n} [Y_i \ln P_i + (1-Y_i)\ln(1-P_i)] \tag{16-13}$$

形成要计算的目标函数 $\ln L$，然后用非线性迭代方法使对数似然函数达到极大值，此时参数取值 $b_0, b_1, b_2, \cdots, b_j$ 即为 $\beta_1, \beta_2, \cdots, \beta_j$ 的最大似然估计值。上述求解过程很复杂，一

第十六章 常用多因素分析方法

般要依靠统计软件完成。

参数 β_j 的 $100(1-\alpha)\%$ 置信区间为：$b_j \pm Z_{\alpha/2} SE(b_j)$ (16-14)

根据 OR 与 β_j 的关系，可以推导出 OR_j 的 $100(1-\alpha)\%$ 置信区间为：

$$e^{b_j \pm Z_{\alpha/2} SE(b_j)} \quad (16-15)$$

2. 假设检验　求得各自变量参数的估计值后，并不意味着每个自变量都与研究因素的发生有统计学联系，模型中应保留与研究因素发生有统计学意义的变量，并对所拟合的模型效果进行检验。即检验 $H_0: \beta_1 = \beta_2 = \cdots = \beta_j = 0$，常用的检验方法有似然比检验（likelihood ratio test）、Wald 检验（Wald test）和计分检验（score test）。

（1）回归模型检验：常用似然比检验，是先拟合一个不包含准备检验因素在内的 logistic 模型，求出它的对数似然函数值 $\ln L_j$；然后把需要检验的因素加入模型中去，再进行拟合一个 logistic 模型，求出它的对数似然函数值 $\ln L_i$；似然比统计量计算公式为：

$$\chi^2 = -2\ln\frac{L_j}{L_i} = -2\ln L_j - (-2\ln L_i) \quad (16-16)$$

回归模型有无统计学意义，说明多个自变量的组合对发生与不发生某事件是否有影响。

（2）各自变量的假设检验：说明每个自变量对因变量是否有影响，常用 Wald 检验，计算公式为：

$$\chi^2 = \left(\frac{b_j}{S_{b_j}}\right) \quad (16-17)$$

三、多重 logistic 回归分析实例

例 16-2　为了探讨冠心病发生的有关危险因素，对 26 例冠心病患者和 28 例对照者进行病例-对照研究，收集了年龄等 7 个因素的资料，各因素的变量表示及赋值见表 16-6，具体数据见表 16-7。试选用合适的多重回归模型对该资料进行多重回归分析。

表 16-6　冠心病 8 个可能的相关因素及赋值

因素	变量名	赋值说明
年龄（岁）	X_1	"<45"=1，"45~54"=2，"55~64"=3，"≥65"=4
高血压史	X_2	无=0，有=1
高血压家族史	X_3	无=0，有=1
吸烟	X_4	不吸=0，吸=1
高血脂史	X_5	无=0，有=1
动物脂肪摄入	X_6	低=0，高=1
体重指数（BMI）	X_7	"<24"=1，"24~26"=2，"≥26"=3
A 型性格	X_8	否=0，是=1
冠心病	Y	对照=0，病例=1

表 16-7 冠心病相关因素的病例-对照研究

id	X_1	X_2	X_3	X_4	X_5	X_6	X_7	X_8	Y
1	3	1	0	1	0	0	1	1	0
2	2	0	1	1	0	1	1	0	0
3	2	1	0	1	0	0	1	0	0
4	2	0	0	1	0	0	1	0	0
5	3	0	0	1	0	1	1	1	0
6	3	0	1	1	0	0	2	1	0
7	2	0	1	0	0	0	1	0	0
8	3	0	1	1	1	0	1	0	0
9	2	0	0	0	0	0	1	1	0
10	1	0	0	1	0	1	1	0	0
11	1	0	1	0	0	0	1	1	0
12	1	0	0	0	0	1	2	1	0
13	2	0	0	0	0	0	1	0	0
14	4	1	0	1	0	0	1	0	0
15	3	0	1	1	0	0	1	1	0
16	1	0	0	1	0	0	3	1	0
17	2	0	0	1	0	0	1	0	0
18	1	0	0	1	0	1	1	1	0
19	3	1	1	1	1	0	1	0	0
20	2	1	1	1	1	0	2	0	0
21	3	1	0	1	0	0	1	0	0
22	2	1	1	0	1	0	3	1	0
23	2	0	0	1	1	0	1	1	0
24	2	0	0	0	0	0	1	0	0
25	2	0	0	0	0	0	1	0	0
26	2	0	0	1	1	0	1	1	0
27	2	0	0	0	0	0	1	0	0
28	2	0	0	0	0	0	2	1	0
29	2	1	1	1	0	1	2	1	1
30	3	0	0	1	1	1	2	1	1
31	2	0	0	1	1	1	1	0	1
32	3	1	1	1	1	1	3	1	1
33	2	0	0	1	0	0	1	1	1
34	2	0	1	0	1	1	1	1	1
35	2	0	0	1	0	1	1	0	1
36	2	1	1	1	1	0	1	1	1
37	3	1	1	1	0	0	1	1	1
38	3	1	1	1	0	1	1	1	1

续表

id	X_1	X_2	X_3	X_4	X_5	X_6	X_7	X_8	Y
39	3	1	1	1	1	0	1	1	1
40	3	0	1	0	0	0	1	0	1
41	2	1	1	1	1	0	2	1	1
42	3	1	0	1	0	1	2	1	1
43	3	1	0	1	0	0	1	1	1
44	3	1	1	1	1	1	2	0	1
45	4	0	0	1	1	0	3	1	1
46	3	1	1	1	1	0	3	1	1
47	4	1	1	1	1	0	3	0	1
48	3	0	1	1	1	0	1	1	1
49	4	0	0	1	1	0	1	1	1
50	1	0	1	1	1	0	2	1	1
51	2	0	1	1	0	1	2	1	1
52	1	1	1	1	1	0	2	1	1
53	2	1	0	1	0	0	1	1	1
54	3	1	1	1	0	1	3	1	1

使用统计软件对数据进行分析结果如表16-8：

表16-8 参数估计值与OR估计值

变量	偏回归系数（b_j）	标准误（S_b）	标化回归系数（b'）	Wald χ^2	P值	OR值	OR (95% CI) 下限	OR (95% CI) 上限
常数项	−6.3502	2.0106	—	9.9756	0.0016	—	—	—
年龄（X_1）	0.8456	0.4961	0.3669	2.9046	0.0883	2.329	0.881	6.159
高血压史（X_2）	0.8842	0.8223	0.2418	1.1562	0.2823	2.421	0.483	12.132
高血压家族史（X_3）	0.8096	0.8247	0.2253	0.9636	0.3263	2.247	0.446	11.313
吸烟否（X_4）	1.0070	1.1274	0.2396	0.7979	0.3717	2.738	0.300	24.946
高血脂史（X_5）	1.0877	0.8214	0.2951	1.7538	0.1854	2.968	0.593	14.844
动物脂肪摄入（X_6）	2.0999	0.9739	0.5234	4.6491	0.0311	8.165	1.211	55.074
体重指数（X_7）	0.2648	0.6032	0.1052	0.1927	0.6607	1.303	0.400	4.250
A型性格（X_8）	1.8735	0.8628	0.5035	4.7145	0.0299	6.511	0.881	6.159

表16-8中，第2列是回归系数的最大似然估计值，第3列是其标准误，第4列是标准化回归系数，第5列是Wald检验的统计量，第6列是统计量所对应的概率值，后3列依次为OR值及其95%置信区间的上下限。从Wald检验的结果可以看出，变量动物脂肪摄入（X_6）、A型性格（X_8）有统计学意义，其他变量均无统计学意义。

四、logistic 回归方程变量筛选的方法

多重 logistic 回归和多重线性回归一样，也须对自变量进行筛选，只保留对回归方程具有统计学意义的自变量。筛选变量的方法主要有向前筛选法、向后剔除法、逐步回归法、最优子集法。而实现对变量筛选的复杂工作，一般需要借助统计软件完成。

利用统计软件对例 16-2 进行分析，采用向后逐步剔除法进行变量的筛选结果如表 16-9：

表 16-9 向后逐步剔除法筛选变量后的结果

变量	偏回归系数 (b_j)	标准误 (S_b)	标化回归系数 (b')	Wald χ^2	P 值	OR 值	OR (95% CI) 下限	上限
常数项	−5.2424	1.5855	—	10.9328	0.0009	—	—	—
年龄 (X_1)	1.1414	0.4783	0.4953	5.6940	0.0170	3.131	1.226	7.996
高血脂史 (X_5)	1.6333	0.7336	0.4431	4.9564	0.0260	5.121	1.216	21.566
动物脂肪摄入 (X_6)	1.9572	0.8782	0.4879	4.9665	0.0258	7.079	1.266	39.588
A 型性格 (X_8)	1.9149	0.7916	0.5146	5.8515	0.0156	6.786	1.438	32.023

由标准化偏回归系数的绝对值大小可知，A 型性格 (X_8) 对结果变量的影响最大，其次是年龄 (X_1)、动物脂肪摄入 (X_6)、高血脂史 (X_5)。由分析结果可以看出，最后进入回归模型的变量是年龄、A 型性格、动物脂肪摄入、高血脂史 4 个因素，其他因素均无统计学意义。就本资料而言，进入最后模型的各变量的 OR 值 95% 置信区间均不包含 1，说明其 OR 值与 1 的差异都有统计学意义。由 OR 值可以看出，年龄越高、具有高血脂史、动物脂肪摄入过高、A 型性格较低年龄、无高血脂史、动物脂肪摄入低、非 A 型性格的人更易患冠心病。

第三节 Cox 回归分析

一、Cox 回归简介

常用的多变量回归分析除了多重线性回归、多重 logistic 回归外，还有 Cox 比例风险回归模型 (Cox proportional hazards regression model)，简称 Cox 回归模型。该模型是一种多因素的生存分析方法，它可同时分析众多因素对生存期的影响。该模型可用于分析带截尾生存时间的资料，且不要求估计资料的生存分布类型。由于上述优点，在医学随访研究中得到非常广泛的应用。

Cox 回归模型表示如下：

$$h_i(t,X) = h_0(t)\exp(\beta_1 X_1 + \beta_2 X_2 + \cdots + \beta_j X_j) \tag{16-18}$$

$h_i(t,X)$ 为某病生存到 t 时刻的死亡风险函数；$h_0(t)$ 是基准风险函数，即全部自变量为 0 时的风险函数；$\beta_1, \beta_2, \cdots, \beta_m$ 为相应自变量的偏回归系数。

任意两个个体风险函数之比，即风险比 (hazard ratio, HR)

$$\begin{aligned} HR &= \frac{h_i(t)}{h_j(t)} = \frac{h_0(t)\exp(\beta_1 X_{i1} + \beta_2 X_{i2} + \cdots + \beta_p X_{ip})}{h_0(t)\exp(\beta_1 X_{j1} + \beta_2 X_{j2} + \cdots + \beta_p X_{jp})} \\ &= \exp[\beta_1(X_{i1} - X_{j1}) + \beta_2(X_{i2} - X_{j2}) + \cdots + \beta_p(X_{ip} - X_{jp})] \end{aligned} \tag{16-19}$$

第十六章 常用多因素分析方法

$i \neq j$, i, $j=1, 2, \cdots, n$

假定该比值保持一个恒定的比例，与时间 t 无关，称为比例风险（proportional hazards）假定，简称 PH 假定，即模型中协变量的效应不随时间改变而改变。

对式（16-19）两边取对数

$$\ln(HR) = \ln\left[\frac{h_i(t)}{h_j(t)}\right]$$
$$= \beta_1(X_{i1}-X_{j1}) + \beta_2(X_{i2}-X_{j2}) + \cdots + \beta_p(X_{ip}-X_{jp}) \quad (16-20)$$

式中，左侧为风险比的自然对数，右侧为协变量变化量与相应回归系数的线性组合。故 β_j（$j=1, 2, \cdots, p$）的统计学意义是，在其他变量相同的条件下，变量 X_j 每变化一个单位所引起的风险比的自然对数，或使风险函数成为原来数值的 $\exp(\beta_j)$ 倍。

当 $\beta_j>0$ 时，$\exp(\beta_j)$ 或 $HR>1$，说明 X_j 增加时，风险函数增加，即 X_j 为危险因子；当 $\beta_j<0$ 时，$\exp(\beta_j)$ 或 $HR<1$，说明 X_j 增加时，风险函数下降，即 X_j 为保护因子；当 $\beta_j=0$ 时，$\exp(\beta_j)$ 或 $HR=1$，说明 X_j 增加时，风险函数不变，即 X_j 是与危险无关的因子。

回归系数的估计采用最大似然法进行，对回归系数假设检验的方法有三种：①Score 检验，常用于模型中新变量的引入；② Wald 检验，常用于模型中不重要变量的剔除；③ 似然比检验，常用于模型中不重要变量的剔除和新变量的引入。以上三种检验方法均为 χ^2 检验，自由度为模型中待检验的参数个数。

同样，Cox 回归模型与多重线性回归、多重 logistic 回归一样，也须对自变量进行筛选，筛选变量的方法主要有向前筛选法、向后剔除法、逐步回归法和最优子集法。

二、Cox 回归分析实例

例 16-3 某研究欲考察某类型心脏病患者植入起搏器的预后生存时间和结局情况，以及两种起搏器是否存在差别，统计接受治疗的 60 例患者预后生存情况。X_1：起搏器种类（0：A 类；1：B 类），X_2：年龄（周岁，在数据分析时将年龄划分为 2 个组段，<80 为低年龄组，≥80 岁，高龄组），X_3：BMI（在数据分析时将 BMI 划分为≤5 和>5 两个组），X_4：糖尿病史（0：无，1：有），X_5：高血压史（0：无，1：有）。t：生存时间（月）；status：生存结局，死亡=1，截尾=0。数据如表 16-10 所示。

研究者欲分析影响心脏病患者生存时间长短的因素，包括植入起搏器的种类、年龄、BMI、糖尿病史、高血压史，并根据影响因素进行不同时间点上生存率的预测，试选用合适的方法进行统计分析。

表 16-10 60 例受试对象基线信息、疾病史及术后生存时间及结局

id	X_1	X_2	X_3	X_4	X_5	t	status	id	X_1	X_2	X_3	X_4	X_5	t	status
1	0	81	20.6	0	1	61	1	31	1	67	26.6	1	0	74	1
2	0	69	19.8	0	0	87	0	32	1	86	24.4	0	0	24	0
3	0	68	27.0	0	1	72	0	33	1	78	28.5	0	1	44	1
4	0	80	29.1	0	0	60	0	34	1	67	25.7	0	1	72	1
5	0	63	23.6	1	0	27	1	35	1	77	27.8	0	1	83	1
6	0	79	25.7	1	0	67	1	36	1	86	21.2	1	0	13	0
7	0	82	30.0	0	0	71	1	37	1	75	27.3	0	0	41	0
8	0	67	23.2	0	1	90	1	38	1	87	23.9	0	1	52	1

续表

id	X_1	X_2	X_3	X_4	X_5	t	status	id	X_1	X_2	X_3	X_4	X_5	t	status
9	0	64	23.7	0	0	40	0	39	1	73	20.7	0	1	49	1
10	0	81	28.7	0	1	45	1	40	1	66	20.6	0	1	81	1
11	0	62	19.9	0	1	80	0	41	1	69	23.0	1	0	72	1
12	0	77	27.7	0	0	50	1	42	1	64	20.2	0	0	91	0
13	0	86	28.4	0	1	39	1	43	1	84	20.7	0	1	36	1
14	0	64	21.0	1	1	34	1	44	1	65	17.6	0	1	82	1
15	0	84	24.7	0	0	67	1	45	1	60	21.5	0	0	97	0
16	0	71	28.1	1	0	43	1	46	1	63	22.5	1	0	48	1
17	0	67	19.1	0	0	57	1	47	1	77	24.2	1	1	21	1
18	0	81	24.9	0	0	61	1	48	1	82	19.7	0	0	37	0
19	0	78	22.7	1	0	32	1	49	1	68	24.2	0	0	69	0
20	0	69	29.2	0	0	67	1	50	1	70	28.9	0	1	71	1
21	0	63	26.1	0	0	90	0	51	1	75	23.2	0	1	42	1
22	0	71	23.9	0	0	87	1	52	1	66	24.6	0	1	92	1
23	0	79	22.2	1	1	22	1	53	1	80	26.7	1	0	68	1
24	0	68	26.8	0	0	87	0	54	1	87	22.0	0	0	38	0
25	0	63	33.1	0	1	78	1	55	1	79	25.4	0	0	90	1
26	0	77	27.8	1	1	27	1	56	1	71	25.1	1	1	40	1
27	0	69	29.7	0	0	72	1	57	1	80	29.9	0	1	32	1
28	0	80	24.1	1	1	26	1	58	1	66	26.5	1	0	72	1
29	0	87	25.8	0	0	16	1	59	1	81	26.1	1	1	19	1
30	0	67	26.2	1	0	91	1	60	1	66	25.2	1	1	51	1

使用统计软件对数据进行分析结果如表 16-11：

表 16-11 采用逐步回归法进行参数估计值与 OR 估计值

变量	偏回归系数 (b_j)	标准误 (S_{b_j})	χ^2	P	HR	OR (95% CI) 下限	上限
年龄 (X_2)	0.13727	0.02579	28.3343	<0.0001	1.147	1.091	1.207
糖尿病史 (X_4)	2.42391	0.43579	30.9367	<0.0001	11.290	4.806	26.524
高血压史 (X_5)	2.18077	0.43898	24.6797	<0.0001	8.853	3.745	20.929

Cox 模型结果显示：年龄、糖尿病史、高血压史均为植入起搏器的心脏病患者发生死亡的危险因素。三个变量的回归系数均为正值，提示年龄大于 80 岁、有糖尿病史和高血压史的患者死亡的概率增高。糖尿病史、高血压史不变的情形下，年龄每增加一岁，死亡风险增加 1.147 倍；年龄与高血压史不改变的情形下，有糖尿病史的患者死亡风险是无糖尿病史患者死亡风险的 11.290 倍；年龄与糖尿病史不改变的情形下，有高血压史的患者死亡风险是无高血压史患者死亡风险的 8.853 倍。由 Cox 回归分析结果，得出风险函数的表达式为

第十六章　常用多因素分析方法

$$h(t) = h_0(t)\exp(0.13727 \times X_2 + 2.42391 \times X_4 + 2.18077 \times X_5)$$

此表达式右侧指数部分取值越大，则风险函数 $h(t)$ 越大，预后越差，故称为预后指数（prognostic index，PI）。

生存率可由下式估计：

$$S(t) = [S_0(t)]^{\exp(\sum \hat{\beta}_i X_i)} \tag{16-21}$$

式中，$\hat{S}_0(t)$ 为基准生存率，可采用 Breslow 估计：

$$S_0(t) = \prod_{t_{(j)} \leqslant t} \left[\exp \frac{-d_j}{\sum_{i \in R_j} \exp(\sum \hat{\beta}_i X_i)} \right] \tag{16-22}$$

式中，$\prod$ 为连乘积符号，$t_{(j)}$ 为排序后的完全生存时间，d_j 为 t_j 处死亡数，R_j 为 t_j 处风险集。

输出结果显示了表 16-12 中前 10 例患者的预后指数 PI 及其所对应生存时间的生存率。如第 1 例患者 PI=13.299，61 个月生存率为 14.67%。

表 16-12　患者不同状态下的生存率及预后指数

id	t	status	X_1	X_2	X_3	X_4	X_5	PI	S
1	61	1	0	81	20.6	0	1	13.2993	0.14669
2	74	1	1	67	26.6	1	0	11.6207	0.35791
3	87	0	0	69	19.8	0	0	9.4713	0.79849
4	24	0	1	86	24.4	0	0	11.8048	0.98858
5	72	0	0	68	27.0	0	1	11.5148	0.43780
6	44	1	1	78	28.5	0	1	12.8875	0.63888
7	60	1	0	80	29.1	0	0	10.9813	0.85594
8	72	1	1	67	25.7	0	1	11.3776	0.48673
9	27	1	0	63	23.6	1	1	13.2524	0.87874
10	83	1	1	77	27.8	0	1	12.7502	0.00638

三、多重回归模型的合理选用

多重线性回归模型、多重 logistic 回归模型和 Cox 回归模型的适用范围不同。一般来说，如何依据资料类型选择适宜的回归模型，主要取决于因变量的类型。多重线性回归模型通常适用于因变量为连续型且服从正态分布的随机变量；多重 logistic 回归模型通常适用于因变量是"二值变量"或"多值有序变量"或"多值名义变量"，而 Cox 回归模型适合于因变量为生存时间且存在删失数据的情形。不同的回归模型估计值的意义不同，在多重线性回归模型中，估计值表示因变量的均数；在多重 logistic 回归模型中，估计值表示优势比的自然对数；而在 Cox 回归模型中，估计值表示风险的对数。因此模型的选用要借助专业知识，有时则需根据具体资料的表现而定，很难一概而论。但当连续性的自变量偏离正态分布很远时，直接代入多重回归模型不一定有好的表现，原本很重要的自变量可能很难入选回归模型，此时，可考虑采取适宜的变量变换，使这类自变量能够很好地发挥作用。

无论是多重线性回归还是多重 logistic 回归，都涉及样本含量问题，样本量越大结果越稳定。在样本含量的要求上，都应该满足特定实验设计中样本含量的计算公式的要求。对于多重线性回归来说，一般要求观测例数不低于变量个数的 10 倍；对于多重 logistic 回归，实际中病例和对照的人数应至少各有 20~30 例，方程中的变量个数越多需要的例数越大；而 Cox 回归模型一般要求非截尾例数至少是变量数的 10 倍。

第四节 小 结

1. 多重线性回归分析是简单线性回归分析的扩展，因变量只有一个，而自变量却有多个；模型的前提假设与简单线性回归相同。

2. 多重线性回归、logistic 回归、Cox 回归均属于多变量分析的方法，一般情况下，均需要对变量进行筛选，变量筛选的目的是使得方程中尽可能保留对回归贡献率较大的重要变量，而不包括对回归贡献较小的变量，以期用尽量简洁的模型达到结果稳定的目的。

3. 多重线性回归、logistic 回归、Cox 回归中，由于受各自变量量纲的影响，计算出的各个偏回归系数并不能直接用来比较自变量对因变量的影响大小，标准化偏回归系数消除了变量的量纲及其离散程度的影响，其绝对值的大小可用来比较各自变量对因变量的影响大小。

4. logistic 回归广泛应用于临床医学与流行病学研究中，模型的参数 β 与流行病学中常用指标优势比 OR 有如下关系：$OR_j = e^{\beta_j}$，$OR_j > 1$，表明与 X_j 相应的因素为危险因素；当变量 X_j 的偏回归系数 $\beta_j < 0$ 时，X_j 增加一个单位后与增加前相比，$OR_j < 1$，表明与 X_j 相应的因素为保护性因素。

5. Cox 回归是一种多因素的生存分析方法，在医学随访研究中应用广泛。其回归系数 β_j 的统计意义是，在其他变量不变的条件下，变量 X_j 每变化一个单位所引起的风险比的自然对数，或使风险函数增至 $\exp(\beta_j)$ 倍。

思考与练习

一、简答题

1. Cox 回归中的 RR 或者 HR 的含义是什么？如何解释 RR 或 HR 的大小？
2. 多重线性回归、logistic 回归和 Cox 回归作为常用的多因素分析方法有哪些异同？

二、单选题

1. 多重线性回归分析中，能直接反映自变量解释因变量变异数量的指标为
   A. 复相关系数
   B. 简单相关系数
   C. 确定性系数
   D. 偏回归系数
   E. 偏相关系数

2. 现测量了 102 名患有动脉粥样硬化患者的血脂，应变量为低密度脂蛋白与高密度脂蛋白含量比值（Y），建立的回归方程为：$\hat{Y} = 8.837 + 0.014TC - 0.001TG - 0.033ApoA + 0.011ApoB$，假如其他指标不变，ApoB 由 100mg/dl 增加到 120mg/dl，Y 的平均改变量是
   A. 0.110mg/dl
   B. 1.248mg/dl
   C. 20.000mg/dl
   D. 3.644mg/dl
   E. 0.220mg/dl

3. 在 logistic 回归分析中，其他条件不变时，自变量"性别"赋值由 0、1 改为 0、2，则关于"性别"变量的回归系数，下列说法正确的是
   A. 回归系数值保持不变
   B. 回归系数值变为原来的一半
   C. 回归系数值变为原来的 2 倍
   D. 回归系数值变为原来的 $e^{1/2}$ 倍
   E. 回归系数值变为原来的 e^2 倍

4. 关于 logistic 回归分析方法的叙述，下列表达不恰当的是
   A. 因变量是有序或无序的分类变量
   B. logistic 回归模型是一种概率型回归模型
   C. 建立的 logistic 模型可用于判别分析
   D. 如果某自变量的回归系数为负值，则其对应的 OR 值小于 1
   E. logistic 回归模型的自变量不能是数值变量，只能是有序和无序的分类变量

5. logistic 回归分析不适合应用的是

A. 是否发生疾病的预测
B. 慢性病的危险因素分析
C. 估计近似相对危险度
D. 多种药物的联合作用
E. 传染病的危险因素分析

6. 生存分析的因变量为
A. 生存时间
B. 结局变量
C. 生存时间与结局变量
D. 删失值
E. 正态分布变量

7. Cox 回归模型要求两个不同个体在不同时刻 t 的风险函数之比
A. 随时间增加而增加
B. 不随时间改变
C. 随时间增加而减小
D. 开始随时间增加而增加，后来随时间增加而减小
E. 视具体情况而定

8. 风险比 HR 指的是
A. 两种不同条件下死亡概率之比
B. 两种不同条件下生存概率之比
C. 两种不同条件的危险率函数之比
D. 死亡率与生存率之比
E. 死亡概率与生存概率之比

9. Cox 回归模型中的回归系数表示的意义是
A. 模型预测能力大小
B. 危险因素相对作用大小
C. 自变量能够解释因变量的百分比
D. 自变量不同取值出现结局的风险比
E. 一组自变量取值时出现结局的风险

10. 某肿瘤医院调查 1993—2002 年间经手术治疗的 81 例大肠癌患者的临床随访资料如下表：

病例号	X_1 （P27 表达）	X_2 （RB 表达）	X_3 （SNC6 表达）	X_4 （淋巴转移）	Y （生存时间，月）	C （结局）
1	1	1	0	1	32	1
2	1	0	0	1	19	1
3	0	1	0	0	25	0
4	0	0	1	0	17	0
5	1	0	1	1	16	1
…	…	…	…	…	…	…

注：$X=1$（是）；$C=1$（死亡），0（删失）

（1）欲研究各自变量 X 与患者预后之间的关系，宜选用
A. 多重线性回归分析
B. logistic 回归分析
C. Cox 回归分析
D. log-rank 检验
E. 等级相关分析

（2）对此数据进行 Cox 回归分析得到如下结果：

自变量 (1)	回归系数 b (2)	标准误 (3)	Wald χ^2 (4)	P (5)
X_1	0.7317	0.4006	3.3379	0.068
X_2	0.0184	0.0134	1.8796	0.170
X_3	0.9463	0.3855	6.0257	0.014
X_4	0.6439	0.5338	1.4544	0.228

SNC6 基因表达者相对于非表达者的风险比为
A. 2.58
B. 1.06
C. 0.39
D. 0.06
E. 413.93

三、综合分析题

某种特殊营养缺乏状态下，儿童年龄（岁）、身高（cm）与体重（kg）测定结果见下表。①试建立年龄、身高与体重的二元回归方程；②对回归方程作检验；③计算复相关系数与决定

系数；④计算年龄和身高的标准偏回归系数。

营养缺乏儿童年龄、身高、体重测定值

编号（i）	1	2	3	4	5	6	7	8	9	10	11	12
身高（cm），X_1	145	150	124	157	129	127	140	122	107	107	155	148
年龄（岁），X_2	8	10	6	11	8	7	10	9	10	6	12	9
体重（kg），Y	29	32	24	30	25	26	35	26	25	23	35	31

（李长平）

第十七章　META 分析

META 分析（META - analysis）作为医学研究领域中一种新的客观评估和综合以往研究结果的统计方法，在过去 20 年间取得了广泛的应用。作为一种定量的文献分析方法，META 分析能更好地利用和开发现有研究结果，为医学科研工作者提供大量可靠的研究依据。本章主要介绍 META 分析的基本含义、常用统计方法、偏倚及常用的 META 分析软件等内容。

第一节　META 分析概述

随着生物医学的发展和科学技术的进步，科技文献及成果大量涌现，海量的信息为医学科研工作者了解相关领域的前沿和动态提供了平台，但同时也给我们提出了新的问题：科技信息增长速度已远远超过阅读能力所及范围，如何既能节省读者时间，又能尽快获得本领域最前沿的相关信息显得尤为重要。系统综述作为文献综合评价方法，已被公认为客观评价和综合针对某一特定专题的研究证据的最佳手段，在医学领域得到了广泛的应用。系统综述分为定性系统综述、META 分析、Pooled 分析以及前瞻性 Pooled 分析四类。

META 为希腊语，意为"after, more comprehensive, secondary"，国内翻译有荟萃分析、二次分析、后分析、元分析等。META 分析的基本思想产生于 20 世纪 30 年代，前身源于 Fisher 于 1920 年提出的"合并 P 值"的思想，1955 年由 Beecher 首次提出初步的概念，20 世纪 60 年代开始应用于教育学和心理学等社会科学领域，1976 年心理学家 Glass 进一步按照其思想发展为"合并统计量"，称之为 META 分析。

一、META 分析的概念

META 分析是对同一研究题目的多项独立研究结果进行系统的、定量的综合性分析的一系列过程。它是文献的量化综述，是以同一研究题目的多项独立研究结果为研究对象，在严格设计的基础上，运用适当的统计学方法对多个研究结果进行综合分析来回答研究的问题。其优点是通过增大样本含量来增加结论的可信度，解决研究结果的不一致性。

二、META 分析的基本步骤

1. 明确提出需要解决的问题。需要解决的问题可大可小，如临床研究中的问题可以是病因学和危险因素研究、预后估计、诊断方法评价、治疗手段的有效性研究等。
2. 制订检索策略，全面广泛地收集相关的研究文献与资料。多途径、多渠道、最大限度地收集文献资料，如利用多种电子资源数据库，其中中文期刊数据库有万方数据库、维普资讯、CNKI 等，外文数据库有 PubMed、Medline、OVID 等。
3. 根据研究目的确定文献的纳入和排除标准，剔除不符合要求的文献。
4. 资料选择和提取，包括原文的结果数据、图表等。
5. 对每项研究进行质量评估。应根据研究目的和专业知识等制订质量评估标准。一般从以下几个方面考虑：①受试对象是否真正随机分组；②除研究因素外，组间基线资料是否可比；③组间病例是否存在失访所致的系统差异，是否报告失访原因等；④衡量结果时是否存在系统误差，是否采用盲法判断疗效以及是否有选择性地报告结果。

6. 统计学处理。包括同质性检验（即统计量的齐性检验）、选择适宜的统计分析模型、合并效应量的统计推断。

7. 敏感性分析。敏感性是衡量文献质量和同质性的重要指标，是指通过改变纳入标准、排除低质量的研究、采用不同统计方法/模型分析同一问题多个独立资料等，观察合并指标的变化，如果排除某篇文献对合并指标有明显影响，则可认为该文献对合并指标敏感，反之则不敏感。敏感性分析最常用的方法是分层分析，即按照不同研究特征分组，采用 Mental-Haenszel 法进行合并分析，以比较各组及其合并效应有无统计学差别。

8. 总结报告。包括分析结果的解释、结论及评价。分析结果不但要考虑有无统计学意义，还应结合专业知识判断结果有无实际意义。理想的 META 分析应该是纳入当前所有相关文献，纳入文献为高质量的同质研究，无发表偏倚，并采用适宜的模型与正确的统计分析方法。

三、META 分析的目的

1. 增加统计功效。META 分析是对同类研究结果的二次分析，整合了多项研究结果，能达到增大样本量，可有效降低单一研究结果中存在的抽样误差、测量误差等，提高统计学检验功效，提高结论的论证强度。

2. 解决单个研究结论间的矛盾，评价各项研究结果之间的不一致性。利用 META 分析可定量估计研究效应的平均水平，全面认识所研究的问题，因此对于有争议甚至互相矛盾的研究结果，可得出科学的结论。

3. 解决以往单个研究未明确的新问题，寻求新的假说。META 分析可回答单一研究中尚未提及或是不能回答的问题，能发现以往研究不足之处，揭示单个研究中存在的不确定性，从而提出新的研究课题和研究方向。

第二节　META 分析中的常用统计方法

依据纳入标准进入 META 分析的文献数据，在进行统计分析前，首先明确资料的类型、结局变量，然后根据合并效应值同质性检验结果，选择适宜的统计分析模型处理。

一、定量结局变量的 META 分析

如果分析指标是定量变量，可选择加权均数差或标准化均数差作为合并统计量，然后根据合并统计量同质性检验结果，确定选择适宜的统计分析模型处理。

（一）固定效应模型

例 17-1　某研究者欲分析某药物对糖尿病患者的降糖效果，5 项研究结果见表 17-1，试对此资料进行 META 分析。

表 17-1　某药物对糖尿病患者降糖效果的 5 个临床试验结果

研究	治疗组			对照组			S_i	d_i	w_i	$w_i d_i$	$w_i d_i^2$
	n_{1i}	$\bar{X}_{1i}$	S_{1i}	n_{2i}	$\bar{X}_{2i}$	S_{2i}					
1	48	5.43	2.11	50	9.52	5.52	4.21	−0.97	21.92	−21.29	20.67
2	40	7.55	3.06	44	11.54	5.42	4.46	−0.90	19.09	−17.09	15.30

续表

研究	治疗组			对照组			S_i	d_i	w_i	$w_i d_i$	$w_i d_i^2$
	n_{1i}	$\overline{X}_{1i}$	S_{1i}	n_{2i}	$\overline{X}_{2i}$	S_{2i}					
3	30	8.78	3.04	36	12.37	5.78	4.74	−0.76	15.40	−11.66	8.84
4	126	7.25	3.96	118	10.36	4.92	4.45	−0.70	57.49	−40.18	28.08
5	76	7.04	3.74	78	8.98	4.01	3.88	−0.50	37.33	−18.67	9.34
合计									151.22	−108.89	82.23

具体分析步骤如下：

1. 同质性检验

H_0：$D_1=D_1=\cdots=D_k$，即各研究总体效应值 D_i 相同

H_1：各研究总体效应值 D_i 不全相同

计算检验统计量

$$Q = \sum \omega_i (d-d_i)^2 = \sum \omega_i d_i^2 - \frac{(\sum \omega_i d_i)^2}{\sum \omega_i} \tag{17-1}$$

当 H_0 成立时，Q 服从自由度 $\nu=k-1$ 的 χ^2 分布，查 χ^2 界值表。如果检验结果 $P \leq \alpha$，支持随机效应模型；如果检验结果 $P > \alpha$，支持固定效应模型。

分别计算每个研究的标准化均数差（d_i）、效应合并值（d）及各研究权重（ω_i），结果见表 17-1。

$$d_i = \frac{\overline{X}_{1i} - \overline{X}_{2i}}{S_i} \tag{17-2}$$

$$S_i = \sqrt{\frac{(n_{1i}-1)S_{1i}^2 + (n_{2i}-1)S_{2i}^2}{n_{1i}+n_{2i}-2}} \tag{17-3}$$

$$\omega_i = \frac{2(n_{1i}-n_{2i})}{8+d_i^2} \tag{17-4}$$

$$d = \frac{\sum \omega_i d_i}{\sum \omega_i} \tag{17-5}$$

本例 $Q = \sum \omega_i d_i^2 - \frac{(\sum \omega_i d_i)^2}{\sum \omega_i} = 82.23 - \frac{(-108.89)^2}{151.22} = 3.823$

本例 $\nu=k-1=5-1=4$，$Q=3.823$，$P>0.05$，不拒绝 H_0，即 5 个研究具有同质性，支持固定效应模型。

2. 计算加权均数的 95% 置信区间

本例 $d = \frac{\sum \omega_i d_i}{\sum \omega_i} = \frac{-108.89}{151.22} = -0.72$，$\sum \omega_i = 151.22$

$$95\%CI = d \pm \frac{1.96}{\sqrt{\sum \omega_i}} \tag{17-6}$$

$$95\%CI = d \pm \frac{1.96}{\sqrt{\sum \omega_i}} = -0.72 \pm \frac{1.96}{\sqrt{151.22}} = (-0.88, -0.56)$$

本例效应合并值 95% 置信区间不包含 0，拒绝 H_0，认为效应合并值与 0 的差别有统计学意义，该药物对糖尿病患者具有降糖作用。

(二) 随机效应模型

例 17-2 某研究者欲分析某药物对高血压患者的降压效果，5 项研究结果见表 17-2，试对此资料进行 META 分析。

表 17-2 某药物对高血压患者降压效果的 5 个临床试验结果

研究	治疗组			对照组			S_i	d_i	w_i	$w_i d_i$	$w_i d_i^2$
	n_{1i}	$\overline{X}_{1i}$	S_{1i}	n_{2i}	$\overline{X}_{2i}$	S_{2i}					
1	96	12.6	4.1	90	5.2	2.3	3.35	2.21	186	410.59	906.35
2	65	10.3	1.8	63	4.9	1.9	1.85	2.92	128	373.65	1090.71
3	56	11.7	4.3	58	4.8	2.2	3.40	2.03	114	231.52	470.20
4	35	14.2	5.2	35	4.5	1.4	3.81	2.55	70	178.31	454.23
5	45	14.8	5.3	45	3.6	1.2	3.84	2.91	90	262.33	764.62
合计									588	1456.39	3686.10

如果同质性检验结果为拒绝 H_0，采用随机效应模型，主要统计分析方法为 D-L 法，由 DerSimonian-Laird 于 1986 年提出。具体分析步骤如下：

1. 同质性检验

H_0：$\delta_1 = \delta_2 = \cdots = \delta_k$，即各研究总体效应值 δ_i 相同

H_1：各研究总体效应值 δ_i 不全相同

计算检验统计量

$$\chi^2 = \frac{k s_d^2}{s_e^2} \tag{17-7}$$

$$s_e^2 = \frac{4k}{\sum \omega_i} \left(1 + \frac{\overline{d}^2}{8}\right) \tag{17-8}$$

当 H_0 成立时，服从自由度 $\nu = k-1$ 的 χ^2 分布，查 χ^2 界值表。如果检验结果 $P \leq \alpha$，支持随机效应模型；如果检验结果 $P > \alpha$，支持固定效应模型。

分别计算每个研究的标准化均数差 (d_i)、加权均数 ($\overline{d}$) 和加权方差估计值、各研究权重 (ω_i)，结果见表 17-2。

$$d_i = \frac{\overline{X}_{1i} - \overline{X}_{2i}}{S_i} \tag{17-9}$$

$$\omega_i = N_i = n_{1i} + n_{2i} \tag{17-10}$$

$$\overline{d} = \frac{\sum \omega_i d_i}{\sum \omega_i} \tag{17-11}$$

$$s_d^2 = \frac{\sum \omega_i (d_i - \overline{d})^2}{\sum \omega_i} = \frac{\sum \omega_i d_i^2}{\sum \omega_i} - \overline{d}^2 \tag{17-12}$$

本例 $\overline{d} = \dfrac{\sum \omega_i d_i}{\sum \omega_i} = \dfrac{1560.55}{588} = 2.48$

$$s_d^2 = \frac{\sum \omega_i (d_i - \bar{d})^2}{\sum \omega_i} = \frac{\sum \omega_i d_i^2}{\sum \omega_i} - \bar{d}^2 = \frac{4413.83}{588} - 2.65^2 = 0.134$$

$$s_e^2 = \frac{4k}{\sum \omega_i}\left(1 + \frac{\bar{d}^2}{8}\right) = \frac{4 \times 5}{588}\left(1 + \frac{2.48^2}{8}\right) = 0.060$$

$$\chi^2 = \frac{ks_d^2}{s_e^2} = \frac{5 \times 0.134}{0.060} = 11.15$$

本例 $\nu = k - 1 = 5 - 1 = 4$，$Q = 11.15$，$P < 0.05$，拒绝 H_0，即 5 个研究不具有同质性，支持随机效应模型。

2. 计算加权均数的 95% 置信区间

固定效应模型：

$$95\%CI = \bar{d} \pm 1.96 S_{\bar{d}} \tag{17-13}$$

$$S_{\bar{d}} = \frac{S_e}{\sqrt{k}} \tag{17-14}$$

随机效应模型：

$$95\%CI = \bar{d} \pm 1.96 S_\delta \tag{17-15}$$

$$S_\delta = \sqrt{S_d^2 - S_e^2} \tag{17-16}$$

$$95\%CI = \bar{d} \pm 1.96 S_\delta = 2.48 \pm 1.96\sqrt{0.134 - 0.060} = (1.94, 3.01)$$

本例效应合并值 95% 置信区间不包含 0，拒绝 H_0，认为效应合并值与 0 的差别有统计学意义，该药物对高血压患者具有降压作用。

二、定性变量资料的 META 分析

对于定性变量资料，可列成列联表形式，最简单的为四格表。四格表资料数据基本格式见表 17-3。

表 17-3 四格表资料数据基本格式

暴露或特征	病例组	对照组	合计
有	a_i	b_i	n_{1i}
无	c_i	d_i	n_{2i}
合计	m_{1i}	m_{2i}	T_i

（一）固定效应模型

对于定性变量资料，如果分析指标为二分类变量，可选择比值比 OR、相对危险度 RR 或率差 RD 作为合并统计量，用于描述多个研究的合并效应值，其结果的解释与单个研究指标相同。固定效应模型的 META 分析方法有 Mantel-Haenszel 法（简称 M-H 法）、Peto 法、Fleiss 法以及 General variance-based 法。下面结合例 17-3 介绍 Peto 法。

例 17-3 某研究者欲分析吸烟与胃癌的关系，结果见表 17-4，试对此资料进行 META 分析。

表 17-4　吸烟与胃癌关系 5 个病例-对照研究的 META 分析

研究	吸烟		不吸烟		OR_i	E_i	(O_i-E_i)	V_i	$\dfrac{(O_i-E_i)^2}{V_i}$
	病例组	对照组	病例组	对照组					
1	276	1072	209	682	0.84	292.01	−16.00	91.07	2.81
2	28	81	30	56	0.65	32.42	−4.42	10.10	1.94
3	190	421	363	680	0.85	204.28	−14.28	85.80	2.38
4	122	121	118	101	0.86	126.23	−4.23	28.82	0.62
5	151	142	179	135	0.80	159.29	−8.29	37.67	1.83
合计							−47.22	253.45	9.57

Peto 法具体分析步骤如下：

1. 同质性检验

H_0：$OR_1=OR_2=\cdots=OR_k$，即各研究总体效应值 OR_i 相同

H_1：各研究总体效应值 OR_i 不全相同

检验统计量计算公式：

$$Q=\sum\frac{(O_i-E_i)^2}{V_i}-\frac{\left(\sum(O_i-E_i)\right)^2}{\sum V_i} \tag{17-17}$$

当 H_0 成立时，Q 服从自由度 $\nu=k-1$ 的 χ^2 分布，查 χ^2 界值表。如果检验结果 $P\leqslant\alpha$，支持随机效应模型；如果检验结果 $P>\alpha$，支持固定效应模型。

分别计算 OR_i、E_i、(O_i-E_i)、V_i、$\dfrac{(O_i-E_i)^2}{V_i}$，结果见表 17-4。

$$OR_i=\frac{a_id_i}{b_ic_i} \tag{17-18}$$

$$E_i=\frac{m_{1i}n_{1i}}{T_i} \tag{17-19}$$

$$V_i=\frac{m_{1i}n_{1i}m_{2i}n_{2i}}{T_i^2(T_i-1)} \tag{17-20}$$

本例 $Q=\sum\dfrac{(O_i-E_i)^2}{V_i}-\dfrac{\left(\sum(O_i-E_i)\right)^2}{\sum V_i}=9.57-\dfrac{(-47.22)^2}{253.45}=0.77$

本例 $\nu=k-1=5-1=4$，$Q=0.77$，$P>0.05$，不拒绝 H_0，即 5 个研究具有同质性，支持固定效应模型。

2. 计算合并 OR_p 值

$$OR_p=\exp\left(\frac{\sum(O_i-E_i)}{\sum V_i}\right) \tag{17-21}$$

$$OR_p=\exp\left(\frac{\sum(O_i-E_i)}{\sum V_i}\right)=\exp\left(\frac{-47.22}{253.45}\right)=0.83$$

3. 计算 OR_p 的 95% 置信区间

$$\exp\left(\ln(OR_p)\pm\frac{1.96}{\sqrt{\sum V_i}}\right) \tag{17-22}$$

本例 $\exp\left(\ln(0.83) \pm \dfrac{1.96}{\sqrt{253.45}}\right) = (0.73, 0.94)$

本例效应合并值95%置信区间不包含1，可以认为合并的 OR_p 不等于1，吸烟与胃癌有联系。

（二）随机效应模型

该模型允许各独立试验之间存在差异，通过固定效应模型计算出的 Q 值大小来检验各研究间的同质性，当 $Q \leq k-1$ 时，随机效应模型与固定效应模型计算结果相似；当 $Q > k-1$ 时用随机效应模型，主要是对 w_i 加以校正，求 D 值。

对定性变量资料进行 META 分析时，如果同质性检验结果为拒绝 H_0，采用随机效应模型。

例 17-4 某研究人员欲分析是否有高血压史与脑卒中的关系，结果见表 17-5，试对此资料进行 META 分析。

表 17-5 是否有高血压史与脑卒中的关系的 5 项病例-对照研究的 META 分析

研究	高血压史（＋）		高血压史（－）		OR_i	w_i
	病例组	对照组	病例组	对照组		
1	111	78	231	329	2.03	3.87
2	535	283	206	443	4.07	4.13
3	37	9	26	111	17.55	1.00
4	62	26	57	93	3.89	2.65
5	59	16	49	92	6.92	2.03
合计						13.69

具体分析步骤如下：

1. 同质性检验

H_0：$OR_1 = OR_2 = \cdots = OR_k$，即各研究总体效应值 OR_i 相同

H_1：各研究总体效应值 OR_i 不全相同

检验统计量计算公式：

$$Q = \sum \frac{b_i c_i}{T_i} [\ln(OR_i) - \ln(OR_{MH})]^2 \tag{17-23}$$

当 H_0 成立时，Q 服从自由度 $\nu = k-1$ 的 χ^2 分布，查 χ^2 界值表。如果检验结果 $P \leq \alpha$，支持随机效应模型，需对 w_i 加以校正，计算 OR_{DL}；如果检验结果 $P > \alpha$，支持固定效应模型。

分别计算 OR_i 与 OR_{MH}，带入公式计算 Q 值。

$$OR_{MH} = \frac{\sum \dfrac{b_i c_i}{T_i} OR_i}{\sum \dfrac{b_i c_i}{T_i}} \tag{17-24}$$

本例 $OR_{MH} = \dfrac{282.11}{74.93} = 3.76$，$Q = 9.22 + 0.23 + 3.03 + 0.01 + 1.35 = 13.84$

本例 $\nu = k-1 = 5-1 = 4$，$Q = 13.84$，$P < 0.05$，拒绝 H_0，即 5 个研究间不同质，支持随机效应模型。

2. 计算 D 值

$$D = \frac{[Q-(k-1)]\sum \frac{b_i c_i}{T_i}}{\left(\sum \frac{b_i c_i}{T_i}\right)^2 - \sum \left(\frac{b_i c_i}{T_i}\right)^2} \quad (17-25)$$

$$D = \frac{[13.84-(5-1)]74.93}{74.93^2-2211.51} = 0.22$$

3. 计算 w_i 值

$$w_i = \frac{1}{D+\frac{T_i}{b_i c_i}} \quad (17-26)$$

4. 计算合并的 OR_{DL} 值

$$OR_{DL} = \exp\left(\frac{\sum w_i \ln(OR_i)}{\sum w_i}\right) \quad (17-27)$$

$$OR_{DL} = \exp\left(\frac{18.93}{13.69}\right) = 3.99$$

5. 计算 OR_{DL} 95% 置信区间

$$\exp\left(\ln(OR_{DL}) \pm \frac{1.96}{\sqrt{\sum w_i}}\right) \quad (17-28)$$

$$\exp\left(\ln(3.99) \pm \frac{1.96}{\sqrt{13.69}}\right) = (2.35, 6.77)$$

本例合并效应值 95% 置信区间不包含 1，可以认为合并的 OR_{DL} 不等于 1，是否有高血压史与脑卒中有联系。

第三节 META 分析中的偏倚

META 分析是通过综合多个研究结果来回答所研究的问题，本质上是一种观察性研究。分析所需的资料来源于发表的文献报道，而非原始资料，这样原始研究中存在的偏倚不可避免，而且在分析过程中处理不当将会引入新的偏倚，从而影响分析结果的真实性和可靠性，歪曲真实的情况。

一、偏倚的种类

（一）纳入 META 分析中的原始文献本身存在的偏倚

包括选择性偏倚（selection bias）、实施偏倚（performance bias）、失访偏倚（attrition bias）、测量偏倚（detection bias）、报告偏倚（reporting bias）。

（二）进行 META 分析过程中产生的偏倚

可分为抽样偏倚（sampling bias）、选择偏倚（selection bias）和研究内偏倚（within study bias）。

1. 抽样偏倚　抽样偏倚是指查找相关文献时产生的偏倚。包括发表偏倚（publication

bias)、索引偏倚（index bias）、查找偏倚（search bias）、参考文献偏倚（reference bias）或引文偏倚（citation bias）、多重发表偏倚（multiple publication bias）、主题多重使用偏倚（multiply used subjects bias）和英语偏倚（English language bias）等。

2. 选择偏倚　选择偏倚是指根据文献纳入和剔除标准选择符合 META 分析的文献时产生的偏倚，主要包括纳入标准偏倚（inclusion criteria bias）和选择者偏倚（selector bias）。为减少选择偏倚，应尽量制订明确的、严格统一的文献纳入和剔除标准。

3. 研究内偏倚　研究内偏倚是在资料提取时产生的偏倚，包括提取者偏倚（extractor bias）、研究质量评分偏倚（bias in scoring study quality）、报告偏倚（reporting bias）。为减少研究内偏倚，应由两人以上采用盲法独立提取资料，设计专门的提取数据表格，明确各数据及质量评价的统一标准。

二、偏倚的检查

偏倚检查的常用方法包括漏斗图法、线性回归法、秩相关法检验法及失安全数法。以下主要介绍漏斗图法和失安全数法。

1. 漏斗图　漏斗图（funnel plots）是指相对于样本量的效应值，由 Light 等首先在 1984 年提出。以研究效应估计值为横坐标，样本量为纵坐标绘制的散点图。漏斗图分析是根据图形的不对称程度判断 META 分析中有无偏倚的一种方法。由于估计的效应量精度随样本量增加而增加，因此小样本研究的效应量散在分布于图形的底部，而大样本研究的效应量分布于顶部较窄的范围内，如果不存在偏倚，研究结果形成一个对称的倒置漏斗形。否则，如果图形明显不对称，则表明可能存在偏倚。

2. 失安全数　失安全数（fail safe number，N_{fs}）由 Rosenthal 在 1979 年提出，即当 META 分析结果有统计学意义时，计算需多少阴性结果的报告才能使其结论逆转。P 为 0.05 和 0.01 时的失安全数计算公式如下：

$$N_{fs0.05} = \left(\sum Z/1.64\right)^2 - S \tag{17-29}$$

$$N_{fs0.01} = \left(\sum Z/2.33\right)^2 - S \tag{17-30}$$

式中，S 为研究个数，Z 为各独立研究的 Z 值。失安全数越大，说明 META 分析的结果越稳定，结论被推翻的可能性越小。

第四节　常用 META 分析软件简介

目前，META 分析已成为当今文献定量分析不可或缺的工具，被公认为客观评价研究证据的最佳手段。为适应 META 分析的发展以及不同类型资料分析的需要，多种 META 分析软件被开发出来。本章主要介绍当前常用的 META 分析软件，为读者提供参考。

一、Review Manager

Review Manager（RevMan）是目前 META 分析专用软件中较成熟的软件之一，是当前医学领域应用最为广泛的 META 分析软件，是国际 Cochrane 协作网制作和保存 Cochrane 系统评价的专用软件，由北欧 Cochrane 中心制作和更新。其独特的功能是可以与 Archie 服务器连接。非商业用户可以通过以下网址免费下载并使用（http://ims.cochrane.org/revman/download）。

RevMan 界面方便友好，能够输入中文，具有简单易学、操作简单、结果直观等特点。RevMan 软件中设置了干预措施系统评价、诊断试验精确性系统评价、方法学系统评价和系统评价汇总评价 4 类格式，可绘制森林图及漏斗图。但是其统计功能有限，操作相对繁琐，功能较为单一。仅提供对定量资料如呈正态分布的资料合并方法及定性资料的优势比（OR）、相对危险度（RR）和率差（RD）的合并方法；仅能通过漏斗图直观判断是否存在偏倚，对其对称性无法进行检验；不能进行 META 回归分析、累积 META 分析、Begg 检验、Egger 检验及绘制拉贝图等。

二、Stata

Stata 与 SAS、SPSS 并称为新的三大权威统计软件。Stata 占用硬盘空间较小，操作灵活，同时具有数据管理软件、统计分析软件、绘图软件等特点，是目前 META 分析最受推崇的软件，国外高质量杂志更倾向于接收其 META 分析图形界面。

Stata 功能强大，可完成连续性变量、二分类变量、诊断试验、单纯 P 值以及生存资料等的 META 分析、META 回归分析、累积 META 分析、网状 META 分析、Begg 检验、Egger 检验及敏感性分析等；能够绘制森林图、漏斗图和拉贝图。

三、R 软件

R 软件是基于 S 语言的一种免费开放式的统计编程环境。具备完整的数据处理、计算和作图功能，通过相应的程序包完成 META 分析，具有功能完整、作图精美等优点。可以对 META 分析中多种计算方法进行快速简便且准确的统计分析，且不断更新，实用性强，在国内已逐渐得到应用。

目前常用的 META 分析程序包有 metafor、meta、rmeta 等，可以完成二分类及连续性变量的 META 分析外，还可以进行 META 回归分析、累积 META 分析、非参数剪补法识别和校正有发表偏倚导致的漏斗图的不对称及对发表偏倚的 Begg 检验和 Egger 检验。同时可以绘制森林图、漏斗图、星状图（radial plot）、拉贝图以及 Q-Q 正态分位图（Q-Q normal plot）。

四、CMA 软件

Comprehensive Meta Analysis（CMA）软件是由美国国家卫生研究院（NIH）资助、由英国和美国 META 分析领域公认专家制作并进行维护、更新的一款专门设计进行 META 分析的软件。该软件界面友好，能够输入中文，主要包括数据输入、数据分析和高分辨率图形三个版块。可以完成连续型及二分类变量的 META 分析、META 回归分析、累计 META 分析等，但不能行诊断试验的 META 分析。是目前非编程软件中唯一可同时进行随机效应与固定效应模型分析、自动剔除单个研究行敏感性分析以及将多种类型数据合并分析的软件。

五、其他

除上述几种分析软件外，还有 SAS、SPSS、Matlab、WinBUGS/OpenBUGS、Meta-Analyst、Meta-Disc、MIX（Meta-analysis with Interactive eXplanations）、MetaWin 等。各种软件均有其优缺点，实际应用中具体选择何种软件因人而异。

第五节 小 结

1. META 分析是对同一研究题目的多项独立研究结果进行系统的、定量的综合性分析的一系列过程。其优点是通过增大样本含量来增加结论的可信度。

2. META 分析步骤包括提出问题、制订检索策略、确定文献的纳入和排除标准、资料选择和提取、统计学处理、敏感性分析等。

3. META 分析可以增加统计功效；解决单个研究间的矛盾，评价各项研究结果之间的不一致性；解决以往单个研究未明确的新问题，寻求新的假说。META 分析过程中注意偏倚的识别和控制。

4. META 分析统计学处理中，针对依据纳入标准进入 META 分析的文献数据，明确资料的类型、结局变量，根据同质性检验结果，选择固定效应模型或随机效应模型，计算合并效应值并进行假设检验。

5. 常用的 META 分析软件包括 Review Manager、Stata、R 软件、CMA 软件、SAS、SPSS 等，每种软件均有其优缺点，实际应用因人而异。

思考与练习

一、简答题

1. META 分析的目的是什么？
2. META 分析的基本步骤是什么？
3. META 分析中的偏倚有哪些？
4. 常用的 META 分析软件有哪些？

二、多选题

1. META 分析的目的是
   A. 增加检验效能
   B. 定量估计研究效应的平均水平
   C. 评价研究结果的不一致性
   D. 寻找新的假说和研究思路
   E. 估计偏倚大小

2. 进行 META 分析时，如果纳入和排除标准制订过严，那么
   A. 各独立研究的同质性很好
   B. 符合要求的文献很多
   C. 可能会失去增加统计学功效、定量估计研究效应平均水平的意义
   D. 降低了 META 分析结果的可靠性和有效性
   E. 没有影响

3. 下列关于 META 分析的说法错误的是
   A. META 分析是一种观察性研究
   B. META 分析能排除原始研究中的偏倚
   C. META 分析的目的是比较和综合多个同类研究的结果
   D. 针对随机对照试验所做的 META 分析结论更为可靠
   E. META 分析结果的真实性与各个独立研究的质量没有关系

4. 下列关于 META 分析的说法正确的是
   A. META 分析是一种观察性研究
   B. META 分析一般不对各独立研究中的每个观察对象的原始数据进行分析
   C. 报告 META 分析结果时，可不考虑研究背景和实际意义
   D. META 分析的结论推广时应注意分析干预对象特征、干预场所、干预措施以及依从性等方面的差异
   E. META 分析可能得不出明确的结论

5. META 分析过程中的抽样偏倚包括
   A. 发表偏倚
   B. 索引偏倚
   C. 查找偏倚
   D. 参考文献偏倚
   E. 英语偏倚

6. META 分析常用软件包括
   A. Review Manager
   B. Stata
   C. R 软件
   D. CMA 软件
   E. SAS

三、综合分析题

1. 对如下资料进行同质性检验，并选择适宜统计分析模型分析。

表 17-6　某药物降血脂疗效的 5 个临床试验结果

研究	治疗组			对照组		
	n_{1i}	$\bar{X}_{1i}$	S_{1i}	n_{2i}	$\bar{X}_{2i}$	S_{2i}
1	24	4.6	4.1	26	7.7	4.6
2	18	4.8	1.6	20	6.3	2.1
3	30	11.5	3.8	32	14.5	6.1
4	9	12.4	4.7	9	11.1	3.4
5	11	7.1	1.3	45	8.9	3.2

2. 某研究者拟分析心肌梗死患者服用阿司匹林预防效果检索资料整理如下，试进行同质性检验并选择适宜统计分析模型分析。

表 17-7　服用阿司匹林预防心肌梗死疗效的 7 个临床试验结果

研究编号	死亡数/患者数		研究编号	死亡数/患者数	
	阿司匹林组	安慰剂组		阿司匹林组	安慰剂组
1	49/615	67/624	5	85/810	54/406
2	44/758	64/771	6	246/2267	219/2257
3	32/317	38/309	7	1570/8587	1720/8600
4	102/832	126/850			

（李兴洲）

第十八章 常用统计软件简介

统计分析过程往往涉及复杂的计算，近几十年发展的多变量分析方法更是如此。现代统计分析以计算机技术为支撑，计算机软件和硬件技术的日新月异，把人们从繁琐的数学计算中解放出来，同时也促进了现代统计技术的飞速发展。目前常用的统计软件不下几十种，随着计算机技术的进步，统计软件也向着可处理的数据规模更大、分析速度更快、程序更优化、操作更简单、界面更友好等方向不断发展。统计软件按照其功能，可以分为专用软件和通用软件。专用软件针对某种特定的用途设计，如专门的统计制图软件。而对大多数统计工作者和研究人员来说，需要能够完成多种数据处理、分析功能的综合统计软件。本章将介绍 SPSS、SAS、Stata 和 R 这四种常用的综合性统计分析软件的特点和基本操作。

第一节 SPSS 软件简介

SPSS (Statistical Product and Service Solutions)，中文名称为"统计产品与服务解决方案"，是全世界最早开发的统计软件系统之一，于 1968 年由美国斯坦福大学三位专业背景截然不同的研究生（分别为社会科学、运筹学和工商管理）开发，最初用于社会调查数据的统计分析，故原名"社会科学统计软件包"。1975 年 SPSS 开始商业化，并于 1985 年和 1992 年推出微机版本和个人电脑操作系统 Windows 版本的统计产品，极大扩充了应用范围。SPSS 集成了数据编辑、整理、统计分析和作图等功能，其菜单操作简单易学，因而深受广大用户的青睐。此外，SPSS 公司陆续开发出新的产品，如数据挖掘类产品 SPSS Modeler、数据收集类产品 SPSS Data Collection、结果发布类产品 SPSS Collaboration and Deployment Services 等，扩大了 SPSS 的行业影响力。SPSS 曾更名为预测统计分析软件（Predictive Analytics Software，PASW），被 IBM 公司收购后再次更名为 IBM SPSS。目前 SPSS 被应用于全球 100 多个国家的不同领域和行业。本节所介绍的 SPSS 主要是 SPSS Statistical，2013 年 8 月的最新版本为 22.0，下文以 SPSS18.0 为例进行介绍。

和同类软件相比，SPSS 主要特点包括：

1. 使用方便 从 17.0 开始，SPSS 提供了多国语言版本，可以直接通过菜单选项进行语种选择，界面清晰明了，便于使用。

2. 实用的数据转接和处理功能 SPSS 与多类软件有数据转换接口，可以方便地获取外部数据库。如 Microsoft Excel 生成的（*.xls）数据文件、DBASE 和 FOXPRO 生成的(*.dbf)数据文件，当前国内使用广泛的 Epidata 数据管理软件也能导出 *.sps 和 *.txt 格式的数据文件与 SPSS 对接。此外，SPSS 能对数据进行基本而常用的数据处理，如计算、转换、合并等。

3. 操作简单 与其他同类软件相比，SPSS 最大的特色是"菜单式"操作，无需编程，因此只要知道每个菜单的功能，就可以轻松地使用它。

一、SPSS 的窗口

SPSS 常用窗口包括以下三种：数据编辑窗口（Data Editor）、结果输出窗口（Viewer）和程序编辑窗口（Syntax Editor），其中前两种窗口最为常用。

（一）数据编辑窗口

打开 SPSS 程序后即进入图 18-1 所示的数据编辑窗口（Data Editor）。该窗口是统计分析的主界面，可以建立新的数据文件、导入、编辑和整理数据以及进行统计分析。数据编辑窗口中通过左下角的页面切换，可以进入数据窗口（Data View）和变量窗口（Variable View），其中数据窗口用于显示和编辑数据，变量窗口则用于定义、显示和编辑变量特征。低版本的 SPSS 每次只能开启一个数据文件，而 14.0 以上的版本可以同时打开多个数据文件，但每次只能对一个进行操作。SPSS 数据文件的扩展名为 .sav。

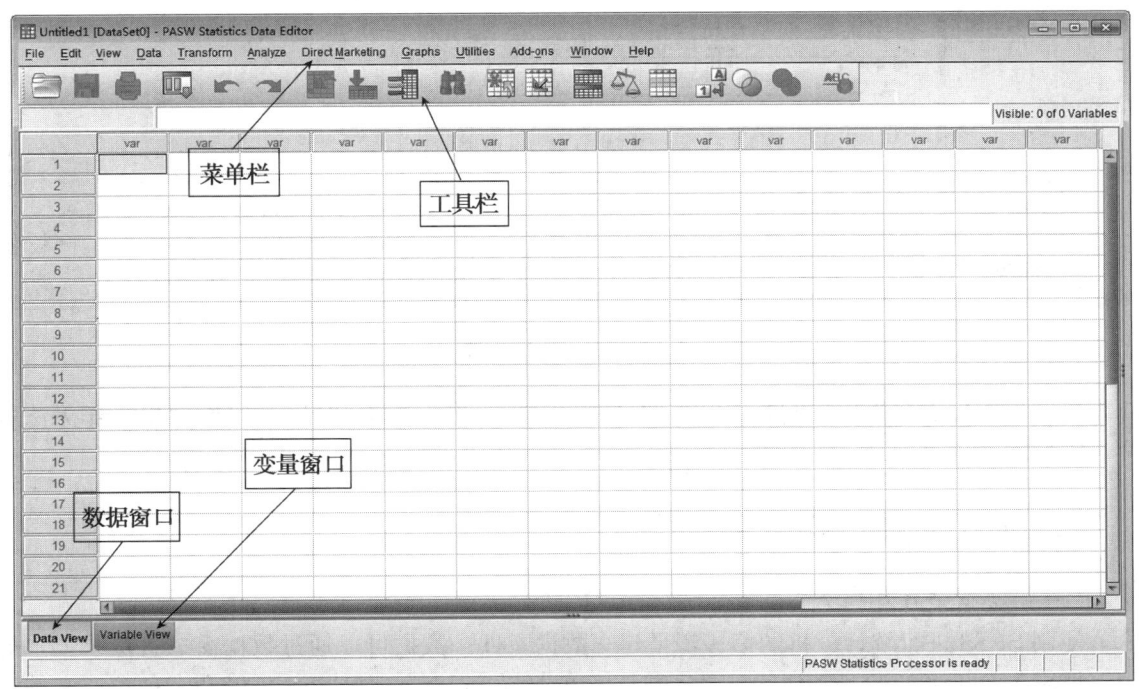

图 18-1　数据编辑窗口

（二）结果输出窗口

导入数据文件或者进行统计分析后，结果输出窗口（Viewer）会被打开，此外还可以通过"File/New/Output"来打开结果输出窗口（图 18-2）。统计分析的所有结果，包括文本、表格、图形以及数据整理的过程都记录在结果输出窗口。结果输出窗口又分两部分，左侧为标题窗，记录每个分析步骤的标题和概要；右侧是内容窗，记录每个分析步骤的具体输出内容。在操作过程中可以同时打开多个结果输出窗口，但是每次分析的结果只会输出到某个指定的窗口。SPSS 结果文件的扩展名为 .spv。

（三）程序编辑窗口

在 SPSS 日常使用中，虽然前两种窗口使用频率较高，但通过程序编辑可以进行一些菜单中未提供的统计分析，掌握好程序编辑窗口（Syntax Editor）的使用有时可以提供很大的便利。

打开程序编辑窗口可以通过"File/New/Syntax"，或通过菜单操作时，在对话框单击"Paste"按钮，将操作过程以可执行程序的形式保存到程序编辑窗口。通过 Syntax 窗口保存某个过程的 SPSS 程序，后续类似的计算过程只需在程序编辑窗口对变量名进行更改，简单快捷。

通过建立程序文件，在大型或复杂的资料处理过程中，可以将整个分析过程保存下来，便

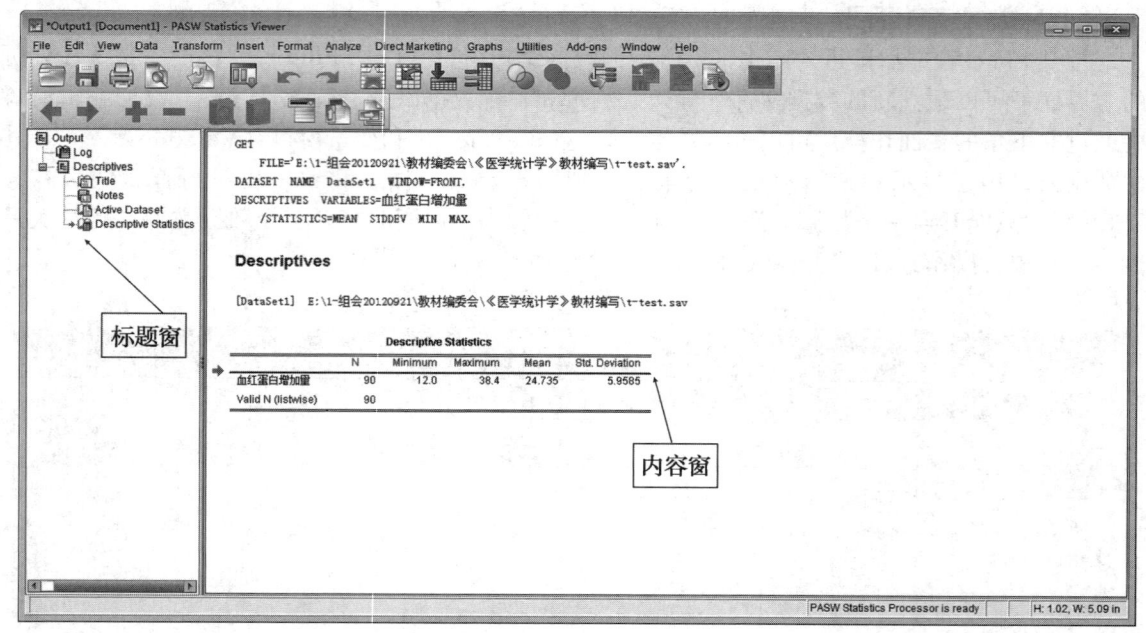

图 18-2　结果输出窗口

于阅读和修改后重复操作；同时，对一些特殊的统计分析过程，SPSS 自带的菜单操作无法解决，需通过编程来实现。

二、SPSS 的数据整理和编辑功能

（一）数据录入和导入

使用 SPSS 进行统计分析的第一步是建立数据文件。数据可以通过数据窗口直接录入，但很多情况下分析者会通过其他软件录入数据，在本节一开始说到 SPSS 可以和多种数据文件实现对接，通过这种对接可直接导入外部数据文件。导入外部数据文件可以通过从菜单项"File/Open/Data"，在计算机中找到相应的数据文件来完成。导入的过程中要注意根据数据文件的类型选择相应的文件格式，同时，被导入的数据应处于关闭状态。

（二）数据合并

数据合并（Merge File）包括向当前数据集中添加观察单位（Add Cases）和添加变量（Add Variables）两种处理。添加观察单位时应注意两个数据文件中的变量名称要一致；添加变量时需要选定一个匹配变量（Key Variable）来对两个数据库的个体进行匹配和合并。其菜单操作过程为"Data/Merge File/Add Cases"或"Data/Merge File/Add Variables"。

（三）重组

通过重组（Restructure）操作可以对数据集进行结构调整，包括将变量转换为观察单位，将观察单位转换为变量及转换所有数据三种方式。其菜单操作过程为"Data/ Restructure"。在临床的数据中常常会碰到重复测量或者多次随访的记录，而原始记录可能是每个观察对象一次测量作为一行，需要将同一观察对象的所有测量放在同一行，此时可执行"将观察单位转换为变量"，即将每次测量作为一个变量，通常以观察对象的身份辨识码作为匹配变量（如id 号），形成如"id"、"测量 1"、"测量 2"、"测量 3"等变量；也可能是每个观察单位的全部记录作为一行，需要将每次的测量作为独立的一行记录，此时可以执行"将变量转换为观察单位"，如某数据的记录中每一行分别包括四个变量："id"、"测量 1"、"测量 2"、"测量 3"，经转换后可以将一行记录转为 3 行，每一行均为"id"、"测量值"（3 行分别对应 3 次测

量值)。

(四) 拆分文件

拆分文件 (Split File) 过程可以将整个数据库按某个分类变量拆分为几个部分,各个部分平行执行同一个分析过程。菜单操作过程为 "Data/Split File/Organize output by groups"。如需按性别分别描述男性和女性的血压,可以按性别拆分数据库文件,将性别变量放入上述对话框内。当对血压进行均数和标准差的计算时,相应的统计分析会对男性和女性平行、独立地进行。

(五) 选择观测

选择观测 (Select Cases) 用于选择部分观察对象来进行分析。在分析过程中,当我们只关心具有某些特征的个体或者需要从全部样本中选出部分随机个体用于分析时,可以通过 Select Cases 这一步骤来实现。其菜单操作过程为 "Data/Select Cases"。这一步骤在进行观察对象选择时有三种处理方式:第一是过滤掉未被选择的观察对象,使其不参与分析;第二是将符合要求的观察对象选出来建立在一个新的数据库中;第三是将未选中的观察对象删除,一般不采用第三种方式。如仅分析年龄≥18周岁的观察对象(变量名为 age),可以在 Select Cases 选择 "if age>=18"。

(六) 计算

通过计算 (Compute) 过程,可以调用相关函数对变量进行一系列数学运算,其菜单操作过程为 "Transform/ Compute Variable/…"。

(七) 变量转换

有时候需要对一些变量进行重新赋值,如将连续型变量年龄进行转换,成为等级变量(青年、中年、老年),或进一步将该等级变量转换为二分类变量(中青年、老年),都需要用到变量转换 (Recode),转换过程中可以选择对原变量进行更改(重新编码为相同变量 Recode into Same Variables),也可以将转换后的变量作为一个新的变量插入数据库(重新编码为不同变量 Recode into Different Variables)。其菜单操作为 "Transform/ Recode into Same Variables" 或 "Recode into Different Variables"。

(八) 时间变量的整理 (Data and Time Wizard)

临床数据中时间变量可能是一个不可或缺的变量类型,临床数据分析常涉及时间变量的生成或者计算。如需要根据出生年月计算患者的年龄,或根据手术时间和随访结局时间计算生存时间等,均可通过 "Transform/Data and Time Wizard/Calculate with dates and times" 过程进行操作。

又如有可能在数据录入过程中时间的小时、分和秒等是分开录入的,此时我们可以根据相应的变量来生成一个时间变量,并进行时间跨度的计算,如手术时长、调查时间的长短。此时可通过 "Transform/Data and Time Wizard/Create a data/time variable from variables holding parts of dates of times" 过程来操作。

三、SPSS 的统计分析功能

SPSS 的绝大部分统计分析功能包含在菜单 Analyze 中(表 18-1),这些分析几乎涵盖了临床研究中最常用的统计分析方法。具体包括:

第十八章　常用统计软件简介

表 18-1　SPSS 中 Analyze 各模块的主要功能

Analyze 的模块	内容
Descriptive Statistics	频数分析、定量资料的统计描述、正态性检验（包括 P-P 图和 Q-Q 图）、交叉表
Compare Means	单样本、两独立样本、配对样本的 t 检验以及单因素方差分析
General Linear Model	多因素的方差分析（如：随机区组设计、交叉设计、析因设计、重复测量设计的方差分析）
Generalized Linear Model	包括广义线性模型和广义估计方程
Mixed Model	18.0 版本仅支持线性混合效应模型，19.0 以上版本增加了广义线性混合模型
Correlate	简单相关分析和偏相关分析
Regression	线性回归、logistic 回归（二分类、无序多分类、有序多分类）、曲线回归
Loglinear	对数线性模型
Neural Networks	神经网络（多层感知器神经网络和径向基函数神经网络）
Classify	聚类和判别分析
Dimension Reduction	主成分分析、因子分析、对应分析
Scale	信度分析
Nonparametric Tests	非参数秩和检验
Survival	生存分析（Kaplan-Meier、Cox 回归等）
Missing Value Analysis	缺失值分析（数据缺失描述以及回归填补、多重填补、EM 算法填补等多种常用的缺失数据填补技术）
ROC Curve	ROC 曲线分析

下面实例分析仅以两独立样本的 t 检验和简单线性回归为例，说明 SPSS 统计分析的操作过程和主要结果。

四、实例分析

（一）t 检验

例 18-1　为研究某新药治疗贫血患者的疗效，将 90 名患者随机分成两组，一组给予新药治疗，一组使用常规药治疗，分别测量患者的血红蛋白增加量（g/L），问新药和常规药治疗贫血患者的疗效有无差别？（数据见 t-test.sav）

操作过程见表 18-2。

表 18-2　t 检验操作过程

操作	说明
Analyze→Compare Means→Independent→Samples T Test	
Test Variables	选择变量，本例为"血红蛋白增加量"
Grouping Variable	选择分组变量
Define Groups	定义组别：本例 1 是新药组，2 是常规药组
Options	设置置信区间的置信度及缺失值处理：本例无缺失值，置信区间按默认的 95%CI
Continue	
OK	

主要输出结果：

(1) 统计描述：两独立样本的 t 检验会直接输出两组的统计描述指标（均数和标准差，图 18-3）。

Group Statistics

	g	N	Mean	Std. Deviation	Std. Error Mean
血红蛋白增加量	新药组	45	28.682	4.8468	.7225
	常规药组	45	20.789	4.0581	.6050

图 18-3　t 检验统计描述结果

(2) 统计推断：统计推断结果包括两组数据的方差齐性检验，以及在方差齐性假设成立与否的不同情况下，t 检验的结果（图 18-4）。

Independent Samples Test

		Levene's Test for Equality of Variances		t-test for Equality of Means						
									95% Confidence Interval of the Difference	
		F	Sig.	t	df	Sig. (2-tailed)	Mean Difference	Std. Error Difference	Lower	Upper
血红蛋白增加量	Equal variances assumed	1.477	.228	8.375	88	.000	7.8925	.9423	6.0198	9.7652
	Equal variances not assumed			8.375	85.363	.000	7.8925	.9423	6.0190	9.7660

图 18-4　t 检验统计推断结果

Levene's Test for Equality of Variances：即 Levene 方差齐性检验，其结果在图 18-4 的第三列和第四列。本例中 Levene F 统计量为 1.477，相应的 P 值>0.10，可认为两组资料满足方差齐性。

t-test for Equality of Means：t 检验的结果分为两行，分别为 Equal variances assumed 和 Equal variances not assumed，前者指数据满足方差齐性的前提条件，后者为不满足，此时分别读取第一行或第二行的 t 检验结果。本例中，因方差齐，t 检验结果看第一行：$t=8.375$，$df=88$，$P<0.001$。此外在 t 检验结果的右侧还给出了两组均数差值、差值的标准误以及差值的 95% 置信区间，本例 95%CI 为 (6.0198, 9.7652)。

(3) 结论：两组的血红蛋白增加量有统计学差异，95%CI 大于 0，故可以认为新药组的增加量 (28.68g/L) 要大于常规药组的增加量 (20.79g/L)。

(二) 简单线性回归

例 18-2　在一次体检中，测得 10 位 3 岁儿童的体重 x (kg) 和体表面积 y (m²) 资料，试分析体重与体表面积之间的关系。（数据见 simple regression.sav）

操作过程：

(1) 作散点图：在进行回归分析之前，通常需要先通过散点图直观判断两个变量之间有无线性趋势。在 SPSS 菜单栏点击 "Graphs/Scatter/Simple Scatter"，分别将 x 和 y 选入相应的变量框，结果见图 18-5。从散点图可以看出，体表面积与体重间具有线性趋势。接下来对二者进行简单线性回归分析。

(2) 回归分析：操作过程见表 18-3。

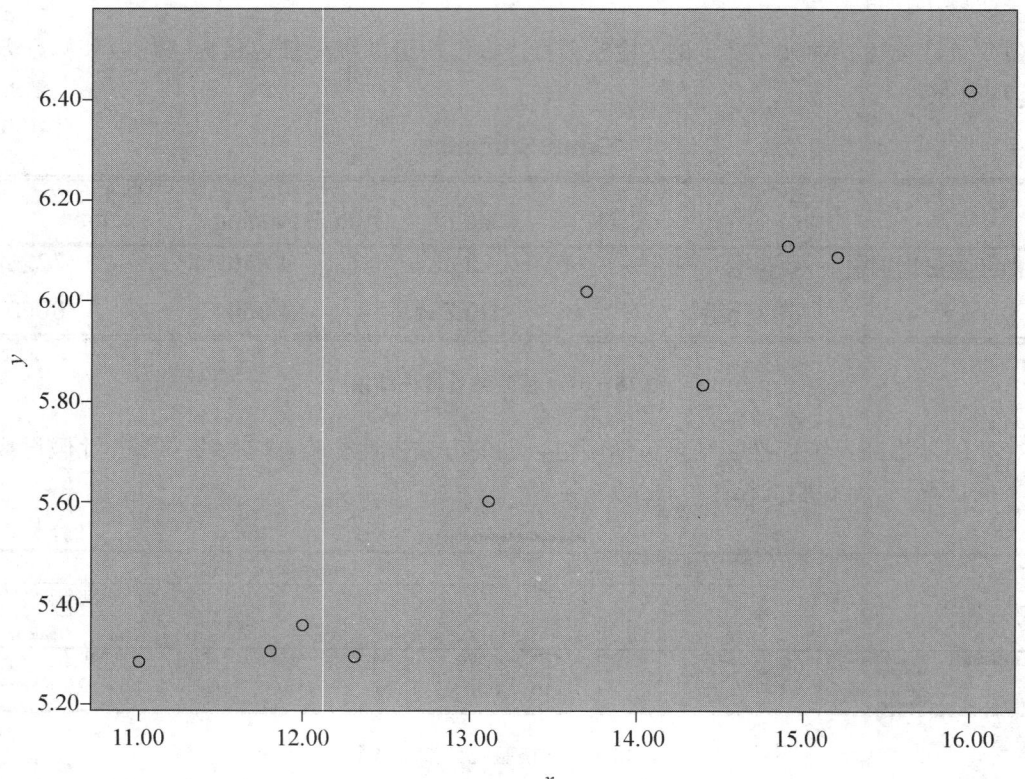

图 18-5　体表面积与体重的散点图

表 18-3　简单线性回归操作过程

操作	说明
Analyze ⟶ Regression ⟶ Linear	
Dependent Variables	选择因变量，本例为 y
Independent Variable	选择自变量，本例为 x
Method	选择自变量选择的方法，系统默认 enter 法，简单线性回归只有一个自变量，故无需更改
Statistics	选择要输出的指标，系统默认选择回归系数（Estimate）和拟合指数（Model fit），一般还需选择置信区间（Confidence Intervals），系统默认 95% 置信区间
Continue	
OK	

执行上述操作，即可得到 x 对 y 的简单线性回归结果，包括方程整体的假设检验、方程拟合效果（决定系数）、回归系数的假设检验以及系数的置信区间估计。结果见图 18-6～图 18-8。

Model Summary

Model	R	R Square	Adjusted R Square	Std. Error of the Estimate
1	.958[a]	.918	.907	.12615

a. Predictors: (Constant), x

图 18-6　模型拟合情况

ANOVA[b]

Model		Sum of Squares	df	Mean Square	F	Sig.
1	Regression	1.417	1	1.417	89.010	.000[a]
	Residual	.127	8	.016		
	Total	1.544	9			

a. Predictors: (Constant), x
b. Dependent Variable: y

图 18-7　回归方程的假设检验

Coefficients[a]

Model		Unstandardized Coefficients		Standardized Coefficients	t	Sig.	95.0% Confidence Interval for B	
		B	Std. Error	Beta			Lower Bound	Upper Bound
1	(Constant)	2.521	.342		7.370	.000	1.732	3.310
	x	.238	.025	.958	9.435	.000	.180	.297

a. Dependent Variable: y

图 18-8　回归系数的估计和假设检验

结果显示，方程整体假设检验 $F=89.01$，$P<0.001$，回归方程具有统计学意义，$R^2=0.918$，表示体重这一变量能解释体表面积变异的 91.8%，说明方程拟合效果好；x 对 y 的回归系数为 $0.238>0$，表示体重对体表面积的回归效应为正向效应，体重每增加一个单位，体表面积增加 0.238 个单位；回归系数假设检验结果 $t=9.435$，$P<0.001$，表示回归系数有统计学意义，回归系数的 95% 置信区间为 (0.180, 0.297)。

第二节　SAS 软件简介

SAS（Statistics Analysis System）是世界领先的统计分析系统，被誉为国际上的标准软件系统，具有完备的数据访问、数据管理、数据分析和数据呈现功能，备受统计专业人士的推崇。美国 SAS 软件研究所经过多年研制，于 1976 年正式推出 SAS 软件。SAS 被广泛应用于金融、医疗卫生、生产、运输、通讯、科研和教育等领域的数据分析和决策支持，除此之外，它还能将数据或分析的结果以灵活多样的形式（如报表、图形、三维透视等）直观地呈现出来。SAS 是可以在多个操作系统下运行的应用软件系统，具有操作界面友好、语言功能强大、数据处理功能完备等特点。本节以 SAS 9.2 为例，介绍其在 Windows 系统下的使用方法。

一、SAS 功能模块

SAS 系统是一个组合软件系统，由多个功能模块组合而成。其中最核心的模块是 SAS/BASE，承担着主要的数据管理任务，包括对程序语言的处理和调用其他 SAS 模块，将数据管理和统计分析融为一体。专门用于统计分析的是 SAS/STAT 模块，其内容主要包括：方差分析、回归分析、属性数据分析、非参数分析、主成分分析、因子分析、判别分析、聚类分析、生存分析等近 70 个过程，涵盖了所有的实用数理统计分析方法。另外，用户还可以根据需要，选择其他相应的模块，如进行经济计量学与时间序列分析可选用 SAS/ETS 模块；进行决策分析和工程管理可选用 SAS/OR 模块；进行质量控制可选用 SAS/QC 模块；以矩阵为元素的复

第十八章 常用统计软件简介

杂运算可选用 SAS/IML 模块；需将数据及其包含的信息以多种图形生动展现出来可选用 SAS/GRAPH 模块；对数据进行非程序方式的全屏幕编辑可选用 SAS/FSP 模块；进行系统开发可选用 SAS/AF 和 SAS/EIS 模块；为快速编写 SAS 程序提供帮助可以选用 SAS/ASSIST 模块；通过友好界面读入其他格式数据库可选用 SAS/ACCESS 模块；不需学习 SAS 语言而完成简单的常用统计分析任务可选用 SAS/INSIGHT 模块；进行财务分析、数据建模、数据整合及管理可选用 SAS/CALC 模块；进行企业级数据挖掘可选用 SAS/EM 模块。

二、SAS 的启动与操作界面

正确安装 SAS 系统后，在 Windows 程序栏中用鼠标点击 SAS 图标或者双击桌面上的 SAS 快捷方式即可进入 SAS 的操作界面，如图 18-9。操作界面主要分为菜单栏、工具栏和功能窗口（包括资源管理器窗口、结果窗口、日志窗口、编辑器窗口和输出窗口）三部分。程序的编辑、运行、调试、存储、结果显示及打印等功能都可在其中完成。

菜单栏中有 8 个菜单，可完成多种命令和操作。其中 File 菜单主要完成文件读入、存储、导入数据、导出数据、打印等功能；Edit 菜单具有拷贝、剪切、粘贴、查找、替换等功能；View 为窗口属性菜单，保存与窗口有关的属性设置；Tools 菜单可进行数据查询、数据表编辑、图形编辑、报表编辑、图像编辑和文本编辑等几个内置编辑器的调用，同时包含有 SAS 的一些系统设置选项；Run 为程序文件运行所必需的菜单，其中 Submit、Recall 分别是提交运行程序、调回前面执行过的程序，该菜单还包含远程提交等命令；Solutions 菜单中提供了选择 SAS 基本窗口和其他一些图形界面模块的入口，便于用户在窗口间切换，其中 Analysis 部分包括很多无需编程即可进行数据分析的图形界面，如实验设计、企业数据挖掘和交互式数据分析等；Windows 菜单具有新建窗口、最小化窗口、层叠、平铺窗口与调整大小等功能；Help 菜单提供了 SAS 软件的具体内容与使用方法各方面的帮助信息，还有各模块 SAS 程序的范例，有助于用户更好地使用 SAS。

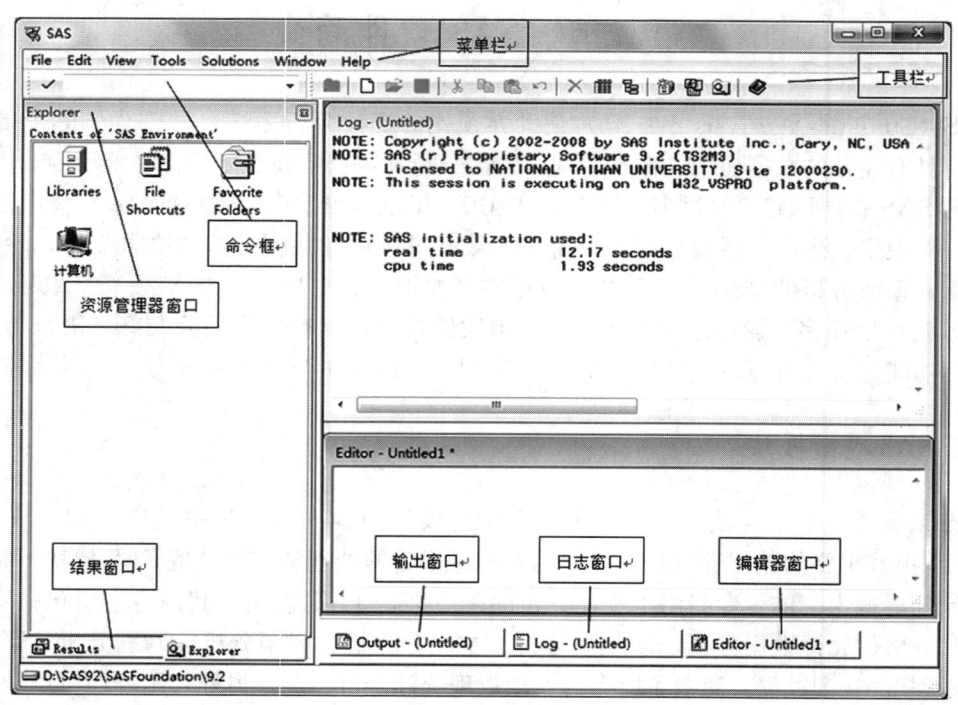

图 18-9 SAS 9.2 操作界面

菜单栏下面是命令框与工具栏。命令框位于左边，在框内输入各种指令，用鼠标单击框左边的 ☑ 或单击回车键可执行相应的操作。工具栏中的各种图标是一些常用命令的快捷方式，均可在菜单栏中找到相应的功能，是为了使用方便而放在工具栏中。例如，图标 ✗ 相当于 Run 命令，即提交程序运行。

SAS 系统的主要功能窗口有：

（1）"资源管理器"窗口（Explorer）：是访问数据的中心位置，数据包括目录、表（数据集）、逻辑库和主机文件数据；可通过该窗口对 SAS 文件进行浏览，还可以执行一些基本的 SAS 任务如创建新的逻辑库等；

（2）"结果"窗口（Results）：是与"资源管理器"窗口重叠的一个窗口，可通过点选窗口下方的键显示相应的窗口，该窗口主要功能是对程序的输出结果进行浏览和管理，一般默认的输出类型为"列表"输出；

（3）"编辑器"窗口（Editor）：是用来编辑 SAS 语句并将程序提交给系统执行的窗口，可对该窗口的内容进行修改；

（4）"日志"窗口（Log）：是用来查看程序运行信息的，它将 SAS 程序运行的全过程依顺序显示，黑色表示程序行、蓝色表示提示、绿色表示警告、红色表示错误，用户可以依此发现可能存在的语法错误；

（5）"输出"窗口（Output）：用来查看程序的输出结果，一般情况下，如果程序正常运行，输出窗口会自动激活，输出的结果可供保存、打印。

除此之外，SAS 还有其他如 GRAPH（图形窗口）、KEY（功能键设置窗口）、LIB（库窗口）等十几个功能窗口，用户可以根据不同的需要选择相应窗口进行操作，在 Windows 菜单中可以进行不同窗口间的切换。

三、SAS 编程基础

SAS 程序在"编辑器"窗口进行编辑，通常由两部分组成，一部分是提供待分析的数据，称为 SAS 数据步，以 DATA 语句开始；另一部分是调用 SAS 系统中已编译好的能处理某个具体问题的真正程序，称为 SAS 过程步，以 PROC 语句开始。一个 SAS 程序可以由一个或多个数据步或过程步组成，而数据步或过程步是由 SAS 语句组成，下面以本章例 18-1 为例，来直观了解 SAS 程序的编写（表 18-4）。

例 18-3　为研究某新药治疗贫血患者的疗效，将 90 名患者随机分成两组，一组给予新药治疗，一组使用常规药治疗，分别测量患者治疗前后的血红蛋白增加量（g/L），问新药和常规药治疗贫血患者后血红蛋白增加量有无差别？（数据见 example18_1.sas7bdat）

表 18-4　两独立样本资料的 t 检验（程序见 example18_1.sas）

行号	程序	说明
01	DATA t1;	建立数据集 t1
02	INPUT x g @@;	指定数据集的变量由下面数据行输入
03	CARDS;	读入原始数据
04	25.37 1 28.48 1 20.65 1	
05	……	
06	22.72 2 26.13 2 23.71 2	
07	……	

行号	程序	说明
08	;	
09	PROC UNIVARIATE NORMAL DATA=t1;	对两组原始数据分别进行正态性检验
10	CLASS g;	
	VAR x;	
11	RUN;	
12	PROC TTEST DATA=t1;	进行两组独立样本资料的 t 检验
13	CLASS g;	
14	VAR x;	
15	RUN;	

（一）SAS 语句

由上述程序可以看到 SAS 语句是由 SAS 关键词、SAS 名称、特殊字符和运算符组成的字符串，并用分号结束一个 SAS 语句。每个语句要求 SAS 系统执行一种操作或给 SAS 系统提供进一步操作所需信息。大多数 SAS 语句是以一个关键词开始，它标识了语句的种类，如上例中的 DATA 表示数据步开始标志、INPUT 表示读入变量、CARDS 表示数据块开始标志、PROC 表示过程步开始标志等关键词。SAS 名称是指变量名、数据集名、格式名、过程名、函数名等，其中除了函数名、过程名和 SAS 保留的特殊变量名，其余名称可由用户自定义命名，但不允许出现空格和特殊字符，如上例中的 t1 是数据集名，x、g 为数值变量名。SAS 特殊字符是指如@、♯、$ 等字符，上例中@@的意思是指在执行下一个 INPUT 语句时指针保持在当前记录行，不要求一个观测对应一个数据行。常用的 SAS 运算符有算术运算符（如＋、－、＊、/）、比较运算符（如＜、＞、＝、＜＝、＞＝）和逻辑运算符（如＆、｜、∧）。

（二）SAS 程序

一系列 SAS 语句组成一个 SAS 程序，一个 SAS 程序通常又可以分为两个部分：数据步和过程步。每个数据步都是以 DATA 开头，可以包含任意多个合法的 SAS 语句，其功能是要求 SAS 创建一个或多个新的 SAS 数据集，对数据进行加工、整理。数据步常用的 SAS 关键词有 40 多个，最常用的有：

DATA：表示数据步的开始，并且建立一个新的数据集。

INPUT：对新建数据集的变量结构进行定义。

CARDS：引导数据行，标志数据块的开始。

INFILE：调用一个外部数据集（文本文件形式的数据集）。

以上的例子就是用 INPUT 和 CARDS 语句建立了数据集 t1。而对于已经利用其他任何一种文字处理软件建立的纯文本格式文件，要将其转换为 SAS 数据集并调用需要分析的变量，命令格式如下：

DATA ＜SAS 数据集名＞；
INFILE ＜'盘符：\路径\将要转换的纯文本数据文件名'＞；
INPUT ＜变量列名＞；
RUN；

另外，用户还可以根据实际分析的需要，在数据步中编入一些功能语句，如条件语句 IF…THEN、循环语句 DO…END 等。

过程步常以 PROC 作为其开始的标志，要求 SAS 系统从过程库中调用并执行某个过程，通常是以 SAS 数据集作为输入，对已建立的数据进行分析和管理。需要说明的是，用户不能够在过程步中自由添加自定义的计算，因为过程步相当于一般操作系统下的可执行文件，特定的过程步完成 SAS 内部编译好的一套指令,用户只能决定调用哪一部分或采用何种算法、输出哪些结果,体现了 SAS 系统进行常见复杂统计计算的便捷。不同过程步有不同的过程名,完成不同的任务,下面列举常用的几个过程名:

UNIVARIATE:计算资料的统计描述指标和正态性检验,单个总体及配对设计的参数与非参数检验。

TTEST:两样本 t 检验(包括方差齐性检验)。

ANOVA、GLM:方差分析。

FREQ:计数资料的统计描述及 χ^2 检验。

NPARIWAY:秩和检验。

REG:线性回归。

CORR:直线相关与等级相关。

LOGISTIC:非条件 logistic 回归。

PHREG:Cox 回归与条件 logistic 回归。

1. SAS 程序的书写　SAS 程序由 SAS 语句构成,其书写非常灵活,可以在一行的任何位置开始,一个语句可以分写成多行,多个语句也可以写在同一行;每个语句用分号结束;在一个语句中,各项之间至少用一个空格或特殊字符隔开;字母用大小写均可,语句中的英语单词不能随意拆开。为了使程序便于阅读和检查,一般推荐采用缩进方式编写程序,每个语句要另起一行,必要时对语句进行注释,形如/*注释内容*/。

2. SAS 程序的运行与调试　在 Editor 窗口编写好一段程序后,提交系统运行程序的方法有:①用鼠标点击工具栏中的标志 ★,执行 Submit 功能;②选择菜单中的 Run 菜单,选择 Submit 功能;③在命令框中输入 Submit 并回车;④直接按键盘上的功能控制键 F3。程序提交系统运行后,如果程序无误且要求输出结果,则 Output 窗口将自动呈现结果;若程序有误,光标将仍然停在 Editor 窗口而不出现结果,这时需要进入 Log 窗口查看错误信息,并回到 Editor 窗口对程序进行调试。对运行过的程序及其结果,一般需要保存下来以备用,Editor 窗口、Log 窗口、Output 窗口可储存为默认后缀名分别为 sas、log、lst 的文本文件。

四、SAS 函数和过程

SAS 系统提供了 178 个标准函数,共 17 类,为了方便读者阅读理解,表 18-5 列出一些常见的 SAS 函数及其含义。

表 18-5　常用 SAS 函数

类别	函数名	功能
算术函数	ABS(X)	取 X 的绝对值
	MAX(X_1, …, X_n)	求 X_1, …, X_n 中的最大值
	MIN(X_1, …, X_n)	求 X_1, …, X_n 中的最小值
	MOD(X, Y)	求 X/Y 的余数
	SQRT(X)	计算 X 的平方根
	SIGN(X)	符号函数,当 X<0 时其值为-1;当 X>0 时其值为1;当 X=0 时其值为 0
截取函数	INT(X)	取 X 的整数部分
	ROUND(X, n)	X 按 n 指定的精度四舍五入

续表

类别	函数名	功能
数学函数	EXP(X)	以 e 为底的 X 次幂
	LOG(X)	对 X 求以 e 为底的自然对数
	LOG10(X)	对 X 求以 10 为底的对数
三角函数	SIN(X)	正弦函数，X 为弧度
	COS(X)	余弦函数，X 为弧度
	TAN(X)	正切函数，X 为弧度
	ARSIN(X)	反正弦函数，结果为弧度
	ARCOS(X)	反余弦函数，结果为弧度
	ATAN(X)	反正切函数，结果为弧度
概率分布函数	POISSON(λ, n)	Poisson 分布概率值
	PROBBNML(π, n, r)	二项分布概率值
	PROBCHI(x, df)	χ^2 分布概率值
	PROBF(x, ndf, ddf)	F 分布概率值
	PROBNORM(x)	标准正态分布概率值
	PROBT(x, df)	t 分布概率值
样本统计量函数	CV(X)	变异系数
	MEAN(X)	算术均数
	N(X)	样本例数
	RANGE(X)	极差
	STD(X)	标准差
	STDERR(X)	标准误
	SUM(X)	总和
	VAR(X)	方差
	CSS(X)	离均差平方和
	USS(X)	平方和
随机函数	NORMAL(SEED)	标准正态分布随机数
	RANNOR(SEED)	标准正态分布随机数
	RANBIN(SEED)	二项分布随机数
	RANEXP(SEED)	指数分布随机数
	RANPOI(SEED)	Poisson 分布随机数
	UNIFORM(SEED)	均匀分布随机数

SAS 过程是用来读入 SAS 数据集，进行各种分析处理，并显示计算结果的程序。表 18-6 列出一些常用的 SAS 过程。

表 18-6 常用 SAS 过程

模块	过程名	功能
BASE	APPEND	将 SAS 数据集纵向连接起来
	CHART	绘制直方图
	COPY	复制 SAS 库文件区或缓冲区的某个库
	CORR	相关分析
	DATASETS	SAS 数据集的管理
	DBF	转换 DBASE 数据库文件
	DIF	转换 LOTUS 或其他电子表格数据文件
	FORMAT	定义输出格式
	FREQ	列联表数据分析
	MEANS	求描述性统计量
	PLOT	绘散点图
	PRINT	显示数据
	RANK	排列并得到排序值
	SORT	将数据排序
	SUMMARY	列表显示统计量
	TABULATE	制表
	UNIVARIATE	列频数表并求描述性统计量
STAT	ACECLUS	用近似协方差估计法的聚类分析
	ANOVA	方差、协方差分析（各组例数相等）
	CANCORR	典则相关
	CANDISC	典则判别
	CATMOD	分类变量的多变量分析，如对数线性模型
	CLUSTER	聚类分析
	CORRESP	多反应变量分析
	DISCRIM	判别分析
	FACTOR	因子分析
	FASTCLUS	快速聚类分析
	GLM	一般线性模型（例数不等的方差分析）
	GENMOD	广义线性模型
	LIFEREG	生存资料参数回归模型
	LIFETEST	生存分析的非参数方法和检验
	NESTED	嵌套结构实验的方差和协方差分析（随机效应模型）
	NLIN	非线性回归模型的参数估计
	NPARLWAY	单向分类资料的非参数检验
	ORTHOREG	Gentleman-Givens 法回归（对病态资料的回归）

续表

模块	过程名	功能
STAT	PLAN	随机化
	PRINCOMP	主成分分析
	PRINQUAL	变量线性或非线性变换的较优选择
	PROBIT	LD50，正态概率单位分析
	REG	多重回归分析
	RSREG	二次响应曲面回归分析
	SCORE	计算秩得分
	STEPDISC	逐步判别
	TRANSREG	最小二乘法选择变量的线性或非线性变换
	TREE	根据聚类分析产生的数据绘制树形图
	TTEST	t 检验
	VARCLUS	变量聚类
	VARCOMP	计算一般线性模型中方差分析的估计值
GRAPH	GCHART	绘直方图，条图，线图，饼图
	GPLOT	绘散点图，线图

五、实例分析

将程序 example18_1.sas 运行之后的结果列出如图 18-10。

```
                    Tests for Normality

Test                   --Statistic---      -----p Value------

Shapiro-Wilk           W     0.978745      Pr < W      0.5698
Kolmogorov-Smirnov     D     0.082197      Pr > D     >0.1500
Cramer-von Mises       W-Sq  0.039415      Pr > W-Sq  >0.2500
Anderson-Darling       A-Sq  0.305065      Pr > A-Sq  >0.2500


                   Quantiles (Definition 5)

             Quantile        Estimate

             100% Max         38.43
             99%              38.43
             95%              35.71
             90%              35.26
             75% Q3           32.64
             50% Median       28.48
             25% Q1           25.37
             10%              23.38
             5%               20.46
             1%               18.15
             0% Min           18.15
```

```
                        Tests for Normality

Test                    --Statistic---     -----p Value------
Shapiro-Wilk            W      0.978743    Pr < W     0.5697
Kolmogorov-Smirnov      D      0.08204     Pr > D    >0.1500
Cramer-von Mises        W-Sq   0.039378    Pr > W-Sq >0.2500
Anderson-Darling        A-Sq   0.304913    Pr > A-Sq >0.2500

                     Quantiles (Definition 5)
                     Quantile      Estimate
                     100% Max       28.95
                     99%            28.95
                     95%            26.68
                     90%            26.30
                     75% Q3         24.11
                     50% Median     20.62
                     25% Q1         18.02
                     10%            16.35
                     5%             13.91
                     1%             11.97
                     0% Min         11.97

                        The TTEST Procedure
                           Variable: x

g               N       Mean      Std Dev    Std Err    Minimum     Maximum
1              45      28.6811    4.8471     0.7226     18.1500     38.4300
2              45      20.7893    4.0588     0.6050     11.9700     28.9500
Diff (1-2)              7.8918    4.4704     0.9424

g        Method          Mean        95% CL Mean        Std Dev     95% CL Std Dev
1                       28.6811    27.2249   30.1373    4.8471      4.0127   6.1229
2                       20.7893    19.5699   22.0087    4.0588      3.6301   5.1271
Diff (1-2) Pooled        7.8918     6.0189    9.7647    4.4704      3.8963   5.2444
Diff (1-2) Satterthwaite 7.8918     6.0181    9.7655

         Method          Variances       DF       t Value     Pr > |t|
         Pooled          Equal           88        8.37        <.0001
         Satterthwaite   Unequal         85.366    8.37        <.0001

                     Equality of Variances
         Method      Num DF    Den DF    F Value    Pr > F
         Folded F      44        44       1.43      0.2429
```

图 18-10 程序运行结果

前面两部分 Tests for Normality 是分别对新药组与常规药组患者的血红蛋白增加量进行正态性检验，可以看到，两组数据 Shapiro-Wilk 检验的 P 值均大于 0.10，服从正态分布。最后一部分是两组进行 t 检验的结果 The TTEST Procedure，分别给出了两组数据的统计描述指标如均数、标准差等，从方差齐性检验 Equality of Variances 的 P 值大于 0.10 可以得出两组数据的方差齐，故看 t 检验的结果时应看 Method 为 "Pooled" 一行，可得 t 值为 8.38，$P<0.0001$，故在检验水准 $\alpha=0.05$ 的水平上，可以认为两种药物疗效不同，新药治疗的患者血红蛋白平均增加量高于常规药治疗的患者。

第三节 Stata 软件简介

Stata 统计分析软件由美国计算机资源中心（Computer Resource Center）1985 年开发，从 4.0 版本进入 Windows 时代，到目前为止已推出 13 个版本。通过不断的更新和扩充，软件

第十八章 常用统计软件简介

功能日趋完善,同时具有数据管理、统计分析、绘图、矩阵计算和程序语言的特点。Stata 软件共有 4 个版本,分别是标准版本 Intercooled(IC)版本,支持海量数据的 Special Edition (SE)版本,支持多核处理器的 MultiProcessor(MP)版本和适用于教学使用的学生 Small 版本。下文以 Stata12/SE 版本为例进行介绍。

与 SPSS、SAS、R 等其他几款同样被广泛使用的统计分析软件相比,Stata 具有一些突出的特点:

1. 统计分析功能强大　Stata 集成了近几十年来最新的统计分析方法,具有比 SPSS 更为强大的统计分析功能,而和 SAS 相比,由于 Stata 在分析时是将数据全部读入内存,在计算全部完成后才和磁盘交换数据,因此计算速度极快。

2. 语句简单直接　虽然高等级版本的 Stata 也具有一些菜单操作的功能,但主要还是以编程操作来实现统计分析,但与 SAS 和 R 相比,Stata 的程序命令更为简洁,它没有数据步,且过程步也仅抽取了最关键的命令语。如对某份数据中的年龄变量进行描述,变量名为 age,只需在 Stata 的命令窗口输入"su age",软件即自动输出观测数,年龄的最小值、最大值、均数和标准差;若想知道包括百分位数、偏度和峰度在内更详细的描述,只需在上述命令后加一个 d,即"su age,d"即可。

3. 绘图精美　Stata 另一个突出的特点是它绘制的统计图形相当精美,很有特色。

4. 软件安装简单、所占存储空间较小　与 SAS 的 1G 相比,仅几十兆大小的 Stata 显然要"苗条"很多,如 Stata12.0/SE 版本仅 60M,安装简便。目前国内很多网站有绿色免安装版,使用更为方便。

一、Stata 的窗口

打开 Stata12/SE 后,进入如图 18-11 所示的界面。

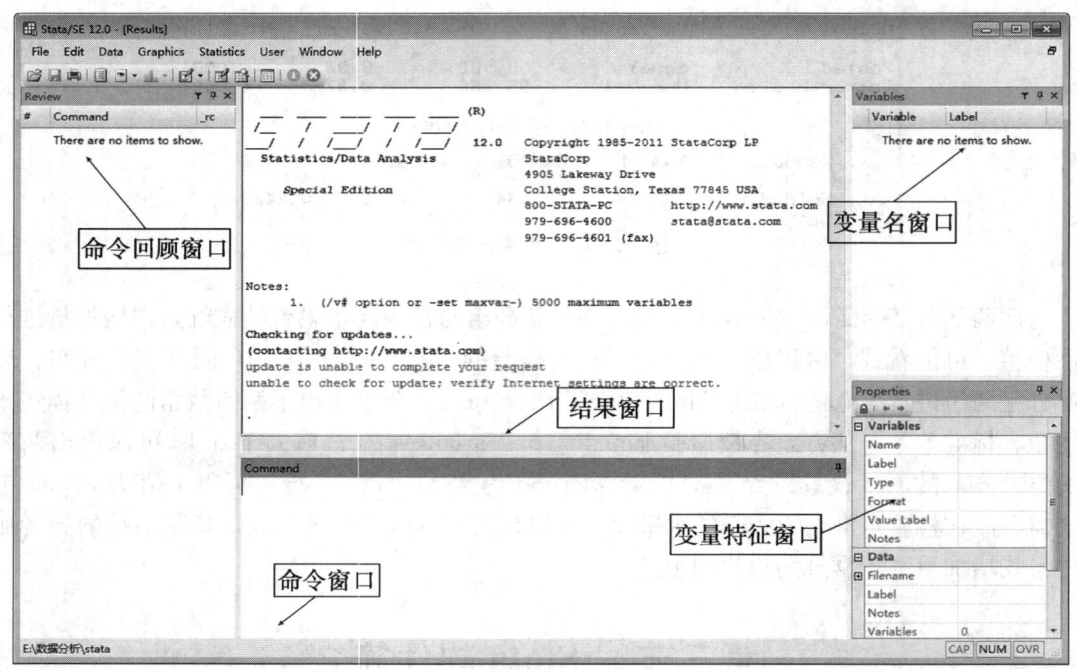

图 18-11　Stata12.0 启动后的界面

Stata 的默认启动界面主要有四个窗口，即：结果窗口（Results）、命令窗口（Command）、命令回顾窗口（Review）和变量名窗口（Variables）。此外重要的窗口还有变量特征窗口、帮助窗口、数据编辑窗口、绘图窗口等，此处介绍前六种窗口。

（一）结果窗口（Results）

即启动界面正中央区域的主窗口，所有的命令运行记录、结果、软件提示均会在这个界面显示，并以不同的颜色加以区分，黑色加粗为命令语句，记录当前所执行的指令（如图 18-12 中 "su age" 和 "sun age"）；黑色为结果部分（如图 18-12 中的 Obs、Mean 和 Std. Dev 等）；红色为错误信息，提示当前指令出现错误的原因（如图 18-12 中 "unrecognized command：sun"）；蓝色代表错误代码[如图 18-12 中 "r(199)"]，单击会弹出一个信息框，可以查看更多的该错误信息的解释。

```
. su age

    Variable |      Obs        Mean    Std. Dev.       Min        Max
-------------+--------------------------------------------------------
         age |      282    37.24823    9.430892         18         87

. sun age
unrecognized command:   sun
r(199);
```

图 18-12 Stata 结果界面

（二）命令窗口（Command）

在结果窗口的正下方，所有的命令程序都在命令窗口输入。由于每次只能输入一行命令，进行较长命令的编辑时，可以先在 word 或 txt 里面编辑好后，复制到命令窗口运行。

（三）命令回顾窗口（Review）

在启动界面的左侧，所有已经执行过的命令（包括正确的和错误的）都会在这里显示，单击回顾窗口的命令可以使其再次显示在命令窗口，如要重复运行已执行过的命令，用鼠标双击回顾窗口的相应命令即可。

（四）变量名窗口（Variables）

在启动界面的右上侧，当录入或导入数据后，所有变量均显示在该窗口中。此外，在变量名窗口的正下方，是变量特征窗口，单击变量名窗口中的某一个变量，其特征会在下方的变量特征窗口显示。

（五）帮助窗口（Help）

在使用 Stata 进行统计分析过程时，若对某些功能模块的指令不太熟悉，可以启用 Help 菜单下的 Search 功能，通过关键词来检索，也可以直接在命令编辑窗口直接输入 "help+关键词"来检索。如需要检索线性回归的指令帮助，关键词为 regress，在命令编辑窗口输入 "help regress"，会出现如图 18-13 所示的界面：

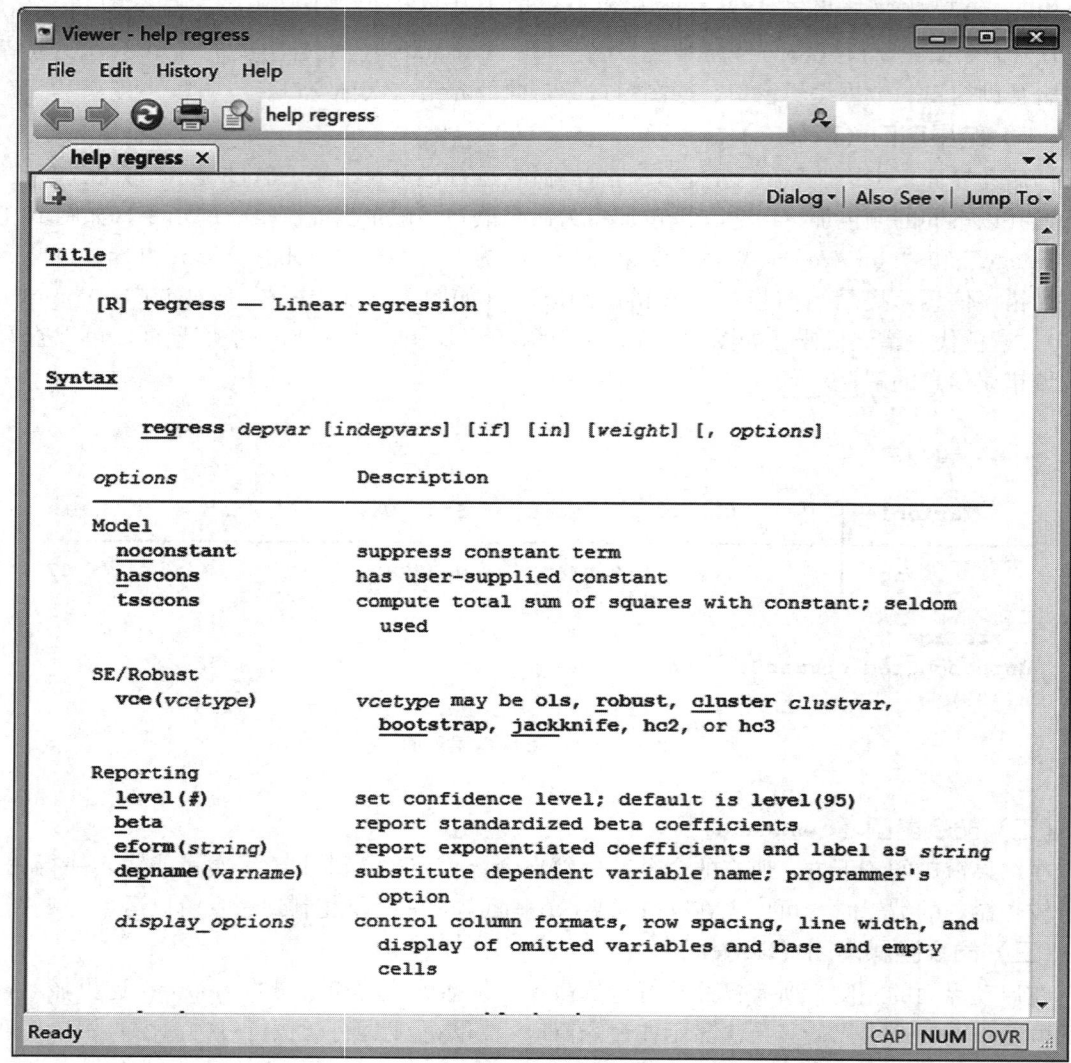

图 18-13　帮助窗口

二、Stata 的数据读入与保存

（一）数据读入

Stata 有三种方式读入数据：直接输入、使用数据编辑窗口输入、打开已有数据文件。

（1）直接输入：用命令行直接建立数据集。首先使用 input 命令指定相应的变量名称，然后录入数据，最后用 end 语句表明数据录入结束（input 和 end 必须为小写）。格式如下：

input x y
1 2
3 4
5 6
7 8
end

数据输入完成后，在命令窗口直接输入"list"可以看到输入的数据。打开数据编辑窗口可以看到如图 18-14 所示的数据。

（2）使用数据编辑窗口输入：进入数据编辑窗口有两种方式，一是从菜单栏 data/data editor 进入，二是直接点击工具栏的 data editor 图标直接进入。数据编辑窗口如图 18 - 14 所示。

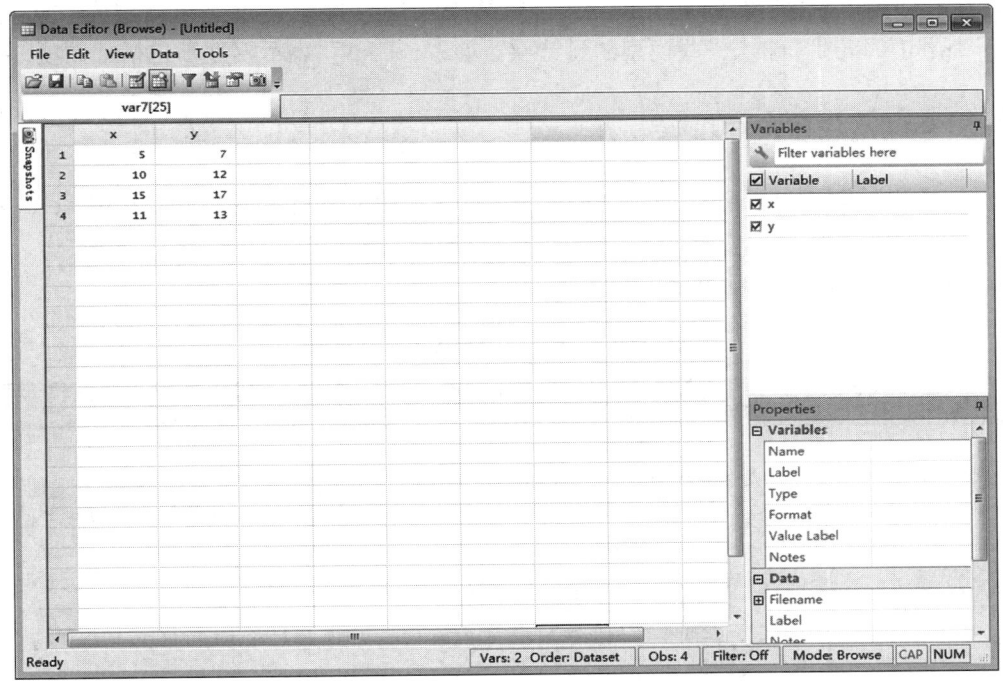

图 18 - 14　数据编辑窗口

（3）导入已有数据文件：低版本的 Stata 仅能通过"File/Open"或图标 📂 导入 Stata 自身格式的数据文件（.dta）和以符号分隔的纯文本文件，近几年的版本还能导入 Excel、SAS、ODBC 和 XML 格式的数据。.dta 格式的数据文件也可通过 use 命令来调用，如"use c:\data1"，表示打开 C 盘的一个名为"data1.dta"的数据文件。

（二）数据保存

可以通过命令行或数据编辑窗口工具栏的保存按钮将数据保存到指定文件夹。其中保存数据的命令为："Save c:\data1"。该命令将在 C 盘根目录建立一个名为"data1.dta"的 Stata 数据文件，其后缀.dta 可以在命令行中省略。

三、Stata 语言基础

Stata 程序命令简单明了，与 SAS 相比，它没有数据步，且过程步也仅抽取了最关键的命令语，且命令使用过程中只要不引起歧义，可以对命令语进行简化，如对连续型定量资料的统计描述是通过 summarize 语句来实现的。sum 或 su 可以成为 summarize 的简化用语，行使同样的功能。

Stata 命令的基本形式为"［by varlist：］command varlist［if exp］［in range］［weight］［,options］"，其中 command 指出需要调用的是哪个过程，如对某个变量排序（sort）、绘制散点图（scatter）、t 检验（t test）、回归分析（regress）；varlist 指出分析所需的变量，［］中的命令为可选项，如 by varlist、if、in 和 option 都是一些约束语句，［］外的为必选项，每个过程中必须有这部分。

以多重线性回归为例，Stata 的命令为"regress y x1- x_n［if exp］［in range］［,options］"。

如仅需对男性进行分析,可以添加"if gender=male",若仅对年龄在 18~60 岁的人群进行分析,可以添加"if age>=18 & age<=60";如仅需对所有观察对象的前 60 例进行分析,可以添加"in 1/60";如需分别对男性和女性进行回归拟合,可以在 regress 前面加上"by sex:",注意使用 by 语句时需要先对 by 引导的变量进行排序,如本例即需先"sort sex";"option"语句可以选择输入一些模型的可选项,如"nocons"表示模型不包括常数项。

四、Stata 常用命令和过程

Stata 常用的函数与前面第二节 SAS 介绍的一致,此处不再赘述。下面介绍 Stata 常用的一些命令和过程。

1. 常用命令(表 18-7)

表 18-7　Stata 的常用命令及其作用

命令	作用
Use	导入已有的 Stata 数据
Input	录入数据
Edit	打开数据编辑窗口
Append	将两个具有相同变量的数据库进行纵向连接
Merge	将两个数据库进行横向拼接(同一批观察对象不同的观察指标进行合并)
Sort	对某个变量进行排序
Rename	变量重命名
Drop	删除变量或观察对象
Keep	保留变量或观察对象,执行与 drop 相反的操作
Label	对变量添加标签说明
Label Define	对变量取值进行说明
By	分类操作
In	选择变量的取值范围
Count	显示观察例数
Describe	总体展示数据情况,包括观察例数、变量数、每个变量的类型和标签以及赋值说明
Generate	生成新的变量
Replace	对变量重新赋值,替换原有变量,跟在 save 后面可用于替换原有数据库
Log using …	指定在系统某个位置生成一个 log 文件,用于记录随后的所有分析过程(命令和结果)
Log off/Log on/Log close	分别表示暂停记录、继续记录和结束记录
Xi i.varname	用于生成"varname"的哑变量,并分别标记为"_Ivarname_2"、"_Ivarname_3"…,此外哑变量的生成还可以通过频数分析表 tab 命令结合 generate 来产生,形式为"tab varname, gen(g)",会生成被标记为"g1"、"g2"…
Display	显示计算结果,用于直接计算时的引导。如需计算 8 的 5 次方,可以输入"dis 8^5"。

2. 常用过程（表18-8）

表18-8 Stata的常用过程及其作用

过程	作用
Summarize	获取连续型定量资料的均数、标准差、最小值和最大值，"summarize，d"可用于获取其他一些更详尽的描述信息，包括9个百分位数、偏度系数和峰度系数
Centile	获取连续型定量资料的任意百分位数
Tabulate varlist [,option]	分类变量的描述和统计分析，"option"可以添加如pearson χ^2 检验（chi2），fisher精确概率结果（exact），列联系数（V），Kendall相关系数（taub）等
Ci varlist [,level(#) binomial poisson exposure（var）by（var）total]	计算置信区间，[ ]内为一些可选项，level用于指定置信度，如level（90）表示90%CI，缺失默认95%CI；binomial和poisson用于指定变量服从二项或Poisson分布，缺失默认正态分布；exposure用于指定观察数变量，仅用于Poisson分布；total仅在使用by进行分类（分组）操作时同时输出全部数据的置信区间估计
Sktest/Swilk/Sfrancia	正态性检验，其中Sktest是对偏度和峰度进行检验，后两种是计算w和w'统计量
ttest	t 检验
Sdtest	样本方差与总体方差比较或两独立样本方差齐性检验
Oneway	单因素方差分析
Anova	多因素的方差分析，但Anova过程适合用均衡设计资料，即若组间观察例数不等或存在缺失值Anova适应性较差，此时可改用广义线性模型（GLM）
Signtest/Signrank	配对符号秩和检验或样本与总体中位数是否相等的秩和检验
Ranksum/Wilcoxon	两独立样本秩和检验
Kwallis	Kruskal-wallis检验，多组独立样本的秩和检验
Spearman/ktau	计算等级相关系数：Spearman相关系数/Kendall相关系数
Correlate/pwcorr	分别用于计算简单相关系数和偏相关系数
Regress	线性回归分析
Predict	执行完regress后再执行predict yhat可以将预测值写入数据中
Logistic	Logistic回归
Glm	广义线性模型和广义估计方程
St…	这是一个命令组，用于生存分析，St的全称为survival-time data
Xt…	一个用于面板数据或时间重复测量的命令组，包括线性混合效应、广义线性混合效应（二项分布、Poisson分布等）
Roc	Roc分析，绘制Roc图，计算AUC面积

五、实例分析

（一）两独立样本的 t 检验

例18-4 为研究某新药治疗贫血患者的疗效，将30名患者随机分成两组，一组给予新药治疗，一组使用常规药治疗，分别测量患者的血红蛋白增加量（g/L），问新药和常规药治疗

第十八章 常用统计软件简介

贫血的疗效有无差别？数据见表 18-9。

表 18-9 两组患者的血红蛋白增加量

新药组	常规药组
31.0	22.7
35.1	26.1
32.2	23.7
29.6	21.6
34.4	25.6
35.3	26.3
29.7	21.7
25.4	18.0
28.5	20.6
20.6	14.1
29.3	21.3
20.5	13.9
27.7	20.0
28.9	21.0
26.0	18.5

操作步骤：

1. 录入数据

input group hb

1　31.0
1　35.1
1　32.2
…
2　22.7
2　26.1
2　23.7
2　21.6
…
end

2. 由于本例样本量较小，需要先分别对两组数据进行正态性检验　依次在命令窗依次执行"swilk hb if group==1"和"swilk hb if group==2"，对两组的血红蛋白增加量进行正态性检验，结果见图 18-15。

```
. swilk hb if group==1

                Shapiro-Wilk W test for normal data

    Variable |    Obs         W          V         z       Prob>z
-------------+------------------------------------------------------
          hb |    15      0.93515     1.257     0.453     0.32522

. swilk hb if group==2

                Shapiro-Wilk W test for normal data

    Variable |    Obs         W          V         z       Prob>z
-------------+------------------------------------------------------
          hb |    15      0.93666     1.228     0.407     0.34218
```

图 18-15 正态性检验结果

结果显示两组正态性检验 P 值均大于 0.10，服从正态分布。

3. 对两组数据进行方差齐性检验 在命令窗依次执行 "sdtest hb, by (group)"，对两组的血红蛋白增加量进行方差齐性检验，结果见图 18-16。

```
. sdtest hb,by(group)

Variance ratio test

   Group |    Obs       Mean    Std. Err.   Std. Dev.   [95% Conf. Interval]
---------+--------------------------------------------------------------------
       1 |     15    28.94667   1.170912    4.534923    26.43531    31.45802
       2 |     15    21.00667   .9778727    3.787285    18.90934    23.104
---------+--------------------------------------------------------------------
combined |     30    24.97667   1.051301    5.758213    22.82651    27.12682

    ratio = sd(1) / sd(2)                                    f  =    1.4338
Ho: ratio = 1                             degrees of freedom =    14, 14

    Ha: ratio < 1              Ha: ratio != 1               Ha: ratio > 1
 Pr(F < f) = 0.7455        2*Pr(F > f) = 0.5090          Pr(F > f) = 0.2545
```

图 18-16 方差齐性检验结果

结果显示 $P=0.5090>0.10$，可认为两组方差齐。且在此处可以读取两组的均数和标准差。

经上述正态性检验和方差齐性检验，提示数据满足两独立样本 t 检验的前提条件，接下来进行 t 检验过程。

4. 两独立样本的 t 检验 在命令窗依次执行 "ttest hb, by (group)"，结果见图 18-17。

结果显示 $t=5.2047$，$P<0.0001$，拒绝零假设，接受备择假设，认为两组血红蛋白增加量不相等，故两种治疗方法的疗效不同。根据样本均数的大小，可以判断新药的效果比常规药好。

```
. ttest hb,by(group)
```

Two-sample t test with equal variances

Group	Obs	Mean	Std. Err.	Std. Dev.	[95% Conf. Interval]	
1	15	28.94667	1.170912	4.534923	26.43531	31.45802
2	15	21.00667	.9778727	3.787285	18.90934	23.104
combined	30	24.97667	1.051301	5.758213	22.82651	27.12682
diff		7.94	1.525539		4.815075	11.06493

```
    diff = mean(1) - mean(2)                                          t =   5.2047
Ho: diff = 0                                       degrees of freedom =       28

    Ha: diff < 0                 Ha: diff != 0                  Ha: diff > 0
 Pr(T < t) = 1.0000          Pr(|T| > |t|) = 0.0000          Pr(T > t) = 0.0000
```

图 18-17　两独立样本 t 检验结果

（二）简单线性回归

例 18-5　在一次体检中，测得 10 位 3 岁儿童的体重 x（kg）和体表面积 y（m²）资料，试分析体重与体表面积之间的关系。（数据见 simple regression.dta）

操作步骤：

1. 导入数据　通过前面介绍的打开已有数据集的方式将本例的数据在 Stata 中打开，本例采用命令行 "use e:\教材编写\simple regression.dta"。

2. 作散点图　在进行回归分析之前，通常需要先通过散点图来大致判断二者有无线性趋势。在命令窗口执行 "scatter y x"，结果见图 18-18。

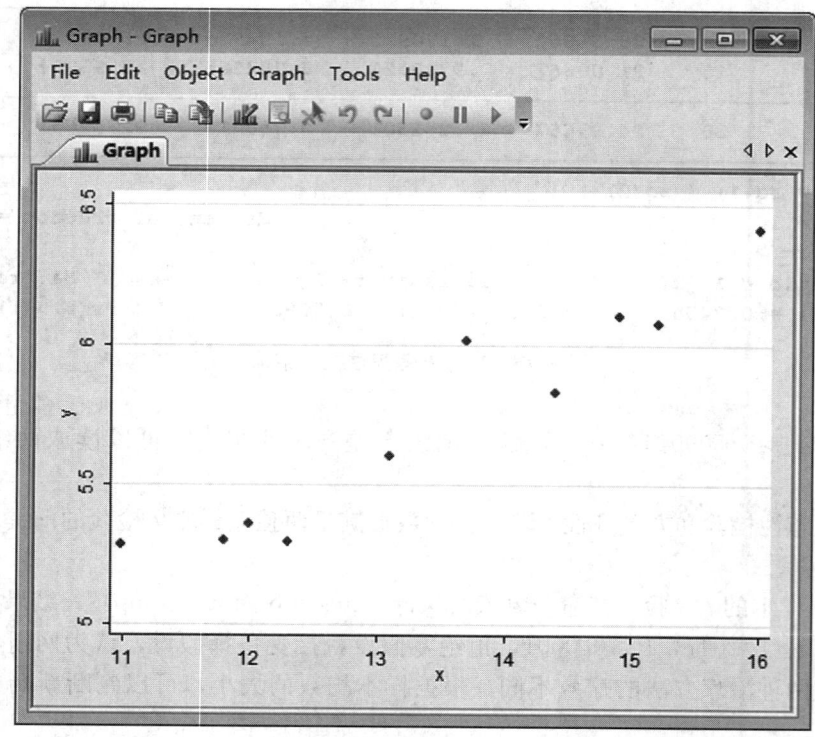

图 18-18　体表面积与体重的散点图（绘图窗口）

从散点图可以看出，体表面积与体重间具有线性趋势，且方向为正。接下来对二者进行简单线性回归分析。

3. 回归分析　执行命令行"regress y x"，即可得到 x 对 y 的简单线性回归结果，包括方程整体的假设检验、方程拟合效果（决定系数）、回归系数的假设检验以及系数的95%置信区间估计。结果见图18-19。

```
. regress y x
```

Source	SS	df	MS		
Model	1.4165746	1	1.4165746		
Residual	.127317917	8	.01591474		
Total	1.54389252	9	.171543614		

	Number of obs	=	10
	F(1, 8)	=	89.01
	Prob > F	=	0.0000
	R-squared	=	0.9175
	Adj R-squared	=	0.9072
	Root MSE	=	.12615

y	Coef.	Std. Err.	t	P>|t|	[95% Conf. Interval]
x	.2384983	.0252793	9.43	0.000	.1802041　.2967925
_cons	2.521183	.342088	7.37	0.000	1.732327　3.31004

图 18-19　体重对体表面积的简单线性回归

结果显示，方程整体假设检验 $F=89.01$，$P<0.0001$，回归方程具有统计学意义，$R^2=0.9175$，表示体重这一变量能解释体表面积变异的91.75%，说明方程拟合效果好；x 对 y 的回归系数为0.2384983，回归系数为正，表示体重对体表面积的回归效应为正向效应，体重每增加一个单位，体表面积平均增加0.2384983个单位；回归系数假设检验结果 $t=9.43$，$P<0.001$，表示回归系数有统计学意义，回归系数的95%置信区间为(0.1802041，0.2967925)。

第四节　R 软件简介

R 软件是一个有着非常强大的数据整理、统计分析和作图功能的软件系统，由奥克兰大学 Robert Gentleman 和 Ross Ihaka 等基于 S 语言开发而成。由于免费、开源、功能强大、编程语言简单明了等一系列优势，R 软件在目前的统计实践中应用越来越广泛。读者可从 R 软件的官方网站（http://www.r-project.org/）上免费下载 R 软件。因为 R 软件与同样基于 S 语言的 S-PLUS 软件的语言风格有很多类似之处，二者的编程方法可以相互参考。

安装 R 软件之后，双击电脑桌面 R 软件的快捷方式，弹出如图18-20的主窗口：

R 软件的主窗口由两个部分构成：上方的菜单和快捷按钮和下方由">"符号引导的命令输入窗口（或称 R Console，控制台）。读者可通过该窗口执行 R 程序，并显示部分运算结果（有些运算结果，如图形，会显示在自动弹出的新窗口中）。

第十八章 常用统计软件简介

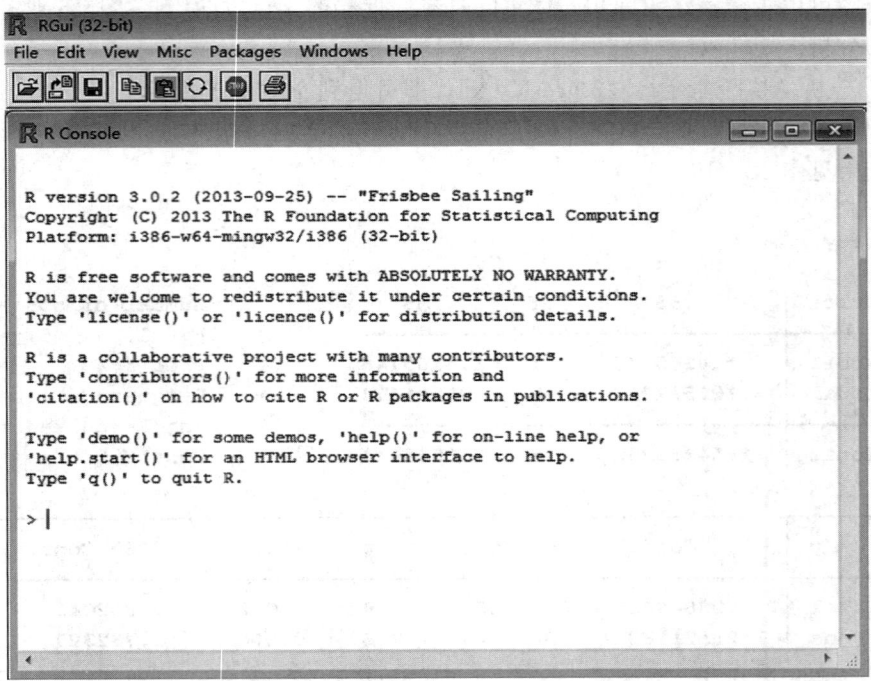

图 18-20　R 软件的主窗口

一、常用菜单

首先介绍文件（File）、程序包（Packages）和帮助（Help）等三个菜单下的部分菜单项的功能。

（一）文件（File）

新建程序脚本（New script）：这是 R 软件当中使用最多的一个菜单项。点击该菜单项，弹出程序编辑窗口（即 R Editor 窗口），如图 18-21 右侧。

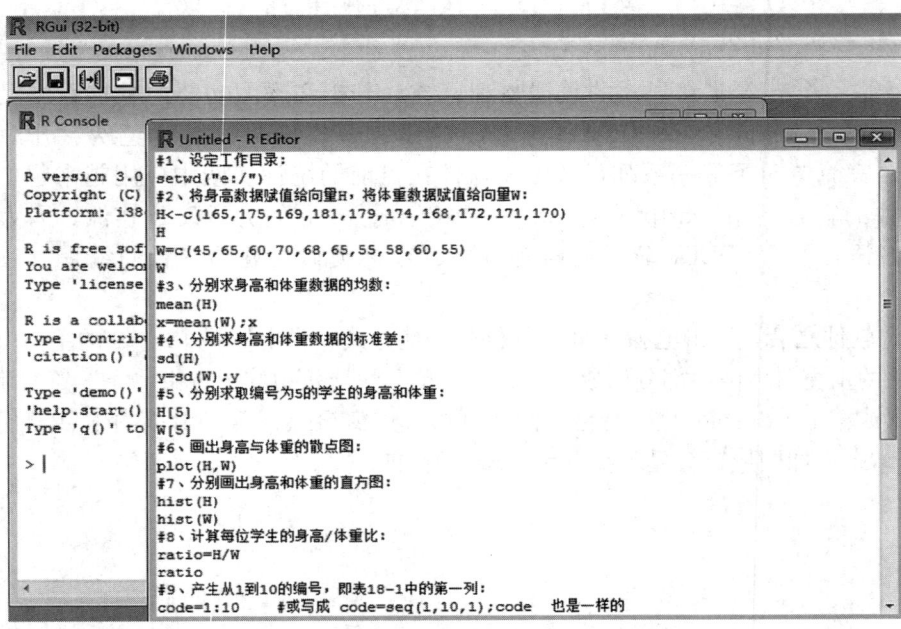

图 18-21　程序编辑窗口（R Editor）

事实上，也可直接将程序写在图18-21左侧的控制台（R Console）中。输入语句后，按回车键，直接输出运算结果，但是运行过的语句不能再修改。而在实际的编程过程中，语句调整和修改往往是不可避免的。R的脚本程序编辑窗口（R Editor）可以帮助实现这一目的：在R Editor窗口中，通过选择性地运行语句，发现程序中存在的问题并进行修改、调试，直到符合要求。程序的运行可通过两种方式：在R Editor窗口中选中要运行的语句，然后再按键盘的Ctrl+R组合键，或选中相应代码后单击鼠标右键，选择"Run line or selection"，执行所选中的部分代码。在退出R软件前，可以保存R Editor窗口中的程序，以便日后调用。被保存的文件的后缀名默认为.R或.r，如test.R或test.r。该文件也可以txt文本格式打开。

打开程序脚本（Open script）：再次启动R软件时，可通过此菜单项打开上述保存的程序文件，如test.R。程序将重新显示在R Editor窗口中，以便编辑和运行。

（二）程序包（Package）

所谓程序包，即一系列函数的定义语句的集合。在程序包中，对某些函数进行定义，如survival程序包中survfit()函数被定义为求解中位生存时间及其95%置信区间的函数，进行生存分析时，只需加载survival程序包，即可直接引用survfit()函数求解中位生存时间及其95%置信区间。R软件中的程序包可以分为基础程序包和需要额外加载的程序包。基础程序包不需要加载，启动R软件后，可直接使用基础程序包中的函数，如mean()函数。但是基础程序包的功能是有限的。例如，不能直接读取SPSS软件的数据文件（后缀为.sav）。此时需要下载和安装foreign程序包，该程序包可以从外部读入SPSS、SAS等软件的数据文件。

载入程序包（Load package）：点击载入程序包（Load package）菜单项后，弹出常用的程序包列表，选择"foreign"，点OK。接下来就可以使用read.spss()函数来读取SPSS软件的数据文件（后缀为.sav）。

以上操作与直接在R Console中运行如下程序效果相同：

>library(foreign)

语句library()为加载程序包的函数。

安装程序包（Install package(s)）：在R软件中，如果需要加载更多的程序包，可通过Install package(s)来实现。

R软件的基础程序包可以完成日常的大部分数据处理。但是，对于某些特定的分析，如建立半参数模型等，则需要加载相应的程序包。这些程序包当中包括了对一些特定的函数的定义，加载了相应的程序包之后，可以直接引用这些函数。

（三）帮助菜单（Help）

1. 控制台（Console） 点击该菜单项，弹出说明控制命令对话框，介绍一些快捷操作，如Ctrl+l可以清除R Console中的所有内容。

2. R函数（R functions(text)）、关于（Apropos）、查找帮助（Search help） 这三个菜单项对于学习函数的使用方法非常有帮助。点击"R functions(text)"菜单项后，弹出对话框，输入需要帮助的函数名，如gl(产生因子的函数)，点击OK，弹出网页对gl函数的意义和使用方法进行解释。该操作相当于直接在R Console中运行help("gl")或?gl()语句。

对"Apropos"菜单项执行类似的操作，将在R Console中列出所有含有"gl"的函数。该操作相当于直接在R Console中运行apropos("gl")语句。

以上两个菜单项只能在R软件的基本程序和已经加载的程序包中进行函数检索。有些函数采用这两个菜单项未必能检索到，因此需要用到"Search help"菜单项。该菜单项的功能与"Apropos"类似，但检索范围却是所有的程序包。通过该菜单项可以知道所检索的函数属于哪个程序包。加载该程序包后，就可以利用R functions(text)菜单项来学习这些函数的用法了。

第十八章 常用统计软件简介

Help 菜单下，还有 R 软件官网、常见问答（FAQ）、使用手册等链接，方便读者学习。

二、常用语句介绍

R 软件的大部分菜单项的操作都可以通过执行一两个语句来完成，这点在以上的介绍中已有所体现。总的说来，R 软件的编程语句主要有两种类型：一是赋值语句，产生有值的变量（或向量）；二是表达式语句，对变量进行运算。语句之间以分号（";"）或换行来分隔。多个简单语句可以组合在一个大括号（"{}"）当中。注释语句可以放在任何位置，以"#"引导，不参与运算，直到换行为止。此外，需注意 R 软件只能识别英文的标点符号。R 软件对字母大小写是敏感的，所以 A 和 a 代表不同的变量。

R 语句最显著的特点是：对数据的处理采取数组运算的方式。先通过赋值语句将待分析的数据赋给变量，该变量即是数组，可以是一维的（向量），也可以是二维的（矩阵），甚至是多维的，然后采用表达式语句对这些变量进行运算，得出结果。

下面用一个简单的例子，介绍 R 语句的编程特点。

例 18-4 某校医院在一次体检中，测得 10 位同学的身高 H（cm）和体重 W（kg）资料如表 18-10 所示，试分别计算身高 H 和体重 W 的均数和标准差。

表 18-10 学生体检资料

编号	身高 H	体重 W
1	165	45
2	175	65
3	169	60
4	181	70
5	179	68
6	174	65
7	168	55
8	172	58
9	171	60
10	170	55

在 R Console 窗口输入下面的语句：
\# 赋值语句，将 10 个身高数据赋给向量 H
> H<- c(165,175,169,181,179,174,168,172,171,170)
\# 表达式语句，计算向量 H 中数据的均值和标准差
> mean(H)
[1] 172.4   \# 求出身高的均数为 172.4cm
> sd(H)
[1] 4.948625   \# 求出身高的标准差为 4.948625cm
\# 赋值语句，将 10 个体重数据赋给向量 W
> W=c(45,65,60,70,68,65,55,58,60,55)
\# 表达式语句，计算向量 W 中数据的均值和标准差

> mean(W)

[1] 60.1　　　　　　　♯求出体重的均数为60.1kg

> sd(W)

[1] 7.40045　　　　　♯求出体重的标准差为7.40045kg

其中 H 和 W 为新建的向量名；"<-" 为赋值符号，与 "=" 完全等价；"c()" 表示以数组形式赋值；mean() 和 sd() 分别为求均数和标准差的函数。语句前的 ">" 号为计算机提示符。在 R Console 中语句可大致分为：">"引导的程序语句，"♯"引导的注释语句，警告（错误）提示语句和运行结果，非常容易区分。其中运行结果中 "[n]" 里面的数字 n，代表[n]后面的第1个数为该次结果中第 n 个数，如 [1] 之后的第1个数，为结果中的第1个数，[9]之后的第1个数，为结果中的第9个数，该指标便于查看结果个数。

(一) 赋值语句

1. 直接赋值语句　例18.4中，直接将数据输入 R 软件，对向量 H 和 W 进行赋值。该赋值方式即属于直接赋值。除了将一组数赋给向量外，常见的还有将一组字符，或将数值和向量混合赋给向量。

将一组字符赋给某个向量：

> gender=c("女","男","男","女","女","男")　　　　♯字符需要加双引号

> gender

[1] "女" "男" "男" "女" "女" "男"

将数值和向量混合赋给某个向量：

>a=c(1,2,4)

>b=c(3,6,8,4)

>c=c(1,3,a,b)　　　　♯将数值和向量 a 和 b 混合赋给向量 c

>c

[1] 1 3 1 2 4 3 6 8 4

2. 间接赋值语句　即从外部读入数据。外部数据集的格式常见的有 txt 文本格式或 csv 表格格式。基础程序包中的 read.table()、scan() 或 read.csv() 等函数可以将外部数据读入到 R 中进行处理。Excel 格式的文件需要先另存为 csv 格式，才可被读入。

>A<- read.csv("Amanda.csv")　　　　♯从外部读入名为 Amanda 的 csv 格式的数据

一般情况下，在读入外部数据之前，需要有一个设定工作目录的语句，如 > setwd("e:/")，将工作目录设定为 e 盘。外部数据集放入该盘中供 R 调用，运行结果也可被写入该盘。设定工作目录，将会使数据读入和结果查阅变得十分方便。

(二) 表达式语句

1. 向量运算　实际上是对向量中的每一个元素进行运算。例如，求例18.4中每位同学的身高/体重比：

> ratio=H/W

> ratio

[1] 3.666667 2.692308 2.816667 2.585714 2.632353 2.676923 3.054545 2.965517

[9] 2.850000 3.090909

H 中的第一个元素为165，W 中第一个元素为45，两者比值为3.666667，依次类推。又如：

>a=c(9,16,1,4)

> a/2

[1] 4.5 8 0.5 2

第一行，将 9，16，1，4 四个数赋值给向量 a；第二行，向量 a 中的每一个元素均除以 2。
> sqrt(a)
[1] 3 4 1 2

sqrt() 函数对向量 a 中的每个元素取平方根。

2. 函数　　常用的与向量有关的函数如求最大值函数 max()，求最小值函数 min()，求中位数函数 median()，求均数函数 mean()，求和函数 sum()，求标准差函数 sd() 等。此外，R 软件中的拓展程序包还提供了许多有特殊用途的函数，如加载了 foreign 程序包后，就可以调用该程序包中的 read.spss() 函数来读取 SPSS 软件的数据集；加载了 lme4 程序包后，就可以调用其中的 lmer() 函数建立混合效应模型，来分析实验因素的作用等。R 软件还具备灵活的函数编写功能，读者可以根据实际需要编写自己的函数，或对 R 所带函数进行修改。

3. 产生有规律的数列

(1) 等差数列和等间隔数列：x：y 表示从 x 开始，逐项加 1（或减 1），直到 y 为止。例如，1：3 表示产生等差数列 1，2，3；而 3：1 代表等差数列 3，2，1。经 x：y 产生的等差数列的间隔默认为 1 或 -1。如果需要产生其他间隔的等差数列，可选用等间隔函数 seq()，常用形式如：

$$seq(from, to, by)$$

from 相当于等差函数 x：y 中的 x，to 相当于等差函数 x：y 中的 y。seq() 函数表示从 from 开始，到 to 结束，取值间隔为 by，可以灵活设定。

(2) 重复函数：重复函数的最常用形式为：

$$rep(x, times)$$

x 表示需要被重复的向量，times 表示向量 x 需要被重复的次数。times 也可以是一个与 x 等长度（元素个数相等）的向量，分别规定 x 中每一个的元素的重复次数。

例如在表 18-10 中，编号为 1 和 2 的学生属于第一组，编号为 3 到 5 的为第二组，6 到 10 的为第三组。将这些学生进行分组编号，记为 c(1,1,2,2,2,3,3,3,3,3)。
> rep(c(1,2,3),c(2,3,5))
[1] 1 1 2 2 2 3 3 3 3 3

上述语句中，c(1,2,3) 与 c(2,3,5) 元素一一对应。表示数字 1 重复 2 次，数字 2 重复 3 次，数字 3 重复 5 次。

4. 绘图命令　　R 软件的制图功能非常强大。绘图命令可分为高水平作图函数和低水平作图函数。前者可以产生图形，可以有坐标轴、文字说明等，如 plot() 函数；后者自身无法生成图形，只能在高水平作图函数产生图形的基础上，增加新的图形和文字说明等，如 abline() 函数在图上加直线，text() 函数在点上加标记，axis() 函数定义坐标轴内容等。

5. 因子　　表 18-10 包含了两类变量，一类是区间变量，如身高和体重数据，可以进行求均数、标准差等运算；另一类是名义变量，如编号，只代表一种属性，没有实际的运算意义。在 R 软件中，名义变量也称因子。

>code=1：10
> factor(code)
[1] 1 2 3 4 5 6 7 8 9 10
Levels：1 2 3 4 5 6 7 8 9 10

语句第一行生成 1 到 10 的等差数列，并赋值给向量 code，第二行通过 factor() 函数将 code 转化成因子，共 10 个水平。转化后的变量值仍为 1 到 10，但是它们的属性已经从区间变量转化成了因子，后续的分析中，R 软件将把 code 作为因子来处理。常用的因子相关函数有频数统计函数 table()，分组运算函数 tapply() 等。

6. 向量下标运算　R 软件可以通过下标（元素在向量中的"坐标"）灵活访问向量中的元素或向量子集，并进行运算。向量下标的定义格式为"向量名［下标定义］"

>a＝c(0,7,5,1,4,0,1,4,2)

>a[5]

[1] 4

语句第一行将 0，7，5，1，4，0，1，4，2 这 9 个数赋值给向量 a，第二行代表向量 a 中的第 5 个元素，即 4。下标向量下标运算可以与逻辑运算结合使用。

>a[a>4]

[1] 7 5

第一行代表向量 a 中大于 4 的元素，即 7 和 5。逻辑运算符号，除了此处的大于（＞）外，常用的还有小于（＜）、等于（＝）、大于等于（＞＝）、小于等于（＜＝）和不等于（！＝）。

> a＝c(0,7,5,1,4,NA,1,4,2)

> a[is.na(a)]＝8

> a

[1] 0 7 5 1 4 8 1 4 2

语句第一行中 NA 代表缺失值；第二行 is.na() 是检测缺失值的函数，该行代表以 8 来替换 a 中的缺失值。同理，a［！is.na(a)］代表 a 中的所有非缺失值。

（三）二维数组语句

以上介绍了 R 软件中两种语句类型：赋值语句和表达式语句。两者缺一不可。例如，运行语句 seq(0,20,2)，直接显示出等差数列 0，2，4，…，18，20。而运行 dat＝seq(0,20,2)，不显示任何结果，seq(0,20,2) 产生的等差数列被赋值给向量 dat，后续的分析只需引用 dat，就相当于引用了该等差数列。一般情况下，习惯将表达式语句编写成赋值语句，以节省空间和方便引用，运行结果则在每段程序末，以表达式语句来显示。

以上对两类语句的介绍是基于向量（一维数组）展开的。在实践中，数据集往往是二维的，以矩阵（行 * 列）的形式储存。矩阵的每一行代表一个观测对象，每一列代表一个变量。矩阵可以看作多个列向量的组合，因此其运算往往转化成向量运算来实现。

矩阵的赋值方式与向量类似，可以直接赋值，也可以调用外部数据集进行间接赋值。二维数组常用的赋值函数有 dim()、array()、matrix() 等，但这些函数要求矩阵中所有的元素同属一个类型，如均属数值型或字符型。data.frame() 函数则更为灵活，对矩阵中各列数据类型没有要求。具体方法由于篇幅所限，不再详细介绍，读者可参考 R 软件在线文档自学。

将矩阵数据赋给某个变量 b 之后，通过下标来定义矩阵内的行和列。矩阵的运算实际上就是对矩阵内的行和列进行的运算。

例如 b[1,3] 代表矩阵 b 中第 1 行第 3 列的元素。方括号（"[]"）中，逗号（","）前后分别定义行下标和列下标。b[1,] 代表矩阵 b 中第一行的所有数据。由于 b[1,] 未定义列下标，默认为所有列。b[,1] 也是同样的道理。b[1:5,2:4] 代表矩阵 b 中第 1 至 5 行，2 至 4 列的所有数据。R 语句中经常遇到以等差数列来定义矩阵中特定行和列的情况。

定义出来的特定的行和列数据即可选用以上介绍的表达式语句进行分析。

三、实例分析

试探讨例 18－4 中，身高与体重的相关性。

> ♯赋值语句：

> data＝data.frame(

+ H＝c(165,175,169,181,179,174,168,172,171,170),

```
+ W=c(45,65,60,70,68,65,55,58,60,55)
+ )        #当一个语句被拆分成几行时，各行之间自动以"+"连接
> H=data[,1]    #H 为矩阵 data 的第一列数据
> W=data[,2]    #同理，将矩阵运算转化成向量运算
>
> #表达式语句：
> #一、先绘制身高关于体重的散点图（图 18-22），判断两者有无线性关系
> plot(W,H)
> #二、检验两列数据 W 和 H 的正态性
```

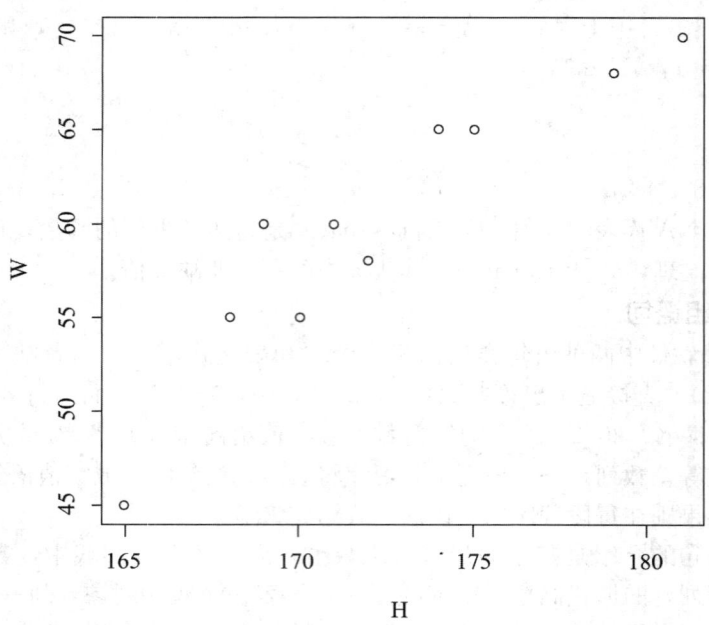

图 18-22　身高关于体重的散点图

```
> shapiro.test(H)
        Shapiro-Wilk normality test
data：H
W = 0.9692,p-value = 0.8833
> shapiro.test(W)
        Shapiro-Wilk normality test
data：W
W = 0.9485,p-value = 0.6512
> #三、求两者相关系数
> cor.test(W,H)
        Pearson's product-moment correlation
data：W and H
t = 7.0009,df = 8,p-value = 0.0001125
alternative hypothesis：true correlation is not equal to 0
95 percent confidence interval：
 0.7149204 0.9829728
```

sample estimates：
　　　cor
0.9271887

本例首先通过赋值语句，将矩阵分解成两个向量 H 和 W，然后求两向量的线性相关系数。求解相关系数一般分为三个步骤：

首先绘制散点图，观察两者之间是否存在线性趋势，本例散点图显示，体重越大者，其身高往往越高，两者之间存在线性趋势，可以考虑计算相关系数。

其次，计算线性相关系数有一个前提，是双变量正态分布。对两变量进行正态性检验，得 P 值分别为 0.8833 和 0.6512，均大于 0.05，可知两变量均服从正态分布，满足计算线性相关系数的条件。

最后，调用 cor.test() 计算相关系数，得样本相关系数为 0.927，经假设检验，有统计学意义（$P<0.001$）。总体相关系数的 95% 置信区间为（0.715，0.983）。

第五节　小　结

本章介绍了当前使用较为广泛的四种统计分析软件，分别概述了它们各自的特点、常用窗口、菜单、语言特征以及一些基本的操作技巧。

特点	SPSS	SAS	Stata	R
操作方式	菜单式操作、简单易学		命令式操作、需掌握一定的编程语言	
语言特征	Syntax 语句分为数据步和过程步，可在分析过程中通过 paste 命令引用、学习	SAS 语句分为数据步和过程步，语句相对较长、复杂	Stata 语句无数据步、过程步也比较精简，仅保留核心指令，在三种命令式操作软件中相对易学	R 语句分为赋值语句和表达式语句，两者之间可以相互转化；有大量的数据包，加载后可进行特定分析
数据链接	通过菜单可导入各种常用的数据文件	可通过数据步输入简单的数据；也可以通过菜单导入数据文件	菜单或者通过命令指定引用路径。不同版本能处理的数据大小不同	可通过赋值语句直接输入，或读入外部数据集
统计分析功能	能满足一般统计分析的需求，在复杂数据和模型的处理能力上较弱	功能强大，能处理一般与较为复杂的数据和模型	功能强大，语句灵活、简洁	非常强大，有大量的程序包可以完成各类建模与分析
统计作图	作图功能一般，不够美观	作图功能强大，合理运用绘图程序步能作出美观的统计图	较为美观	作图功能非常强大，通过修改绘图参数，可绘制各类统计图

续表

特点	SPSS	SAS	Stata	R
帮助功能	较强，初学者通过教程的学习能完成一般的统计分析	帮助功能强大，对每个模块的使用都举例说明，用户在使用过程中能获得巨大帮助	帮助功能较完善，分析过程中通过Help语句能获得相应的帮助，网络学习资源丰富	帮助功能较完善，Help菜单下有用户手册、函数查询、R软件官网等链接
软件大小与安装	中等（几百兆），安装较为方便	安装包大（现有版本一般在1G以上），安装较复杂	安装包小（几十兆~几百兆），安装方便，且较小的安装包已经能满足常用的统计分析	软件只有几十兆，安装简便，且可以选择语种。程序包需另外加载

思考与练习

一、简答题

1. SPSS 的拆分文件（split file）选项有什么功能？
2. 请简要阐述 SAS 语句的特点及编写时的注意事项。
3. 比较本章中 t 检验的 SAS 和 Stata 程序，简要概括 SAS 和 Stata 的语句特点。
4. 在 R 软件中，如何设定工作目录？有什么意义？

二、多选题

1. SPSS 具有下列哪些特点
   A. 操作简单
   B. 数据转接实用
   C. 使用方便
   D. 绘图精美
   E. 程序简洁
2. SPSS 中 Compare Means 模块可以进行下列哪些分析
   A. 单样本均值的 t 检验
   B. 两独立样本 t 检验
   C. 单因素方差分析
   D. 随机区组设计方差分析
   E. 简单线性回归分析
3. 下列哪些是 SAS 数据步常用的关键词
   A. UNIVARIATE
   B. INPUT
   C. NPARIWAY
   D. FREQ
   E. CARDS
4. SAS/BASE 的功能包括以下哪几点
   A. 承担着主要的数据管理任务
   B. 进行质量控制
   C. 对程序语言的处理和调用其他 SAS 模块
   D. 进行企业级数据挖掘
   E. 以矩阵为元素的复杂运算
5. Stata 结果窗口中有哪几种颜色的字
   A. 黑色
   B. 红色
   C. 蓝色
   D. 黑色加粗
   E. 黄色
6. 关于 R 软件中的赋值语句，下列说法正确的是
   A. R 软件中数据只能以向量或矩阵的形式赋值
   B. 可以将一个外部数据集读入 R 软件中，并通过赋值语句赋给变量
   C. 表达式语句可以写成赋值语句的形式，以节省控制台的显示空间
   D. R 软件中赋值语句有时可以省略，但必须有表达式语句
   E. 将一个矩阵赋值给一个变量后，必须通过下标运算进行调用

三、综合分析题

1. 为探讨目前临床常用的三种方法治疗突发性耳聋的疗效差异，将 54 名新发患者随机分为 3 组：药物组、针灸组和高压氧组。药物组每日肌内注射甲钴胺（弥可保），并口服维生素 B 片和银杏叶提取物；针灸组接受针灸和拔罐治疗；高压氧组每天接受一次高压氧治疗。3 周后，测量听力提升情况（单位：分贝）。数据

如表 18-11 所示。试问：三种方法对于治疗突发性耳聋的疗效有无差异。请用 SPSS 进行分析（数据见"18 章综合分析题 1.sav"）

表 18-11　3 组患者治疗后听力提升情况（单位：分贝）

药物组	针灸组	高压氧组
8.15	11.48	16.29
6.37	22.64	10.04
9.30	15.53	10.24
7.14	12.71	13.96
9.35	15.06	17.52
7.71	12.59	16.55
13.09	15.75	23.52
9.63	17.53	16.14
10.97	11.16	10.71
13.72	3.59	12.64
10.72	10.39	21.19
10.08	11.39	16.49
10.29	15.53	16.07
20.52	13.53	12.53
9.16	12.58	10.32
0.71	12.77	20.74
16.93	16.23	16.78
13.96	11.77	18.91

2. 上题中的研究机构在试验中发现年龄可能是影响疗效的一个混杂因素，因此以年龄为区组，重新设计了试验方案，重新试验（数据见"18 章综合分析题 2.sav"），结果见表 18-12。请按此设计方案重新分析。

表 18-12　3 组患者治疗后听力提升情况（单位：分贝）

区组号	药物组	针灸组	高压氧组
1	18.25	15.51	11.87
2	18.81	24.42	13.52
3	9.79	7.71	13.06
4	23.66	15.43	15.78
5	12.25	4.86	3.1
6	19.07	18.99	6.04
7	17.02	17.21	12.08
8	9.66	17.8	7.84
9	11.73	15.18	6.47
10	10.22	6.64	8.32

（顾　菁　袁联雄　李佳玲　张王剑）

主要参考文献

1. 陈锋. 医学统计学. 北京：中国统计出版社，2002：247-249.
2. 陈峰. 现代医学统计方法与 Stata 应用. 2 版. 北京：中国统计出版社，2003.
3. 陈景武. 医学研究设计与分析. 北京：中国统计出版社，2003：104-107.
4. 陈平雁，黄浙明. SPSS13.0 统计软件应用教程. 北京：人民卫生出版社，2005.
5. 楚洁，臧桐华，叶冬青，等. 重复测量设计与随机区组设计原理及应用. 中国卫生统计，2004：45-46，48.
6. 丁元林，高歌. 卫生统计学. 案例版. 北京：科学出版社，2008：7-8，233-237.
7. 方积乾. 卫生统计学. 6 版. 北京：人民卫生出版社，2008.
8. 方积乾. 生物医学研究的统计方法. 北京：高等教育出版社，2010.
9. 方积乾. 医学统计学与电脑实验. 4 版. 上海：上海科学技术出版社，2012.
10. 方积乾. 卫生统计学. 7 版. 北京：人民卫生出版社，2012.
11. 高歌，郭秀花，黄水平. 现代实用卫生统计学. 苏州：苏州大学出版社，2010：164-177.
12. 郭晋，胡良平，高辉，等. 如何正确进行线性相关与回归分析——怎样在药物应用与监测研究中正确运用统计学（九）. 中国药物应用与监测，2009，（3）：185-186.
13. 郭秀花. 医学现场调查技术与统计分析. 北京：人民卫生出版社，2009.
14. 郭秀花. 医学统计学与 SPSS 软件实现方法. 北京：科学出版社，2012.
15. 胡良平. 统计学三型理论在实验设计中的应用. 北京：人民军医出版社，2006.
16. 胡良平，郭晋. 如何正确运用 χ^2 检验——怎样在药物应用与监测研究中正确运用统计学（三）. 中国药物应用与监测，2008，5（3）：49-52.
17. 金丕焕，陈锋. 医用统计方法. 3 版. 上海：复旦大学出版社，2009：335-343.
18. 李康. 医学统计学. 6 版. 北京：人民卫生出版社，2013.
19. 刘桂芬. 医学统计. 北京：中国协和医科大学出版社，2007.
20. 陆守曾，陈峰. 医学统计学. 2 版. 北京：中国统计出版社，2007.
21. 马斌荣. 医学统计学. 5 版. 北京：人民卫生出版社，2008.
22. 倪宗瓒. 医学统计学. 北京：高等教育出版社，2003：253-255.
23. 孙振球. 医学统计学. 2 版. 北京：人民卫生出版社，2006.
24. 孙振球. 医学统计学. 3 版. 北京：人民卫生出版社，2010.
25. 汪关煜，林善锬，叶朝阳. 多糖铁复合物对肾性贫血肾功能衰竭血液透析患者的补铁疗效与安全性观察. 中华内科学杂志，2000，39：380-383.
26. 吴光驰，郭素怡，王乃坤，等. 北京地区 468 名少儿肥胖及血压改变的八年随访观察. 中华医学杂志，1997，77：18-21.
27. 吴圣贤，王成祥. 临床研究样本含量估算. 北京：人民卫生出版社，2008.
28. 薛毅，陈立萍. 统计建模与 R 软件. 北京：清华大学出版社，2007.
29. 余松林. 医学统计学. 北京：人民卫生出版社，2002：192-207.
30. 曾宪涛，Joey S. W. Kwong，田国祥，等. Meta 分析系列之二：Meta 分析的软件. 中国循证心血管医学杂志，2012，4（2）：89-91.

31. 詹绍康. 现场调查技术. 上海：复旦大学出版社，2005：72-86.
32. 赵耐青. 卫生统计学. 上海：复旦大学出版社，2009：99-102.
33. 张文彤，邝春伟. SPSS统计分析基础教程. 2版. 北京：高等教育出版社，2011.
34. 张文彤，赵耐青. Stata 软件基本操作和数据分析入门［online］. http://wenku.baidu.com/view/f21677a7b0717fd5360cdcea.html
35. 中国药物经济学评价指南课题组，刘国恩，胡善联，吴久鸿. 中国药物经济学评价指南（2011版）. 中国药物经济学，2011：6-9，11-48.
36. 朱世武. SAS编程技术教材. 北京：清华大学出版社，2007.
37. Bernard Rosner. Fundamentals of biostatistics. Seventh edition. Boston：Brooks/Cole-Cengage Learning，2010：1-5.
38. Connolly SJ，Ezekowitz MD，Yusuf S，et al. Dabigatran versus warfarin in patients with atrial fibrillation. N Engl J Med，2009，361（12）：1139-1151.
39. David G. Kleinbaum Mitchel Klein. Survival Analysis-A Self Learning Text. USA：Springer，2012.
40. Ezekowitz MD，Connolly S，Parekh A，et al. Rationale and design of RE-LY：randomized evaluation of long-term anticoagulant therapy，warfarin，compared with dabigatran. Am Heart J，2009，157（5）：805-810.
41. Friedman LM，Furberg CD，DeMets DL. Fundamentals of clinical trials. USA：Springer，2010.
42. Jadad AR，Moore RA，Carroll D，et al. Assessing the quality of reports of randomized clinical trials：is blinding necessary? Controlled clinical trials，1996，17：1-12.
43. Jpt CHH，Green S. Cochrane handbook for systematic reviews of interventions version 5.1.0［updated March 2011］. The Cochrane Collaboration，2011.
44. Kalbfleisch JD，Prentice RL. The statistical analysis of failure time data. Canada：John Wiley & Sons，2002.
45. Kirk RE. Experimental design. Wiley Online Library，1982.
46. Piantadosi S. Clinical trials：a methodologic perspective. Canada：John Wiley & Sons，2005.
47. Quinn GGP，Keough MJ. Experimental design and data analysis for biologists. Cambridge University Press，2002.
48. Schulz KF，Altman DG，Moher D：CONSORT 2010 Statement：Updated Guidelines for Reporting Parallel Group Randomized Trials. Annals of Internal Medicine，2010，152：726-732.
49. Verhagen AP，de Vet HCW，de Bie RA，et al. The Delphi list：a criteria list for quality assessment of randomized clinical trials for conducting systematic reviews developed by Delphi consensus. Journal of Clinical Epidemiology，1998，51：1235-1241.

附录一　思考与练习参考答案

第一章　绪　论

一、简答题

1. 总体表示大同小异的对象全体，如例 1-1 中的所有房颤患者；样本则是从总体中抽取的个体，即参与研究的房颤患者。

2. 定量变量和定性变量，前者又可以分为连续型定量变量与离散型定量变量，定性变量可以分为无序分类变量和有序分类变量。举例略。

3. 随机误差和非随机误差，随机误差可以通过增加测量次数等加以控制；系统误差可以通过周密的研究设计和严格的技术措施等加以消除或控制。

4. 统计学上，通常把发生概率 $P \leqslant 0.05$ 或者 $P \leqslant 0.01$ 的随机事件称为小概率事件。

二、多选题

1. ABDE　　2. AD　　3. ACDE　　4. ABCE　　5. ABCD　　6. ABDE

第二章　定量资料的统计描述

一、简答题

1. 通过频数分布表可以初步判断频数分布类型，描述频数分布特征，并且便于发现有无可疑值，也便于进一步作统计分析和处理。

2. 描述集中位置的指标常用的有均数、几何均数、中位数。当资料呈对称分布，尤其呈正态分布，可用均数描述其集中位置；当资料呈对数正态分布或呈倍数关系时，多用几何均数描述其集中位置；若资料呈明显偏态分布、分布类型不明或有极端值等，多用中位数描述其集中位置。

描述离散程度的指标有极差、四分位数间距、方差、标准差和变异系数。当资料服从或近似服从正态分布时，方差与标准差是表示其变异程度常用的指标，其中标准差最常用；但当多组资料间度量衡单位不同或均数相差较大时，应将标准差转换成变异系数进行对比和分析。极差、四分位数间距稳定性差，不能反映所有观察值的离散程度，尤其是极差，故一般对呈偏态分布、分布类型不明或两端没有确切数值的资料采用四分位数间距描述其离散程度。

3. 正态分布曲线在横轴上方均数处最高；以均数为中心，左右对称；正态分布有两个参数，即均数 μ 和标准差 σ，其中 μ 是位置参数，σ 是形状参数。

正态曲线与横轴所夹总面积为1，以均数为中心左右对称。正态曲线下一定区间的面积可通过积分形式求得。为了省去计算的麻烦，可进行 Z 转换，通过查"标准正态分布曲线下的面积表"可以方便地求出正态曲线下某一区间的面积,用以估计该区间出现的变量值例数占总例数的百分比(频率),或变量值落在该区间的概率,以便于日常工作中使用。

4. 估计医学参考值范围常用的方法有正态分布法和百分位数法,当资料服从正态分布或转换值服从正态分布或近似正态分布可用正态分布法;若不服从正态分布或分布类型未知,可用百分位数法。

二、不定项选择题

1. ACDE   2. DE   3. AC   4. A   5. BDE   6. ABD

三、综合分析题

1. (1) 编制频数表,绘制直方图(图略)。

某地某年 120 名健康成年女性血红蛋白含量频数表

血红蛋白含量(g/L)	人数
105~	3
110~	8
115~	12
120~	16
125~	18
130~	23
135~	20
140~	10
145~	6
150~155	4
合计	120

(2) 通过频数表与频数图可以初步判断此资料来自正态总体,故可采用均数与标准差分别描述其集中位置与离散程度。

$\bar{X}=130.04$ (g/L) $S=10.67$ (g/L)

(3) 该地正常成年女性血红蛋白的 95% 医学参考值范围为:

$\bar{X}\pm1.96S$,即 108.91~151.17 (g/L)

(4) 首先按公式 (2-17) 求 Z 值,进行标准正态转换,然后查标准正态曲线下的面积表。128g/L 对应的 Z 值为:$Z=\dfrac{128-130.04}{10.67}=-0.19$,查标准正态曲线下的面积表得 0.4247,故该地正常女性血红蛋白在 128g/L 以下者约占 42.47%;同理 145g/L 对应的 Z 值为 1.40,按 -1.40 查表,得 0.0808,故该地正常女性血红蛋白在 145g/L 以上者约占 8.08%。

2. (1) 此资料为正偏态分布,故可以采用中位数与四分位数间距描述其集中位置和离散程度。

某地 200 例成年人发汞检测结果

发汞值（μmol/kg）	人数	累计频数	累计频率（%）
1.5~	16	16	8.00
3.5~	60	76	38.00
5.5~	52	128	64.00
7.5~	40	168	84.00
9.5~	12	180	90.00
11.5~	10	190	95.00
13.5~	4	194	97.00
15.5~	3	197	98.50
17.5~	1	198	99.00
19.5~21.5	2	200	100.00
合计	200		

中位数 $M=6.42$（μmol/kg），四分位数间距 $Q=3.97$（μmol/kg）。

(2) 按临床意义发汞 95% 医学参考值范围应求单侧上限。

正态分布法：采用公式 $\lg^{-1}(\bar{X}_{\lg X}+1.64 S_{\lg X})$，结果为 13.40（μmol/kg）；

百分位数法：计算 P_{95}，结果为 13.50（μmol/kg）。

第三章 总体均数的估计及假设检验

一、简答题

1. 从同一总体中反复多次抽样，由于总体中个体差异的存在，在抽样过程中产生的样本均数与总体均数之间的差异或样本均数之间的差异，称为均数的抽样误差。抽样误差的大小可用标准误 $S_{\bar{X}}=\dfrac{S}{\sqrt{n}}$ 来计算。

2. 以预先给定的概率（置信度）确定包含总体参数的范围，该范围称为总体参数的置信区间。两个要素为：一是准确度即置信度 $1-\alpha$，$1-\alpha$ 越大置信度就越大，因此 99% 置信度大于 95% 置信度；二是精密度即区间的宽度 $(2t_{\alpha/2,\nu}S_{\bar{X}})$，区间的长度越小越精密，因此，95% 的精密度高于 99%。在样本例数确定的情况下，二者是矛盾的，需要兼顾准确度和精密度，一般情况下常取 95% 置信区间。在可信度确定的情况下，提高精密度的方法是扩大样本例数（会同时减少 $t_{\alpha/2,\nu}$ 和 $S_{\bar{X}}$）。

3. ① 独立性：各观察个体之间是相互独立的，相互之间互不影响；② 正态性：两组样本均数进行比较时，要求两组样本所来自的总体服从正态分布；配对设计时，要求差值服从正态分布；③ 方差齐性：两样本所来自的正态总体的方差相等。

4. 统计学上规定：H_0 实际上是成立的，但由于抽样的原因，拒绝了 H_0，这类"弃真"的错误称为 I 类错误，其最大的概率为 α。如规定 $\alpha=0.05$，当拒绝 H_0 时，则理论上 100 次检验中平均有 5 次发生这样的错误；H_0 实际上不成立，但假设检验没有拒绝它，这类"取伪"

的错误称为Ⅱ类错误，其概率大小用 β 表示。

二、单选题

1. B   2. D   3. A   4. E   5. D   6. D

三、综合分析题

1. 95％置信区间为：$\bar{X} \pm t_{\alpha/2,\nu} S_{\bar{X}} = \left(12.56 \pm 2.262 \times \dfrac{1.66}{\sqrt{10}}\right) =$ (11.37～13.75) g/dl。

2. (1) 甲组：$t = \dfrac{\bar{d}}{\dfrac{S_d}{\sqrt{n}}} = 3.17$，$P \leqslant 0.05$，差别有统计学意义；

   乙组：$t = \dfrac{\bar{d}}{\dfrac{S_d}{\sqrt{n}}} = 2.801$，$P \leqslant 0.05$，差别有统计学意义，因此，甲乙两组都有效。

   (2) 比较措施是否有差别，即把两组实验前后的差值作为比较的对象，作两独立样本 t 检验：
   $t = \dfrac{\bar{d}_1 - \bar{d}_2}{S_{(\bar{d}_1 - \bar{d}_2)}} = 1.51$，$P > 0.05$，差别无统计学意义，即尚不能认为两种降胆固醇措施有差别。

第四章　方差分析

一、简答题

1. 不能。因为会增大犯Ⅰ类错误的概率。或回答：能，但需要对检验水准进行调整，以控制犯Ⅰ类错误的累积概率。

2. 方差分析的基本思想是变异的分解。将总变异按设计和需要分解成几个部分，其中至少有一部分代表处理组间的变异，另一部分代表随机误差，利用两者的比值来构造检验统计量 F 值，并根据它与临界值的大小关系来判断处理组间差异有无统计学意义。方差分析的前提条件有两个：样本均数服从正态分布；各组总体方差相等，即满足方差齐性。

3. 完全随机设计的方差分析将总变异分解成处理组间的变异和随机误差，然后以两者的比值来构造检验统计量 F 值。随机区组设计则在它的基础上，进一步将区组变异从随机误差中分离出来，从而减小了随机误差，也就是减小了检验统计量 F 的分母，更容易得到相对较大的 F 值，因此更容易拒绝零假设，发现组间差异，提升试验效率。

4. SNK 法和 Dunnett-t 检验都可以用于方差分析得出多个总体均数不全相等的结论后的多重比较，但是 SNK 法常用于方差分析结果拒绝零假设后探索性的两两事后比较；而 Dunnett-t 检验常用于事先有明确假设的证实性研究，用于在设计阶段就根据研究目的或专业知识而计划好的某些组间的比较，如多个处理组与对照组的比较。

二、多选题

1. ABCE   2. CE   3. CD   4. BE   5. CD   6. DE

三、综合分析题

1. 本题采用完全随机设计的方差分析。

(1) 方差分析

1) 建立检验假设，确定检验水准

H_0：$\mu_1 = \mu_2 = \mu_3$，即三种术式的术中出血量总体均数相等

H_1：μ_1，μ_2，μ_3 不全相等，即三种术式的术中出血量总体均数不全相等

$\alpha = 0.05$

2) 计算检验统计量：按教材正文表 4-2 的公式进行计算。

表 4-11 方差分析结果表

变异来源	SS	df	MS	F
总变异	5098	36		
组间变异	962	2	481	3.96
组内变异（误差）	4136	34	122	

3) 确定 P 值，得出推断结论：调用统计软件，得到 $P = 0.029 < 0.05$，在 $\alpha = 0.05$ 的水准下拒绝零假设，有理由认为三组总体均数不全相等，即三种术式的术中出血量不同，至于具体哪些术式之间不同，需要进一步进行两两比较。

(2) 两两比较：此处的两两比较属于事后的探索性两两比较，因此我们可以选用 SNK 法或 Bonferroni 法。本题我们选用 SNK 法。

1) 建立检验假设，确定检验水准

H_0：$\mu_A = \mu_B$，即两对比组的总体均数相等

H_1：$\mu_A \neq \mu_B$，即两对比组的总体均数不等

$\alpha = 0.05$

2) 计算检验统计量

首先将三个样本均数由大到小排列，并编组次：

组别	术式三	术式二	术式一
$\overline{X}_i$	60	59	49
组次	3	2	1

根据表 4-11 的计算结果和如下计算公式，列出如表 4-12 的结果表（$MS_{误差} = MS_{组内} = 122$）

$$q = \frac{\overline{X}_A - \overline{X}_B}{S_{\overline{x}_A - \overline{x}_B}} = \frac{\overline{X}_A - \overline{X}_B}{\sqrt{\frac{MS_{误差}}{2}\left(\frac{1}{n_A} + \frac{1}{n_B}\right)}}, \ v = v_{误差}$$

表 4-12 SNK 检验结果表

对比组 A 与 B	两均数之差 $\bar{X}_A - \bar{X}_B$	两均数之差的标准误差 $S_{\bar{x}_A - \bar{x}_B}$	q 值	对比组内包含组数 a	q 的临界值 0.05	q 的临界值 0.01	P
3 与 1	11	3.1	3.5	3	3.49	4.45	<0.05
3 与 2	1	3.1	0.32	2	2.89	3.89	>0.05
2 与 1	10	3.1	3.2	2	2.89	3.89	<0.05

3）确定 P 值，得出结论：算出检验统计量 q 值，自由度为方差分析的组内自由度 34（附表 4 中无此值，取最接近的 30），相应的 q 临界值也列在上表中，根据上表最后一列 P 值，得：术式二与术式三的术中出血量总体均数的差别没有统计学意义；而术式一与其他两组的差异均有统计学意义。根据样本均数的大小，可以判断，术式一的术中出血量均比其他两种术式的术中出血量要低。

2. 本题采用随机区组设计的方差分析。

（1）方差分析

1）建立检验假设，确定检验水准

对于处理组：

H_0：三组大鼠体重变化的总体均数相等

H_1：三组大鼠体重变化的总体均数不全相等

对于区组：

H_0：20 个区组大鼠体重变化的总体均数相等

H_1：20 个区组大鼠体重变化的总体均数不全相等

均取 $\alpha = 0.05$

2）计算检验统计量：按照教材正文表 4-6 的公式，计算方差分析的结果如表 4-13。

表 4-13 随机区组设计的方差分析表

变异来源	SS	df	MS	F
总变异	563.2	59		
处理组间	369.8	2	184.9	51.80
区组间	57.9	19	3.0	0.85
随机误差	135.6	38	3.6	

3）确定 P 值，得出结论：对于处理组间变异，$F=54.56$，$\nu=2$，$P<0.01$，拒绝零假设，可认为三组大鼠的体重变化总体均数不全相等，至于哪些均数不等，需要进一步的两两比较来确定。对于区组间变异，$F=1.06$，$\nu=2$，$P=0.35>0.05$，不拒绝零假设，尚不能认为各区组间大鼠体重变化的总体均数不同。

（2）两两比较：本题探讨两种抗抑郁药是否有增加体重的作用，属于两个新药组与一个空白对照组的比较，可以用 Dunett-t 检验来完成。

1）建立检验假设，确定检验水准

H_0：$\mu_A = \mu_B$，即任一实验组与对照组的总体均数相等

H_1：$\mu_A \neq \mu_B$，即任一实验组与对照组的总体均数不等

$\alpha = 0.05$

2）计算检验统计量：$MS_{误差} = 3.4$，$n1 = n2 = n3 = 20$，新药 A 组与对照组，新药 B 组与对照组均数之差的标准误均为 $\sqrt{MS_{误差}(1/20 + 1/20)} = 0.58$。计算结果如表 4-14。

表 4-14 多个总体均数比较的 Dunett-t 检验结果表

对比组	样本均数之差	标准误	检验统计量 t_D	Dunett-t 界值	P
新药 A 组与对照组	4.9	0.58	8.4	2.90	<0.01
新药 B 组与对照组	5.6	0.58	9.7	2.90	<0.01

3)确定 P 值,作出统计推断:根据方差分析中随机误差的自由度 55(附表 2 中无此值,取最接近它的 60)和实验组数 2,查 Dunett-t 界值表,列于表 4-14 中。按 $\alpha=0.05$ 水准,新药 A 组与对照组,新药 B 组与对照组差异均有统计学意义。计算三组的样本均数,并可以据此判断,新药 A 组与新药 B 组大鼠体重增加均要大于空白对照组。

第五章　定性资料的统计描述

一、简答题

1. 常用的相对数指标有率、构成比、相对比。

表 5-10 常用的相对数的算法和意义比较

相对数	公式	意义	特点
率	率 = $\dfrac{\text{某时期内发生该现象的观察单位数}}{\text{同期可能发生该现象的观察单位总数}} \times$ 比例基数	某现象的发生频率或强度	
构成比	构成比 = $\dfrac{\text{某一组成部分的观察单位数}}{\text{同一事物各组成部分的观察单位总数}} \times 100\%$	事物内部各组成部分所占比重或分布	(1)各部分构成比之和为 100% 或 1;(2)某一部分所占的比重增大,其他部分的比重会相应减少
相对比	A/B	A 为 B 的若干倍(或者百分之几),或相对于单位 B 时 A 的情况	(1) A、B 两指标可以是性质相同的,也可以是性质不同的;(2)可以是绝对数,也可以是相对数或平均数

2. 应用相对数的注意事项有　①计算相对数时应有足够的样本量;②不要把构成比与率相混淆;③注意资料的可比性;④要考虑存在抽样误差。

3. 动态数列分析常用的指标有绝对增长量、发展速度和增长速度、平均发展速度和平均增长速度。

4. 标准化法　是消除内部构成的不同对粗率比较的影响,选择统一的"标准构成",对比较的资料进行校正。标准化法的基本思想:在两个及两个以上总率进行对比时,为了消除内部构成不同的影响,采用统一标准,分别计算标准化率后再作对比。其意义在于统一资料内部构成,使其具有可比性。

二、不定项选择题

1. D   2. BC   3. ABCE   4. E   5. D   6. CDE

三、综合分析题

1. (1) 填空

表 5-11 某年某校教师 5 项体检项目检查结果

检查项目	<40 岁组			≥40 岁组		
	异常例数	构成比	检出率（%）	异常例数	构成比	检出率（%）
肝脏	5	(6.58)	(0.96)	(46)	11.50	(9.83)
血脂	26	(34.21)	5.00	117	(29.25)	25.00
心电图	20	(26.32)	(3.85)	98	(24.50)	(20.94)
胆囊 B 超	19	25.00	(3.65)	90	22.50	(19.23)
子宫 B 超	(6)	(7.89)	(1.15)	49	12.25	(10.47)
合计	(76)	100.00	(14.62)	(400)	100.00	(85.47)

(2) 两个年龄组均以血脂异常所占的比重最大，分别为 34.21% 和 29.25%；各检测项目的检出率均为 ≥40 岁组较 <40 岁组高，其差异是否具有统计学意义，尚需要进行假设检验来证实。

2. 动态分析如下表。

表 5-12 某医院 2002—2007 年日门诊量（人/天）动态变化

年份 (1)	指标符号 (2)	日门诊人次 (3)	绝对增长量		发展速度（%）		增长速度（%）	
			累计 (4)	逐年 (5)	定基比 (6)	环比 (7)	定基比 (8)	环比 (9)
2002	a_0	1615	—	—	100.0	100.0	—	—
2003	a_1	1667	52	52	103.2	103.2	3.2	3.2
2004	a_2	1928	313	261	119.4	115.7	19.4	15.7
2005	a_3	2251	636	323	139.4	116.8	39.4	16.8
2006	a_4	2598	983	347	160.9	115.4	60.9	15.4
2007	a_5	2927	1312	329	181.2	112.7	81.2	12.7

第六章 二项分布和 Poisson 分布

一、简答题

1. 在医学研究中常常会遇到一些随机现象，它们的结局只有两种相互对立的结果。如果这些随机现象的各个观察值之间是相互独立的,且每个观察对象阳性结果的发生概率为 π,阴性结果的发生概率为 $(1-\pi)$,那么,重复观察 n 次,发生阳性结果的次数 X 的概率分布服从二项分布,记作 $X \sim B(n,\pi)$。

应用条件:① 每个观察单位只能有两个互相对立的结果中的一个;② 每次实验的条件不变,即每个观察单位为某种结果的概率 π 是恒定不变的,实际工作中要求 π 是从大量观察中获得的比较稳定的数值;③ n 个观察单位的结果互相独立,即每个观察单位的结果不会影响到其他观察单位的结果。

2. 医学研究中把常用于描述单位时间、单位空间、单位面积等罕见事件发生次数的概率分布称为 Poisson 分布,记作 $X \sim Poisson(\lambda)$。

应用条件:Poisson 分布的应用条件与二项分布相同,即要求事件的发生是相互独立的,发生的概率相等,结果是二分类的。另外,Poisson 分布主要用于研究单位时间或单位空间内某事件的发生数,理论上单位时间或单位空间内的发生数可为无穷大。而用于研究单位人群中某疾病发生数的分布时,单位人群的人数要求大一些,如以 1000 人或更多作为单位人群,某些发病率极低的疾病要求更多。

3. 二项分布图的高峰在 $\mu=n\pi$ 处或附近。给定 n 后,二项分布的形状取决于参数 π 的大小。π 为 0.5 时,图形是对称的;当 π 不等于 0.5 时,分布不对称,呈偏态;当 $\pi<0.5$ 时分布呈正偏态;当 $\pi>0.5$ 时分布呈负偏态;对同一 n,π 偏离 0.5 愈远,分布愈偏;对同一 π,随着 n 的增大,分布趋于对称,如 $\pi=0.30$、$n=5$ 和 $n=10$ 时,图形呈偏态,当 $n=30$ 时,图形已接近正态分布。

4. Poisson 分布的图形是非对称的,不同的参数 λ 对应不同的 Poisson 分布图形;Poisson 分布的均数 μ 与方差 σ^2 相等,均为 λ,即 $\lambda=u=\sigma^2$,这是 Poisson 分布的重要特征;Poisson 分布具有可加性,对于服从 Poisson 分布的 m 个相互独立的变量 X_1,X_2,X_3,…,X_m,它们的和也服从 Poisson 分布,并且总体均数为这 m 个随机变量的均数之和;二项分布中,当事件的发生概率 π 很小,而试验次数 n 很大,此时 n 或 $n\pi$ 为一个常数,二项分布就非常近似 Poisson 分布。

二、单选题

1. D   2. B   3. C   4. A   5. A   6. B

三、综合分析题

1. 该地区中小学生心肌受损检出率的 95% 置信区间为 (44%,53%)。
2. 该放射性物质平均每 10 分钟脉冲计数的 95% 置信区间为 (95.49,137.83)。

第七章 χ^2 检验

一、简答题

1. ①两个总体率或构成比的 χ^2 检验;②多个总体率或构成比的 χ^2 检验;③多个样本率间的多重比较;④分类资料的相关分析;⑤频数分布拟合优度的 χ^2 检验。

2. 当总例数 $n \geq 40$ 且所有格子的 $T \geq 5$ 时,用 χ^2 检验的基本公式或四格表资料 χ^2 检验的专用公式。当总例数 $n \geq 40$，但有 $1 \leq T < 5$ 时，采用四格表资料 χ^2 检验的校正公式计算检验统计量 χ^2。当 $n < 40$，或 $T < 1$，或当 $P \approx \alpha$ 时，改用四格表资料的 Fisher 确切概率法，又称四格表概率的直接计算法。

3．（1）一般认为，列联表中的理论频数不应小于1，或 $1 \leq T < 5$ 的格子数不宜超过格子总数的 1/5。如果出现上述情况，可通过以下方法解决：①最好是增加样本含量，增大理论频数；②根据专业知识，考虑能否删去理论频数太小的行或列，或将理论频数太小的行或列与性质相近的邻行或邻列合并；③改用双向无序 $R \times C$ 表的 Fisher 确切概率法（可用软件实现）。

（2）多个样本率或多个构成比之间比较，若所得结论为拒绝 H_0，接受 H_1 时，只能认为各总体率之间总的来说有差别，但不能说明任意两个总体率之间皆有差别。要进一步推断哪两两总体率之间有差别，需进一步做多个样本率的多重比较。

（3）实际应用中，对于 $R \times C$ 表的资料要根据其分类类型和研究目的选用恰当的检验方法。

4．①双向无序 $R \times C$ 表资料，采用 $R \times C$ 表资料的 χ^2 检验，或者是 Fisher 确切概率法；②单向有序 $R \times C$ 表资料，若分组变量有序，而指标变量无序，采用 $R \times C$ 表资料的 χ^2 检验，若分组变量无序，而指标变量有序，采用非参数检验进行分析或 Ridit 分析；③双向有序属性相同的 $R \times C$ 表资料，采用一致性检验（Kappa 检验）；或采用特殊模型分析（SAS 软件实现）；④双向有序属性不同的 $R \times C$ 表资料，若关心不同组之间有无差别，采用非参数检验进行分析；若关心是否存在相关关系，采用等级相关分析；若关心两个有序分类变量之间是否存在线性变化趋势，采用线性趋势检验。

二、多选题

1．BCDE   2．CD   3．AE   4．ABC   5．ABCDE   6．ABCD

三、综合分析题

1．$T_{22} = \dfrac{40 \times 33}{96} = 13.8$，$\chi^2 = \dfrac{(ad-bc)^2 n}{(a+b)(c+d)(a+c)(b+d)} = 5.236$，$P < 0.05$

2．$b+c = 48 > 40$，$\chi^2 = \dfrac{(b-c)^2}{(b+c)} = 3$，$P > 0.05$

3．$\chi^2 = n \left(\sum \dfrac{A^2}{n_R n_C} - 1 \right) = 60.227$，$P < 0.05$

第八章　秩和检验

一、简答题

1．当资料不满足参数检验的条件，如①总体分布不确定；②分布呈非正态而又无适当的数据转换方法；③未能精确测量的资料如等级资料等时，非参数检验不失为一种有效的分析方法。

2．优点：适用范围广，不要求资料满足某种已知的分布；收集资料较方便，计算简单；可用于资料的初步分析。缺点：当资料满足参数检验的条件，误用了非参数检验，会降低检验效能。

3. 两种方法的检验目的不同：秩和检验比较两组或多组等级资料的平均水平有无差别，利用了等级的信息；χ^2 检验比较两组或多组等级资料的构成比是否相同，没有利用等级的信息。

二、单选题

1. A   2. A   3. B   4. B   5. E   6. D

三、分析题

1. 本题为两独立样本的秩和检验。

(1) 建立检验假设，确定检验水准

H_0：$M_1 = M_2$

H_1：$M_1 \neq M_2$ $\alpha = 0.05$

(2) 编秩，求秩和

30 名矿工血清铜蓝蛋白含量（μmol/L）及编秩

矽肺组		非矽肺组	
血清铜蓝蛋白含量	秩次	血清铜蓝蛋白含量	秩次
8.0	15	8.5	17
9.0	20.5	10.5	26
5.8	7	11.0	28
6.3	8	9.0	20.5
5.4	2.5	9.0	20.5
8.5	17	7.2	12.5
5.6	5.5	13.9	30
5.4	2.5	6.5	9
5.5	4	11.3	29
7.2	12.5	7.0	11
5.6	5.5	9.5	23
4.3	1	8.5	17
6.7	10	9.6	24
7.7	14	10.8	27
9.0	20.5	9.9	25
$n_1 = 15$, $T_1 = 145.5$		$n_2 = 15$, $T_2 = 319.5$	

(3) 确定统计量及 P 值：由于 $n_1 = n_2 = 15 > 10$，用正态近似法，$Z = -3.615$，查标准正态分布界值表，可得 $P < 0.001$。

(4) 下结论：由于 $P < 0.001$，在 $\alpha = 0.05$ 的水准下，拒绝 H_0，并结合样本信息，可得非矽肺矿工血清铜蓝蛋白含量高于矽肺矿工。

2. 本题为三组等级资料的秩和检验。

(1) 建立检验假设，确定检验水准

H_0：各科的疗效相同

H_1：各科的疗效不全相同

$\alpha=0.05$

（2）编秩，求秩和

不同科室患者治疗后的疗效情况

疗效(1)	例数				秩次范围(6)	平均秩次(7)	秩和		
	内科(2)	外科(3)	综合科(4)	合计(5)			内科(8)	外科(9)	综合科(10)
治愈	1420	3445	438	5303	1～5303	2652	3765840	9136140	1161576
好转	1712	931	116	2759	5304～8062	6683	11441296	6221873	775228
无效	76	74	8	158	8063～8220	8141.5	618754	602471	65132
死亡	75	53	23	151	8221～8371	8296	622200	439688	190808
合计	3283	4503	585	8371	—	—	16448090	16400172	2192744

（3）确定统计量及 P 值：由于样本含量较大，用 χ^2 近似，可得 $\chi^2=886.088$，$\nu=2$，查 χ^2 界值表，可得 $P<0.001$。

（4）下结论：由于 $P<0.001$，在 $\alpha=0.05$ 的水准下，拒绝 H_0，可认为各科的疗效不全相同，可进一步进行多重比较（略）。

第九章　线性相关与回归

一、简答题

1. 线性回归分析时应注意：①作回归分析要有实际意义；②线性回归分析的资料，一般要求因变量 Y 是来自正态总体的随机变量，自变量 X 可以是正态随机变量，也可以是精确测量和严密控制的值；③绘制散点图，提示有无线性趋势；④绘制散点图后，若出现一些特大特小的离群值（异常点），则应及时复核检查；⑤回归直线不要外延。

相关分析时应注意：①相关分析要有实际意义；②利用散点图判断两变量间是否具有线性联系；③作相关分析时，必须剔除异常点；④两事物或现象之间有相关关系，但不一定有因果关系，也可能仅是伴随关系；⑤相关分析的应用，只限于原实测数据范围之内，而不能随意外推。

2. 区别：①资料要求不同；②统计意义不同；③分析目的不同；④计算公式不同；⑤相关分析是相互关系，双方向，r 取值范围为 $[-1,1]$，无单位，有相关不一定回归；回归分析是依存关系，单方向，b 有单位，有回归一定有相关。

联系：①方向一致；②假设检验等价；③ r 与 b 值可相互换算；④用回归解释相关。

3. 简述线性相关与秩相关的区别与联系。

区别：①适用条件；②计算公式；③取值范围。

联系：二者均为相关分析。

4. 如何对样本相关系数和样本回归系数进行假设检验？

样本相关系数假设检验：t 检验、查 r 界值表

样本回归系数假设检验：方差分析、t 检验

二、多选题

1. BDE   2. ABCD   3. AC   4. ADE   5. ABE   6. ABDE

三、综合分析题

1. $r=0.823$，$t_r = \dfrac{r}{\sqrt{\dfrac{1-r^2}{n-2}}} = \dfrac{0.823}{\sqrt{\dfrac{1-0.823^2}{10-2}}} = 4.10$，$P<0.05$

2. $b=-1.43$，$a=0.053$，$\hat{Y}=0.053-1.43X$
   $SS_{总}=2.389$，$SS_{回归}=0.606$，$SS_{残差}=1.783$，$F=2.72$，$P>0.05$

第十章　统计图与统计表

一、简答题

1. 统计表主要由标题、标目、线条、数字组成，各部分的基本要求是：

(1) 标题要能简明扼要地说明表的主要内容，位于表的上端中央，左侧加表号，必要时应注明资料收集的时间、地点。

(2) 标目有横标目和纵标目，分别说明表格每行和每列数字的含义。横标目列在表的左侧，表示表中被研究事物的主要标志。纵标目列在表的上端，用来说明横标目内容的各项统计指标，相当于句子中的谓语。

(3) 线条不宜过多，常用3条基本线表示，即上面的顶线，下面的底线，以及纵标目下面的横线，称为"三线表"。表格中如有合计则用一条合计线隔开。如果表中有总标目，在总标目与纵标目之间一般用短横线隔开。统计表的左右两侧不应有边线，表的左上角不能用斜线，表内不允许使用竖线和斜线。

(4) 数字一律用阿拉伯数字表示。表内的数字必须正确，同一指标的小数位数应一致并对齐。表内不留空格，数字暂缺或未记录用"…"表示，无数字用"—"表示，若数字为"0"，则填写"0"。

2. 制作统计表的原则：①重点突出，简单明了；②主次分明，层次清楚。

3. 绘制统计图的基本要求如下：

(1) 根据资料的性质和分析目的选用合适的图形。

(2) 每一张统计图都要有标题。标题应概括地说明资料的内容、时间和地点，一般位于图的下方。

(3) 散点图、线图和直方图都要有横轴和纵轴。纵、横轴应注明尺度及对应的单位，尺度应等距或具有规律性，横轴尺度自左而右，纵轴尺度自下而上，数量由小到大。纵、横坐标长度的比例一般以5：7为宜。

(4) 比较不同事物时，可用不同颜色或线条表示，并附图例加以说明。图例一般放在图的右上角空隙处或图下方中间位置。

4. 线图用于描述一个变量随另一个变量变化的趋势，半对数线图用于描述一个变量随另一个变量变化的速度。

二、单选题

1. A   2. C   3. C   4. A   5. D   6. D

三、综合分析题

1. 修改表如下：

表 10-11 某年某地患者脾肿大程度与血片查疟原虫结果（修改表）

脾肿程度	血膜阴性	血膜阳性		合计
		恶性疟	间日疟	
脾Ⅰ	105	8	9	122
脾Ⅱ	51	14	5	70
脾Ⅲ	15	6	5	26
脾Ⅳ	3	0	1	4
合计	174	28	20	222

2.

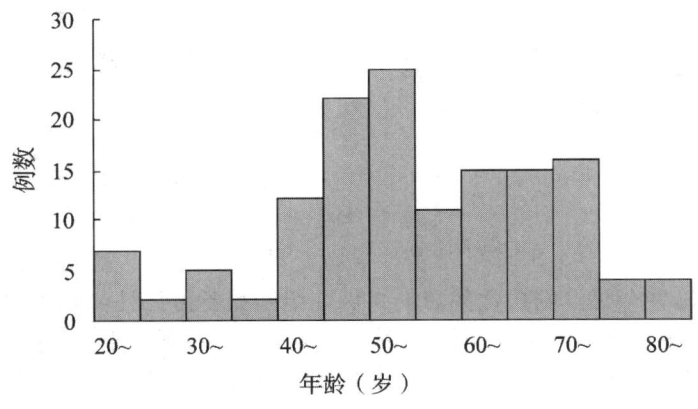

图 10-14 2005 年某地 140 名卵巢癌患者的年龄分布

第十一章 调查设计

一、简答题

1. 与实验研究相比较，调查研究的两个特点是：①只能被动地观察研究对象的某些特征，而不能对其随机分组；②不能人为施加处理因素。

2. 主要原因：①许多研究总体太大，不可能对其进行全面调查；②抽样调查花费少，全面调查花费大；③抽样调查省时省力，能迅速获得所需信息；④有些实验检测可能是破坏性的，不可能进行全面调查。合理科学设计的抽样调查能很好地代表总体，并能准确获得总体信息。

3. 分层抽样是先把全部个体按某种特征分成若干层，再从每一层内随机抽取一定数量的个体合起来组成样本，分层抽样的优点是样本具有比较好的代表性，减少抽样误差并可以对不同层进行独立分析。

4. 在调查设计阶段应注意：①围绕调查任务，严密设计调查的总体方案；②正确划分调查范围；③正确选择调查指标，明确调查项目和调查问题；④选择恰当的调查方式，保证调查质量；⑤广泛听取各方面意见，找出调查方案中存在的问题，及时修改；⑥进行预调查，完善调查方案和调查问卷。

二、多选题

1. ABC   2. ABCD   3. ABCE   4. ABCE   5. BC   6. AC

三、综合分析题

1. 注意调查的季节性，主要是考虑营养状况评价，食物的成分，是否出现腹泻及其腹泻的频次，主要负责带孩子的个体的文化程度，父母亲文化程度、职业和籍贯，一般采用多阶段随机抽样的方法。

2. 主要考虑使用抗生素的对象有无细菌感染的证据，不同科室使用抗生素的情况，住院患者和门急诊患者，呼吸科门诊、一般内科门诊和外科门诊，外科术后抗生素使用天数等因素，一般还应考虑多个时点的抗生素使用情况。

第十二章　实验设计与临床试验设计

一、简答题

1. 设置对照的目的：排除非研究因素对结局变量的影响；设置重复的目的：保证观察结果的可重复性和精确性；设置随机化的目的：保证组间具备可比性，减少偏倚的影响。

2. 临床试验一般分为Ⅰ、Ⅱ、Ⅲ和Ⅳ期。Ⅰ期主要对已通过临床前安全性和有效性评价的新药在人体上验证其安全性；Ⅱ期主要对药物的疗效和安全性进行临床研究，重点观察新药的治疗效果和不良反应；Ⅲ期临床试验主要在更大范围内评价有效性和安全性；Ⅳ期为新药上市销售后的临床监测。

3. 对照、随机、均衡、重复。

二、多选题

1. ABCDE   2. ABCD   3. BCDE   4. BDE   5. ABD   6. CE

三、综合分析题

1. 采用 t 检验处理该资料是很不妥当的。因为它不是多个单因素2水平的设计定量资料。按题干表12-2中的列表方式，使人不易看出实验设计的类型。像单因素8水平设计问题，又像是两个单因素4水平设计问题或是某种多因素设计问题。这是缺乏有关设计类型概念的人们习惯的列表方式，在选用统计分析方法时将起着严重的误导作用。

原表中所反映的是两种药具有各自的用药剂量，故将"补肾药的剂量"和"Cy药的剂量"视为两个实验因素，问题就迎刃而解了（见下表）。

题干表 12-2 资料的变形结果 ($\bar{X}\pm S$)

Cy 药剂量 /(g·kg^{-1})	耳肿重量/mg			
	*: 0	5	10	20
0	21.2±2.7	22.3±3.5	18.8±3.1	16.5±2.4
0.025	11.2±1.5	14.3±2.9	18.6±3.6	19.2±3.4

注：*代表"补肾药的剂量"；各组均有 10 只小鼠

由上表可以清楚地看出，原表中的 8 个组，其本质是分别具有 2 水平和 4 水平的两个因素的水平组合，即两因素（或称 2×4）析因设计，而不是单因素 8 水平设计，也不是两个单因素 4 水平设计问题。

2. 不符合临床试验设计的四原则（随机、对照、均衡、重复）。两组患者并非随机被分到任意一组；历史对照不提倡，两组患者进行试验的时间不同期；两组患者在性别、病程两变量上分配不均衡，病程可能与病情有关；样本量较小，应进行估算。

第十三章　医学常用人口统计与疾病统计指标

一、简答题

1.

	常用指标	意义
人口系数	老年（人口）系数	是指老年人口占总人口的比重，反映人口是否老化或老化的程度，可作为划分人口类型的尺度。一般把 65 岁及以上的人口称为老年人口。
	少年儿童（人口）系数	是指 14 岁及以下少年儿童占总人口的比重，是从另一侧面反映人口老化程度的指标，也是划分人口类型的指标之一。
	负担系数	指人口中非劳动年龄人数与劳动年龄人数之比。一般以 15～64 岁为劳动年龄，14 岁及以下和 65 岁及以上为非劳动年龄或被抚养年龄。负担系数包括三个指标：总负担系数、少年儿童负担系数及老年负担系数。
	老少比	是指 65 岁及以上的老年人口与 14 岁及以下的少年儿童人口之比，表示每 100 名少年儿童对应多少老年人，是划分人口类型的标准之一。

2.

常用指标	意义
自然增长率	自然增长率计算简便，容易理解，常被用来粗略地估计人口的一般增长趋势。但它受到人口的年龄及性别构成的影响，不能用来预测未来人口的发展速度。
粗再生育率	是指每个妇女一生平均生育的女儿数。若母亲一代所生的女婴数大大超过母亲的人数，说明将来会有更多的人来代替母亲一代执行生育任务；若母亲一代所生的女婴数少于母亲人数，则未来执行生育职能的人数将比现在少。
净再生育率	若出生率与死亡率不变，则：NRR=1 时，表示母亲一代所生的女儿数恰好能取代母亲数，未来人口将保持恒定；NRR>1，表示母亲一代所生的女儿数大于母亲数，未来人口将增多；NRR<1，表示母亲一代所生的女儿数不够取代母亲数，未来人口将减少。

3.

常用指标	意义
发病率	是指一定期间内,在可能发生某病的一定人群中新发生的病例出现的频率。是反映某病在人群中发生频率大小的指标,常用作描述疾病的分布,探讨疾病的危险因素,评价预防措施的效果等。
患病率	是指在某特定时间内一定人群中现患某种疾病的频率,又称现患率或流行率。患病率是横断面研究常用的指标,通常用于反映病程较长的慢性病的流行情况及其对人群健康的影响程度,或用来描述发病时间不易明确的疾病的患病情况。
感染率	是指在某个时间内所检查的人群中,某病现有感染者人数所占的比例。感染率常用于研究某些传染病或寄生虫病的感染情况、流行态势和分析防治工作的效果,尤其有较多隐性感染的疾病,如病毒性乙型肝炎、流行性乙型脑炎、结核病、脊髓灰质炎、蛔虫病等。感染率也可为制订防治措施提供依据。
病死率	是指在一定时期内(1年)患某病者因该病死亡的比例。病死率反映确诊疾病的概率,因此可反映疾病的严重程度。该指标也可反映一个医疗单位的诊治能力等医疗水平。
治愈率、有效率	治愈率表示接受治疗的病人中治愈的频率。有效率表示接受治疗的病人中治疗有效的频率。治愈率、有效率主要用于对急性病危害或防治效果的评价。
生存率	是指病人从病程的某个时点(一般为疾病的确诊日期、接受治疗日期或出院日期)起,能活到某个时间的生存概率。它反映了疾病对生命的危害程度,常用于对治疗效果的评价或预后估计。在某些慢性病如恶性肿瘤、心血管疾病等的研究中常常被应用。
残疾率	也称残疾流行率,是指某一人群中,在一定期间内每百(或千、万、十万)人中实际存在的残疾人数,即指通过询问调查或健康检查发现的残疾患者与调查(或检查)人数之比,说明残疾在人群中发生的频率。

4. 发病率表示一定时期内,在可能发生某病的一定人群中,新发病例出现的频率,其分子是新病例数,分母是同时期暴露人口数;患病率,又称现患率,指某时点上受检人数中现患某种疾病的人数,通常用于描述病程较长或发病时间不易明确的疾病的患病情况,其分子包括新旧病例数,分母是受检总人数。在一定的人群和时间内,发病率和患病率有密切关系,两者与病程(D)的关系是:$PR=IR \times D$。

死亡率与病死率的分子是一样的,均表示因某病死亡的人数,但死亡率的分母是总人年数,侧重反应死亡发生的强度,或单位时间内死亡的概率;病死率的分母是患某病的人数,反映疾病死亡的概率。

二、单选题

1. D   2. A   3. A   4. C   5. A   6. D

三、综合分析题

1. 性别比=103.93%。
2. 老少比=55.63%。
3. 总负担系数=35.74%。
4. 老年(人口)系数=9.41%。

第十四章 寿 命 表

一、简答题

1. 年龄组死亡率是指某年某年龄组平均每千人口中的死亡数（$_nm_x = {_nD_x}/{_np_x}$）。其公式为：

$$某年龄别死亡率 = \frac{同年内该年龄组死亡人数}{某年某年龄组平均人口数} \times 1000‰$$

而寿命表中的死亡概率（$_nq_x$）是 X 岁尚存者在今后 n 年内死亡的可能性。

二者的联系：$_nq_x = (2n\,_nm_x)/(2 + n\,_nm_x)$

2. 出生期望寿命是指"0～"岁组预期寿命，仅取决于年龄组死亡率的高低，与年龄结构无关，两地的期望寿命可直接进行比较。

平均寿命是指死者死亡时年龄的算术均数，不仅取决于年龄组死亡率的高低，也取决于年龄别人口构成，两地的平均寿命不能直接进行比较。

3. 寿命表是卫生统计常用的一种统计分析方法，主要用于评价社会经济、文化教育及卫生保健的状况，研究人口再生产过程、人口预测和人群的生育、发育及疾病发展规律。由于寿命表中的各项指标不受人口年龄结构的影响，因此，不同地区和不同时期的寿命表指标可以直接比较，其中预期寿命则是比较评价人群健康水平的重要指标。

4. 研究某种死因对居民死亡的影响，可编制去死因寿命表。其基本思想是，假使消除了某种死因，则原死于该原因的人不死于该原因，寿命就会有所延长。显然，如果消除了对生命威胁大的死因，寿命就会延长更多。去死因寿命表的优点是：①以某死因耗损的期望寿命和尚存人数合理地说明了该死因对人群生命的影响程度；②去死因寿命表的指标既能综合说明某死因对全人口的作用，又能分别说明某死因对各年龄组人口的作用；③去死因寿命表的指标同样不受人口年龄构成的影响，便于相互比较。

二、不定项选择题

1. E   2. AC   3. ACDE   4. ACE   5. ABCDE

三、综合分析题

1. 根据不同的研究设计，寿命表分为两类：

（1）现时寿命表简称寿命表，是根据对特定人群的横断面调查资料提供的年龄别死亡率编制出来的一种统计表。反映一定时期某地区实际人口的死亡经历，是从一个断面来看当年这段时间内人口的死亡和生存的经历。其原理为假定有同时出生的一代人，一般设为 10 万人，按照某一特定人群的一组年龄别死亡率先后死去，直到死完为止，可以用现时寿命表方法计算出这一代人在各个年龄组的死亡概率、死亡人数、活满某个年龄的尚存人数及期望寿命等指标，反映在遵循某一特定人群年龄组死亡率条件下，假想的一代人的生命过程。

（2）定群寿命表也称为队列寿命表，其数据需要纵向随访观察得到，是某一特定人群的寿命表，该寿命表记录从第一个人出生到最后一个人死亡的全部过程，即反映了某一特殊人群或者队列的死亡过程。由于人的生命周期很长，用定群寿命表的方法去研究人群的生命过程，不仅随访人数要很多，而且随访时间要数十年。因此，在编制一般人群寿命表时，一般不使用定群寿命表，而是使用现时寿命表。定群寿命表主要用于前瞻性研究资料或临床随访资料的分析。

根据是按每岁计算还是按年龄组计算，现时寿命表又分成两类：完全现时寿命表是 1 岁一组由死亡率估算死亡概率，最后计算期望寿命。简略现时寿命表是 0 到不足 1 岁一组，1～4 岁一组，以后都为 5 岁一组，只编到 85 岁为止，即分为 0～，1～，5～，10～，15～，…，80～，85+，由死亡率估算死亡概率，最后计算期望寿命。

2.

我国某地 2000 年男性简略寿命表

年龄组	平均人口数	实际死亡数	死亡率	死亡概率	尚存人数	死亡人数	生存人年数	生存总人年数	期望寿命
0～	43681	446	0.010210	0.010210	100000	1021	99132	6997909	69.98
1～	98053	124	0.001265	0.005046	98979	499	394917	6898777	69.70
5～	100407	75	0.000747	0.003728	98480	367	491480	6503860	66.04
10～	166626	116	0.000696	0.003475	98112	341	489710	6012380	61.28
15～	199860	162	0.000811	0.004045	97772	395	487869	5522670	56.49
20～	249279	250	0.001003	0.005002	97376	487	485663	5034801	51.70
25～	194560	210	0.001079	0.005382	96889	521	483141	4549138	46.95
30～	141843	165	0.001163	0.005799	96368	559	480440	4065997	42.19
35～	99965	154	0.001541	0.007673	95809	735	477205	3585557	37.42
40～	95662	231	0.002415	0.012001	95073	1141	472515	3108352	32.69
45～	95652	376	0.003931	0.019463	93932	1828	465092	2635837	28.06
50～	85074	563	0.006618	0.032550	92104	2998	453026	2170745	23.57
55～	69403	852	0.012276	0.059553	89106	5307	432265	1717719	19.28
60～	51560	1129	0.021897	0.103802	83800	8699	397252	1285454	15.34
65～	39865	1652	0.041440	0.187749	75101	14100	340255	888202	11.83
70～	28956	1789	0.061783	0.267586	61001	16323	264197	547947	8.98
75～	14000	1564	0.111714	0.436628	44678	19508	174621	283749	6.35
80～	4465	986	0.220829	0.711400	25170	17906	81086	109129	4.34
85～	1023	265	0.259042	1.000000	7264	7264	28042	28042	3.86

第十五章　生存分析

一、简答题

1. 生存分析在生物医学领域主要解决如下问题：

（1）估计：即根据一组生存数据估计它们所来自的总体的生存率及其他一些有关指标。如根据白血病化疗后的缓解时间资料，估计不同时间的缓解率、缓解率曲线以及半数生存期。估计生存率常用寿命表法和 Kaplan-Meier（K-M）法。

（2）比较：即比较不同受试对象生存数据的相应指标是否有差别。最常见的是比较各组的生存率是否有差别，如比较不同方案治疗白血病的缓解率曲线，以了解哪种治疗方案较优。生存曲线比较常用 log-rank 检验和 Breslow 检验。

（3）影响因素分析：其目的是为了研究影响生存时间长短的因素，或在排除一些因素影响的情况下，研究某个或某些因素对生存率的影响。例如，为改善白血病患者的预后，应了解影响患者预后的主要因素，包括患者的年龄、病程、白细胞数、化疗方案等。影响因素分析常用 Cox 回归。

（4）生存预测：具有不同因素水平的个体生存预测估计，如根据白血病患者的年龄、病程、白细胞数等预测该患者 k 年（月）生存率。生存预测常用 Cox 回归。

2. 常见的右删失数据表示真实的生存时间未知，只知道比观察到的删失时间要长。因此，生存率估计的 K-M 法和寿命表法计算期初例数时，都利用了删失数据提供的这部分信息。

3. 如已知 30 和 40 个月的生存率分别为 55% 和 46%，假定不同时间所对应生存率呈线性变化，则生存率 50% 所对应生存时间（即中位生存期）t_m 的计算公式为

$$(t_m - 30) / (40 - 30) = (0.50 - 0.55) / (0.46 - 0.55) \quad t_m = 35.6 \text{（个月）}$$

中位生存期并不是任何情况下都可以估计，若各时间点生存率均大于 50%，则无法估计中位生存期。

4. 寿命表法估计的是每个组段右端点的生存率，因组段内生存率的变化规律未知，所以寿命表法生存曲线用折线连接。K-M 法估计的是所有死亡时点的生存率，因此 K-M 法用水平连接，呈阶梯形。

二、不定项选择题

1. ABC 2. ACD 3. C 4. BD 5. BCD 6. BD

三、综合分析题

1.

时间 t_i	死亡数 d_i	期初例数 n_i	生存概率 $p_i = (n_i - d_i)/n_i$	累积生存率 $\hat{S}(t_i)$	生存率标准误 $SE[\hat{S}(t_i)]$
143.000	1.00	19	0.947	0.947	0.051
164.000	0.00	18	1.000	0.947	0.000
188.000	1.00	17	0.941	0.892	0.072
190.000	1.00	16	0.938	0.836	0.087
192.000	1.00	15	0.933	0.780	0.097
206.000	0.00	14	1.000	0.780	0.000
209.000	1.00	13	0.923	0.720	0.107
213.000	1.00	12	0.917	0.660	0.113
216.000	1.00	11	0.909	0.600	0.118
220.000	1.00	10	0.900	0.540	0.120
227.000	1.00	9	0.889	0.540	0.000
227.000	1.00	8	0.875	0.420	0.120
230.000	1.00	7	0.857	0.420	0.000
230.000	1.00	6	0.833	0.300	0.112
234.000	1.00	5	0.800	0.300	0.000
234.000	1.00	4	0.750	0.180	0.094
246.000	1.00	3	0.667	0.120	0.079

续表

时间/月 t_i	t_i 时刻死亡数 d_i	期初例数 n_i	生存概率 $p_i=(n_i-d_i)/n$	累积生存率（缓解率） $\hat{S}(t_i)$	生存率标准误 $SE[\hat{S}(t_i)]$
265.000	1.00	2	0.500	0.060	0.058
304.000	1.00	1	0.000	0.000	0.000
142.00	0.00	13	1.000	1.000	0.000
156.00	0.00	12	1.000	1.000	0.000
163.000	1.00	11	0.909	0.909	0.087
198.000	1.00	10	0.900	0.818	0.116
205.000	1.00	9	0.889	0.727	0.134
232.000	1.00	8	0.875	0.636	0.145
233.000	1.00	7	0.857	0.545	0.150
239.000	1.00	6	0.833	0.455	0.150
240.000	1.00	5	0.800	0.364	0.145
261.000	1.00	4	0.750	0.273	0.134
280.000	1.00	3	0.667	0.182	0.116
296.000	1.00	2	0.500	0.091	0.087
323.000	1.00	1	0.000	0.000	0.000

Log-rank 检验近似法 $\chi^2=2.19$，$\nu=1$，$P>0.05$

曲线见下图。

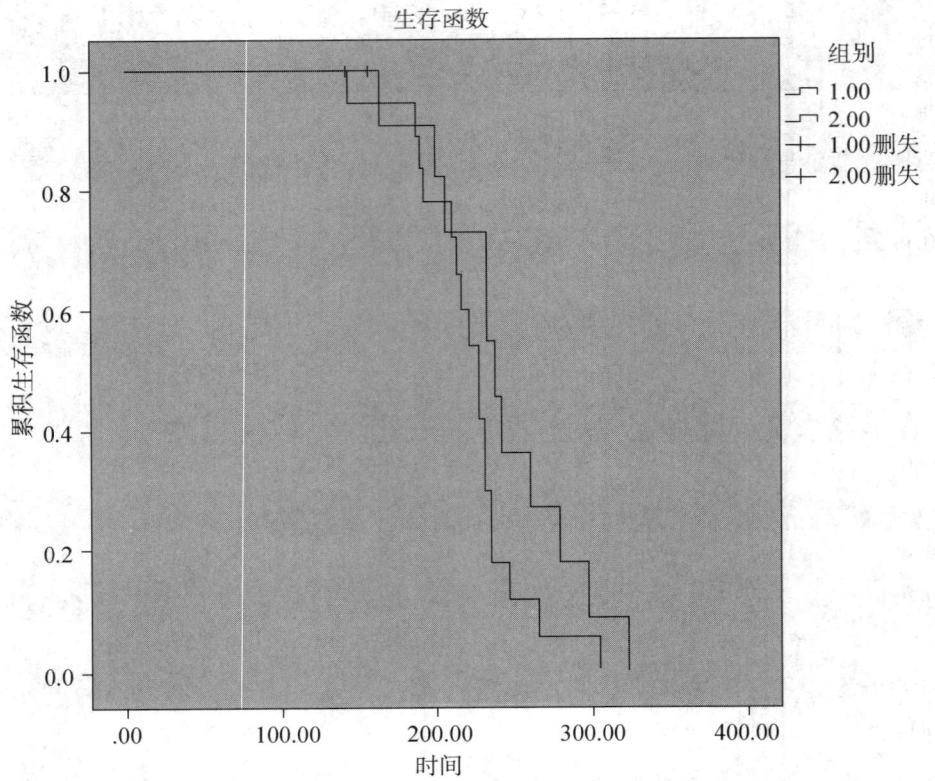

口腔肿瘤患者甲、乙两种疗法生存时间曲线

2. 案例辨析：

(1) 仅考虑生存结局，未考虑缓解时间。按照术后有无不良染色体分组比较缓解率，疗效差别有统计学意义。

(2) 仅考虑生存结局以及其影响因素。

logistic 回归表明，校正 bl 因素后，两组缓解率差别有统计学意义。

(3) 同时考虑生存结局和生存时间，log-rank 检验表明两组的缓解率有统计学差异。如要进一步分析影响因素，要做 Cox 回归。

第十六章　常用多因素分析方法

一、简答题

1. Cox 回归中的 RR 表示风险比（risk ratio），HR 也表示风险比（hazard ratio），其含义是在其他协变量不变的条件下，变量 X_j 每增加一个单位所引起的终点事件发生风险增加的倍数。

2. 多重线性回归、logistic 回归和 Cox 回归的异同见下表。

多重线性回归、logistic 回归和 Cox 回归的异同

	多重线性回归	logistic 回归	Cox 回归
因变量	连续变量、分类变量	分类变量	二分类变量和生存时间
分布	正态分布	二项分布	无特定要求
自变量	连续变量、分类变量	连续变量、分类变量	连续变量、分类变量
删失	不允许	不允许	允许
模型结构	$Y=\beta_0+\sum\beta_j X_j$	$\text{logit}(\pi)=\beta_0+\sum\beta_j X_j$	$h(t)=h_0(t)\exp(\sum\beta_j X_j)$
变量筛选	前进法、后退法、逐步法	前进法、后退法、逐步法	前进法、后退法、逐步法
参数估计	最小二乘法	极大似然法	极大似然法
参数检验	F 检验；t 检验	似然比检验；Wald 检验	似然比检验；Wald 检验
参数解释	其他变量不变条件下，变量 X_j 每增加一个单位所引起 Y 的平均改变量	其他变量不变条件下，变量 X_j 每增加一个单位所引起的优势比 OR 的自然对数	其他变量不变条件下，变量 X_j 每增加一个单位所引起的风险比 RR 的自然对数
应用	影响因素分析；校正混杂因素后的组间比较预测（估计 Y）	影响因素分析；校正混杂因素后的组间比较预测（估计 π）	影响因素分析；校正混杂因素后的组间比较预测 [估计 $S(t)$]

二、单选题

1. C　　2. E　　3. B　　4. E　　5. E　　6. C
7. B　　8. C　　9. C　　10. B　　11.（1）C　（2）A

三、综合分析题

① $Y = 2.1143 + 0.1352X_1 + 0.9232X_2$；

②

回归系数估计结果

变量	回归系数	标准误	t	P
常数项	2.11433	5.04836	0.419	0.6852
X_1	0.13517	0.04722	2.863	0.0187*
X_2	0.92325	0.43418	2.126	0.0624

注：* 为 $P<0.05$，差异有统计学意义

③ $R = 0.884$，$R^2 = 0.782$；

④ 身高的标准化偏回归系数为 0.564；体重标准化偏回归系数为 0.419。

第十七章　META 分析

一、简答题

1. ①增加统计功效；②解决单个研究结论间的矛盾，评价各项研究结果之间的不一致性；③解决以往单个研究未明确的新问题，寻求新的假说。

2. ①明确提出需要解决的问题；②制订检索策略，全面广泛地收集相关的研究文献与资料；③根据研究目的确定文献的纳入和排除标准，剔除不符合要求的文献；④资料选择和提取，包括原文的结果数据、图表等；⑤对每项研究进行质量评估；⑥统计学处理；⑦敏感性分析；⑧总结报告。

3. （1）抽样偏倚，包括发表偏倚、索引偏倚、查找偏倚、参考文献偏倚或引文偏倚、多重发表偏倚、主题多重使用偏倚和英语偏倚等。
   （2）选择偏倚，包括纳入标准偏倚和选择者偏倚。
   （3）研究内偏倚，包括提取者偏倚、研究质量评分偏倚、报告偏倚。

4. 常用的 META 分析软件包括 Review Manager、Stata、R 软件、CMA 软件、SAS、SPSS 等。

二、多选题

1. ABCD　　2. AC　　3. BE　　4. ABDE　　5. ABCDE　　6. ABCDE

三、综合分析题

1. $\chi^2 = 4.81$，$P > 0.05$，固定效应模型，效应合并值 95% 置信区间（-3.01，-0.59）。

2. $\chi^2 = 10.30$，$P > 0.05$，固定效应模型，效应合并值 95% 置信区间（0.84，0.96）。

第十八章 常用统计分析软件

一、简答题

1. 见本章第一节数据整理部分。

2. SAS语句是由SAS关键词、SAS名称、特殊字符和运算符组成的字符串,用分号结束一个SAS语句。大多数SAS语句是以一个关键词开始,它标识了语句的种类,如DATA、INPUT、CARDS、PROC等关键词,分别代表数据步开始标志、读入变量、数据块开始标志、过程步开始标志;SAS名称是指变量名、数据集名、格式名、过程名、数组名、语句标号名、函数名、文件标记和库标记名字,其中除了函数名、过程名和SAS保留的特殊变量名,其余名称可由用户自定义命名,但不允许出现空格和特殊字符。

SAS程序的书写非常灵活,可以在一行的任何位置开始,一个语句可以分写成多行,多个语句也可以写在同一行;每个语句用分号结束;在一个语句中,各项之间至少用一个空格或特殊字符隔开;字母用大小写均可,语句中的英语单词不能随意拆开。为了使得程序便于阅读和检查,一般推荐采用缩进方式编写程序,每个语句要另起一行,必要时对语句进行注释,形如/* 注释内容 */。

3. SAS语句通常由两部分组成,一部分是提供待分析的数据,称为SAS数据步;另一部分是调用SAS系统中已编译好的能处理某个具体问题的真正程序,称为SAS过程步;与SAS相比,stata的程序命令更为简洁,它没有数据步,且过程步也仅抽取了最关键的命令语。如对某份数据中的年龄变量进行描述,变量名为age,只需在stata的命令窗口输入"su age"即可。

4. 在R软件中可通过菜单项选定工作目录,也可以通过setwd()函数实现,如setwd("e:/"),设定工作目录为e盘。设定工作目录之后,可将外部数据集放到该目录下,方便读取,运行的结果也可选择性地写到该目录之下。其实,R软件在安装时有默认的工作目录,但是这些工作目录的路径非常复杂,重设是非常有必要的。

二、多选题

1. ABC   2. ABC   3. BE   4. AC   5. ABCD   6. BC

三、综合分析题

1. 该题为完全随机设计的资料,可以采用完全随机设计的方差分析来比较三种疗法的效果差异。

SPSS操作过程如下:

表 18-13 完全随机设计单因素方差分析的 SPSS 操作过程

操作	说明
前提条件：正态性检验	
Analyze→Descriptive Statistics→Explore	
Dependent List	选择变量，本例为"听力提升值"
Factors List	选择分组因素，本例为"组别"
Plots	勾选"Normality plots with tests"前的复选框
Continue	
OK	
统计描述	选择均数与标准差
Data→Split File	
Organize output by groups	
Groups Based on	选入分组变量"组别"
OK	
Analyze→Descriptive Statistics→Descriptives	
Variable（s）	选择待分析变量"听力提升值"
Options	勾选"Mean"和"Std. deviation"前的复选框，输出均数和标准差
Continue	
OK	
完全随机设计方差分析	
Analyze→Compare Means→One-Way ANOVA	
Dependent List	选择变量，本例为"听力提升值"
Factor	选择分组因素，本例为"组别"
Post Hoc	选择模型检验后两两比较的变量和方法：本例选择 Bonfferoni 法进行两两比较
Options	勾选"Homogeneity of variance test"前的复选框，进行方差分析的另一前提条件——方差齐性的检验
Continue	
OK	

分析结果如下：

（1）正态性检验（图 18-23）

Tests of Normality

组别	Kolmogorov-Smirnov[a]			Shapiro-Wilk		
	Statistic	df	Sig.	Statistic	df	Sig.
听力提升值 药物组	.173	18	.165	.947	18	.383
针灸组	.164	18	.200[*]	.916	18	.112
高压氧组	.159	18	.200[*]	.943	18	.322

a. Lilliefors Significance Correction

*. This is a lower bound of the true significance.

图 18-23 三组的正态性检验结果

由于三个组每组的样本量小于 50，所以看 S-W 检验的结果。三组正态性检验的 P 值分别为 0.383，0112，0.322，均大于 0.10，均满足正态性要求。

(2) 统计描述：因为三组数据均满足正态性要求，可选用均数和标准差作统计描述（图 18-24）。

组别 = 药物组

Descriptive Statistics

	N	Minimum	Maximum	Mean	Std. Deviation
听力提升值	18	.71	20.52	10.4333	4.29785
Valid N (listwise)	18				

a. 组别 = 药物组

组别 = 针灸组

Descriptive Statistics

	N	Minimum	Maximum	Mean	Std. Deviation
听力提升值	18	3.59	22.64	13.4572	3.83982
Valid N (listwise)	18				

a. 组别 = 针灸组

组别 = 高压氧组

Descriptive Statistics

	N	Minimum	Maximum	Mean	Std. Deviation
听力提升值	18	10.04	23.52	15.5911	3.99574
Valid N (listwise)	18				

a. 组别 = 高压氧组

图 18-24　三组的统计描述结果

可得药物组均数为 10.43 分贝，标准差为 4.30 分贝；针灸组均数为 13.46 分贝，标准差为 3.84 分贝；高压氧组均数为 15.59 分贝，标准差为 4.00 分贝。

(3) 方差齐性检验（图 18-25）

Test of Homogeneity of Variances

听力提升值

Levene Statistic	df1	df2	Sig.
.164	2	51	.849

图 18-25　方差齐性检验

方差齐性检验 $P=0.849>0.10$，可认为三个总体方差相等。至此，方差分析的两大前提条件均满足，可以选用方差分析的办法，来比较三种疗法的疗效差异。

（4）方差分析（图 18-26）

ANOVA

听力提升值

	Sum of Squares	df	Mean Square	F	Sig.
Between Groups	241.800	2	120.900	7.375	.002
Within Groups	836.088	51	16.394		
Total	1077.888	53			

图 18-26 组间方差分析结果

方差分析 $P=0.002<0.01$，拒绝零假设，可认为三个处理组的总体均数不全相等。至于哪些均数间不等，需要进一步的两两比较。

（5）两两比较（图 18-27）

Multiple Comparisons

听力提升值
Bonferroni

(I) 组别	(J) 组别	Mean Difference (I-J)	Std. Error	Sig.	95% Confidence Interval	
					Lower Bound	Upper Bound
药物组	针灸组	-3.02389	1.34965	.088	-6.3650	.3172
	高压氧组	-5.15778*	1.34965	.001	-8.4988	-1.8167
针灸组	药物组	3.02389	1.34965	.088	-.3172	6.3650
	高压氧组	-2.13389	1.34965	.360	-5.4750	1.2072
高压氧组	药物组	5.15778*	1.34965	.001	1.8167	8.4988
	针灸组	2.13389	1.34965	.360	-1.2072	5.4750

*. The mean difference is significant at the 0.05 level.

图 18-27 两两比较结果

由图 18-27 可见：药物组和针灸组的总体均数比较的 $P=0.088>0.05$，差异无统计学意义，尚不能认为两种药物的疗效不同；同理，尚不能认为针灸组和高压氧组的总体均数不同；药物组与高压氧组比较的 $P=0.001<0.05$，拒绝零假设，可认为两种药物的疗效不同。根据药物组的样本均数为 10.43 分贝，高压氧组的样本均数为 15.59 分贝，可得高压氧的疗效优于药物疗效。

2. 这是一个随机区组设计，资料为定量资料，可以采用随机区组设计的方差分析来比较三种治疗方法的效果。

SPSS 操作过程如下：

表 18-14　随机区组设计方差分析的 SPSS 操作过程

操作	说明
随机区组方差分析	
Analyze→General Linear Model→Univariate	
Dependent Variables	选择变量，本例为"听力值"
Fixed factors	选择固定效应，本例为"分组和年龄组（区组）"
Model	定义分析模型：选择 custom，并依次将分组和年龄组选入右侧框内
Post Hoc	选择模型检验后两两比较的变量和方法：本例选择对"分组"进行两两比较，比较方法选择 LSD 和 Bonfferoni
Save	保存"非标准化的预测值"和"标准化的残差值"，用于绘制残差散点图，进行残差分析
Continue	
OK	
Dependent Variables	选择变量，本例为"听力值"
残差分析、绘制残差图	
Graph→Scatter/Dot→Simple Scatter→Define	
Y AXIS	选择 Y 轴变量，本例为"标准化残差"
X AXIS	选择 X 轴变量，本例为"非标准化预测值"

分析结果如下：

（1）模型假设检验（图 18-28）

Tests of Between-Subjects Effects

Dependent Variable:听力值

Source	Type III Sum of Squares	df	Mean Square	F	Sig.
Corrected Model	612.602a	11	55.691	3.962	.005
Intercept	5129.715	1	5129.715	364.955	.000
年龄组	450.121	9	50.013	3.558	.011
分组	162.481	2	81.241	5.780	.012
Error	253.004	18	14.056		
Total	5995.321	30			
Corrected Total	865.606	29			

a. R Squared = .708 (Adjusted R Squared = .529)

图 18-28　模型假设检验结果

区组因素（年龄组）$P=0.011$，有统计学意义，说明不同年龄组间的听力水平不一致，区组因素是一个混杂因素，考虑随机区组设计是必要的；分组因素 $P=0.012$，有统计学意义，说明三种治疗方法的效果不完全相同，想知道哪两组有差别，需要进一步两两比较。

(2) 两两比较（图 18-29）

Multiple Comparisons

Dependent Variable:听力值

	(I) 分组	(J) 分组	Mean Difference (I-J)	Std. Error	Sig.	95% Confidence Interval	
						Lower Bound	Upper Bound
LSD	药物组	针灸组	.6710	1.67665	.694	-2.8515	4.1935
		高压氧组	5.2380*	1.67665	.006	1.7155	8.7605
	针灸组	药物组	-.6710	1.67665	.694	-4.1935	2.8515
		高压氧组	4.5670*	1.67665	.014	1.0445	8.0895
	高压氧组	药物组	-5.2380*	1.67665	.006	-8.7605	-1.7155
		针灸组	-4.5670*	1.67665	.014	-8.0895	-1.0445
Bonferroni	药物组	针灸组	.6710	1.67665	1.000	-3.7539	5.0959
		高压氧组	5.2380*	1.67665	.018	.8131	9.6629
	针灸组	药物组	-.6710	1.67665	1.000	-5.0959	3.7539
		高压氧组	4.5670*	1.67665	.042	.1421	8.9919
	高压氧组	药物组	-5.2380*	1.67665	.018	-9.6629	-.8131
		针灸组	-4.5670*	1.67665	.042	-8.9919	-.1421

Based on observed means.
The error term is Mean Square(Error) = 14.056.

*. The mean difference is significant at the 0.05 level.

图 18-29 两两比较结果

结果表明：高压氧组与药物组（$P=0.006$）、针灸组（$P=0.014$）均存在统计学差异，且药物组和针灸组的听力提升效果均高于高压氧组听力提升的效果；药物组与针灸组间无统计学差异（$P=0.694$）。

(3) 残差分析（图 18-30）

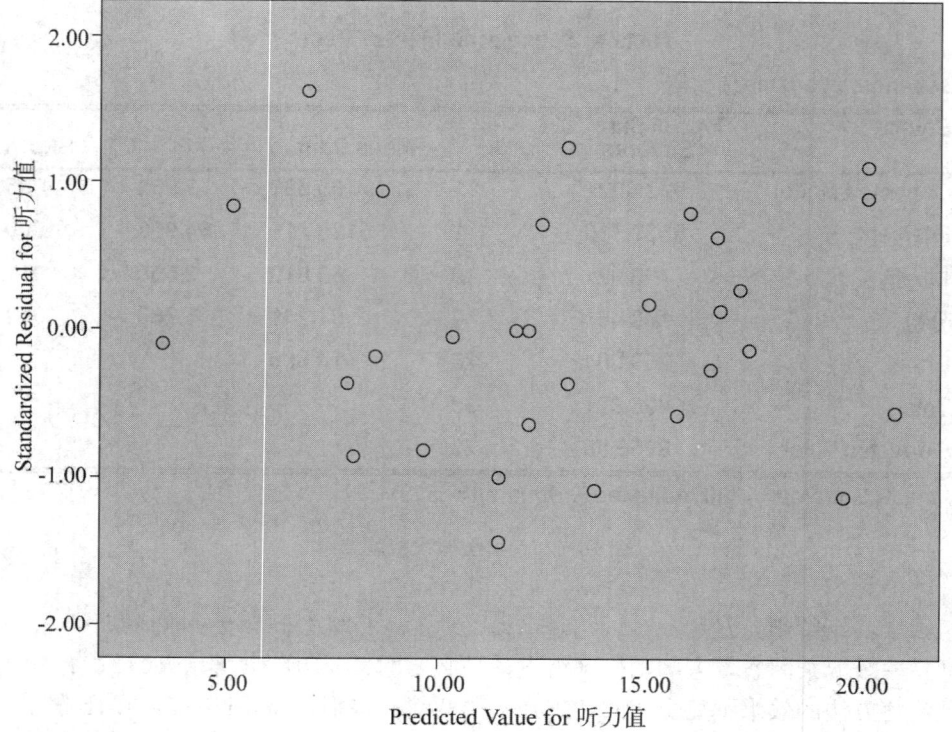

图 18-30 残差散点图

采用一般线性模型来进行随机区组设计方差分析，实质上是以测量值为因变量，治疗因素和区组因素为自变量构建多重线性回归，在前面的章节里我们已经学习到作回归分析需要对资料是否符合回归分析的前提条件进行分析，其中独立性一般可以通过专业来判断，而正态性、方差齐性和线性在有多个自变量时比较难判断，此时需要借助残差图来判断，若残差图无特殊规律，散点近似均匀地分布在水平线的上下两侧，则认为资料服从回归分析的前提条件。

从图 18-30 可以看出，散点并无特殊规律，故认为资料服从回归分析的前提条件，以一般线性模型来分析本例，得到的结论是恰当的。

附录二 常用统计用表

附表1 标准正态分布曲线下的面积，$\Phi(Z)$ 值

Z	0.00	0.01	0.02	0.03	0.04	0.05	0.06	0.07	0.08	0.09
−3.0	0.0013	0.0013	0.0013	0.0012	0.0012	0.0011	0.0011	0.0011	0.0010	0.0010
−2.9	0.0019	0.0018	0.0018	0.0017	0.0016	0.0016	0.0015	0.0015	0.0014	0.0014
−2.8	0.0026	0.0025	0.0024	0.0023	0.0023	0.0022	0.0021	0.0021	0.0020	0.0019
−2.7	0.0035	0.0034	0.0033	0.0032	0.0031	0.0030	0.0029	0.0028	0.0027	0.0026
−2.6	0.0047	0.0045	0.0044	0.0043	0.0041	0.0040	0.0039	0.0038	0.0037	0.0036
−2.5	0.0062	0.0060	0.0059	0.0057	0.0055	0.0054	0.0052	0.0051	0.0049	0.0048
−2.4	0.0082	0.0080	0.0078	0.0075	0.0073	0.0071	0.0069	0.0068	0.0066	0.0064
−2.3	0.0107	0.0104	0.0102	0.0099	0.0096	0.0094	0.0091	0.0089	0.0087	0.0084
−2.2	0.0139	0.0136	0.0132	0.0129	0.0125	0.0122	0.0119	0.0116	0.0113	0.0110
−2.1	0.0179	0.0174	0.0170	0.0166	0.0162	0.0158	0.0154	0.0150	0.0146	0.0143
−2.0	0.0228	0.0222	0.0217	0.0212	0.0207	0.0202	0.0197	0.0192	0.0188	0.0183
−1.9	0.0287	0.0281	0.0274	0.0268	0.0262	0.0256	0.0250	0.0244	0.0239	0.0233
−1.8	0.0359	0.0351	0.0344	0.0336	0.0329	0.0322	0.0314	0.0307	0.0301	0.0294
−1.7	0.0446	0.0436	0.0427	0.0418	0.0409	0.0401	0.0392	0.0384	0.0375	0.0367
−1.6	0.0548	0.0537	0.0526	0.0516	0.0505	0.0495	0.0485	0.0475	0.0465	0.0455
−1.5	0.0668	0.0655	0.0643	0.0630	0.0618	0.0606	0.0594	0.0582	0.0571	0.0559
−1.4	0.0808	0.0793	0.0778	0.0764	0.0749	0.0735	0.0721	0.0708	0.0694	0.0681
−1.3	0.0968	0.0951	0.0934	0.0918	0.0901	0.0885	0.0869	0.0853	0.0838	0.0823
−1.2	0.1151	0.1131	0.1112	0.1093	0.1075	0.1056	0.1038	0.1020	0.1003	0.0985
−1.1	0.1357	0.1335	0.1314	0.1292	0.1271	0.1251	0.1230	0.1210	0.1190	0.1170
−1.0	0.1587	0.1562	0.1539	0.1515	0.1492	0.1469	0.1446	0.1423	0.1401	0.1379
−0.9	0.1841	0.1814	0.1788	0.1762	0.1736	0.1711	0.1685	0.1660	0.1635	0.1611
−0.8	0.2119	0.2090	0.2061	0.2033	0.2005	0.1977	0.1949	0.1922	0.1894	0.1867
−0.7	0.2420	0.2389	0.2358	0.2327	0.2296	0.2266	0.2236	0.2206	0.2177	0.2148
−0.6	0.2743	0.2709	0.2676	0.2643	0.2611	0.2578	0.2546	0.2514	0.2483	0.2451
−0.5	0.3085	0.3050	0.3015	0.2981	0.2946	0.2912	0.2877	0.2843	0.2810	0.2776
−0.4	0.3446	0.3409	0.3372	0.3336	0.3300	0.3264	0.3228	0.3192	0.3156	0.3121
−0.3	0.3821	0.3783	0.3745	0.3707	0.3669	0.3632	0.3594	0.3557	0.3520	0.3483
−0.2	0.4207	0.4168	0.4129	0.4090	0.4052	0.4013	0.3974	0.3936	0.3897	0.3859
−0.1	0.4602	0.4562	0.4522	0.4483	0.4443	0.4404	0.4364	0.4325	0.4286	0.4247
−0.0	0.5000	0.4960	0.4920	0.4880	0.4840	0.4801	0.4761	0.4721	0.4681	0.4641

注：$\Phi(-Z) = 1 - \Phi(Z)$

附录二 常用统计用表

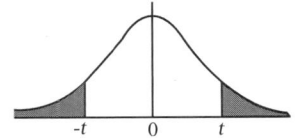

附表2　t 界值表

自由度 v	单侧:	0.25	0.20	0.10	0.05	概率, P 0.025	0.01	0.005	0.0025	0.001	0.0005
	双侧:	0.50	0.40	0.20	0.10	0.05	0.02	0.01	0.005	0.002	0.001
1		1.000	1.376	3.078	6.314	12.706	31.821	63.657	127.321	318.309	636.619
2		0.816	1.061	1.886	2.920	4.303	6.965	9.925	14.089	22.327	31.599
3		0.765	0.978	1.638	2.353	3.182	4.541	5.841	7.453	10.215	12.924
4		0.741	0.941	1.533	2.132	2.776	3.747	4.604	5.598	7.173	8.610
5		0.727	0.920	1.476	2.015	2.571	3.365	4.032	4.773	5.893	6.869
6		0.718	0.906	1.440	1.943	2.447	3.143	3.707	4.317	5.208	5.959
7		0.711	0.896	1.415	1.895	2.365	2.998	3.499	4.029	4.785	5.048
8		0.706	0.889	1.397	1.860	2.306	2.896	3.355	3.833	4.501	5.041
9		0.703	0.883	1.383	1.833	2.262	2.821	3.250	3.690	4.297	4.781
10		0.700	0.879	1.372	1.812	2.228	2.764	3.169	3.581	4.144	4.587
11		0.697	0.876	1.363	1.796	2.201	2.718	3.106	3.497	4.025	4.437
12		0.695	0.873	1.356	1.782	2.179	2.681	3.055	3.428	3.930	4.318
13		0.694	0.870	1.350	1.771	2.160	2.650	3.012	3.372	3.852	4.221
14		0.692	0.868	1.345	1.761	2.145	2.624	2.977	3.326	3.787	4.140
15		0.691	0.866	1.341	1.753	2.131	2.602	2.947	3.286	3.733	4.073
16		0.690	0.865	1.337	1.746	2.120	2.583	2.921	3.252	3.686	4.015
17		0.689	0.863	1.333	1.740	2.110	2.567	2.898	3.222	3.646	3.965
18		0.688	0.862	1.330	1.734	2.101	2.552	2.878	3.197	3.610	3.922
19		0.688	0.861	1.328	1.729	2.093	2.539	2.861	3.174	3.579	3.883
20		0.687	0.860	1.325	1.725	2.086	2.528	2.845	3.153	3.552	3.850
21		0.686	0.859	1.323	1.721	2.080	2.518	2.831	3.135	3.527	3.819
22		0.686	0.858	1.321	1.717	2.074	2.508	2.819	3.119	3.505	3.792
23		0.685	0.858	1.319	1.714	2.069	2.500	2.807	3.104	3.485	3.768
24		0.685	0.857	1.318	1.711	2.064	2.492	2.797	3.091	3.467	3.745
25		0.684	0.856	1.316	1.708	2.060	2.485	2.787	3.078	3.450	3.725
26		0.684	0.856	1.315	1.706	2.056	2.479	2.779	3.067	3.435	3.707
27		0.684	0.855	1.314	1.703	2.052	2.473	2.771	3.057	3.421	3.690
28		0.683	0.855	1.313	1.701	2.048	2.467	2.763	3.047	3.408	3.674
29		0.683	0.854	1.311	1.699	2.045	2.462	2.756	3.038	3.396	3.659
30		0.683	0.854	1.310	1.697	2.042	2.457	2.750	3.030	3.385	3.646
31		0.682	0.853	1.309	1.696	2.040	2.453	2.744	3.022	3.375	3.633
32		0.682	0.853	1.309	1.694	2.037	2.449	2.738	3.015	3.365	3.622
33		0.682	0.853	1.308	1.692	2.035	2.445	2.733	3.008	3.356	3.611
34		0.682	0.852	1.307	1.691	2.032	2.441	2.728	3.002	3.348	3.601
35		0.682	0.852	1.306	1.690	2.030	2.438	2.724	2.996	3.340	3.591
36		0.681	0.852	1.306	1.688	2.028	2.434	2.719	2.990	3.333	3.582
37		0.681	0.851	1.305	1.687	2.026	2.431	2.715	2.985	3.326	3.574
38		0.681	0.851	1.304	1.686	2.024	2.429	2.712	2.980	3.319	3.566
39		0.681	0.851	1.304	1.685	2.023	2.426	2.708	2.976	3.313	3.558
40		0.681	0.851	1.303	1.684	2.021	2.423	2.704	2.971	3.307	3.551
50		0.679	0.849	1.299	1.676	2.009	2.403	2.678	2.937	3.261	3.496
60		0.679	0.848	1.296	1.671	2.000	2.390	2.660	2.915	3.232	3.460
70		0.678	0.847	1.294	1.667	1.994	2.381	2.648	2.899	3.211	3.435
80		0.678	0.846	1.292	1.664	1.990	2.374	2.639	2.887	3.195	3.416
90		0.677	0.846	1.291	1.662	1.987	2.368	2.632	2.878	3.183	3.402
100		0.677	0.845	1.290	1.660	1.984	2.364	2.626	2.871	3.174	3.390
200		0.676	0.843	1.286	1.653	1.972	2.345	2.601	2.839	2.131	3.340
500		0.675	0.842	1.283	1.648	1.965	2.334	2.586	2.820	3.107	3.310
1000		0.675	0.842	1.282	1.646	1.962	2.330	2.581	2.813	3.098	3.300
∞		0.6745	0.8416	1.2816	1.6449	1.9600	2.3263	2.5758	2.8070	3.0902	3.2905

注：表上右上角图中的阴影部分表示概率 P，以后附表同此

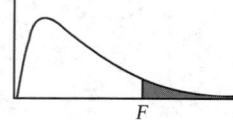

附表3 F 界值表

方差分析用（单尾）：上行概率 0.05，下行概率 0.01

两样本方差齐性检验用（双尾）：上行概率 0.10

分母的自由度 v_2	\\	\\	\\	分子的自由度，v_1								
	1	2	3	4	5	6	7	8	9	10	11	12
1	161	200	216	225	230	234	237	239	241	242	243	224
	405.2	499.9	540.3	562.5	576.4	585.9	592.8	598.1	602.2	605.6	608.2	610.6
2	18.51	19.00	19.16	19.25	19.30	19.33	19.36	19.37	19.38	19.39	19.40	19.41
	98.49	99.00	99.17	99.25	99.30	99.33	99.34	99.36	99.38	99.40	99.41	99.42
3	10.13	9.55	9.28	9.12	9.01	8.94	8.88	8.84	8.81	8.78	8.76	8.74
	34.12	30.82	29.46	28.71	28.24	27.91	27.67	27.49	27.34	27.23	27.13	27.05
4	7.71	6.94	6.59	6.39	6.26	6.16	6.09	6.04	6.00	5.96	5.93	5.91
	21.20	18.00	16.69	15.98	15.52	15.21	14.98	14.80	14.66	14.54	14.45	14.37
5	6.61	5.79	5.41	5.19	5.05	4.95	4.88	4.82	4.78	4.74	4.70	4.68
	16.26	13.27	12.06	11.39	10.97	10.67	10.45	10.27	10.15	10.05	9.96	9.89
6	5.99	5.14	4.76	4.53	4.39	4.28	4.21	4.15	4.10	4.06	4.03	4.00
	13.74	10.92	9.78	9.15	8.75	8.47	8.26	8.10	7.98	7.87	7.79	7.72
7	5.59	4.74	4.35	4.12	3.97	3.87	3.79	3.73	3.68	3.63	3.60	3.57
	12.25	9.55	8.45	7.85	7.46	7.19	7.00	6.84	6.71	6.62	6.54	6.47
8	5.32	4.46	4.07	3.84	3.69	3.58	3.50	3.44	3.39	3.34	3.31	3.28
	11.26	8.65	7.59	7.01	6.63	6.37	6.19	6.03	5.91	5.82	5.74	5.67
9	5.12	4.26	3.86	3.63	3.48	3.37	3.29	3.23	3.18	3.13	3.10	3.07
	10.56	8.02	6.99	6.42	6.06	5.80	5.62	5.47	5.35	5.26	5.18	5.11
10	4.96	4.10	3.71	3.48	3.33	3.22	3.14	3.07	3.02	2.97	2.94	2.91
	10.04	7.56	6.55	5.99	5.64	5.39	5.21	5.06	4.95	4.85	4.78	4.71
11	4.84	3.98	3.59	3.36	3.20	3.09	3.01	2.95	2.90	2.86	2.82	2.76
	9.65	7.20	6.22	5.67	5.32	5.07	4.88	4.74	4.63	4.54	4.46	4.40
12	4.75	3.88	3.49	3.26	3.11	3.00	2.92	2.85	2.80	2.76	2.72	2.69
	9.33	6.93	5.95	5.41	5.06	4.82	4.65	4.50	4.39	4.30	4.22	4.16
13	4.67	3.80	3.41	3.18	3.02	2.92	2.84	2.77	2.72	2.67	2.63	2.60
	9.07	6.70	5.74	5.20	4.86	4.62	4.44	4.30	4.19	4.10	4.02	3.96
14	4.60	3.74	3.34	3.11	2.96	2.85	2.77	2.70	2.65	2.60	2.56	2.53
	8.86	6.51	5.56	5.03	4.69	4.46	4.28	4.14	4.03	3.94	3.86	3.80
15	4.54	3.68	3.29	3.06	2.90	2.79	2.70	2.64	2.59	2.55	2.51	2.48
	8.68	6.36	5.42	4.89	4.56	4.32	4.14	4.00	3.89	3.80	3.73	3.67
16	4.49	3.63	3.24	3.01	2.85	2.74	2.66	2.59	2.54	2.49	2.45	2.42
	8.53	6.23	5.29	4.77	4.44	4.20	4.03	3.89	3.78	3.69	3.61	3.55
17	4.45	3.59	3.20	2.96	2.81	2.70	2.62	2.55	2.50	2.45	2.41	2.38
	8.40	6.11	5.18	4.67	4.34	4.10	3.93	3.79	3.68	3.59	3.52	3.45
18	4.41	3.55	3.16	2.93	2.77	2.66	2.58	2.51	2.46	2.41	2.37	2.34
	8.28	6.01	5.09	4.58	4.25	4.01	3.85	3.71	3.60	3.51	3.44	3.37
19	4.38	3.52	3.13	2.90	2.74	2.63	2.55	2.48	2.43	2.38	2.34	2.31
	8.18	5.93	5.01	4.50	4.17	3.94	3.77	3.63	3.52	3.43	3.36	3.30
20	4.35	3.49	3.10	2.87	2.71	2.60	2.52	2.45	2.40	2.35	2.31	2.28
	8.10	5.85	4.94	4.43	4.10	3.87	3.71	3.56	3.45	3.37	3.30	3.23
21	4.32	3.47	3.07	2.84	2.68	2.57	2.49	2.42	2.37	2.32	2.28	2.25
	8.02	5.78	4.87	4.37	4.04	3.81	3.65	3.51	3.40	3.31	3.24	3.17
22	4.30	3.44	3.05	2.82	2.66	2.55	2.47	2.40	2.35	2.30	2.26	2.23
	7.94	5.72	4.82	4.31	3.99	3.76	3.59	3.45	3.35	3.26	3.18	3.12
23	4.28	3.42	3.03	2.80	2.64	2.53	2.45	2.38	2.32	2.28	2.24	3.20
	7.88	5.66	4.76	4.26	3.94	3.71	3.54	3.41	3.30	3.21	3.14	3.07
24	4.26	3.40	3.01	2.78	2.62	2.51	2.43	2.36	2.30	2.26	2.22	2.18
	7.82	5.61	4.72	4.22	3.90	3.67	3.50	3.36	3.25	3.17	3.09	3.03
25	4.24	3.38	2.99	2.76	2.60	2.49	2.41	2.34	2.28	2.24	2.20	2.16
	7.77	5.57	4.68	4.18	3.86	3.63	3.46	3.32	3.21	3.13	3.05	2.99

续表

分母的自由度 v_2	分子的自由度, v_1											
	14	16	20	24	30	40	50	75	100	200	500	∞
1	245	246	248	249	250	251	252	253	253	254	254	254
	6142	6169	6208	6234	6258	6286	6302	6323	6334	6352	6361	6366
2	19.42	19.43	19.44	19.45	19.46	19.47	19.47	19.48	19.49	19.49	19.50	19.50
	99.43	99.44	99.45	99.46	99.47	99.48	99.48	99.49	99.49	99.49	99.50	99.50
3	8.71	8.69	8.66	8.64	8.62	8.60	8.58	8.57	8.56	8.54	8.54	8.53
	26.92	26.83	26.69	26.60	26.50	26.41	26.35	26.27	26.23	26.18	26.14	26.12
4	5.87	5.84	5.80	5.77	5.74	5.71	5.70	5.68	5.66	5.65	5.64	5.63
	14.24	14.15	14.02	13.93	13.83	13.74	13.69	13.61	13.57	13.52	13.48	13.46
5	4.64	4.60	4.56	4.53	4.50	4.46	4.44	4.42	4.40	4.38	4.37	4.36
	9.77	9.68	9.55	9.47	9.38	9.29	9.24	9.17	9.13	9.07	9.04	9.02
6	3.96	3.92	3.87	3.84	3.81	3.77	3.75	3.72	3.71	3.69	3.68	3.67
	7.60	7.52	7.39	7.31	7.23	7.14	7.09	7.02	6.99	6.94	6.90	6.88
7	3.52	3.49	3.44	3.41	3.38	3.34	3.32	3.29	3.28	3.25	3.24	3.23
	6.35	6.27	6.15	6.07	5.98	5.90	5.85	5.78	5.75	5.70	5.67	5.65
8	3.23	3.20	3.15	3.12	3.08	3.05	3.03	3.00	2.98	2.96	2.94	2.93
	5.56	5.48	5.36	5.28	5.20	5.11	5.06	5.00	4.96	4.91	4.88	4.86
9	3.02	2.98	2.93	2.90	2.86	2.82	2.80	2.77	2.76	2.73	2.72	2.71
	5.00	4.92	4.80	4.73	4.64	4.56	4.51	4.45	4.41	4.36	4.33	4.31
10	2.86	2.82	2.77	2.74	2.70	2.67	2.64	2.61	2.59	2.56	2.55	2.54
	4.60	4.52	4.41	4.33	4.25	4.17	4.12	4.05	4.01	3.96	3.93	3.91
11	2.74	2.70	2.65	2.61	2.57	2.53	2.50	2.47	2.45	2.42	2.41	2.40
	4.29	4.21	4.10	4.02	3.94	3.86	3.80	3.74	3.70	3.66	3.62	3.60
12	2.64	2.60	2.54	2.50	2.46	2.42	2.40	2.36	2.35	2.32	2.31	2.30
	4.05	3.98	3.86	3.78	3.70	3.61	3.56	3.49	3.46	3.41	3.38	3.36
13	2.55	2.51	2.46	2.42	2.38	2.34	2.32	2.28	2.26	2.24	2.22	2.21
	3.85	3.78	3.67	3.59	3.51	3.42	3.37	3.30	3.27	3.21	3.18	3.16
14	2.48	2.44	2.39	2.35	2.31	2.27	2.24	2.21	2.19	2.16	2.14	2.13
	3.70	3.62	3.51	3.43	3.34	3.26	3.21	3.14	3.11	3.06	3.02	3.00
15	2.43	2.39	2.33	2.29	2.25	2.21	2.18	2.15	2.12	2.10	2.08	2.07
	3.56	3.48	3.36	3.29	3.20	3.12	3.07	3.00	2.97	2.92	2.89	2.87
16	2.37	2.33	2.28	2.24	2.20	2.16	2.13	2.09	2.07	2.04	2.02	2.01
	3.45	3.37	3.25	3.18	3.10	3.01	2.96	2.89	2.86	2.80	2.77	2.75
17	2.33	2.29	2.23	2.19	2.15	2.11	2.08	2.04	2.02	1.99	1.97	1.96
	3.35	3.27	3.16	3.08	3.00	2.92	2.86	2.79	2.76	2.70	2.67	2.65
18	2.29	2.25	2.19	2.15	2.11	2.07	2.04	2.00	1.98	1.95	1.93	1.92
	3.27	3.19	3.07	3.00	2.91	2.83	2.78	2.71	2.68	2.62	2.59	2.57
19	2.26	2.21	2.15	2.11	2.07	2.02	2.00	1.96	1.94	1.91	1.90	1.88
	3.19	3.12	3.00	2.92	2.84	2.76	2.70	2.63	2.60	2.54	2.51	2.49
20	2.23	2.18	2.12	2.08	2.04	1.99	1.96	1.92	1.90	1.87	1.85	1.84
	3.13	3.05	2.94	2.86	2.77	2.69	2.63	2.56	2.53	2.47	2.44	2.42
21	2.20	2.15	2.09	2.05	2.00	1.96	1.93	1.89	1.87	1.84	1.82	1.81
	3.07	2.99	2.88	2.80	2.72	2.63	2.58	2.51	2.47	2.42	2.38	2.36
22	2.18	2.13	2.07	2.03	1.98	1.93	1.91	1.87	1.84	1.81	1.80	1.78
	3.02	2.94	2.83	2.75	2.67	2.58	2.53	2.46	2.42	2.37	2.33	2.31
23	2.14	2.10	2.04	2.00	1.96	1.91	1.88	1.84	1.82	1.79	1.77	1.76
	2.97	2.89	2.78	2.70	2.62	2.53	2.48	2.41	2.37	2.32	2.28	2.26
24	2.13	2.09	2.02	1.98	1.94	1.89	1.86	1.82	1.80	1.76	1.74	1.73
	2.93	2.85	2.74	2.66	2.58	2.49	2.44	2.36	2.33	2.27	2.23	2.21
25	2.11	2.06	2.00	1.96	1.92	1.87	1.84	1.80	1.77	1.74	1.72	1.71
	2.89	2.81	2.70	2.62	2.54	2.45	2.40	2.32	2.29	2.23	2.19	2.17

续表

分母的自由度 v_2	分子的自由度，v_1											
	1	2	3	4	5	6	7	8	9	10	11	12
26	4.22	3.37	2.98	2.74	2.59	2.47	2.39	2.32	2.27	2.22	2.18	2.15
	7.72	5.53	4.64	4.14	3.82	3.59	3.42	3.29	3.17	3.09	3.02	2.96
27	4.21	3.35	2.96	2.73	2.57	2.46	2.37	2.30	2.25	2.20	2.16	2.13
	7.68	5.49	4.60	4.11	3.79	3.56	3.39	3.26	3.14	3.06	2.98	2.93
28	4.20	3.34	2.96	2.71	2.56	2.44	2.36	2.29	2.24	2.19	2.15	2.12
	7.64	5.45	4.57	4.07	3.76	3.53	3.36	3.23	3.11	3.03	2.95	2.90
29	4.18	3.33	2.93	2.70	2.54	2.43	2.35	2.28	2.22	2.18	2.14	2.10
	7.60	5.42	4.54	4.04	3.73	3.50	3.33	3.20	3.08	3.00	2.92	2.87
30	4.17	3.32	2.92	2.69	2.53	2.42	2.34	2.27	2.21	2.16	2.12	2.09
	7.56	5.39	4.51	4.02	3.70	3.47	3.30	3.17	3.06	2.98	2.90	2.84
32	4.15	3.30	2.90	2.67	2.51	2.40	2.32	2.25	2.19	2.14	2.10	2.07
	7.50	5.34	4.46	3.97	3.66	3.42	3.25	3.12	3.01	2.94	2.86	2.80
34	4.13	3.28	2.88	2.65	2.49	2.38	2.30	2.23	2.17	2.12	2.08	2.05
	7.44	5.29	4.42	3.93	3.61	3.38	3.21	3.08	2.97	2.89	2.82	2.76
36	4.11	3.26	2.86	2.63	2.48	2.36	2.28	2.21	2.15	2.10	2.06	2.03
	7.39	5.25	4.38	3.89	3.58	3.35	3.18	3.04	2.94	2.86	2.78	2.72
38	4.10	3.25	2.85	2.62	2.46	2.35	2.26	2.19	2.14	2.09	2.05	2.02
	7.35	5.21	4.34	3.86	3.54	3.32	3.15	3.02	2.91	2.82	2.75	2.69
40	4.08	3.32	2.84	2.61	2.45	2.34	2.25	2.18	2.12	2.07	2.04	2.00
	7.31	5.18	4.31	3.83	3.51	3.29	3.12	2.99	2.88	2.80	2.73	2.66
42	4.07	3.22	2.83	2.59	2.44	2.32	2.24	2.17	2.11	2.06	2.02	1.99
	7.27	5.15	4.29	3.80	3.49	3.26	3.10	2.96	2.86	2.77	2.70	2.64
44	4.06	3.21	2.82	2.58	2.43	2.31	2.23	2.16	2.10	2.05	2.01	1.98
	7.24	5.12	4.26	3.78	3.46	3.24	3.07	2.94	2.84	2.75	2.68	2.62
46	4.05	3.20	2.81	2.57	2.42	2.30	2.22	2.14	2.09	2.04	2.00	1.97
	7.21	5.10	4.24	3.76	3.44	3.22	3.05	2.92	2.82	2.73	2.66	2.60
48	4.04	3.19	2.80	2.56	2.41	2.30	2.21	2.14	2.08	2.03	1.99	1.96
	7.19	5.08	4.22	3.74	3.42	3.20	3.04	2.90	2.80	2.71	2.64	2.58
50	4.03	3.18	2.79	2.56	2.40	2.29	2.20	2.13	2.07	2.02	1.98	1.95
	7.17	5.06	4.20	3.72	3.41	3.18	3.02	2.88	2.78	2.70	2.62	2.56
60	4.00	3.15	2.76	2.52	2.37	2.25	2.17	2.10	2.04	1.99	1.95	1.92
	7.08	4.98	4.13	3.65	3.34	3.12	2.95	2.82	2.72	2.63	2.56	2.50
70	3.98	3.13	2.74	2.50	2.35	2.23	2.14	2.07	2.01	1.97	1.93	1.89
	7.01	4.92	4.08	3.60	3.29	3.07	2.91	2.77	2.67	2.59	2.51	2.45
80	3.96	3.11	2.72	2.48	2.33	2.21	2.12	2.05	1.99	1.95	1.91	1.88
	6.96	4.88	4.04	3.56	3.25	3.04	2.87	2.74	2.64	2.55	2.48	2.41
100	3.94	3.09	2.70	2.46	2.30	2.19	2.10	2.03	1.97	1.92	1.88	1.85
	6.90	4.82	3.98	3.51	3.20	2.99	2.82	2.69	2.59	2.51	2.43	2.36
125	3.92	3.07	2.68	2.44	2.20	2.17	2.08	2.01	1.95	1.90	1.86	1.83
	6.84	4.78	3.94	3.47	3.17	2.95	2.79	2.65	2.56	2.47	2.40	2.33
150	3.91	3.06	2.67	2.43	2.27	2.16	2.07	2.00	1.94	1.89	1.85	1.82
	6.81	4.75	3.91	3.44	3.14	2.92	2.76	2.62	2.53	2.44	2.37	2.30
200	3.89	3.04	2.65	2.41	2.26	2.14	2.05	1.98	1.92	1.87	1.83	1.80
	6.76	4.71	3.88	3.41	3.11	2.90	2.73	2.60	2.50	2.41	2.34	2.28
400	3.86	3.02	2.62	2.39	2.23	2.12	2.03	1.96	1.90	1.85	1.81	1.78
	6.70	4.66	3.83	3.36	3.06	2.85	2.69	2.55	2.46	2.37	2.29	2.23
1000	3.85	3.00	2.61	2.38	2.22	2.10	2.02	1.95	1.89	1.84	1.80	1.76
	6.66	4.62	3.80	3.34	3.04	2.82	2.66	2.53	2.43	2.34	2.26	2.20
∞	3.84	2.99	2.60	2.37	2.21	2.09	2.01	1.94	1.88	1.83	1.79	1.75
	6.64	4.60	3.78	3.32	3.02	2.80	2.64	2.51	2.41	2.32	2.24	2.18

续表

分母的自由度 v_2	分子的自由度, v_1											
	14	16	20	24	30	40	50	75	100	200	500	∞
26	2.10 2.86	2.05 2.77	1.99 2.66	1.95 2.58	1.90 2.50	1.85 2.41	1.82 2.36	1.78 2.28	1.76 2.25	1.72 2.19	1.70 2.15	1.69 2.13
27	2.08 2.83	2.03 2.74	1.97 2.63	1.93 2.55	1.88 2.47	1.84 2.38	1.80 2.33	1.76 2.25	1.74 2.21	1.71 2.16	1.68 2.12	1.67 2.10
28	2.06 2.80	2.02 2.71	1.96 2.60	1.91 2.52	1.87 2.44	1.81 2.35	1.78 2.30	1.75 2.22	1.72 2.18	1.69 2.13	1.67 2.09	1.65 2.06
29	2.05 2.77	2.00 2.68	1.94 2.57	1.90 2.49	1.85 2.41	1.80 2.32	1.77 2.27	1.73 2.19	1.71 2.15	1.68 2.10	1.65 2.06	1.64 2.03
30	2.04 2.74	1.99 2.66	1.93 2.55	1.89 2.47	1.84 2.38	1.79 2.29	1.76 2.24	1.72 2.16	1.69 2.13	1.66 2.07	1.64 2.03	1.62 2.01
32	2.02 2.70	1.97 2.62	1.91 2.51	1.86 2.42	1.82 2.34	1.76 2.25	1.74 2.20	1.69 2.12	1.67 2.08	1.64 2.02	1.61 1.98	1.59 1.96
34	2.00 2.66	1.95 2.58	1.89 2.47	1.84 2.38	1.80 2.30	1.74 2.21	1.71 2.15	1.67 2.08	1.64 2.04	1.61 1.98	1.59 1.94	1.57 1.91
36	1.98 2.62	1.93 2.54	1.87 2.43	1.82 2.35	1.78 2.26	1.72 2.17	1.69 2.12	1.65 2.04	1.62 2.00	1.59 1.94	1.56 1.90	1.55 1.87
38	1.96 2.59	1.92 2.51	1.85 2.40	1.80 2.32	1.76 2.22	1.71 2.14	1.67 2.08	1.63 2.00	1.60 1.97	1.57 1.90	1.54 1.86	1.53 1.84
40	1.95 2.56	1.90 2.49	1.84 2.37	1.79 2.29	1.74 2.20	1.69 2.11	1.66 2.05	1.61 1.97	1.59 1.94	1.55 1.88	1.53 1.84	1.51 1.81
42	1.94 2.54	1.89 2.46	1.82 2.35	1.78 2.26	1.73 2.17	1.68 2.08	1.64 2.02	1.60 1.94	1.57 1.91	1.54 1.85	1.51 1.80	1.49 1.78
44	1.92 2.52	1.88 2.44	1.81 2.32	1.76 2.24	1.72 2.15	1.66 2.06	1.63 2.00	1.58 1.92	1.56 1.88	1.52 1.82	1.50 1.78	1.48 1.75
46	1.91 2.50	1.87 2.42	1.80 2.30	1.75 2.22	1.71 2.13	1.65 2.04	1.62 1.98	1.57 1.90	1.54 1.86	1.51 1.80	1.48 1.76	1.46 1.72
48	1.90 2.48	1.86 2.40	1.79 2.28	1.74 2.20	1.70 2.11	1.64 2.02	1.61 1.96	1.56 1.88	1.53 1.84	1.50 1.78	1.47 1.73	1.45 1.70
50	1.90 2.46	1.85 2.39	1.78 2.26	1.74 2.18	1.69 2.10	1.63 2.00	1.60 1.94	1.55 1.86	1.52 1.82	1.48 1.76	1.46 1.71	1.44 1.68
60	1.86 2.40	1.81 2.32	1.75 2.20	1.70 2.12	1.65 2.03	1.59 1.93	1.56 1.87	1.50 1.79	1.48 1.74	1.44 1.68	1.41 1.63	1.39 1.60
70	1.84 2.35	1.79 2.28	1.72 2.15	1.67 2.07	1.62 1.98	1.56 1.88	1.53 1.82	1.47 1.74	1.45 1.69	1.40 1.62	1.37 1.56	1.35 1.53
80	1.82 2.32	1.77 2.24	1.70 2.11	1.65 2.03	1.60 1.94	1.54 1.84	1.51 1.78	1.45 1.70	1.42 1.65	1.38 1.57	1.35 1.52	1.32 1.49
100	1.79 2.26	1.75 2.19	1.68 2.06	1.63 1.98	1.57 1.89	1.51 1.79	1.48 1.73	1.42 1.64	1.39 1.59	1.34 1.51	1.30 1.46	1.28 1.43
125	1.77 2.23	1.72 2.15	1.65 2.03	1.60 1.94	1.55 1.85	1.49 1.75	1.45 1.68	1.39 1.59	1.36 1.54	1.31 1.46	1.27 1.40	1.25 1.37
150	1.76 2.20	1.71 2.12	1.64 2.00	1.59 1.91	1.54 1.83	1.47 1.72	1.44 1.66	1.37 1.56	1.34 1.51	1.29 1.43	1.25 1.37	1.22 1.33
200	1.74 2.17	1.69 2.09	1.62 1.97	1.57 1.88	1.52 1.79	1.45 1.69	1.42 1.62	1.35 1.53	1.32 1.48	1.26 1.39	1.22 1.33	1.19 1.28
400	1.72 2.12	1.67 2.04	1.60 1.92	1.54 1.84	1.49 1.74	1.42 1.64	1.38 1.57	1.32 1.47	1.28 1.42	1.22 1.32	1.16 1.24	1.13 1.19
1000	1.70 2.09	1.65 2.01	1.58 1.89	1.53 1.81	1.47 1.71	1.41 1.61	1.36 1.54	1.30 1.44	1.26 1.38	1.19 1.28	1.13 1.19	1.08 1.11
∞	1.69 2.07	1.64 1.99	1.57 1.87	1.52 1.79	1.46 1.69	1.40 1.59	1.35 1.52	1.28 1.41	1.24 1.36	1.17 1.25	1.11 1.15	1.00 1.00

附表 4　q 界值表（Newman-Keuls 法用）

上行：$P=0.05$　下行：$P=0.01$

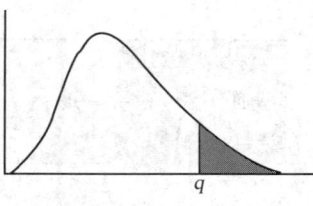

v	组数，a								
	2	3	4	5	6	7	8	9	10
5	3.64	4.60	5.22	5.67	6.03	6.33	6.58	6.80	6.99
	5.70	6.98	7.80	8.42	8.91	9.32	9.67	9.97	10.24
6	3.46	4.34	4.90	5.30	5.63	5.90	6.12	6.32	6.49
	5.24	6.33	7.03	7.56	7.97	8.32	8.61	8.87	9.10
7	3.34	4.16	4.68	5.06	5.36	5.61	5.82	6.00	6.16
	4.95	5.92	6.54	7.01	7.37	7.68	7.94	8.17	8.37
8	3.26	4.04	4.53	4.89	5.17	5.40	5.60	5.77	5.92
	4.75	5.64	6.20	6.62	6.96	7.24	7.47	7.68	7.86
9	3.20	3.95	4.41	4.76	5.02	5.24	5.43	5.59	5.74
	4.60	5.43	5.96	6.35	6.66	6.91	7.13	7.33	7.49
10	3.15	3.88	4.33	4.65	4.91	5.12	5.30	5.46	5.60
	4.48	5.27	5.77	6.14	6.43	6.67	6.87	7.05	7.21
12	3.08	3.77	4.20	4.51	4.75	4.95	5.12	5.27	5.39
	4.32	5.05	5.50	5.84	6.10	6.32	6.51	6.67	6.81
14	3.03	3.70	4.11	4.41	4.64	4.83	4.99	5.13	5.25
	4.21	4.89	5.32	5.63	5.88	6.08	6.26	6.41	6.54
16	3.00	3.65	4.05	4.33	4.56	4.74	4.90	5.03	5.15
	4.13	4.79	5.19	5.49	5.72	5.92	6.08	6.22	6.35
18	2.97	3.61	4.00	4.28	4.49	4.67	4.82	4.96	5.07
	4.07	4.70	5.09	5.38	5.60	5.79	5.94	6.08	6.20
20	2.95	3.58	3.96	4.23	4.45	4.62	4.77	4.90	5.01
	4.02	4.64	5.02	5.29	5.51	5.69	5.84	5.97	6.09
30	2.89	3.49	3.85	4.10	4.30	4.46	4.60	4.72	4.82
	3.89	4.45	4.80	5.05	5.24	5.40	5.54	5.65	5.76
40	2.86	3.44	3.79	4.04	4.23	4.39	4.52	4.63	4.73
	3.82	4.37	4.70	4.93	5.11	5.26	5.39	5.50	5.60
60	2.83	3.40	3.74	3.98	4.16	4.31	4.44	4.55	4.65
	3.76	4.28	4.59	4.82	4.99	5.13	5.25	5.36	5.45
120	2.80	3.36	3.68	3.92	4.10	4.24	4.36	4.47	4.56
	3.70	4.20	4.50	4.71	4.87	5.01	5.12	5.21	5.30
∞	2.77	3.31	3.63	3.86	4.03	4.17	4.29	4.39	4.47
	3.64	4.12	4.40	4.60	4.76	4.88	4.99	5.89	5.16

附表5 二项分布概率 π 的置信区间

上行：95％置信区间　　下行：99％置信区间

n	\multicolumn{17}{c}{X}
	0	1	2	3	4	5	6	7	8	9	10	11	12	13	14	15	16
1	0-98																
	0-100																
2	0-84	1-99															
	0-93	0-100															
3	0-71	1-91	9-99														
	0-83	0-96	4-100														
4	0-60	1-81	7-93	19-99													
	0-73	0-89	3-97	11-100													
5	0-52	1-72	5-85	15-95	28-99												
	0-65	0-81	2-92	8-98	19-100												
6	0-46	0-64	4-78	12-88	22-96	36-100											
	0-59	0-75	2-86	7-93	14-98	25-100											
7	0-41	0-58	4-71	10-82	18-90	29-96	42-100										
	0-53	0-68	2-80	6-88	12-94	20-98	32-100										
8	0-37	0-53	3-65	9-76	16-84	24-91	35-97	47-100									
	0-48	0-63	1-74	5-83	10-90	17-95	26-99	37-100									
9	0-34	0-48	3-60	7-70	14-79	21-86	39-93	40-97	52-100								
	0-44	0-58	1-69	4-78	9-85	15-91	22-96	31-99	42-100								
10	0-31	0-45	3-56	7-65	12-74	19-81	26-88	35-93	44-97	55-100							
	0-41	0-54	1-65	4-74	8-81	13-87	19-92	26-96	35-99	46-100							
11	0-28	0-41	2-52	6-61	11-69	17-77	23-83	31-89	39-94	48-98	59-100						
	0-38	0-51	1-61	3-69	7-77	11-83	17-89	23-93	31-97	39-99	49-100						
12	0-26	0-38	2-48	5-57	10-65	15-72	21-79	28-85	35-90	43-95	52-98	62-100					
	0-36	0-48	1-57	3-66	6-73	10-79	15-85	21-90	27-94	34-97	43-99	52-100					
13	0-25	0-36	2-45	5-54	9-61	14-68	19-75	25-81	32-86	39-91	46-95	55-98	64-100				
	0-33	0-45	1-54	3-62	6-69	9-75	14-81	19-86	25-91	31-94	38-97	46-99	55-100				
14	0-23	0-34	2-43	5-51	8-58	13-65	18-71	23-77	29-82	35-87	42-92	49-95	57-98	66-100			
	0-32	0-42	1-51	3-59	5-66	9-72	13-78	17-83	22-87	28-91	34-95	41-97	49-99	58-100			
15	0-22	0-32	2-40	4-48	8-55	12-62	16-68	21-73	27-79	32-84	38-88	45-92	52-96	60-98	68-100		
	0-30	0-40	1-49	2-56	5-63	8-69	12-74	16-79	21-84	26-88	31-92	37-95	44-98	51-99	60-100		
16	0-21	0-30	2-38	4-46	7-52	11-59	15-65	20-70	25-75	30-80	35-85	41-89	48-93	54-96	62-98	70-100	
	0-28	0-38	1-46	2-53	5-60	8-66	11-71	15-76	19-81	24-85	29-89	34-93	40-95	47-98	54-99	62-100	
17	0-20	0-29	1-36	4-43	7-50	10-56	14-62	18-67	23-72	28-77	33-82	38-86	44-90	50-93	57-96	64-99	71-100
	0-27	0-36	1-44	2-51	4-57	7-63	10-69	14-74	18-78	22-82	27-86	32-90	37-93	43-96	49-98	56-99	64-100
18	0-19	0-27	1-35	4-41	6-48	10-53	13-59	17-64	22-69	26-74	31-78	36-83	41-86	47-90	52-94	59-96	65-99
	0-25	0-35	1-42	2-49	4-55	7-61	10-66	13-71	16-75	20-80	25-84	29-87	34-90	39-93	45-96	51-98	58-99
19	0-18	0-26	1-33	3-40	6-46	9-51	13-57	16-62	20-67	24-71	29-76	33-80	38-84	43-87	49-91	54-94	60-97
	0-24	0-33	1-40	2-47	4-53	6-58	9-63	12-68	15-73	19-77	23-81	27-85	32-88	37-91	42-94	47-96	53-98
20	0-17	0-25	1-32	3-38	6-44	9-49	12-54	15-59	19-64	23-68	27-73	32-77	36-81	41-85	46-88	51-91	56-94
	0-23	0-32	1-39	2-45	4-51	6-56	8-61	11-66	15-70	18-74	22-78	26-82	30-85	34-89	39-92	44-94	49-96
21	0-16	0-24	1-30	3-36	5-42	8-47	11-52	15-57	18-62	22-66	26-70	30-74	34-78	38-82	43-85	48-89	53-92
	0-22	0-30	1-37	2-43	3-49	6-54	8-59	11-63	14-68	17-72	21-76	24-79	28-83	32-86	37-89	41-92	46-94
22	0-15	0-23	1-29	3-35	5-40	8-45	11-50	14-55	17-59	21-64	24-68	28-72	32-76	36-79	41-83	45-86	50-89
	0-21	0-29	0-36	2-42	3-47	5-52	8-57	10-61	13-66	16-70	19-73	23-77	27-81	30-84	35-87	39-90	43-92
23	0-15	0-22	1-28	3-34	5-39	7-44	10-48	13-53	16-57	20-61	23-66	27-69	31-73	34-77	39-80	43-84	47-87
	0-21	0-28	0-34	2-40	3-45	5-50	7-55	10-59	12-63	15-67	18-71	22-75	25-78	29-82	33-85	37-88	41-90
24	0-14	0-21	1-27	3-32	5-37	7-42	10-47	13-51	16-55	19-59	22-63	26-67	29-71	33-74	37-78	41-81	45-84
	0-20	0-27	0-33	1-39	3-44	5-49	7-53	9-57	12-61	15-65	18-69	21-73	24-76	27-79	31-82	35-85	39-88
25	0-14	0-20	1-26	3-31	5-36	7-41	9-45	12-49	15-54	18-57	21-61	24-65	28-69	31-72	35-76	39-79	43-82
	0-19	0-26	0-32	1-37	3-42	5-47	7-51	9-56	11-60	14-63	17-67	20-71	23-74	26-77	29-80	33-83	37-86

附录二 常用统计用表

续表

n	X																
	0	1	2	3	4	5	6	7	8	9	10	11	12	13	14	15	16
26	0-13	0-20	1-25	2-30	4-35	7-39	9-44	12-48	14-52	17-56	20-60	23-63	27-67	30-70	33-73	37-77	41-80
	0-18	0-25	0-31	1-36	3-41	4-46	6-50	9-54	11-58	13-62	16-65	19-69	22-72	25-75	28-78	31-81	35-84
27	0-13	0-19	1-24	2-29	4-34	6-38	9-42	11-46	14-50	17-54	19-58	22-61	26-65	29-68	32-71	35-75	39-78
	0-18	0-24	0-30	1-35	3-40	4-44	6-48	8-52	10-56	13-60	15-63	18-67	21-70	24-73	27-76	30-79	33-82
28	0-12	0-18	1-24	2-28	4-33	6-37	8-41	11-45	13-49	16-52	19-56	22-59	24-63	28-66	31-69	34-72	37-76
	0-17	0-24	0-29	1-34	3-39	4-43	6-47	8-51	10-54	12-58	15-62	17-65	20-68	23-71	26-74	29-77	32-80
29	0-12	0-18	1-23	2-27	4-32	6-36	8-40	10-44	13-47	15-51	18-54	21-58	24-61	26-64	29-67	33-71	36-74
	0-17	0-23	0-28	1-33	2-37	4-42	6-46	8-49	10-53	12-57	14-60	17-63	19-66	22-69	25-72	28-75	31-78
30	0-12	0-17	1-22	2-27	4-31	6-35	8-39	10-42	12-46	15-49	17-53	20-56	23-59	26-63	28-66	31-69	34-72
	0-16	0-22	0-27	1-32	2-36	4-40	5-44	7-48	9-52	11-55	14-58	16-62	19-65	21-68	24-71	26-74	29-76
31	0-11	0-17	1-21	2-26	4-30	5-34	7-37	10-41	12-45	14-48	17-51	19-55	22-58	25-61	27-64	30-67	33-70
	0-16	0-22	0-27	1-31	2-35	4-39	5-43	7-47	9-50	11-54	13-57	15-60	18-63	20-66	23-69	25-72	28-75
32	0-11	0-16	1-21	2-25	4-29	5-33	7-36	9-40	11-43	14-47	16-50	19-53	21-56	24-59	26-62	29-65	32-68
	0-15	0-21	0-26	1-30	2-34	4-38	5-42	7-45	9-49	11-52	13-55	15-59	17-62	20-64	22-67	25-70	27-73
33	0-11	0-16	1-20	2-24	3-28	5-35	7-35	9-39	11-42	13-46	16-49	18-52	20-55	23-58	25-61	28-64	31-66
	0-15	0-20	0-25	1-29	2-33	3-37	5-41	7-44	8-48	10-51	12-54	14-57	17-60	19-63	21-66	24-69	26-71
34	0-10	0-15	1-20	2-24	3-27	5-31	7-35	9-38	11-41	13-44	15-48	17-51	20-54	22-56	25-59	27-62	30-65
	0-14	0-20	0-25	1-29	2-33	3-36	5-40	6-43	8-47	10-50	12-53	14-56	16-59	18-62	21-64	23-67	25-70
35	0-10	0-15	1-19	2-23	3-27	5-30	7-34	8-37	10-40	12-43	15-46	17-49	19-52	21-55	24-58	25-61	29-63
	0-14	0-19	0-24	1-28	2-32	3-35	5-39	6-42	8-45	10-49	12-52	14-54	16-57	18-60	20-63	22-66	24-68
36	0-10	0-15	1-19	2-22	3-26	5-29	6-33	8-36	10-39	12-42	14-45	16-48	19-51	21-54	23-57	26-59	28-62
	0-14	0-19	0-23	1-27	2-31	3-35	4-38	6-41	8-44	9-47	11-50	13-53	15-56	17-59	19-61	21-64	24-67
37	0-9	0-14	1-18	2-22	3-25	5-29	6-32	8-35	10-38	12-41	14-44	16-47	18-50	20-53	22-55	25-58	27-61
	0-13	0-18	0-23	1-27	2-30	3-34	4-37	6-40	7-43	9-46	11-49	13-52	15-55	17-58	19-60	21-63	23-65
38	0-9	0-14	1-18	2-21	3-25	4-28	6-31	8-34	10-37	11-40	13-43	15-46	18-49	20-51	22-54	24-57	26-59
	0-13	0-18	0-22	1-26	2-30	3-33	4-36	6-39	7-42	9-45	11-48	12-51	14-54	16-56	18-59	20-61	22-64
39	0-9	0-13	1-17	2-21	3-24	4-27	6-31	8-34	9-36	11-39	13-42	15-45	17-48	19-50	21-53	23-55	26-58
	0-13	0-18	0-22	1-25	2-29	3-32	4-35	6-38	7-41	9-44	10-47	12-50	14-53	16-55	18-58	20-60	22-63
40	0-9	0-13	1-17	2-20	3-24	4-27	6-30	7-33	9-36	11-38	13-41	15-44	17-47	19-49	21-52	23-54	25-57
	0-12	0-17	0-21	1-25	2-28	3-32	4-35	5-38	7-41	8-43	10-46	12-49	13-51	15-54	17-57	19-59	21-61
41	0-9	0-13	1-17	2-20	3-23	4-26	6-29	7-32	9-35	11-38	12-40	14-43	16-46	18-48	20-51	22-53	24-55
	0-12	0-17	0-21	1-24	2-28	3-31	4-34	5-37	7-40	8-42	10-45	11-48	13-50	15-53	17-55	19-58	20-60
42	0-8	0-13	1-16	1-19	3-23	4-26	5-29	7-31	9-34	10-37	12-39	14-42	16-45	18-47	20-50	22-52	24-54
	0-12	0-16	0-20	1-24	2-27	3-30	4-33	5-36	6-39	8-42	9-44	11-47	13-49	14-52	16-54	18-57	20-59
43	0-8	0-12	1-16	1-19	3-23	4-25	5-28	7-31	8-33	10-36	12-39	14-41	15-44	17-46	19-49	21-51	23-53
	0-12	0-16	0-20	1-23	2-26	3-30	4-32	5-35	6-38	8-41	9-43	11-46	12-48	14-51	16-43	18-56	19-58
44	0-8	0-12	1-15	1-19	3-22	4-25	5-27	7-30	8-33	10-35	11-38	13-40	15-43	17-45	19-48	20-50	22-52
	0-11	0-16	0-19	1-23	2-26	3-29	4-32	5-35	6-37	8-40	9-43	11-45	12-47	14-50	15-52	17-55	19-57
45	0-8	0-12	1-15	1-18	2-21	4-24	5-27	6-29	8-32	10-35	11-37	13-40	15-42	16-44	18-47	20-49	22-51
	0-11	0-15	0-19	1-22	2-25	2-28	4-31	5-34	6-37	7-39	9-42	10-44	12-47	13-49	15-51	17-54	18-56
46	0-8	0-12	1-15	1-18	2-21	4-24	5-26	6-29	8-31	9-34	11-36	13-39	14-41	16-43	18-46	20-48	21-50
	0-11	0-15	0-19	1-22	1-25	2-28	3-31	5-33	6-36	7-38	9-41	10-43	12-46	13-48	15-50	16-53	18-55
47	0-8	0-11	1-15	1-18	2-20	4-23	5-26	6-28	8-31	9-33	11-36	12-38	14-40	16-43	17-45	19-47	21-49
	0-11	0-15	0-18	1-21	1-24	2-27	3-30	5-33	6-35	7-38	8-40	10-43	11-45	13-47	14-49	16-52	18-54
48	0-7	0-11	1-14	1-17	2-20	3-23	5-25	6-28	7-30	9-33	10-35	12-37	14-40	15-42	17-44	19-46	20-48
	0-10	0-14	0-18	1-21	1-24	2-27	3-29	4-32	6-35	7-37	8-39	10-42	11-44	13-46	14-49	16-51	17-53
49	0-7	0-11	0-14	1-17	2-20	3-22	5-25	6-27	7-30	9-32	10-34	12-37	13-39	15-41	17-43	18-45	20-48
	0-10	0-14	0-18	1-21	1-24	2-26	3-29	4-31	6-34	7-36	8-39	9-41	11-43	12-46	14-48	15-50	17-52
50	0-7	0-11	0-14	1-17	2-19	3-22	5-24	6-26	7-29	9-31	10-34	12-36	13-38	15-40	16-42	18-45	20-47
	0-10	0-14	0-17	1-20	1-23	2-26	3-28	4-31	5-33	7-36	8-38	9-40	11-43	12-45	13-47	15-49	16-51

续表

n	X																
	17	18	19	20	21	22	23	24	25	26	27	28	29	30	31	32	33
18	73-100																
	65-100																
19	67-99	74-100															
	60-99	67-100															
20	62-97	68-99	75-100														
	55-98	61-99	68-100														
21	58-95	64-97	70-99	76-100													
	51-97	57-98	63-99	70-100													
22	55-92	60-95	65-97	71-99	77-100												
	48-95	53-97	58-98	54-100	71-100												
23	52-90	56-93	61-95	66-97	72-99	78-100											
	45-93	50-95	55-97	60-98	66-100	72-100											
24	49-87	53-90	58-93	63-95	68-97	73-99	79-100										
	43-91	47-93	51-95	56-97	61-99	67-100	73-100										
25	46-85	51-88	55-91	59-93	64-95	69-97	74-99	80-100									
	40-89	44-91	49-93	53-95	58-97	63-99	66-100	74-100									
26	44-83	48-86	52-88	56-91	61-93	65-96	70-98	75-99	80-100								
	39-87	42-89	46-91	50-94	54-96	59-97	64-99	69-100	75-100								
27	42-81	46-83	50-86	54-89	58-91	62-94	66-96	71-98	76-99	81-100							
	37-85	40-87	44-90	48-92	52-94	56-96	60-97	65-99	70-100	76-100							
28	41-79	44-81	48-84	51-87	55-89	59-92	63-94	67-96	72-98	76-99	82-100						
	35-83	38-85	42-88	46-90	49-92	53-94	57-96	61-97	66-99	71-100	76-100						
29	39-76	42-79	46-82	49-85	53-87	56-90	60-92	64-94	68-96	73-98	77-99	82-100					
	34-81	37-83	40-86	43-88	47-90	51-92	54-94	58-96	63-98	67-99	72-100	77-100					
30	37-75	41-77	44-80	47-83	51-85	54-88	58-90	61-92	65-94	69-96	73-98	78-99	83-100				
	32-79	35-81	38-84	42-86	45-89	48-91	52-93	56-95	60-96	64-98	68-99	73-100	78-100				
31	36-73	39-75	42-78	45-81	49-83	52-86	55-88	51-90	63-93	66-95	70-96	74-98	79-99	83-100			
	31-77	34-80	37-82	40-85	43-87	46-89	50-91	53-93	57-95	61-96	65-98	69-99	73-100	78-100			
32	35-71	38-74	41-76	44-79	47-81	50-84	53-86	57-89	60-91	64-93	67-95	71-96	75-98	79-99	84-100		
	30-75	33-78	36-80	38-83	41-85	45-87	48-89	51-91	55-93	58-95	62-96	66-98	70-99	74-100	79-100		
33	34-69	36-72	39-75	42-77	45-80	48-82	51-84	54-87	58-89	61-91	65-93	68-95	72-97	76-98	80-99	84-100	
	29-74	31-76	34-79	37-81	40-83	43-86	46-88	49-90	52-92	56-93	59-95	63-97	67-98	71-99	75-100	80-100	
34	32-68	35-70	38-73	41-75	44-78	46-80	49-83	53-85	56-87	59-89	62-91	65-93	69-95	73-97	76-98	80-99	85-100
	28-72	30-75	33-77	36-79	38-82	41-84	44-86	47-88	50-90	53-92	57-94	60-95	64-97	67-98	71-99	75-100	80-100
35	31-66	34-69	37-71	39-74	42-76	45-79	48-81	51-83	54-85	57-88	60-90	63-92	66-93	70-95	73-97	77-98	81-99
	27-71	29-73	32-76	34-78	37-80	40-82	43-84	46-86	48-88	51-90	55-92	58-94	61-95	65-97	68-98	72-99	76-100
36	30-65	33-67	35-70	38-72	41-74	43-77	46-79	49-81	52-84	55-86	58-88	61-90	64-92	67-94	71-95	74-97	78-98
	26-69	28-72	31-74	33-76	36-79	39-81	41-83	44-85	47-87	50-89	53-91	56-92	59-94	62-96	65-97	69-98	73-99
37	29-63	32-66	34-68	37-71	39-73	42-75	45-78	47-80	50-82	53-84	56-86	59-88	62-90	65-92	68-94	71-95	75-97
	25-68	28-70	30-72	32-75	35-77	37-79	40-81	42-83	45-85	48-87	51-89	54-91	57-93	60-94	63-96	66-97	70-98
38	29-62	31-64	33-67	36-69	38-71	41-74	43-76	46-78	49-80	51-82	54-85	57-87	60-89	63-90	66-92	69-94	72-96
	24-66	27-69	29-71	31-73	34-76	36-78	39-80	41-82	44-84	46-86	49-88	52-89	55-91	58-93	61-94	64-96	67-97
39	28-60	30-63	32-65	35-68	37-70	40-72	42-74	45-77	47-79	50-81	52-83	55-85	58-87	61-89	64-91	66-92	69-94
	24-65	26-67	28-70	30-72	33-74	35-76	37-78	40-80	42-82	45-84	47-86	50-88	53-90	56-91	59-93	62-94	65-96
40	27-59	29-62	32-64	34-66	36-68	38-71	41-73	43-75	46-77	48-79	51-81	53-83	56-85	59-87	62-89	64-91	67-93
	23-64	25-66	27-68	29-71	32-73	34-75	36-77	39-79	41-81	43-83	46-85	49-87	51-88	54-90	57-92	59-93	62-95
41	26-58	28-60	31-63	33-65	35-67	37-69	40-72	42-74	45-76	47-78	49-80	52-82	54-84	57-86	60-88	62-89	65-91
	22-63	24-65	27-67	29-69	31-71	33-73	35-76	37-78	40-80	42-81	45-83	47-85	50-87	52-89	55-90	58-92	60-93
42	26-57	28-59	30-61	32-64	34-66	36-68	39-70	41-72	43-74	46-76	48-78	50-80	53-82	55-84	58-86	61-88	63-90
	22-61	24-64	26-66	28-68	30-70	32-72	34-74	36-76	39-78	41-80	43-82	46-84	48-86	51-87	53-89	56-91	58-92

附录二 常用统计用表

续表

n	X																
	17	18	19	20	21	22	23	24	25	26	27	28	29	30	31	32	33
43	25-56	27-58	29-60	31-62	33-65	35-67	38-69	40-71	42-73	44-75	47-77	49-79	51-81	54-83	56-85	59-86	61-88
	21-60	23-62	25-65	27-67	29-69	31-71	33-73	35-75	38-77	40-79	42-81	44-82	47-84	49-86	52-88	54-89	57-91
44	24-55	26-57	28-59	30-61	32-63	35-65	37-68	39-70	41-72	43-74	45-76	48-78	50-80	52-81	55-83	57-85	60-87
	21-59	23-61	24-63	26-66	28-68	30-70	32-72	34-74	37-76	39-77	41-79	43-81	45-83	48-85	50-86	53-88	55-89
45	24-53	26-56	28-58	30-60	32-62	34-64	36-66	38-68	40-70	42-72	44-74	47-76	49-78	51-80	53-82	56-84	58-85
	20-58	22-60	24-62	26-64	28-66	30-68	32-70	34-72	36-74	38-76	40-78	42-80	44-82	46-83	49-85	51-87	53-88
46	23-52	25-55	27-57	29-59	31-61	33-63	35-65	37-67	39-69	41-71	43-73	45-75	48-77	50-79	52-80	54-82	57-84
	20-57	21-59	23-61	25-63	27-65	29-67	31-69	33-71	35-73	37-75	39-77	41-79	43-80	45-82	47-84	50-85	52-87
47	23-51	25-54	26-56	28-58	30-60	32-62	34-64	36-66	38-68	40-70	42-72	44-74	46-75	49-77	51-79	53-81	55-83
	19-56	21-58	23-60	25-62	26-64	28-66	30-68	32-70	34-72	36-74	38-75	40-77	42-79	44-81	46-82	48-84	51-86
84	22-51	24-53	26-55	28-57	29-59	31-61	33-63	35-65	37-67	39-69	41-71	43-72	45-74	47-76	49-78	52-80	54-81
	19-55	20-57	22-59	24-61	26-63	27-65	29-67	31-69	33-71	35-73	37-74	39-76	41-78	43-80	45-81	47-83	49-84
49	22-50	23-52	25-54	27-56	29-58	31-60	33-62	34-64	36-66	38-67	40-69	42-71	44-73	46-75	48-77	50-78	52-80
	18-54	20-56	22-58	23-60	25-62	27-64	29-66	30-68	32-70	34-71	36-73	38-75	40-77	42-78	44-80	46-82	48-83
50	21-49	23-51	25-53	26-55	28-57	30-59	32-61	34-63	36-64	37-66	39-68	41-70	43-72	45-74	47-75	49-77	51-79
	18-53	20-55	21-57	23-59	25-61	26-63	28-65	30-67	32-68	33-70	35-72	37-74	39-75	41-77	43-79	45-80	47-82

n	X																
	34	35	36	37	38	39	40	41	42	43	44	45	46	47	48	49	50
35	48-100																
	81-100																
36	81-99	85-100															
	77-100	81-100															
37	78-98	82-99	86-100														
	73-99	77-100	82-100														
38	75-97	79-98	82-99	86-100													
	70-98	74-99	78-100	82-100													
39	73-96	76-97	79-98	83-99	87-100												
	68-97	71-98	75-99	78-100	82-100												
40	70-94	73-96	76-97	80-98	83-99	87-100											
	65-96	68-97	72-98	75-99	79-100	83-100											
41	68-93	71-94	74-96	77-97	80-98	83-99	87-100										
	63-95	66-96	69-97	72-98	76-99	79-100	83-100										
42	66-91	69-93	71-95	74-96	77-97	81-99	84-99	87-100									
	61-94	64-95	67-96	70-97	73-98	76-99	80-100	84-100									
43	64-90	67-92	69-93	72-95	75-96	78-97	81-99	84-99	88-100								
	59-92	62-94	65-95	68-96	70-97	74-98	77-99	80-100	84-100								
44	62-89	65-90	67-92	70-93	73-95	75-96	78-97	81-99	85-99	88-100							
	57-91	60-92	63-94	65-95	68-96	71-97	74-98	77-99	81-100	84-100							
45	60-87	63-89	65-90	68-92	71-94	73-95	76-96	79-98	82-99	85-99	88-100						
	56-90	58-91	61-93	63-94	66-95	69-95	72-98	75-98	78-99	81-100	85-100						
46	59-86	61-87	64-79	66-91	69-92	71-94	74-95	76-96	79-98	82-99	85-99	88-100					
	54-88	57-90	59-91	62-93	64-94	67-95	69-97	72-98	75-99	78-99	81-100	85-100					
47	57-84	60-86	62-88	64-89	67-91	69-92	72-94	74-95	77-96	80-98	82-99	85-99	89-100				
	53-87	55-89	57-90	60-92	62-93	65-94	67-95	70-97	73-98	76-99	79-99	82-100	85-100				
48	56-83	58-85	60-86	63-88	65-90	67-91	70-93	72-94	75-95	77-97	80-98	83-99	86-99	89-100			
	51-86	54-87	56-89	58-90	61-92	63-93	65-94	68-96	71-97	73-98	76-99	79-99	82-100	86-100			
49	55-82	57-83	59-85	61-87	63-88	66-90	68-91	70-93	73-94	75-95	78-97	80-98	83-99	86-100	89-100		
	50-85	52-86	54-88	57-89	59-91	61-92	64-93	66-94	69-96	71-97	74-98	76-99	79-99	82-100	86-100		
50	53-80	55-82	58-84	60-85	62-87	64-88	66-90	69-91	71-93	73-94	76-95	78-97	81-98	83-99	86-100	89-100	
	49-84	51-85	53-87	55-88	57-89	60-91	62-92	64-93	67-95	69-96	72-97	74-98	77-99	80-99	83-100	86-100	

附表6 Poisson 分布参数 λ 的置信区间

样本计数 X	95% 下限	95% 上限	99% 下限	99% 上限	样本计数 X	95% 下限	95% 上限	99% 下限	99% 上限
0	0.0	3.7	0.0	5.3					
1	0.1	5.6	0.0	7.4	26	17.0	38.0	14.7	42.2
2	0.2	7.2	0.1	9.3	27	17.8	39.2	15.4	43.5
3	0.6	8.8	0.3	11.0	28	18.6	40.4	16.2	44.8
4	1.0	10.2	0.6	12.6	29	19.4	41.6	17.0	46.0
5	1.6	11.7	1.0	14.1	30	20.2	42.8	17.7	47.2
6	2.2	13.1	1.5	15.6	31	21.0	44.0	18.5	48.4
7	2.8	14.4	2.0	17.1	32	21.8	45.1	19.3	49.6
8	3.4	15.8	2.5	18.5	33	22.7	46.3	20.0	50.8
9	4.0	17.1	3.1	20.0	34	23.5	47.5	20.8	52.1
10	4.7	18.4	3.7	21.3	35	24.3	48.7	21.6	53.3
11	5.4	19.7	4.3	22.6	36	25.1	49.8	22.4	54.5
12	6.2	21.0	4.9	24.0	37	26.0	51.0	23.2	55.7
13	6.9	22.3	5.5	25.4	38	26.8	52.2	24.0	56.9
14	7.7	23.5	6.2	26.7	39	27.7	53.3	24.8	58.1
15	8.4	24.8	6.8	28.1	40	28.6	54.5	25.6	59.3
16	9.4	26.0	7.5	29.4	41	29.4	55.6	26.4	60.5
17	9.9	27.2	8.2	30.7	42	30.3	56.8	27.2	61.7
18	10.7	28.4	8.9	32.0	43	31.1	57.9	28.0	62.9
19	11.5	29.6	9.6	33.3	44	32.0	59.0	28.8	64.1
20	12.2	30.8	10.3	34.6	45	32.8	60.2	29.6	65.3
21	13.0	32.0	11.0	35.9	46	33.6	61.3	30.4	66.5
22	13.8	33.2	11.8	37.2	47	34.5	62.5	31.2	67.7
23	14.6	34.4	12.5	38.4	48	35.3	63.6	32.0	68.9
24	15.4	35.6	13.2	39.7	49	36.1	64.8	32.8	70.1
25	16.2	36.8	14.0	41.0	50	37.0	65.9	33.6	71.3

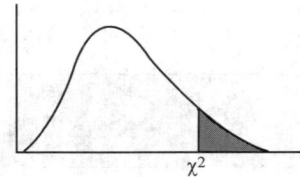

附表7 χ^2 界值表

自由度 ν	概率，P												
	0.995	0.990	0.975	0.950	0.900	0.750	0.500	0.250	0.100	0.050	0.025	0.010	0.005
1						0.02	0.10	0.45	1.32	2.71	3.84	5.02	6.63	7.88
2	0.01	0.02	0.05	0.10	0.21	0.58	1.39	2.77	4.61	5.99	7.38	9.21	10.60
3	0.07	0.11	0.22	0.35	0.58	1.21	2.37	4.11	6.25	7.81	9.35	11.34	12.84
4	0.21	0.30	0.48	0.71	1.06	1.92	3.36	5.39	7.78	9.49	11.14	13.28	14.86
5	0.41	0.55	0.83	1.15	1.61	2.67	4.35	6.63	9.24	11.07	12.83	15.09	16.75
6	0.68	0.87	1.24	1.64	2.20	3.45	5.35	7.84	10.64	12.59	14.45	16.81	18.55
7	0.99	1.24	1.69	2.17	2.83	4.25	6.35	9.04	12.02	14.07	16.01	18.48	20.28
8	1.34	1.65	2.18	2.73	3.49	5.07	7.34	10.22	13.36	15.51	17.53	20.09	21.95
9	1.73	2.09	2.70	3.33	4.17	5.90	8.34	11.39	14.68	16.92	19.02	21.67	23.59
10	2.16	2.56	3.25	3.94	4.87	6.74	9.34	12.55	15.99	18.31	20.48	23.21	25.19
11	2.60	3.05	3.82	4.57	5.58	7.58	10.34	13.70	17.28	19.68	21.92	24.72	26.76
12	3.07	3.57	4.40	5.23	6.30	8.44	11.34	14.85	18.55	21.03	23.34	26.22	28.30
13	3.57	4.11	5.01	5.89	7.04	9.30	12.34	15.98	19.81	22.36	24.74	27.69	29.82
14	4.07	4.66	5.63	6.57	7.79	10.17	13.34	17.12	21.06	23.68	26.12	29.14	31.32
15	4.60	5.23	6.27	7.26	8.55	11.04	14.34	18.25	22.31	25.00	27.49	30.58	32.80
16	5.14	5.81	6.91	7.96	9.31	11.91	15.34	19.37	23.54	26.30	28.85	32.00	34.27
17	5.70	6.41	7.56	8.67	10.09	12.79	16.34	20.49	24.77	27.59	30.19	33.41	35.72
18	6.26	7.01	8.23	9.39	10.86	13.68	17.34	21.60	25.99	28.87	31.53	34.81	37.16
19	6.84	7.63	8.91	10.12	11.65	14.56	18.34	22.72	27.20	30.14	32.85	36.19	38.58
20	7.43	8.26	9.59	10.85	12.44	15.45	19.34	23.83	28.41	31.41	34.17	37.57	40.00
21	8.03	8.90	10.28	11.59	13.24	16.34	20.34	24.93	29.62	32.67	35.48	38.93	41.40
22	8.64	9.54	10.98	12.34	14.04	17.24	21.34	26.04	30.81	33.92	36.78	40.29	42.80
23	9.26	10.20	11.69	13.09	14.85	18.14	22.34	27.14	32.01	35.17	38.08	41.64	44.18
24	9.89	10.86	12.40	13.85	15.66	19.04	23.34	28.24	33.20	36.42	39.36	42.98	45.56
25	10.52	11.52	13.12	14.61	16.47	19.94	24.34	29.34	34.38	37.65	40.65	44.31	46.93
26	11.16	12.20	13.84	15.38	17.29	20.84	25.34	30.43	35.56	38.89	41.92	45.64	48.29
27	11.81	12.88	14.57	16.15	18.11	21.75	26.34	31.53	36.74	40.11	43.19	46.96	49.64
28	12.46	13.56	15.31	16.93	18.94	22.66	27.34	32.62	37.92	41.34	44.46	48.28	50.99
29	13.12	14.26	16.05	17.71	19.77	23.57	28.34	33.71	39.09	42.56	45.72	49.59	52.34
30	13.79	14.95	16.79	18.49	20.60	24.48	29.34	34.80	40.26	43.77	46.98	50.89	53.67
40	20.71	22.16	24.43	26.51	29.05	33.66	39.34	45.62	51.80	55.76	59.34	63.69	66.77
50	27.99	29.71	32.36	34.76	37.69	42.94	49.33	56.33	63.17	67.50	71.42	76.15	79.49
60	35.53	37.48	40.48	43.19	46.46	52.29	59.33	66.98	74.40	79.08	83.30	88.38	91.95
70	43.28	45.44	48.76	51.74	55.33	61.70	69.33	77.58	85.53	90.53	95.02	100.42	104.22
80	51.17	53.54	57.15	60.39	64.28	71.14	79.33	88.13	96.58	101.88	106.63	112.33	116.32
90	59.20	61.75	65.65	69.13	73.29	80.62	89.33	98.65	107.56	113.14	118.14	124.12	128.30
100	67.33	70.06	74.22	77.93	82.36	90.13	99.33	109.14	118.50	124.34	129.56	135.81	140.17

附表8 T界值表（配对比较的符号秩和检验用）

N	单侧: 0.05 双侧: 0.10	0.025 0.05	0.01 0.02	0.005 0.010
5	0—15	—	—	—
6	2—19	0—21	—	—
7	3—25	2—26	0—28	—
8	5—31	3—33	1—35	0—36
9	8—37	5—40	3—42	1—44
10	10—45	8—47	5—50	3—52
11	13—53	10—56	7—59	5—61
12	17—61	13—65	9—69	7—71
13	21—70	17—74	12—79	9—82
14	25—80	21—84	15—90	12—93
15	30—90	25—95	19—101	15—105
16	35—101	29—107	23—113	19—117
17	41—112	34—119	27—126	23—130
18	47—124	40—131	32—130	27—144
19	53—137	46—144	37—153	32—158
20	60—150	52—158	43—167	37—173
21	67—164	58—173	49—182	42—189
22	75—178	65—188	55—198	48—205
23	83—193	73—203	62—214	54—222
24	91—209	81—219	69—231	61—239
25	100—225	89—236	76—249	68—257
26	110—241	98—253	84—267	75—276
27	119—259	107—271	92—286	83—295
28	130—276	116—290	101—305	91—315
29	140—295	126—309	110—325	100—335
30	151—314	137—328	120—345	109—356
31	163—333	147—349	130—366	118—378
32	175—353	159—369	140—388	128—400
33	187—374	170—391	151—410	138—423
34	200—395	182—413	162—433	148—447
35	213—417	195—435	173—457	159—471
36	227—439	208—458	185—481	171—495
37	241—462	221—482	198—505	182—521
38	256—485	235—506	211—530	194—547
39	271—509	249—531	224—556	207—573
40	286—534	264—556	238—582	220—600
41	302—559	279—582	252—609	233—628
42	319—584	294—609	266—637	247—656
43	336—610	310—636	281—665	261—685
44	353—637	327—663	296—694	276—714
45	371—664	343—692	312—723	291—744
46	389—692	361—720	328—753	307—774
47	407—721	378—750	345—783	322—806
48	426—750	396—780	362—814	339—837
49	446—779	415—810	379—846	355—870
50	466—809	434—847	397—878	373—902

附表9 T 界值表（两独立样本比较的秩和检验用）

	单侧	双侧
1 行	$P=0.05$	$P=0.10$
2 行	$P=0.025$	$P=0.05$
3 行	$P=0.01$	$P=0.02$
4 行	$P=0.005$	$P=0.01$

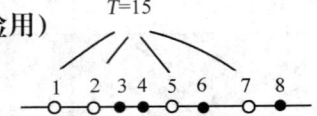

$T=15$

n_1 (较小 n)	\multicolumn{11}{c}{n_2-n_1}
	0	1	2	3	4	5	6	7	8	9	10
2				3—13	3—15	3—17	4—18	4—20	4—22	4—24	5—25
							3—19	3—21	3—23	3—25	4—26
3	6—15	6—18	7—20	8—22	8—25	9—27	10—29	10—32	11—34	11—37	12—39
		6—21	7—23	7—26	8—28	8—31	9—33	9—36	10—38	10—41
				6—27	6—30	7—32	7—35	7—38	8—40	8—43
					6—33	6—36	6—39	7—41	7—44
4	11—25	12—28	13—31	14—34	15—37	16—40	17—43	18—46	19—49	20—52	21—55
	10—26	11—29	12—32	13—35	14—38	14—42	15—45	16—48	17—51	18—54	19—57
		10—30	11—33	11—37	12—40	13—43	13—47	14—50	15—53	15—57	16—60
			10—34	10—38	11—41	11—45	12—48	12—52	13—55	13—59	14—62
5	19—36	20—40	21—44	23—47	24—51	26—54	27—58	28—62	30—65	31—69	33—72
	47—38	18—42	20—45	21—49	22—53	23—57	24—61	26—64	27—68	28—72	29—76
	16—39	17—43	18—47	19—51	20—55	21—59	22—63	23—67	24—71	25—75	26—79
	15—40	16—44	16—49	17—53	18—57	19—61	20—65	21—69	22—73	22—78	23—82
6	28—50	29—55	31—59	33—63	35—67	37—71	38—76	40—80	42—84	44—84	46—92
	26—52	27—57	29—61	31—65	32—70	34—74	35—79	37—83	38—88	40—92	42—96
	24—54	25—59	27—63	28—68	29—73	30—78	32—82	33—87	34—92	36—96	37—101
	23—55	24—60	25—65	26—70	27—75	28—80	30—84	31—89	32—94	33—99	34—104
7	39—66	41—71	43—76	45—81	47—86	49—91	52—95	54—100	56—105	58—110	61—114
	36—69	38—74	40—79	42—84	44—89	46—94	48—99	50—104	52—109	54—114	56—119
	34—71	35—77	37—82	39—87	40—93	42—98	44—103	45—109	47—114	49—119	51—124
	32—73	34—78	35—84	37—89	38—95	40—100	41—106	43—111	44—117	45—122	47—128
8	51—58	54—90	56—96	59—101	62—106	64—112	67—117	69—123	72—128	75—133	77—139
	49—87	51—93	53—99	55—105	58—110	60—116	62—122	65—127	67—133	70—138	72—144
	45—91	47—97	49—103	51—109	53—115	56—120	58—126	60—132	62—138	64—144	66—150
	43—93	45—99	47—105	49—111	51—117	53—123	54—130	56—136	58—142	60—148	62—154
9	66—105	69—111	72—117	75—123	78—129	81—135	84—141	87—147	90—153	93—159	96—165
	62—109	65—115	68—121	71—127	73—134	76—140	79—146	82—152	84—159	87—165	90—171
	59—112	61—119	63—126	66—132	68—139	71—145	73—152	76—158	78—165	81—171	83—178
	56—115	58—122	61—128	63—135	65—142	67—149	69—156	72—162	74—169	76—176	78—183
10	82—128	86—134	89—141	92—148	96—154	99—161	103—167	106—174	110—180	113—187	117—193
	78—132	81—139	84—146	88—152	91—159	94—166	97—173	100—180	103—187	107—193	110—200
	74—136	77—143	79—151	82—158	85—165	88—172	91—179	93—187	96—194	99—201	102—208
	71—139	73—147	76—154	79—161	81—169	84—176	86—184	89—191	92—198	94—206	97—213

附表10 H 界值表（三独立样本比较的秩和检验用）

n	n_1	n_2	n_3	P	
				0.05	0.01
7	3	2	2	4.71	
	3	3	1	5.14	
8	3	3	2	5.36	
	4	2	2	5.33	
	4	3	1	5.21	
	5	2	1	5.00	
9	3	3	3	5.60	7.20
	4	3	2	5.44	6.44
	4	4	1	4.97	6.67
	5	2	2	5.16	6.53
	5	3	1	4.96	
10	4	3	3	5.73	6.75
	4	4	2	5.45	7.04
	5	3	2	5.25	6.82
	5	4	1	4.99	6.95
11	4	4	3	5.60	7.14
	5	3	3	5.65	7.08
	5	4	2	5.27	7.12
	5	5	1	5.13	7.31
12	4	4	4	5.69	7.65
	5	4	3	5.63	7.44
	5	5	2	5.34	7.27
13	5	4	4	5.62	7.76
	5	5	3	5.71	7.54
14	5	5	4	5.64	7.79
15	5	5	5	5.78	7.98

附表 11 M 临界值表（随机区组比较的 Friedman 秩和检验用）

区组数 b	k=3 α=0.05	k=3 α=0.01	k=4 α=0.05	k=4 α=0.01	k=5 α=0.05	k=5 α=0.01	k=6 α=0.05	k=6 α=0.01
2	—	—	6.000	—	7.600	8.000	9.143	9.714
3	6.000	—	7.400	9.000	8.533	10.13	9.857	11.76
4	6.500	8.000	7.800	9.600	8.800	11.20	10.29	12.71
5	6.400	8.400	7.800	9.960	8.960	11.68	14.49	13.23
6	7.000	9.000	7.600	10.20	9.067	11.87	10.57	13.62
7	7.143	8.857	7.800	10.54	9.143	12.11	10.67	13.86
8	6.250	9.000	7.650	10.50	9.200	12.30	10.71	14.00
9	6.222	9.556	7.667	10.73	9.244	12.44	10.78	14.14
10	6.200	9.600	7.680	10.68	9.280	12.48	10.80	14.23
11	6.545	9.455	7.691	10.75	9.309	12.58	18.84	14.32
12	6.500	9.500	7.700	10.80	9.333	12.60	10.86	14.38
13	6.615	9.385	7.800	10.85	9.354	12.68	10.89	14.45
14	6.143	9.143	7.714	10.89	9.371	12.74	10.90	14.49
15	6.400	8.933	7.720	10.92	9.387	12.80	10.92	14.54
16	6.500	9.375	7.800	10.85	9.400	12.80	10.96	14.57
17	6.118	9.294	7.800	11.05	9.412	12.85	10.95	14.61
18	6.333	9.000	7.733	10.93	9.422	12.89	10.95	14.63
19	6.421	9.579	7.863	11.02	9.432	12.88	11.00	14.67
20	6.300	9.300	7.800	11.10	9.400	12.92	11.00	14.66
21	6.095	9.238	7.800	11.06				
22	6.091	9.091	7.800	11.07				
23	6.348	9.391						
24	6.250	9.250						
25	6.080	8.960						
30	6.200	9.267						
35	6.171	9.314						
40	6.050	9.150						
45	6.178	9.244						
50	6.040	9.160						
∞	5.991	9.210	7.815	11.34	9.488	13.28	11.07	15.09

注：$b>50$ 或 $k>6$ 时，使用自由度 $k-1$ 的 χ^2 分布临界值

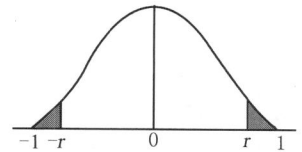

附表12 r 界值表

自由度 ν	单侧: 双侧:	0.25 0.50	0.10 0.20	0.05 0.10	0.025 0.05	0.01 0.02	0.005 0.01	0.0025 0.005	0.001 0.002	0.000 0.001
1		0.707	0.951	0.988	0.997	1.000	1.000	1.000	1.000	1.000
2		0.500	0.800	0.900	0.950	0.980	0.990	0.995	0.998	0.999
3		0.404	0.687	0.805	0.878	0.934	0.959	0.974	0.986	0.991
4		0.347	0.608	0.729	0.811	0.882	0.917	0.942	0.963	0.974
5		0.309	0.551	0.669	0.755	0.833	0.875	0.906	0.935	0.951
6		0.281	0.507	0.621	0.707	0.789	0.834	0.870	0.905	0.925
7		0.260	0.472	0.582	0.666	0.750	0.798	0.836	0.875	0.898
8		0.242	0.443	0.549	0.632	0.715	0.765	0.805	0.847	0.872
9		0.228	0.419	0.521	0.602	0.685	0.735	0.776	0.820	0.847
10		0.216	0.398	0.497	0.576	0.658	0.708	0.750	0.795	0.823
11		0.206	0.380	0.476	0.553	0.634	0.684	0.726	0.772	0.801
12		0.197	0.365	0.457	0.532	0.612	0.661	0.703	0.750	0.780
13		0.189	0.351	0.441	0.514	0.592	0.641	0.683	0.730	0.760
14		0.182	0.338	0.426	0.497	0.574	0.623	0.664	0.711	0.742
15		0.176	0.327	0.412	0.482	0.558	0.606	0.647	0.694	0.725
16		0.170	0.317	0.400	0.468	0.542	0.590	0.631	0.678	0.708
17		0.165	0.308	0.389	0.456	0.529	0.575	0.616	0.662	0.693
18		0.160	0.299	0.378	0.444	0.515	0.561	0.602	0.648	0.679
19		0.156	0.291	0.369	0.433	0.503	0.549	0.589	0.635	0.665
20		0.152	0.284	0.360	0.423	0.492	0.537	0.576	0.622	0.662
21		0.148	0.277	0.352	0.413	0.482	0.526	0.565	0.610	0.640
22		0.145	0.271	0.344	0.404	0.472	0.515	0.554	0.599	0.629
23		0.141	0.265	0.337	0.396	0.462	0.505	0.543	0.588	0.618
24		0.138	0.260	0.330	0.388	0.453	0.496	0.534	0.578	0.607
25		0.136	0.255	0.323	0.381	0.445	0.487	0.524	0.568	0.597
26		0.133	0.250	0.317	0.374	0.437	0.479	0.515	0.559	0.588
27		0.131	0.245	0.311	0.367	0.430	0.471	0.507	0.550	0.579
28		0.128	0.241	0.306	0.361	0.423	0.463	0.499	0.541	0.570
29		0.126	0.237	0.301	0.355	0.416	0.456	0.491	0.533	0.562
30		0.124	0.233	0.296	0.349	0.409	0.449	0.484	0.526	0.554
31		0.122	0.229	0.291	0.344	0.403	0.442	0.477	0.518	0.546
32		0.120	0.225	0.287	0.339	0.397	0.436	0.470	0.511	0.539
33		0.118	0.222	0.283	0.334	0.392	0.430	0.464	0.504	0.532
34		0.116	0.219	0.279	0.329	0.386	0.424	0.458	0.498	0.525
35		0.115	0.216	0.275	0.325	0.381	0.418	0.452	0.492	0.519
36		0.113	0.213	0.271	0.320	0.376	0.413	0.446	0.486	0.513
37		0.111	0.210	0.267	0.316	0.371	0.408	0.441	0.480	0.507
38		0.110	0.207	0.264	0.312	0.367	0.403	0.435	0.474	0.501
39		0.108	0.204	0.261	0.308	0.362	0.398	0.430	0.469	0.495
40		0.107	0.202	0.257	0.304	0.358	0.393	0.425	0.463	0.490
41		0.106	0.199	0.254	0.301	0.354	0.389	0.420	0.458	0.484
42		0.104	0.197	0.251	0.297	0.350	0.384	0.416	0.453	0.479
43		0.103	0.195	0.248	0.294	0.346	0.380	0.411	0.449	0.474
44		0.102	0.192	0.246	0.291	0.342	0.376	0.407	0.444	0.469
45		0.101	0.190	0.243	0.288	0.338	0.372	0.403	0.439	0.465
46		0.100	0.188	0.240	0.285	0.335	0.368	0.399	0.435	0.460
47		0.099	0.186	0.238	0.282	0.331	0.365	0.395	0.431	0.456
48		0.098	0.184	0.235	0.279	0.328	0.361	0.391	0.427	0.451
49		0.097	0.182	0.233	0.276	0.326	0.358	0.387	0.423	0.447
50		0.096	0.181	0.231	0.273	0.322	0.354	0.384	0.419	0.443

附表 13 r_s 界值表

n	单侧:	0.25	0.10	0.05	0.025	0.01	0.005	0.0025	0.001	0.0005
	双侧:	0.50	0.20	0.10	0.05	0.02	0.01	0.005	0.002	0.001
4		0.600	1.000	1.000						
5		0.500	0.800	0.900	1.000	1.000				
6		0.371	0.657	0.829	0.886	0.943	1.000	1.000		
7		0.321	0.571	0.714	0.786	0.893	0.929	0.964	1.000	1.000
8		0.310	0.524	0.643	0.738	0.833	0.881	0.905	0.952	0.976
9		0.267	0.483	0.600	0.700	0.783	0.833	0.867	0.917	0.933
10		0.248	0.455	0.564	0.648	0.745	0.794	0.830	0.879	0.903
11		0.236	0.427	0.536	0.618	0.709	0.755	0.800	0.845	0.873
12		0.217	0.406	0.503	0.587	0.678	0.727	0.769	0.818	0.846
13		0.209	0.385	0.484	0.560	0.648	0.703	0.747	0.791	0.824
14		0.200	0.367	0.464	0.538	0.626	0.679	0.723	0.771	0.802
15		0.189	0.354	0.446	0.521	0.604	0.654	0.700	0.750	0.779
16		0.182	0.341	0.429	0.503	0.582	0.635	0.679	0.729	0.762
17		0.176	0.328	0.414	0.485	0.566	0.615	0.662	0.713	0.748
18		0.170	0.317	0.401	0.472	0.550	0.600	0.643	0.695	0.728
19		0.165	0.309	0.391	0.460	0.535	0.584	0.628	0.677	0.712
20		0.161	0.299	0.380	0.447	0.520	0.570	0.612	0.662	0.696
21		0.156	0.292	0.370	0.435	0.508	0.556	0.599	0.648	0.681
22		0.152	0.284	0.361	0.425	0.496	0.544	0.586	0.634	0.667
23		0.148	0.278	0.353	0.415	0.486	0.532	0.573	0.622	0.654
24		0.144	0.271	0.344	0.406	0.476	0.521	0.562	0.610	0.642
25		0.142	0.265	0.337	0.398	0.466	0.511	0.551	0.598	0.630
26		0.138	0.259	0.331	0.390	0.457	0.501	0.541	0.587	0.619
27		0.136	0.255	0.324	0.382	0.448	0.491	0.531	0.577	0.608
28		0.133	0.250	0.317	0.375	0.440	0.483	0.522	0.567	0.598
29		0.130	0.245	0.312	0.368	0.433	0.475	0.513	0.558	0.589
30		0.128	0.240	0.306	0.362	0.425	0.467	0.504	0.549	0.580
31		0.126	0.236	0.301	0.356	0.418	0.459	0.496	0.541	0.571
32		0.124	0.232	0.296	0.350	0.412	0.452	0.489	0.533	0.563
33		0.121	0.229	0.291	0.345	0.405	0.446	0.482	0.525	0.554
34		0.120	0.225	0.287	0.340	0.399	0.439	0.475	0.517	0.547
35		0.118	0.222	0.283	0.335	0.394	0.433	0.468	0.510	0.539
36		0.116	0.219	0.279	0.330	0.388	0.427	0.462	0.504	0.533
37		0.114	0.216	0.275	0.325	0.382	0.421	0.456	0.497	0.526
38		0.113	0.212	0.271	0.321	0.378	0.415	0.450	0.491	0.519
39		0.111	0.210	0.267	0.317	0.373	0.410	0.444	0.485	0.513
40		0.110	0.207	0.264	0.313	0.368	0.405	0.439	0.479	0.507
41		0.108	0.204	0.261	0.309	0.364	0.400	0.433	0.473	0.501
42		0.107	0.202	0.257	0.305	0.359	0.395	0.428	0.468	0.495
43		0.105	0.199	0.254	0.301	0.355	0.391	0.423	0.463	0.490
44		0.104	0.197	0.251	0.298	0.351	0.386	0.419	0.458	0.484
45		0.103	0.194	0.248	0.294	0.347	0.382	0.414	0.453	0.479
46		0.102	0.192	0.246	0.291	0.343	0.378	0.410	0.448	0.474
47		0.101	0.190	0.243	0.288	0.340	0.374	0.405	0.443	0.469
48		0.100	0.188	0.240	0.285	0.336	0.370	0.401	0.439	0.465
49		0.098	0.186	0.238	0.282	0.333	0.366	0.397	0.434	0.460
50		0.097	0.184	0.235	0.279	0.329	0.363	0.393	0.430	0.456

附表 14 Ψ 界值表（多个样本均数比较时所需样本例数的估计用 $\alpha=0.05$，$\beta=0.10$）

v_2	v_1: 1	2	3	4	5	6	7	8	9	10	15	20	30	40	60	120	∞
2	6.80	6.71	6.68	6.67	6.66	6.65	6.65	6.65	6.64	6.64	6.64	6.63	6.63	6.63	6.63	6.63	6.62
3	5.01	4.63	4.47	4.39	4.34	4.30	4.27	4.25	4.23	4.22	4.18	4.16	4.14	4.13	4.12	4.11	4.09
4	4.40	3.90	3.69	3.58	3.50	3.45	3.41	3.38	3.36	3.34	3.28	3.25	3.22	3.20	3.19	3.17	3.15
5	4.09	3.54	3.30	3.17	3.08	3.02	2.97	2.94	2.91	2.89	2.81	2.78	2.74	2.72	2.70	2.68	2.66
6	3.91	3.32	3.07	2.92	2.83	2.76	2.71	2.67	2.64	2.61	2.53	2.49	2.44	2.42	2.40	2.37	2.35
7	3.80	3.18	2.91	2.76	2.66	2.58	2.53	2.49	2.45	2.42	2.33	2.29	2.24	2.21	2.19	2.16	2.18
8	3.71	3.08	2.81	2.64	2.51	2.46	2.40	2.35	2.32	2.29	2.19	2.14	2.09	2.06	2.03	2.00	1.97
9	3.65	3.01	2.72	2.56	2.44	2.36	2.30	2.26	2.22	2.19	2.09	2.03	1.97	1.94	1.91	1.88	1.85
10	3.60	2.95	2.66	2.49	2.37	2.29	2.23	2.18	2.14	2.11	2.00	1.94	1.88	1.85	1.82	1.78	1.75
11	3.57	2.91	2.61	2.44	2.32	2.23	2.17	2.12	2.08	2.04	1.93	1.87	1.81	1.78	1.74	1.70	1.67
12	3.54	2.87	2.57	2.39	2.27	2.19	2.12	2.07	2.02	1.99	1.88	1.81	1.75	1.71	1.68	1.64	1.60
13	3.51	2.84	2.54	2.36	2.23	2.15	2.08	2.02	1.98	1.95	1.83	1.76	1.69	1.66	1.62	1.58	1.54
14	3.49	2.81	2.51	2.33	2.20	2.11	2.04	1.99	1.94	1.91	1.79	1.72	1.65	1.61	1.57	1.53	1.49
15	3.47	2.79	2.48	2.30	2.17	2.08	2.01	1.96	1.91	1.87	1.75	1.68	1.61	1.57	1.53	1.49	1.44
16	3.46	2.77	2.46	2.28	2.15	2.06	1.99	1.93	1.88	1.85	1.72	1.65	1.58	1.54	1.49	1.45	1.40
17	3.44	2.76	2.44	2.26	2.13	2.04	1.96	1.91	1.86	1.82	1.69	1.62	1.55	1.50	1.46	1.41	1.36
18	3.43	2.74	2.43	2.24	2.11	2.02	1.94	1.89	1.84	1.80	1.67	1.60	1.52	1.48	1.43	1.38	1.33
19	3.42	2.73	2.41	2.22	2.09	2.00	1.93	1.87	1.82	1.78	1.65	1.58	1.49	1.45	1.40	1.35	1.30
20	3.41	2.72	2.40	2.21	2.08	1.98	1.91	1.85	1.80	1.76	1.63	1.55	1.47	1.43	1.38	1.33	1.27
21	3.40	2.71	2.39	2.20	2.07	1.97	1.90	1.84	1.79	1.75	1.61	1.54	1.45	1.41	1.36	1.30	1.25
22	3.39	2.70	2.38	2.19	2.05	1.96	1.88	1.82	1.77	1.73	1.60	1.52	1.43	1.39	1.34	1.28	1.22
23	3.39	2.69	2.37	2.18	2.04	1.95	1.87	1.81	1.76	1.72	1.58	1.50	1.42	1.37	1.32	1.26	1.20
24	3.38	2.68	2.36	2.17	2.03	1.94	1.86	1.80	1.75	1.71	1.57	1.49	1.40	1.35	1.30	1.24	1.18
25	3.37	2.68	2.35	2.16	2.02	1.93	1.85	1.79	1.74	1.70	1.56	1.48	1.39	1.34	1.28	1.23	1.16
26	3.37	2.67	2.35	2.15	2.02	1.92	1.84	1.78	1.73	1.69	1.54	1.46	1.37	1.32	1.27	1.21	1.15
27	3.36	2.66	2.34	2.14	2.01	1.91	1.83	1.77	1.72	1.68	1.53	1.45	1.36	1.31	1.26	1.20	1.13
28	3.36	2.66	2.33	2.14	2.00	1.90	1.82	1.76	1.71	1.67	1.52	1.44	1.35	1.30	1.24	1.18	1.11
29	3.36	2.65	2.33	2.13	1.99	1.89	1.82	1.75	1.70	1.66	1.51	1.43	1.34	1.29	1.23	1.17	1.10
30	3.35	2.65	2.32	2.12	1.99	1.89	1.81	1.75	1.70	1.65	1.51	1.42	1.33	1.28	1.22	1.16	1.08
31	3.35	2.64	2.32	2.12	1.98	1.88	1.80	1.74	1.69	1.64	1.50	1.41	1.32	1.27	1.21	1.14	1.07
32	3.34	2.64	2.31	2.11	1.98	1.88	1.80	1.73	1.68	1.64	1.49	1.41	1.31	1.26	1.20	1.13	1.06
33	3.34	2.63	2.31	2.11	1.97	1.87	1.79	1.73	1.68	1.63	1.48	1.40	1.30	1.25	1.19	1.12	1.05
34	3.34	2.63	2.30	2.10	1.97	1.87	1.79	1.72	1.67	1.63	1.48	1.39	1.29	1.24	1.18	1.11	1.04
35	3.34	2.63	2.30	2.10	1.96	1.86	1.78	1.72	1.66	1.62	1.47	1.38	1.29	1.23	1.17	1.10	1.02
36	3.33	2.62	2.30	2.10	1.96	1.86	1.78	1.71	1.66	1.62	1.47	1.38	1.28	1.22	1.16	1.09	1.01
37	3.33	2.62	2.29	2.09	1.95	1.85	1.77	1.71	1.65	1.61	1.46	1.37	1.27	1.22	1.15	1.08	1.09
38	3.33	2.62	2.29	2.09	1.95	1.85	1.77	1.70	1.65	1.61	1.45	1.37	1.27	1.21	1.15	1.08	0.99
39	3.33	2.62	2.29	2.09	1.95	1.84	1.76	1.70	1.65	1.60	1.45	1.36	1.26	1.20	1.14	1.07	0.99
40	3.32	2.61	2.28	2.08	1.94	1.84	1.76	1.70	1.64	1.60	1.44	1.36	1.25	1.20	1.13	1.06	0.98
41	3.32	2.61	2.28	2.08	1.94	1.84	1.76	1.69	1.64	1.59	1.44	1.35	1.25	1.19	1.13	1.05	0.97
42	3.32	2.61	2.28	2.08	1.94	1.83	1.75	1.69	1.63	1.59	1.44	1.35	1.24	1.18	1.12	1.05	0.96
43	3.32	2.61	2.28	2.07	1.93	1.83	1.75	1.69	1.63	1.59	1.43	1.34	1.24	1.18	1.11	1.04	0.95
44	3.32	2.60	2.27	2.07	1.93	1.83	1.75	1.68	1.63	1.58	1.43	1.34	1.23	1.17	1.11	1.03	0.94
45	3.31	2.60	2.27	2.07	1.93	1.83	1.74	1.68	1.62	1.58	1.42	1.33	1.23	1.17	1.10	1.03	0.94
46	3.31	2.60	2.27	2.07	1.93	1.82	1.74	1.68	1.62	1.58	1.42	1.33	1.22	1.16	1.10	1.02	0.93
47	3.31	2.60	2.27	2.06	1.92	1.82	1.74	1.67	1.62	1.57	1.42	1.33	1.22	1.16	1.09	1.02	0.92
48	3.31	2.60	2.26	2.06	1.92	1.82	1.74	1.67	1.62	1.57	1.41	1.32	1.21	1.15	1.09	1.01	0.92
49	3.31	2.59	2.26	2.06	1.92	1.82	1.73	1.67	1.61	1.57	1.41	1.32	1.21	1.15	1.08	1.00	0.91
50	3.31	2.59	2.26	2.06	1.92	1.81	1.73	1.67	1.61	1.56	1.41	1.31	1.21	1.15	1.08	1.00	0.90
60	3.30	2.58	2.25	2.04	1.90	1.79	1.71	1.64	1.59	1.54	1.38	1.29	1.18	1.11	1.04	0.95	0.85
80	3.28	2.56	2.23	2.02	1.88	1.77	1.69	1.62	1.56	1.51	1.35	1.25	1.14	1.07	0.99	0.90	0.77
120	3.27	2.55	2.21	2.00	1.86	1.75	1.66	1.59	1.54	1.49	1.32	1.22	1.09	1.02	0.94	0.83	0.68
240	3.26	2.53	2.19	1.98	1.84	1.73	1.64	1.57	1.51	1.46	1.29	1.18	1.05	0.97	0.88	0.76	0.56
∞	3.24	2.52	2.17	1.96	1.81	1.70	1.62	1.54	1.48	1.43	1.25	1.14	1.01	0.92	0.82	0.65	0.00

附表 15　随机数字表

编号	1～10	11～20	21～30	31～40	41～50
1	22 17 68 65 81	68 95 23 92 35	87 02 22 57 51	61 09 43 95 06	58 24 82 03 47
2	19 36 27 59 46	13 79 93 37 55	39 77 32 77 09	85 52 05 30 62	47 83 51 62 74
3	16 77 23 02 77	09 61 87 25 21	28 06 24 25 93	16 71 13 59 78	23 05 47 47 25
4	78 43 76 71 61	20 44 90 32 64	97 67 63 99 61	46 38 03 93 22	69 81 21 99 21
5	03 28 28 26 08	73 37 32 04 05	69 30 16 09 05	88 69 58 28 99	35 07 44 75 47
6	93 22 53 64 39	07 10 63 76 35	87 03 04 79 88	08 13 13 85 51	55 34 57 72 69
7	78 76 58 54 74	92 38 70 96 92	52 06 79 79 45	82 63 18 27 44	69 66 92 19 09
8	23 68 35 26 00	99 53 93 61 28	52 70 05 48 34	56 65 05 61 86	90 92 10 70 80
9	15 39 25 70 99	93 86 52 77 65	15 33 59 05 28	22 87 26 07 47	86 96 98 29 06
10	58 71 96 30 24	18 46 23 34 27	85 13 99 24 44	49 18 09 79 49	74 16 32 23 02
11	57 35 27 33 72	24 53 63 94 09	41 10 76 47 91	44 04 95 49 66	39 60 04 59 81
12	48 50 86 54 48	22 06 34 72 52	82 21 15 65 20	33 29 94 71 11	15 91 29 12 03
13	61 96 48 95 03	07 16 39 33 66	98 56 10 56 79	77 21 30 27 12	90 49 22 23 62
14	36 93 89 41 26	29 70 83 63 51	99 74 20 52 36	87 09 41 15 09	98 60 16 03 03
15	18 87 00 42 31	57 90 12 02 07	23 47 37 17 31	54 08 01 88 63	39 41 88 92 10
16	88 56 53 27 59	33 35 72 67 47	77 34 55 45 70	08 18 27 38 90	16 95 86 70 75
17	09 72 95 84 29	49 41 31 06 70	42 38 06 45 18	64 84 73 31 65	52 53 37 97 15
18	12 96 88 17 31	65 19 69 02 83	60 75 86 90 68	24 64 19 35 51	56 61 87 39 12
19	85 94 57 24 16	92 09 84 38 76	22 00 27 69 85	29 81 94 78 70	21 94 47 90 12
20	38 64 43 59 98	98 77 87 68 07	91 51 67 62 44	40 98 05 93 78	23 32 65 41 18
21	53 44 09 42 72	00 41 86 79 79	68 47 22 00 20	35 55 31 51 51	00 83 63 22 55
22	40 76 66 26 84	57 99 99 90 37	36 63 32 08 58	37 40 13 68 97	87 64 81 07 83
23	02 17 79 18 05	12 59 52 57 02	22 07 90 47 03	28 14 11 30 79	20 69 22 40 98
24	95 17 82 06 53	31 51 10 96 46	92 06 88 07 77	56 11 50 81 69	40 23 72 51 39
25	35 76 22 42 92	96 11 83 44 80	34 68 35 48 77	33 42 40 90 60	73 96 53 97 86
26	26 29 31 56 41	85 47 04 66 08	34 72 57 59 13	82 43 80 46 15	38 26 61 70 04
27	77 80 20 75 82	72 82 32 99 90	63 95 73 76 63	89 73 44 99 05	48 67 26 43 18
28	46 40 66 44 52	91 36 74 43 53	30 82 13 54 00	78 45 63 98 35	55 03 36 67 68
29	37 56 08 18 09	77 53 84 46 47	31 91 18 95 58	24 16 74 11 53	44 10 13 85 57
30	61 65 61 68 66	37 27 47 39 19	84 83 70 07 48	53 21 40 06 71	95 06 79 88 54
31	93 43 69 64 07	34 18 04 52 35	56 27 09 24 86	61 85 53 83 45	19 90 70 99 00
32	21 96 60 12 99	11 20 99 45 18	48 13 93 55 34	18 37 79 49 90	65 97 38 20 46
33	95 20 47 97 97	27 37 83 28 71	00 06 41 41 74	45 89 09 39 84	51 67 11 52 49
34	97 86 21 78 73	19 65 81 92 59	58 76 17 14 97	04 76 62 16 17	17 95 70 45 80
35	69 92 06 34 13	59 71 74 17 32	27 55 10 24 19	23 71 82 13 74	63 52 52 01 41
36	04 31 17 21 56	33 73 99 19 87	26 72 39 27 67	53 77 57 68 93	60 61 97 22 61
37	61 06 98 03 91	87 14 77 43 96	43 00 65 98 50	45 60 33 01 07	98 99 46 50 47
38	85 93 85 86 88	72 87 08 62 40	16 06 10 89 20	23 21 34 74 97	76 38 03 29 63
39	21 74 32 47 45	73 96 07 94 52	09 65 90 77 47	25 76 16 19 33	53 05 70 53 30
40	15 69 53 82 80	79 96 23 53 10	65 39 07 16 29	45 33 02 43 70	02 87 40 41 45
41	02 89 08 04 49	20 21 14 68 86	87 63 93 95 17	11 29 01 95 80	35 14 97 35 33
42	87 18 15 89 79	85 43 01 72 73	08 61 74 51 69	89 74 39 82 15	94 51 33 41 67
43	98 83 71 94 22	59 97 50 99 52	08 52 85 08 40	87 80 61 65 31	91 51 80 32 44
44	10 08 58 21 66	72 68 49 29 31	89 85 84 46 06	59 73 19 85 23	65 09 29 75 63
45	47 90 56 10 08	88 02 84 27 83	42 29 72 23 19	66 56 45 65 79	20 71 53 20 25
46	22 85 61 68 90	49 64 92 85 44	16 40 12 89 88	50 14 49 81 06	01 82 77 45 12
47	67 80 43 79 33	12 83 11 41 16	25 58 19 68 70	77 02 54 00 52	53 43 37 15 26
48	27 62 50 96 72	79 44 61 40 15	14 53 40 65 39	27 31 58 50 28	11 39 03 34 25
49	33 78 80 87 15	38 30 06 38 21	14 47 47 07 26	54 96 87 53 32	40 36 40 96 76
50	13 13 92 66 99	47 24 49 57 74	32 25 43 62 17	10 97 11 69 84	99 63 22 32 98

中英文专业词汇索引

5 岁以下儿童死亡率　under 5 mortality rate,
　　U5MR　158
Ⅰ类错误　typeⅠerror　34
Ⅱ类错误　typeⅡerror　34
CONSORT　consolidated standards of reporting trials
　　151
Cox 比例风险回归模型　Cox proportional hazards
　　regression model　201
C 列　column　75
Dunnett-t 检验、LSD-t 检验　Fisher's least signifi-
　　cant difference test　48
Fisher 确切概率法　Fisher's exact probability　77
logit 变换　logit transformation　197
META 分析　META-Analysis　208
Poisson 分布　Poisson distribution　69
R 行　row　75
SAS　Statistics Analysis System　227
SPSS　Statistical Product and Service Solutions　220
t 分布　t-distribution　25
Wald 检验　Wald test　198
Wilcoxon 符号秩和检验　Wilcoxon signed-rank test
　　88
χ^2 检验　chi-square test　74

A

安全性数据集　safety set, SS　151
安装程序包　Install package　247
按比例分配　proportional allocation　131

B

百分条图　percent bar chart　117
百分位数　percentile　13
半对数线图　semi-logarithmic line chart　117
帮助　Help　246
报告偏倚　reporting bias　215, 216
报告质量　reporting quality　151
备择假设　alternative hypothesis　28
比例风险　proportional hazards　202
比例死亡比　proportionate mortality rate, PMR　159
变量　variable　4
变量窗口　Variable View　221
变量转换　Recode　223
变异　variation　4
变异系数　coefficient of variation　17
标准差　standard deviation　16
标准化法　standardization　61
标准误　standard error　25
饼图　pie graph　116
病死率　fatality rate　160
病死率　fatality rate, FR　158

C

采访　interview　127
参考文献偏倚　reference bias　216
参数　parameter　5
参数检验　parametric test　88
残疾率　prevalence of disability　161
测量偏倚　detection bias　215
层　strata　131
查找偏倚　search bias　216
拆分文件　Split File　223
超几何分布　hypergeometric distribution　77
乘积极限法　product limit method　181
程序包　Packages　246
程序编辑窗口　Syntax Editor　220
抽样　sampling　4
抽样调查　sampling survey　128
抽样偏倚　sampling bias　215
处理因素　treatment factor　139
次要变量　secondary variable　148
次要结局　secondary outcome　148
次要终点　secondary endpoint　148
粗出生率　crude birth rate, CBR　155
粗死亡率　crude death rate, CDR　157
粗再生育率　gross reproduction rate, GRR　156

D

打开程序脚本　Open script　247
单侧检验　one-sided test　28
单纯随机抽样　simple random sampling　129
单盲　single-blind　149
单向方差分析　one-way ANOVA　44
单样本资料 t 检验　one sample t test　29
单因素设计　univariate design　142

典型调查 typical survey 128
点估计 point estimation 27
调查 survey 125
调查表 questionnaire 126
定量 quantitative 4
定群寿命表 cohort life table 163
定性 qualitative 4
动态数列 dynamic series 59
独立性 independence 32
对照 control 140
对照组 control group 139
多因素设计 multivariate design 145
多重发表偏倚 multiple publication bias 216
多重线性回归 multiple linear regression 191

E

二项分布 binomial distribution 65

F

发表偏倚 publication bias 215
发病率 incidence rate, IR 160
方差 variance 15
方差都相等 equal variance 105
方差分析 analysis of variance, ANOVA 41
方差齐性 homogeneity of variance 32, 50
方法学质量 methodological quality 151
方法有效性 method-effectiveness 149
非参数检验 nonparametric test 88
非信息性删失 uninformative censoring 178
分层抽样 stratified sampling 130
分类变量 categorical variable 4
风险比 hazard ratio, HR 201
符合方案数据集 per protocol set, PPS 151
负担系数 dependency ratio 155
负偏态分布 negative skewness distribution 10
负相关 negative correlation 99

G

干预性研究 interventional study 139
干预组 intervention group 139
感染率 prevalence of infection 160
高斯分布 Gaussian distribution 18
构成比 proportion 56
观察性研究 observational study 125
国际标准随机对照试验号 International Standard Randomized Controlled Trial Number, ISRCTN 151
国际疾病分类 International Classification of Diseases, ICD 159
国际临床试验注册平台 International Clinical Trials Registry Platform, ICTRP 151
国际医学期刊编辑委员会 International Committee of Medical Journal Editors, ICMJE 151

H

呼气流量峰值 peak expiratory flow, PEF 31
患病率 prevalence rate, PR 160
回归平方和 regression sum of squares 107
回归系数 coefficient of regression 105

J

积差相关系数 coefficient of product moment correlation 99
基本死因 underlying death cause 159
极差 range 15
疾病统计 morbidity statistics 159
几何均数 geometric mean 12
计分检验 score test 198
计算 Compute 223
假设检验 hypothesis testing 27
检查清单 checklist 151
检验效能或把握度 power of a test 35
简单表 simple table 114
简单相关 simple correlation 99
简略现时寿命表 abridged life table 164
健康期望寿命 health life expectancy, HALE 172
健康寿命年 healthy life years, HeaLY 172
健康寿命损失年 years lived with disability, YLD 171
交叉设计 cross-over design 144
交互作用 interaction 145
结果输出窗口 Viewer 220
结局 outcome 148
结局 status 178
结局指标的测量 outcome measurement 148
截矩 intercept 105
解释性 explanatory 149
精确性 precision 140
净再生育率 net reproduction rate, NRR 157
决策 making decision 150
决定系数 coefficient of determination 111
均衡 balance 141
均数的抽样误差 sampling error of mean 24

K

开放 open-label 149
控制台 Console 247

L

累积概率　cumulative probability　67
累积生存概率　cumulative probability of survival　179
离散型变量　discrete variable　5
连续型变量　continuous variable　5
两独立样本资料 t 检验　two independent samples t test　31
临床试验　clinical trial　139
灵敏性　sensitivity　140
零假设　null hypothesis　28
零相关　zero correlation　99
流程图　flowchart　151
率　rate　57

M

盲法　blinding　149
美国国立图书馆　National Library of Medicine，NLM　151
美国国立卫生院　the US National Institutes of Health，NIH　151
目标变量　target variable　148

N

纳入标准偏倚　inclusion criteria bias　216
内部有效性　internal validity　149
内插　interpolation　110
拟合优度　goodness of fit　85
年龄别生育率　age-specific fertility rate，ASFR　156
年龄别死亡率　age-specific death rate，ASDR　157
年龄组的人口数　number of persons in the age group　164

P

配对设计　paired design　143
配对样本资料 t 检验　paired t test　29
偏回归系数　partial regression coefficient　191
偏倚　bias　5，134
频率　frequency　6
频数表　frequency table　8
平均数　average　10
评价型工具　evaluation tools　150

Q

期间患病率　period prevalence　160
期望寿命　life expectancy　163，166
潜隐效应　latent effect　145
潜在减寿年数　potential years of life lost，PYLL　171
区间估计　interval estimation　27
曲线模型　curvilinear model　110
趋势检验　trend test　185
去死因寿命表　cause eliminated life table　172
全分析集　full analysis set，FAS　150
全面调查　overall survey　128

R

人口总数　population size　154
任意分布检验　distribution-free test　88

S

散点图　scatter diagram　119
散点图　scatter plot　110
伤残调整期望寿命　disability-adjusted life expectancy，DALE　172
伤残调整寿命年　disability adjusted life year，DALY　171
尚存人数　number of survivors　165
生存概率　probability of survival　165，179
生存函数　survival rate，survival function　179
生存率　survival rate　161
生存曲线　survival curve　180
生存人年数　number of survival person-years　165
生存时间　survival time　177
生存总人年数　total number of survival person-years　166
生命表　life table　163
剩余标准差　residual standard deviation　108
剩余平方和　residual sum of squares　107
失安全数　fail safe number，N_{fs}　216
失访偏倚　attrition bias　215
时点患病率　point prevalence　160
实际死亡人数　number of deaths in the age group　164
实施偏倚　performance bias　215
实验设计　experiment design　139
实验效应　effect　140
实验研究　experimental study　139
实用性　pragmatic　150
实足年龄　exact age　164
寿命表　life table　163
寿命表法　life table method　179
寿命损失年　years of life lost，YLL　171
数据编辑窗口　Data Editor　220
数据窗口　Data View　221

数据合并　Merge File　222
数据集　dataset　150
数量因素　quantitative factor　139
双变量正态分布　bivariate normal distribution　99
双侧检验　two-sided test　28
双盲　double-blind　149
双向方差分析　two-way ANOVA　46
死亡概率　probability of death　179
死亡率　mortality rate　157
死因别死亡率　cause-specific death rate，CSDR　158
死因构成比　proportion of dying of a specific cause　158
四分位数间距　quartile　15
四格表　fourfold table　74
似然比检验　likelihood ratio test　198
算术均数　arithmetic mean　10
随机抽样　random sampling　129
随机对照试验　randomized controlled trial，RCT　139，147，149
随机化　randomize　141
随机区组设计　randomized block design　46
随机区组设计　randomized blocks design　144
随机数　random number　142
索引偏倚　index bias　216

T

特异性　specificity　140
提取者偏倚　extractor bias　216
替代结局变量　surrogate outcome　148
条图　bar graph　115
同质性　homogeneity　4，140，149
统计表　statistical table　113
统计量　statistic　5
统计图　statistical graph　113
统计学　statistics　1
脱落　dropout　149

W

外部有效性　external validity　150
外延　extrapolation　110
完全负相关　perfect negative correlation　99
完全随机设计　completely random design　142
完全随机设计　completely randomized design　44
完全现时寿命表　complete life table　164
完全正相关　perfect positive correlation　99
围生儿死亡率　perinatal mortality rate　158
文件　File　246

稳健性　robust　33
无序分类变量　unordered categorical variable　4
误差　error　5，134

X

析因设计　factorial design　145
洗脱期　washout period　144
系统抽样　systematic sampling　129
系统误差　systematic error　134
现时寿命表　current life table　163
现实有效性　use-effectiveness　150
线图　line graph　117
线性回归　linear regression　104
线性相关　linear correlation　99
相持　tie　89
相对比　relative ratio　57
相关程度　degree of relationship　99
相关系数 r　correlation coefficient，r　99
相关与回归　correlation and regression　99
箱式图　box plot　119
效果试验　effectiveness trials　150
效力　efficacy　149
效力试验　efficacy trials　149
新建程序脚本　New script　246
新生儿死亡率　neonatal mortality rate，NMR　158
性别比　sex ratio　155
选择观测　Select Cases　223
选择偏倚　selection bias　215
选择者偏倚　selector bias　216
学习效应　learning effect　145

Y

延缓进入　staggered entry　177
研究对象　subject　140
研究内偏倚　within study bias　215
研究质量评分偏倚　bias in scoring study quality　216
样本　sample　4
样本含量　sample size　140
医学参考值范围　medical reference range　20
医学人口统计　medical demography　154
医学统计学　medical statistics　1
依从　adherence　148
异常值　outlier　119
异质性　heterogeneity　4
异质性　heterogeneous　150
意向性分析　intention to treat，ITT　150
因变量　dependent variable　104

引文偏倚　citation bias　216
英语偏倚　English language bias　216
婴儿死亡率　infant mortality rate，IMR　157
优势　odds　197
有效性　validity　140
有序分类变量　ordinal categorical variable　4
预测统计分析软件　Predictive Analytics Software，PASW　220
孕产妇死亡率　maternal mortality rate　158

Z

载入程序包　Load package　247
整群抽样　cluster sampling　130
正偏态分布　positive skewness distribution　10
正态分布　normal distribution　10，18
正态性　normality　32
正相关　positive correlation　99
直方图　histogram　118
质量调整寿命年　quality adjusted life years，QALY　172
质量控制　quality control　134
质量因素　qualitative factor　139
治愈率　cure rate　160
秩和检验　rank sum test　88
秩相关　rank correlation　103
滞留效应　carry-over effect　145

置信区间　confidence interval，CI　27
中位生存期　median survival time　182
中位数　median　12
种子　seed　142
重复　repeat　141
重复测量设计　repeated measures design　145
重组　Restructure　222
主题多重使用偏倚　multiply used subjects bias　216
主效应　main effect　145
主要变量　primary variable　148
主要结局　primary outcome　148
主要终点　primary endpoint　148
自变量　independent variable　104
自然增长率　natural increase rate，NIR　156
自由度　degree of freedom　15
总变异　total variation　41
总和生育率　total fertility rate，TFR　156
总生育率　general fertility rate，GFR　156
总体　population　4
组合表　combinative table　114
组间变异　variation between groups　42
组距　class interval　8
组内变异　variation within groups　42
最小二乘法　least sum of squares　105
最优分配　optimum allocation　131